U0572895

中国汽车工程研究院股份有限公司　主编

中国汽车综合测评技术研究报告（2020）

RESEARCH REPORT ON CHINA AUTOMOBILE INDUSTRY
COMPREHENSIVE TECHNOLOGY EVALUATION (2020)

社会科学文献出版社
SOCIAL SCIENCES ACADEMIC PRESS (CHINA)

《中国汽车综合测评技术研究报告（2020）》
编 委 会

顾　　　问

孙逢春　中国工程院/北京理工大学/电动车辆国家工程实验室

编 委 会 主 任

李开国　中国汽车工程研究院股份有限公司

编 委 会 副 主 任

万鑫铭　中国汽车工程研究院股份有限公司

外 部 专 家 （按姓氏拼音排序）

柴　　毅　重庆大学自动化学院

郭　　刚　重庆大学汽车工程学院

高　　锋　重庆大学汽车工程学院

郭　　崇　吉林大学汽车工程学院

高玲珠　南京市第一医院

郭新彪　北京大学公共卫生研究院

葛蕴珊　北京理工大学汽车动力性及排放测试国家专业实验室

李银国　重庆邮电大学

Mario Milanese　意大利米兰理工大学

闵海涛　吉林大学汽车工程学院

孙棣华　重庆大学自动化学院/重庆市智能交通工程技术中心

邵毅明　重庆交通大学交通运输学院

王　健　吉林大学计算机学院

王震坡　北京理工大学/电动车国家工程实验室

巫彤宁　中国信息通讯研究院

袁新平　东部战区空军医院

尹志勇　第三军医大学/全军交通医学研究所

朱西产　同济大学汽车学院汽车安全技术研究所

张志刚　重庆理工大学车辆工程学院

主　　　编　抄佩佩

编　　委　张怒涛　许　伟　刘　明　张　强　宫宝利
　　　　　　唐　俊　欧　阳　阮廷勇

主要执笔人　王发福　马艳红　王正曦　费　敬　崔淑娟
　　　　　　邢春鸿　付　靓　李　琦　江　楠　王　鹏
　　　　　　李　琼　邹　波　冉智文　林　鹏

技术支持（按姓氏拼音排序）
　　　　　　柏世涛　陈　华　符　志　樊　琛　高阳春
　　　　　　何海峰　李　先　李　哲　刘洋山　李　凡
　　　　　　李　斌　李正波　龙永程　李雪玲　雷钧蓥
　　　　　　马国胜　彭小波　彭　锟　史爱民　沈　斌
　　　　　　孙瀚文　唐　宇　唐　坚　唐　敏　童一帆
　　　　　　王东升　王冬伟　万火旺　汪　俊　王　方
　　　　　　王　毅　王国杰　熊英志　谢鹏伟　尹　均
　　　　　　张云飞　杨　松　杨　勇　於　林　杨良义
　　　　　　朱小松　犹佐龙　张成林　杨　喜　张袁伟
　　　　　　张胜根　周晶晶　赵智超　曾望云

主编单位简介

中国汽车工程研究院股份有限公司 中国汽车行业产品开发、试验研究、质量检测的重要基地及技术支撑机构，成立于 1965 年 3 月，原名重庆重型汽车研究所，系国家一类科研院所。于 2012 年 6 月 11 日在上海证券交易所正式挂牌上市（股票简称：中国汽研，股票代码：601965）。研发和测试新基地于 2013 年 10 月建成并投入使用。经过 50 多年的发展，已拥有较强的汽车技术研发能力、一流的试验设备和较高的行业知名度。目前主要从事汽车研发、咨询、测试与评价的技术服务业务和专用汽车、轨道交通关键零部件、汽车燃气系统及其关键零部件的制造业务。按照"优先重点发展研究开发业务，大力积极发展测试评价业务，统筹稳健发展科技成果产业化业务"的发展思路，已建成汽车安全、汽车噪声振动、电磁兼容、汽车节能与排放、电动汽车、替代燃料汽车、汽车整车、发动机、零部件等试验室和汽车工程研发中心，并努力建设成为我国汽车产业的科技创新平台和公共技术服务平台，发展成为国际一流、国内领先的汽车工程技术应用服务商和高科技产品集成供应商，为我国汽车产业的持续健康发展发挥应有的技术支撑作用和科技引领作用。

序　言

当前，新一代信息通信、新能源、新材料等技术与汽车产业加快融合，新四化、新消费主张推动着产业生态深刻变革，竞争格局全面重塑，我国汽车产业进入转型升级、由大变强的战略机遇期。汽车产品加快向新能源、轻量化、智能网联的方向发展，从交通工具转变为大型移动智能终端、储能单元和数字空间，实现智能互联和数据共享。同时，互联网与汽车的深度融合，使得安全驾乘、便捷出行、移动办公、本地服务、娱乐休闲等需求充分释放，用户体验成为影响汽车消费的重要因素，消费需求的多元化特征日趋明显。

如何加速汽车产业转型升级、打造具有国际认可的汽车和技术产品，推动我国汽车企业核心技术和创新能力提升，更好地服务人民日益增长的、多元化的出行需要成为汽车行业面临的全新课题。多年来，中国汽车工程研究院股份有限公司（以下简称"中国汽研"）一直在积极探寻为消费者服务的新领域。基于长期从事汽车工程服务和第三方检测认证的基础上，开发了汽车安全测评、智能汽车测评、汽车健康测评、汽车驾乘测评和新能源汽车评价规程这一系列创新性汽车测评体系。

汽车安全测评既能满足消费者对车的品质感、高级感和安全性能的关注，也能为生产企业开发更安全、更国际、更满足消费需求的产品提供引导；智能汽车测评是全球首个面向消费者的智能汽车测评体系，自 2017 年 6 月发布测评体系框架以来，一直致力于打造中立、公正、专业的智能汽车测评品牌，它结合中国驾驶场景数据库，建立符合中国国情的智能网联汽车测评体系，服务消费者买车用车，引导企业优化升级，为国家制定标准和监督管理提供支撑；汽车健康测评在国际交通医学会的指导下研究制定，是立足汽车消费者、汽车企业、国家政策三位一体的第三方评价体系，通过公正、公开、真实的评价数据，建立中国汽车健康新标准，推动行业健康发展；汽车驾乘测评以中国汽研为主体技术支撑，整合各类资源，以消费者体验为主线，通过专业技术为消费者选车、购车、养车提供参考，为消费者构建透明、公正、理性的消费环境，为整车企业优化产品设计提供输入；新能源汽车测评是顺应国家新能源汽车产业的发展趋势，通过近 10 年的新能源单车测评经验和数据积累，与国内科研院所联合发起具有国际先进、国内领先水平的评价体系，有助于量化消费端需求，服务产品开发过程，并创造客观公正的新能源汽车价值引导和消费环境。

《中国汽车综合测评技术研究报告（2020）》是行业首次全面、系统、专业展示我国汽车测评发展全貌的创新性研究报告。未来将会与时俱进，向基于运行大数据测评和驾驶在线测评的新领域拓展。以期让更多的业界人士和消费者了解汽车测评、参与汽车测评。

摘　要

　　《中国汽车综合测评技术研究报告（2020）》是关于中国汽车测试评价行业的年度研究性报告，也是中国首份聚焦汽车测评技术的分析研究报告。本报告由中国汽车工程研究院股份有限公司（以下简称"中国汽研"）组织撰写，集合了行业研究人员及专家的智慧，是一部较为全面论述中国汽车测评技术的权威著作。

　　随着汽车消费需求升级和新技术应用加快，新兴需求和商业模式不断涌现，消费需求的多元化特征日趋明显。对供给侧而言，市场需求变化、汽车消费价值链重塑、获客方式转变、利润池结构调整等都需要汽车生产商对产品的市场表现有更全面的了解；对需求侧来说，消费者需要更准确、更有效的购车参考信息，尤其是对质量、健康、安全、环境（QHSE）等方面的需求不断升级。为更好地服务人们多元化的出行需要，中国汽车测试评价行业逐步重视面向需求侧的测试评价需求，形成供给侧与需求侧并重发展的局面。基于此背景，中国汽研积极探寻供需两端新桥梁，在中国汽车测试评价领域建立了具备一定行业影响力的汽车测评体系。

　　本年度报告主要包括总报告、安全篇、绿色篇、体验篇和附录五个部分。总报告综述了汽车测评对产业发展的意义和内涵。安全篇中的汽车安全测评描述了国内外安全标准、安全评价规程的发展历程及现状，详细阐述了汽车安全测评的具体标准和关键技术，并对2017～2019年的车辆测评结果做了详尽解读，展望了安全评价发展趋势；安全篇中的智能汽车测评系统介绍了国内外智能汽车发展现状和智能汽车测评方法，解析了2018年以来40款市场主流车型的测评结果，展望了智能汽车评价发展趋势。绿色篇中的汽车健康测评对国内外汽车健康现状、技术法规及汽车健康测评进行了介绍，深入分析了汽车健康测评方法，并对未来发展趋势进行了研判；绿色篇中的新能源汽车测评对新能源汽车测试评价发展现状进行了总结，重点介绍新能源汽车评价规程、测评结果分析和测评关键技术，并对下一步发展趋势做展望。体验篇的汽车驾乘测评系统阐述了中国汽车行业驾乘体验市场的发展现状，国内外的技术标准、驾乘性能技术开发的现状，详细介绍了驾乘测评方法，解析了评价结果，分析了驾乘评价未来发展趋势。

《中国汽车综合测评技术研究报告（2020）》以严谨、通俗的方式对汽车测评技术进行了全面介绍与分析，整个报告有专业的测评规程和客观的测评结果作支撑，具备相当的研究深度与广度，既能为行业和车企的技术发展提供支持，也能为市场研究机构提供简单易懂的技术参考基础，还能为消费者选车、购车提供有利指导。

关键词：汽车测评　测评方法　测评结果　技术指导

目　录

绿色篇

Ⅲ 汽车健康测评

Ⅳ 新能源汽车测评

体验篇

Ⅴ 汽车驾乘测评

附 录

总 报 告

中国汽车测评体系发展现状

摘 要： 汽车产业是推动新一轮科技革命和产业变革的重要力量，是建设制造强国的重要支撑，是国民经济的重要支柱。当前，新一代信息通信、新能源、新材料等技术与汽车产业加快融合，全球汽车产业正产生深刻变革，竞争格局全面重塑，我国汽车产业进入转型升级、由大变强的战略机遇期。伴随着汽车消费需求的升级和新技术应用的不断丰富，新兴需求和商业模式加速涌现，消费需求的多元化特征日趋明显，对汽车品牌而言，市场需求变化将重塑汽车消费价值链，获取终端客户方式将转变，利润池结构也将调整；对需求端来说，消费者需要更精准、更客观、更有质量的购车决策依据。为更好地服务人们日益增长和多元化的生活与交通出行需要，中国汽研积极探寻供需两端新桥梁，汽车测评应运而生。

关键词： 汽车产业 消费需求 汽车测评

一　处于转折点上的中国汽车产业发展现状

中国汽车产业经过 60 多年的发展，已形成多品种、全系列的各类整车和零部件生产及配套体系，在产业规模、产品研发、结构调整、市场开拓、对外开放等方面实现了跨越式发展，已成为全球汽车工业体系的重要组成部分。中国逐步由汽车生产大国向汽车产业强国转变。同时，汽车产业不断发展壮大，在国民经济中的地位和作用持续增强，对推动经济增长、促进社会就业、改善民生福祉做出了突出贡献，成为我国国民经济重要的支柱产业。

在经历高速增长阶段后，中国汽车产业进入新的转折点，首先是 2018 年我国汽车市场销量出现了 28 年来首度下滑，中国汽车产业的发展面临转型升级的压力；其次是中国汽车产业面临巨大变革的推动力，电动化、智能化、网联化、共享化等成为趋势，将带来汽车产业形态、商业模式和企业组织形态等重大变化，加速优胜劣汰；最后是消费需求的多元化特征日趋明显，消费者需要更精准、更客观、更有质量的购车决策依据，即客观公正的第三方测试评价。

（一）汽车产业发展面临下行压力

2018 年，中国汽车产销量进入拐点，出现了 28 年来的首次下降。根据国家统计局和中国汽车工业协会发布的数据，2018 年全国汽车产销量分别为 2782 万辆和 2808 万辆，同比下降 4% 和 3%；2019 年全国汽车产销量分别为 2553 万辆和 2577 万辆，都同比下降 8% 左右[①]，产销量降幅比上年分别扩大 4 个和 5 个百分点（见图 1）。

1.乘用车产销量降幅大于汽车总体

乘用车作为汽车市场最重要的组成部分，一直是汽车市场消费主力，2018 年，我国经济增速明显下降，导致消费动力下降、信心不足，这对中国乘用车

---

① 全书数据来源不同，故保留小数点情况不同。且由于图表中同比增长情况为根据原始数据计算，图表中数据为四舍五入后的数据，故根据图表中的数据计算的同比增长率与图表中显示的会有差异，特此说明。

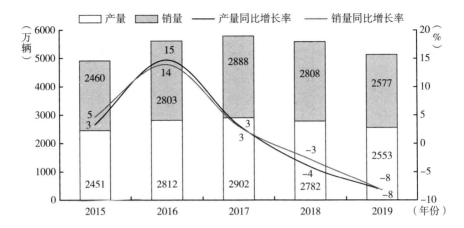

图 1　2015～2019 年全国汽车产销量及同比增长情况

资料来源：国家统计局、中国汽车工业协会。

的消费带来了直接的影响。2019 年，我国汽车产业面临的压力进一步加大，消费信心仍然不足，产销量与行业主要经济效益指标均呈现负增长。

2019 年乘用车产销量分别为 2136 万辆和 2144 万辆，同比下降 9.22% 和 9.57%（见图 2、图 3）。产销量占汽车的比重分别达到 83.7% 和 83.2%，分别低于上年产销量比重 3.4 个和 1.2 个百分点。

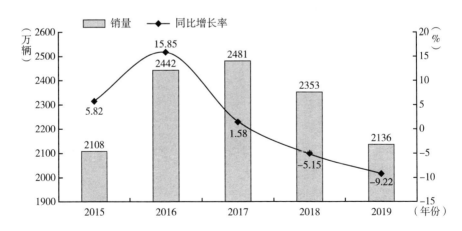

图 2　2015～2019 年中国乘用车年度产量及同比增长率

资料来源：中国汽车工业协会。

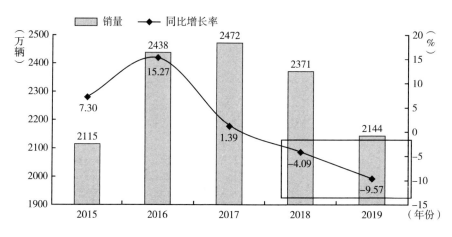

图3　2015～2019年中国乘用车年度销量及同比增长率

资料来源：中国汽车工业协会。

2. 商用车行业发展平稳

2019年，基建投资回升；各省区市制定国三汽车淘汰时间表及淘汰车补贴标准来加快国三及以下车型淘汰速度；财政部、科技部、工信部和国家发改委发布《关于进一步完善新能源汽车推广应用财政补贴政策的通知》《交通强国建设纲要》等相关补贴及鼓励政策来推动新能源汽车、物流车快速发展；北京、河南和陕西等7省区市宣布在2019年7月1日提前实施公交、邮政、环卫等城市用途重型柴油车的国六排放标准；国家相关部委联合发布《柴油货车污染治理攻坚战行动计划》，各省区市发布大气污染综合治理攻坚行动方案、柴油货车污染治理攻坚战实施方案以及限行通告等政策来限制路权。在这些治超加严等利好因素促进下，我国商用车行业发展平稳。

根据中国汽车工业协会发布的《2019年汽车工业经济运行情况》，商用车产销量好于乘用车，商用车产销量分别完成436万辆和432万辆，产量同比增长1.87%，销量下降1.08%（见图4、图5）。

3. 新能源汽车受政策影响，产销量首次负增长

新能源汽车自发展以来，一直稳步前进，由导入期迈向成长期，新能源汽车的产销量主要受政策变化、产品技术成熟度、市场供给情况、消费者意愿等因素的影响。2017年9月国家正式发布了《乘用车企业平均燃料消耗量与新能源汽车积分并行管理办法》，因受到这一双积分政策的影响，2018年

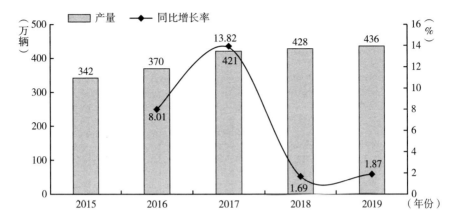

图 4　2015～2019 年中国商用车产量及同比增长情况

资料来源：中国汽车工业协会。

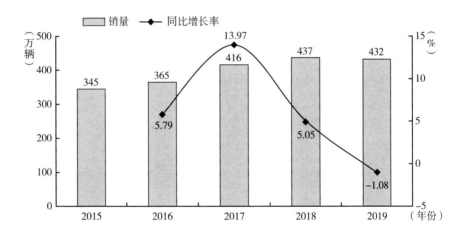

图 5　2015～2019 年中国商用车销量及同比增长情况

资料来源：中国汽车工业协会。

新能源汽车产销量均突破 100 万辆大关，产销量同比增长 60.20% 和 61.65%，与汽车行业总体在 2018 年进入负增长的趋势不同；2019 年，国家调整了新能源汽车补贴政策，补贴大幅退坡，地方补贴取消，所以当年新能源汽车市场整体受到冲击，引发产销量下滑，产销量同比下滑 2.36% 和 3.98%（见图 6、图 7）。

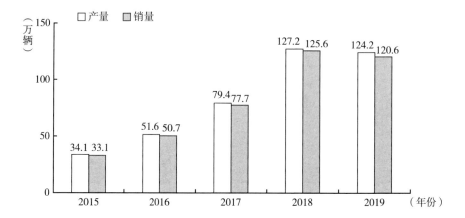

图6　2015~2019年中国新能源汽车产销量情况

资料来源：中国汽车工业协会。

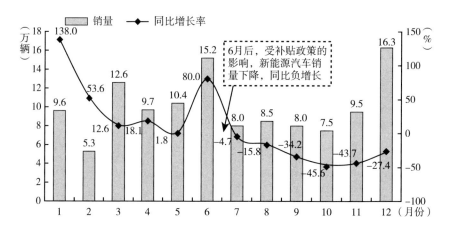

图7　2019年中国新能源汽车月度销量情况及同比增长率

资料来源：中国汽车工业协会。

4. 汽车出口数量2019年小幅下降

近年来，汽车出口一直保持着上升趋势，而2019年出现了小幅下降，这主要有以下两点原因：①2019年因中美经贸摩擦持续，出口美国整车被维持加征25%关税，而2018年出口美国近4万辆的沃尔沃（中国），在2019年暂停了对美国的出口，这直接影响了中国汽车的出口；②伊朗已经连续3年是中国品牌汽车出口第一大国，2018 年中国出口伊朗的汽车更是达到 16 万多辆，而由于美国单方面退出伊核协议，并对伊朗实施了严格制裁，2019 年，中国品牌车企无法继续向伊朗出口汽车。根据中国汽车工业协会的数据，2019 年，汽车出口 102.4 万辆，同比下降 1.59%（见图 8）。其中乘用车出口 72.5 万辆，同比下降 4.3%；商用车出口 29.9 万辆，同比增长 5.7%。

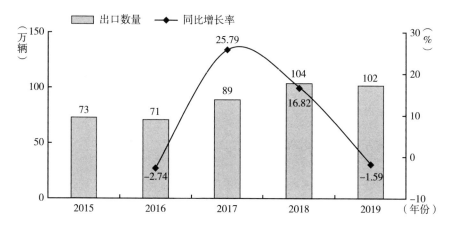

图 8　2015 ~ 2019 年中国汽车出口量情况及同比增长率

资料来源：中国汽车工业协会。

5. 零部件企业主营业务收入和利润涨幅放缓

汽车零部件作为汽车工业发展的基础，是国家长期重点支持发展的产业，我国政府已出台一系列鼓励基础零部件行业发展的政策措施。例如《汽车产业中长期发展规划》指出，突破车用传感器、车载芯片等先进汽车电子以及轻量化新材料、高端制造装备等产业链短板，培育具有国际竞争力的零部件供应商，形成从零部件到整车的完整产业体系。我国零部件企业发展时间较短，基本是从机械产品起步，依靠较为单一的产品及少量客户发展起来的，随着我国汽车行业的高速发展、汽车保有量的增加以及汽车零部件市场的扩大，我国汽车零部件行业得到了迅速发展，增长速度整体高于我国整车行业。近年来，零部件企业主营业务收入、利润都保持同比增长状态，但随着汽车市场持续下滑，种种影响也相继传导到零部件行业，零部件企业主营业务收入、利润涨幅放缓（见图 9）。

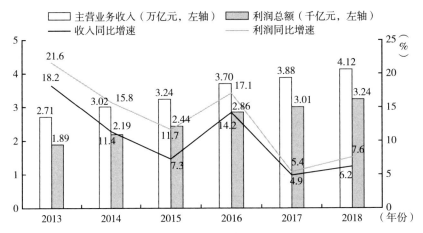

图9　2013～2018年国内汽车零部件企业主营业务收入和利润变化情况

资料来源：中国汽车技术研究中心。

6. 汽车制造业主营业务收入降低，利润持续大幅下降

汽车作为我国主要制造业之一，在国民经济中一直扮演着重要角色，2018年前的汽车行业，主营业务收入一直保持着较高水平的增长，利润也稳步上升。受2018年国内汽车市场下行的影响，汽车制造业营业收入下降，利润连续两年同比下降，降幅超过营业收入，达到10%以上。根据国家统计局发布的2019年全国规模以上工业企业利润情况，汽车制造业营业收入8.08万亿元（见表1），利润5087亿元（见图10），不到营业收入的7%，同比降幅高于15%，汽车行业盈利持续惨淡。

表1　2015～2019年汽车制造业收入情况

单位：亿元，%

年份	营业收入	同比增长	主营业务收入	同比增长
2015	—	—	70157	5.22
2016	—	—	80186	14.29
2017	87749.7	—	85333	6.42
2018	83372.6	−4.99	80485	−5.68
2019	80846.7	−3.03	—	—

资料来源：国家统计局。

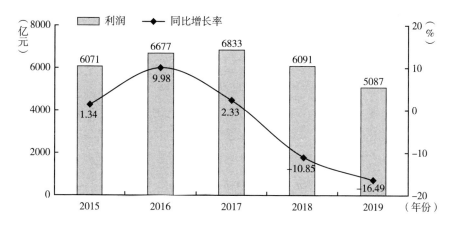

图 10　2015～2019 年汽车制造业利润及同比增长情况

资料来源：国家统计局。

无论是汽车各领域产销量情况，还是汽车行业营业收入、利润情况，无一不显示着我国汽车的产业格局和生态体系需要深刻调整。面对行业需求的持续疲软、营收净利的继续承压，中国要深化改革，加快推进产业创新和融合发展，加快汽车产业国际化发展进程，各相关企业也需要抓住新趋势带来的新机遇，助力中国汽车产业继续前行。

（二）"新四化"成为汽车产业发展方向

在环保需求、安全法规等政策推动下，能源革命和新材料、新一代信息技术的不断突破下，汽车产业正向着"新四化"的发展方向变革。汽车"新四化"是未来汽车产业发展重要方向，这已成为国内外汽车行业的一个共识。汽车"新四化"是电动化、网联化、智能化和共享化，它们是相互影响、相互关联的。电动化是智能化和网联化的基本前提条件，共享化又依托互联化与智能化，它们的协同发展可以促进交通出行领域车辆空置率高、使用效率低、交通拥堵等关键问题的解决，还能达到节能减排、满足出行需求、提高交通安全等目的，最终促进环境、城市、经济社会等的发展和进步。

1. 汽车电动化

（1）汽车电动化成为发展方向的原因

我国最先启动的是电动化，国务院于 2012 年发布了《节能与新能源汽车产业发展规划（2012~2020年）》作为官方文件开始推动汽车产业电动化的发展。汽车电动化有如下优势：首先是能源的优势，汽车电动化的本质是利用电能来进行机械驱动，电能是目前最通用的能源，获取渠道多、传输成本低、传输速度快，许多设备都能直接使用，除了本身就是能源以外，它还能作为其他能源之间转换的媒介；其次是电能在车上的优势，汽车智能化是未来汽车发展的重要方向，汽车智能化的计算机、雷达、汽车通信系统、照明等设备都需要用电，而电驱动系统在线传控制下可能响应时间比热机快；最后是政策的监管和引导，2018年7月3日，国务院公开发布了《打赢蓝天保卫战三年行动计划》，计划明确表示要大幅减少主要大气污染物排放总量，协同减少温室气体排放，加快调整能源结构，构建清洁低碳高效能源体系，发展绿色交通体系，推广使用新能源汽车。传统燃油汽车一直存在大气污染、能源危机、二氧化碳排放等问题，而电动化汽车在这些方面拥有绝对优势，《中国新能源汽车产业发展报告（2019）》指出，随着新能源汽车所占比例的增加和电能碳排放因子的下降，在2040年以后总体碳排放量将迎来快速下降。除以上优势外，国家还大力扶持燃料电池技术的研究和产业化建设，随着新技术的不断进步，汽车电动化必将是主流。

（2）汽车电动化的现状和进展

我国新能源汽车产业发展较好，技术不断创新，逐步形成了完善的产业体系。目前，新能源汽车销售总量已实现全球领先，新能源充电桩等基建配套设施也快速发展，消费者对纯电动、插电混动汽车的认知度和接受度逐步提高。2019年，新能源渗透率为5.0%。现阶段，限制汽车电动化发展的主要问题有：①动力电池能量密度不足，系统成本过高，导致新能源汽车续航里程不足和价格过高；②基建不足，导致充电不便捷，消费者对基建配套缺乏感到担忧，进而影响新能源汽车销售。新能源汽车已经进入政策驱动向需求驱动转型期，在补贴加速退坡、"双积分"政策尘埃落定的情况下，未来需要解决购置成本过高、基础设施（设施数量、分布和可持续性盈利模式）不足、"双积分"为主体的接力政策体系能否推动新能源汽车更大规模的研发和生产等问题来保持新能源汽车强有力的增长态势。

2. 汽车智能网联化

（1）汽车智能网联化成为发展方向的原因

智能网联汽车是搭载了先进的车载传感器、控制器、执行器等装置，并融合现代通信与网络、人工智能等技术，实现车与 X（车、路、人、云等）智能信息交换、共享，具备复杂环境感知、智能决策、协同控制等功能，可实现"安全、高效、舒适、节能"行驶，并最终可实现替代人来操作的新一代汽车。它包含了智能化与网联化两个技术层面。加快推动智能网联汽车创新发展，对我国经济社会发展具有如下战略意义。

首先是培育经济新增长极。智能网联汽车是人工智能、移动互联网、新一代信息技术、物联网、云计算、能源存储、可再生能源等技术的应用平台。大量新技术的应用，不仅为我国汽车产业实现赶超提供了重大机遇，还将推动新技术持续创新、突破与产业化，带动相关产业升级迭代，促进产业间深度交叉融合，形成全新的、对未来产生深远影响的产业生态体系与经济增长极。

其次是推动社会智能化转型。随着智能化水平的不断提升，汽车正在由单纯交通运输工具向智能化移动终端转变，并带动全社会加速向智能化转型。一方面，汽车智能化将带动与汽车相关的各类公共基础设施的智能化改造，促进智能交通构建与智慧城市建设。另一方面，将建立车辆、道路和使用者之间的智能动态协同，形成保障安全、提高效率、改善环境、节约能源的智能交通运输系统。

最后是提升国家综合竞争力。发展智能网联汽车，是推动我国新一轮科技革命和产业变革的重要力量。人工智能的飞速发展和应用正在不断颠覆传统的生产生活方式，复杂的应用场景使得智能网联汽车成为人工智能重要的应用领域，将有力推动我国人工智能的基础研发和技术应用。数据是智能化时代的核心战略资源，智能网联汽车作为数据网络的中间枢纽和核心环节，无时无刻不在产生和获取各种有价值的数据。海量数据的深度挖掘和使用，将对社会管理和国家治理产生深远影响。

（2）汽车智能网联化的现状和进展

智能网联汽车是汽车产业发展的重要战略方向，国内外政府研究机构、企业都给予高度关注并大力投入，且在制定智能网联汽车技术路线图，智能网联汽车现在正处在飞速发展阶段。

从产业层面看，整车制造和零部件企业积极推进自动驾驶技术研发，相继推出相关产品，低等级辅助、特定场景自动驾驶技术逐步成熟。包括通用、福特等在内的整车制造商目前已推出众多具备 L1、L2 级自动驾驶功能的量产车型，奥迪已经开始销售具备 L3 级自动驾驶功能的高端车型 A8，奔驰已具备 L3 级自动驾驶技术储备，宝马全新 3 系、7 系、X5 等新车型均已实现 L2 级自动驾驶。中国发挥市场与体制优势，一汽、长安、东风、上汽、北汽、吉利、长城等主流整车厂纷纷发布具备 L3、L4 级自动驾驶功能及 C－V2X 功能汽车的量产计划。

从技术上看，智能网联汽车在传统汽车的技术上融合了智能决策、自动控制、网络通信等大量新技术，对技术发展是个巨大挑战。我国在新型电子电气信息架构、新型智能终端、自动驾驶计算平台、车用无线网络通信、高精度地图、多线束激光雷达、云控基础平台等关键技术领域都有所布局且伴随着企业和科研院所持续不断的研发投入，都有了一定标志性意义的进展，部分领域达到国际先进水平，为汽车智能网联的发展起着重要支撑作用。另外，我国也必须正视在车载计算平台技术、人机交互技术、毫米波雷达、高精度定位技术等技术领域的落后。

综合国内外发展趋势，智能网联汽车受到各国重视，各界纷纷发力，智能网联汽车发展迅猛，将是未来智能交通、智慧城市的重要组成部分。

3. 汽车共享化

（1）汽车共享化成为发展方向的原因

汽车共享与移动出行是建立在共享经济模式下，利用网络信息技术，以使用权分享为主要特征，通过互联网平台将分散的资源进行优化配置，提升效率的新型出行方式。汽车共享化有以下优势：首先，共享汽车更为经济，"共享"一辆车所支付的成本比拥有一辆车要低，消费者出于经济上的考虑，未来可能更愿意"分享"一辆车，减少了用车养车停车成本和人力成本；其次，汽车共享，可提高资源的利用率和出行效率，目前，我国私家车 90% 以上的时间都处于闲置状态，资源被浪费，汽车共享后，大量闲置汽车可被利用，同时，在车辆实现网联化与智能化之后，运力精准匹配到需求，路面上交通拥堵得以缓解，出行更高效；最后是共享出行可以实现交通领域的节能减排，共享出行给交通领域带来节能减排的根本途径是提高车辆利用率，目前，共享汽车主要模式有分次共享、分时共享和拼车服务，这些服务，特别是拼车服务，在一定程度上可减少道路交通量，为节能减排和缓解城市拥堵问题做出贡献。因此，汽车共享会成为未来的主流出行方式。

（2）汽车共享化的现状与进展

受移动互联网的迅速发展、出行方式的不断创新、人们对共享经济的高接受度等因素驱动，近年来，我国共享出行市场快速发展，根据《中国共享经济发展报告（2020）》，2019 年我国共享经济交易规模达 32828 亿元，比上年增长 11.6%，其中交通出行领域交易规模达到 2700 亿元（见图 11），同比增长 9%，2015～2019 年，网约出租车客运量占出租车总客运量的比重从 9.5%提高到 37.1%，网约车在网民中的普及率由 26.3% 增长到 47.4%。从 2010 年起，中国出现了多种共享出行服务，其中，网约车的广泛渗透是主要表征，同时有分时租赁、P2P 租车、共享单车等多种创新出行方式，它们的发展，填补了不同场景和里程下的需求空缺。根据罗兰贝格第六期《汽车行业颠覆性数据探测》，中国汽车消费者对共享出行的整体接受度较高，"74% 的受访者表示，其认识至少一位朋友，相比购买私家车，更偏向于使用各类出行服务，接受度显著高于美、日、法、英、德等发达国家，虽然不及新加坡和印度，但差距也相对较小"。中国消费者对移动出行的使用偏好已经位于全球前列。

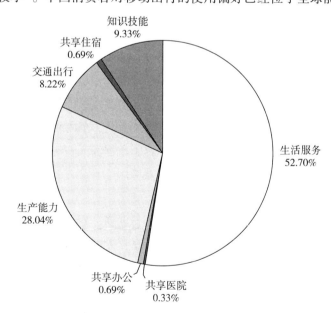

图 11 2019 年中国共享经济细分市场份额情况

资料来源：国家信息中心。

总的来说，共享出行正在快速发展，它对中国经济的发展发挥了重大作用，但发展过程中也遇到许多无法避免的困难。例如，近几年，滴滴等网约车安全事故频出，这就给推广带来一定的阻碍。从长期来看，共享出行能缓解一定的道路交通、能源环境和出行效率等问题，但现阶段必须先解决可能带来的各种社会、安全问题。

（三）新兴需求促进了汽车测评的诞生

全球汽车产业正面临深刻变革，对汽车品牌而言，市场需求变化将重塑汽车消费价值链，获取终端客户方式将转变，利润池结构也将调整；对需求端来说，未来 10 年，消费者需要更精准、更客观、更有质量的购车决策依据，在此市场新形势下，汽车供给、需求两端需要新的"桥梁"——汽车测评。中国汽车工程研究院先后与美国 IIHS（美国公路安全保险协会）、美国 RCAR、国际交通医学会、中国信息通信研究院、中国消费者报社等机构，跨地域、跨领域展开多元合作，陆续发布了一系列汽车测评方法和测评结果。

1. 汽车安全测评

根据 2018 年世界卫生组织（World Health Organization）发布的统计报告，交通事故已经成为人类主要的死亡原因之一，关乎生命安全的交通安全问题越发受到关注，进而对车的需求已经不再是简单的代步，而是追求更高的安全性能。但汽车安全性能情况是无法直观了解的，需要以统一的标尺显性化、定量化呈现。"汽车安全测评"从耐撞性与维修经济性、车内乘员安全、车外行人安全、车辆辅助安全四方面进行测评，综合了车损和人伤等风险因素，很好地为汽车安全研发、消费者购车用车提供了参考。

2. 智能汽车测评

在经济结构调整、消费结构升级和汽车行业新一轮科技革命和产业变革的大背景下，在电动化、智能化、网联化、共享化发展趋势的引领下，消费者对车辆安全、智能化应用等方面越发关注，目前，国内外尚无专门针对智能汽车/自动驾驶汽车进行评价的第三方评价体系，为助推国家智能汽车发展战略，有必要结合中国特色交通场景，建立一套智能汽车/自动驾驶汽车的第三方测评体系。"智能汽车测评"，它对自适应巡航控制系统、自动紧急制动系统、车道偏离报警系统、盲区监测系统和自动泊车辅助系统进行测评，为消费者买车用车提供参考，为企业优化升级做引导，为国家制定标准和监督管理提供支撑。

3. 汽车健康测评

随着民众用车品质的不断升级、环保意识及自我保护意识的不断提高，尤其是在经历了"毒汽车""雾霾爆表""新冠肺炎疫情"等事件后，车内空气污染影响驾乘人员健康问题越来越成为人们关注的焦点。消费者在购车时需要一个参考标准，汽车健康测评刚好能满足这一需求。"汽车健康测评"是通过整合汽车、医疗、通信行业技术资源，开展的关于车内挥发性有机化合物（VOC）、气味（VOI）、车内颗粒物（PM2.5）、电磁辐射（EMR）及车内致敏物质（VAR）对人体危害的体系评价，对车内健康做全方位测评，以数据化、直观化的测评数据，直观反映车内环境健康水平，为消费者购车提供参考。

4. 汽车驾乘测评

近年来，中国消费者协会受理汽车产品（含零部件）投诉量逐年上升，其中汽车产品性能类投诉占质量类投诉比例从不到20%快速上升到45%，消费者对汽车产品性能的关注度越来越高。当前，除了试乘试驾以外，消费者主要通过汽车媒体评测来了解一款新车的驾乘性能。对于试乘试驾来说，消费者难以在有限的时间内全面了解车型的性能、缺陷；而汽车媒体人对车型的评测基本上以主观评测为主，且测评人本身的专业素养参差不齐，测评的全面性、权威性无法保证。"汽车驾乘测评"是根据对中国交通道路的典型事故和消费者关注点、抱怨点和投诉点的统计，推出的全面、系统地反映汽车驾乘性能水平的测试评价体系，为消费者提供选车、用车的有力指导，为整车企业优化产品设计提供参考。

5. 新能源汽车评价规程

发展新能源汽车是推进节能交通建设的重要措施，我国政府一直高度重视和大力扶持新能源汽车发展。随着产销量的增加，消费者对新能源汽车的认知不断提高。但目前，新能源领域内的标准门槛相对较低，尚未建立完善、全面、客观的评价体系，缺乏针对消费端的产品评价标尺，且新能源汽车产品表现和用户体验偏差仍然存在，如续航里程不足、冬季里程缩减严重、充电慢、安全保障不足等。而"新能源汽车评价规程"，是从消费者的视角，建立沟通行业和消费者的评价体系。它作为"消费端"和"产业端"的"桥梁"，建立了"用户体验"和"产品表现"之间的关联纽带，既帮助消费者选车购车，又帮助企业根据发展需求，迭代产品升级，是助力新能源汽车企业响应市场用户需求不可或缺的重要环节。

二 汽车测评体系对我国汽车产业健康
发展发挥重要作用

（一）中国汽车产业亟须第三方测评体系

在世界汽车发展的历史中，测试评价标准和体系对行业的健康发展发挥着重要作用。1959 年奔驰进行了历史上首次车辆真实碰撞测试，为车辆的被动安全结构设计提供了真实可靠的依据，汽车安全的发展逐渐被推广到全世界的汽车制造企业。19 世纪 70 年代末期，美国 NHTSA（高速公路安全管理局）成立了第三方碰撞测试机构，并制定了统一的碰撞测试标准，要求所有的车辆必须通过某些标准才能获得上市流通的资格，此举有效减少了交通事故的发生频率。19 世纪 90 年代，日本、欧洲等地都争相出台相关标准，引导车企设计和产品制造。同期，美国高速公路保险协会出资成立了 IIHS（美国公路安全保险协会），基于保险视角，制定系统的碰撞测试标准和项目，以期更加准确地判断车辆的安全系数和后期维修经济成本，后被广大车企和消费者接受，使汽车产品的安全水平不断提升。

在我国，汽车工业起步较晚，相关的测试标准仍然在逐步完善，随着社会和行业的进步，必须有与时代发展相适应的测评体系伴随行业一起成长发展。结合我国经济、技术、市场和行业发展情况，中国汽研整合内外部资源，开展全球领先技术标准和试验方法的对标研究以及我国道路交通和车辆使用环境等多方面研究，形成了中国汽研汽车测评体系。

测评体系通过持续的技术研究、车辆测试评价、数据分析、跨行业跨领域关联应用等一系列措施来推动我国汽车产业进一步健康发展。首先，测评体系与国际接轨，结合中国汽车实际工况，提出行业标准，既为企业打造品牌和产品竞争力提供依据，又满足国际化的标准，增强其在国际市场的竞争力；其次，测评体系涵盖安全、智能、健康、驾乘和新能源汽车评价规程，结合时代发展要求不断发展更新，提供权威客观评测结果，在促进企业技术进步的同时，也满足消费者对车辆安全、健康、驾驶舒适性等方面的需求，助推消费升级的实现；再次，紧密结合"新四化"发展战略，建立自主测试方法，量化主客观评价标准，加快新技术和新设备在车辆上的配置速率，为行业在新领域突破提供技术和标准支撑；最后，通过跨行业合作、数据融合等模式创新，联合保险、交通、医疗、通信等行业资源，跨行业联动，促进行业多元化融合体系构建，结合数据平台应用，推动汽车产业商业模式创新。

（二）汽车测评体系的意义

1. 为行业决策提供重要依据

汽车测评体系基于行业的发展方向，研究并建立行业相关的规范和标准，形成了大量的车辆技术数据和案例，为行业发展提供有效的支撑。以智能测评为例，中国汽研正在逐步建立行业领先的测评体系和示范测试基地，建立典型自动驾驶场景数据库，规程研究组采集了 50 余万公里客观反映中国驾驶特性的中国自然驾驶数据以及 3000 余个公共泊车区域的泊车场景数据，深入分析危险、跟车、换道及泊车场景片段的数据流和视频流，聚类提取最贴合车辆实际情况的包含目标车静止、目标车低速、目标车减速、目标车切入、直道驶入弯道等能够客观体现危险、跟车、换道数据的行车场景及包含双边界、标线形式的平行、垂直、斜向泊车场景。结合中国汽研对中国自然驾驶数据和中国交通事故数据的研究成果，智能测评不断升级和创新，推出以"智能行车、智能泊车、智能安全、智能交互"为四个子测评的 2020 版 i-VISTA 智能汽车测评体系升级，是国内首个 L2 级自动驾驶辅助系统测评规程，将成为智能汽车测试评价的新基准，为国家制定标准和监督管理提供支撑，有力地促进行业健康发展，为政府制定标准、法规、政策导向提供技术支持和科学依据，助推国家汽车产业中长期发展规划实现，为汽车强国梦做出贡献。

2. 推动车企研发生产体系化升级

（1）测评纳入企业研发体系，推动企业技术进步

我国作为汽车制造和消费大国，测评体系发挥的作用和行业影响力正在扩大，重要的表现之一就是测评体系为车企优化产品设计提供有效输入。在同一

标准、同一规范下，通过标准化测评帮助整车企业诊断问题、明确差距并进行技术改进，目前已有 70% 以上的主流车企将测评规程纳入研发体系。以汽车安全测评为例，通过对大量国际成熟测评体系的研究和借鉴，结合我国国情引入和更新这些测评体系，为国内汽车安全性设计提出了明确的指导方向。汽车安全测评 2019 年测评结果研究报告表明，通过技术改进，某车型换代后较换代前门环系统结构变形量有明显改善，某车型改款后变形模式更为合理，测评车型安全技术水平较过往车型有稳步提升。广大汽车厂家也积极地将测评体系纳入技术开发体系，为产品性能开发提供数据支撑，从而组织研究力量投入关键安全技术和新型安全装备研究，推动行业技术进步。

（2）引导车企提升产品品质，打造行业标杆

汽车测评秉承公正、透明、专业的原则，定期公布客观评测结果，引导车企技术优化升级，引入更优配置，打造行业标杆。2019 年的安全测评结果研究显示，测评车型基础安全配置率逐年上升，前排侧气囊单一车型全系标配率达 100%，头部侧气帘单一车型全系标配率达 59%；AEB 单一车型全系标配率由 2018 年的 22% 提升至 26%，毫米波雷达 + 单目摄像头融合解决方案（1R1V）已然成为目前市场高级辅助驾驶系统（ADAS）的主流配置。

在近年的测试评价中，不少优秀的产品不断涌现，在各测评中取得了很好的成绩。根据评测的客观数据，中国汽研在健康和智能上先行先试，创新模式，每年颁发年度车型证书。一方面为企业发展起到宣传作用，积极引导企业向正确的方向进行研发投入和技术升级，提升产品品质；另一方面通过测评可以树立行业标杆，推动我国汽车产业的持续、健康发展。

（3）测评提升企业标准，帮助企业走出国门

评价规程和测评体系，还可帮助企业研究趋势、监测动向、提升标准，进而助力企业走出国门。以汽车安全测评为例，该测评充分研究并借鉴国际成熟经验——低速对标 RCAR 结构测评体系，高速对标 IIHS、E-NCAP 测评体系，结合中国汽车保险与车辆安全技术现状，最终制定形成测评体系。在整个安全测评体系的建立过程中，测试项目严格与国外机构对标，先后获得了美国 IIHS、欧洲 E-NCAP 和 RCAR 组织的认可。RCAR 是由以各国保险行业为背景的汽车研究机构联合建立的一个跨国界技术和标准研究和协调的理事会，其标准是全球互认的；E-NCAP 是汽车界最具权威的安全认证机构之一，其公正、

科学、严谨、权威的测试评价得到了汽车行业内外的广泛认可；IIHS 是世界上最权威也是标准最严格的第三方安全测评机构之一。几大参考测评体系获得国际的认可，为国内优秀车型提供了更多的信用背书，将使国内汽车产品出口之路变得顺畅。

3. 为消费者购车提供客观评判依据

（1）测评结果为消费者提供专业、客观、公正的依据，维护消费者权益

测评体系的客观性、公正性和专业性是为消费者提供客观评判依据的基础。测评从标准制定、测试评价、结果公布等环节充分邀请行业内外人士广泛参与，测评标准制定方面，在充分摸底全球技术发展情况和我国汽车工业发展水平的同时，通过邀请主流汽车和零部件厂商、行业专家评议，共同商讨形成一套适合国内技术发展和具有前瞻性的测试评价规程，保证评价规程的全面客观和专业性；在测试评价过程中，邀请媒体和消费者参与车辆的采购过程，并在试验过程中邀请车企观摩测试和监督，全程开放透明，保障车辆测试过程的公正和公开。

权威评价可以为消费者理性购车提供依据和帮助，解决消费者在购车用车方面的疑问。面对各种渠道复杂多样的信息，消费者购车需求越发趋于理性，而测评体系经过严谨测试试验得出的结果客观公正，将汽车产品隐性特征显性化和定量化，用消费者的语言进行解读后，能够使消费者迅速对车辆形成简单、直观的了解。此外，测评体系还可以用数据对市场和消费趋势进行深度解读，以客观公正的数据为消费者提供参考和可靠依据，为消费者使用相应功能提供权威参考。

此外，测评体系通过引导车企和舆论，还能让消费者享受真正的实惠。比如，汽车安全测评在低速碰撞的研究中，发现了诸如大灯、保险杠等易损零配件的设计问题，让维修便捷性和经济性更加合理，促进了零部件的合理设计，带动了车企零整比的降低，降低维修成本。如大灯备用螺栓孔的设计，就可以降低因灯脚损坏而更换整个大灯总成的风险，让车辆的维修成本降低 80%以上。

（2）宣传方式多样化，影响消费决策，推动消费升级

测评体系在不断完善发展的过程中，通过各种渠道进行对外宣传推广，让更多的消费者了解并应用。一方面，随着测评结果的发布，车企对各项测评愈

加关注和重视，将优秀的结果作为宣传推广中的一张重要名片，通过电视、互联网、自媒体等各大媒体进行全面宣传和立体报道。另一方面，中国汽研通过线上宣传和线下活动相结合，扩大影响力——中国汽研每年组织各类活动，线上主要有官方及指定平台发布测评结果，线上发布会、线上直播解读测试成绩等，线下主要有评价规程发布会、测评结果发布会、车辆拆解活动、论坛活动、试乘试驾活动、消费者调研活动、安全同行等公益科普教育活动。通过多样化的宣传形式，中国汽研让更多的消费者了解并应用，推动消费升级。

三　跨界融合，推动异业协同创新

（一）跨界资源整合关联应用

1. 跨界融合赋能品牌向上

以测评研究为基础，中国汽研深入开展国际交流、行业峰会、技术沟通等多形式的行业联动工作，为优质产品提供优质平台，提升行业影响力。中国汽研结合研究成果，每年定期举办汽车保险与安全技术发展国际研讨会、汽车与环境健康高峰论坛、i-VISTA 年会等重大学术会议和论坛，汇集国内外汽车行业大咖、车企代表、相关行业人士、高校学者、知名专家，开展技术研讨、成果分享，也为优秀产品和技术提供展示的平台。

基于专业测评数据的支撑，赋能品牌通过多种传播形式迅速扩大品牌影响力。第一，测评体系以成绩为考量，为优秀车型颁发证书，并在多个平台进行宣传，提升影响力；第二，举办评价优秀车型巡展等多种线下活动，为品牌造势；第三，打造以艾迪汽车网为传播载体的符合消费流量的科普栏目活动 IP，为产品赋能，同时结合具体测评，联合打造诸如《碰撞与洞察》等专业科普访谈栏目、"汽车健康诊所"等试验场景 VLOG 栏目，为优秀的产品提供更为广阔的宣传平台。

此外，中国汽研与公安、交管、社会公益组织进行联动，以"安全同行"为主题开展多种形式的安全教育公益活动，精准触达消费端，实现优秀产品技术价值及公益形象的传达。"安全同行"回归公益本身，从青少年受众出发，围绕中小学校安全教育重点，以寓教于乐的场景式科普方式，打造政府、行业、企业、学校、消费者与中国汽研多维联动的安全公益平台，强化品牌影响力。

2. 测评体系开创多元化商业应用

从诞生之日起，测评体系就跨界合作，创新性地开展了多元化商业应用，在保险、维修保养、出行等方面开展多元化推进，保障测评商业落地，加强其在消费市场的影响力，为优秀产品提供更多商业出口。与保险领域合作，创新保险产品，促进产品营销；与互联网深度融合，以优秀车型推动品牌曝光；与消费者关联，以技术活动推动优秀产品展示；与出行公司合作，推动出行产品服务升级；组建媒体圈层，为优秀产品提供深度曝光。基于用户调研和产品测试评价等数据，还可以从产品和人群两个方面帮助企业对产品进行精准定位，提升终端销售竞争力。

其中，以保险关联应用最具代表性。中国汽研以测评推荐车型为基础，创造性地开展测评数据与保险行业关联应用发展路径研究，联合保险公司共同开展"驾乘意外险""智能保障险""健康安全险""新能源电池安全险"等产品的开发和运营，推动汽车与保险的深度融合及协同创新。一方面，与直保公司合作，结合市场需求推出新的产品，帮助其提升市场占有率，并为车企提供更多的销售工具。经过多方共同努力，长安汽车 CS75PLUS 车型驾意险成功推向市场，达到保险公司、汽车企业、消费者等多方共赢的结果。另一方面，与再保险公司、保险经纪公司、科技公司等合作，根据测评结果，开展保险精算和保险风险因子研究，形成数据的跨界应用，在提升品牌影响力和品牌赋能的同时，形成数据核心竞争力。中国汽研未来将围绕测评，依托车辆测评结果、保险精算和大数据分析，深入拓展保险和汽车领域的跨界研究，继续推动测评与保险的深度融合。

（二）大数据融合助力汽车数据服务

测评体系形成跨行业合作以及数据融合模式的创新，全面打造汽车和大数据挖掘的交叉技术服务能力，为政府、企业和消费者提供更加全面、高质量、定制化服务。目前测评体系已联合保险、交通、医疗、通信及媒体行业资源跨行业联动，在测评及与外部资源合作拓展的基础上，建立工程数据库、汽车行业大数据平台等多方面的数据库和公共技术平台，对积累的数据进行深度挖据，发现和研究共性问题，打造中国汽研专业的汽车数据融合模式，推动行业更好更快发展。

1. 汽车工程数据云平台

测评体系与汽车工程数据云平台结合，通过工程大数据发挥更大的作用。中国汽研以 CaeriVIM（Vehicle Information Modelling）4D 汽车轻量化数据信息平台为载体，采集与整合全量汽车工程数据，开发"四端一云"的数据可视化先进工具，打造汽车全产业链的供需信息平台，着力建设汽车产业大数据生态。

一方面，中国汽研以测评大数据为吸引主机厂的特色产品，提高其入驻和使用概率；另一方面，测评车辆拆解，测评数据融入，可以为工程数据云平台提供数据支撑。结合测评车辆，中国汽研每年进行 15～30 辆车深度拆解和数据采集，并在 CaeriVIM 上通过 3D 图形引擎展示。该平台针对典型车型建立完整的汽车模型数据库，简单、直观、快捷、准确地展示了车型的测评结果、结构、材料等数据，形成车辆的全量数据库，为车企提供材料实验、数据存储和分析的一站式平台。

2. 消费者大数据流量平台

中国汽研以艾迪汽车网为 C 端平台流量入口和 C 端用户关键行为的载体，建立消费者大数据平台。平台融合互联网搜索、交易、服务、社交等功能，打造内容运营、平台数据、金融及后市场服务产品等几大核心业务能力，强化数据整合和搜索能力，同时凭借搜索技术及信息资源库，向个人用户推出汽车消费全生态链产品。

一方面，平台提供多样化的内容和服务，满足消费者需求。内容运营方面，建设科普类图文、视频、社群、KOL 模块，提供权威、全面、高互动性的内容，提高用户搜索量和互动率，多层次、多维度地影响最广泛的汽车消费者。数据服务方面，推进 C 端流量平台数据资源整合和开放共享，基于流量、数据、计算能力向 C 端提供精准数据库行销服务，构建数据营销生态。金融及后服务市场产品方面，通过汽车测评研究，推出适应市场需求的品牌保险、购车贷款等汽车金融产品，给客户带来新的利益，满足新的服务需求。

另一方面，将数据资源整合，开展数策平台 CAERI SIP 建设，同时结合 i 车电检、i 查车、i 车视讯等诸多小程序的应用和消费者网站使用的大数据行为分析，可以通过用户点击、行为操作、浏览线索等数据回溯，形成消费者画像，从而了解消费者对测评的关注度和关注点，进一步深入挖掘相关产品和服务的需求痛点，对测评的进一步发展提供参考依据的同时，还可以对主机厂、保险公司等诸多产品及服务公司提供数据参考，打造更优产品，更好地为消费者服务，形成良性的循环。

参考文献

中国汽车技术研究中心、日产（中国）投资有限公司、东风汽车有限公司主编《新能源汽车蓝皮书：中国新能源汽车产业发展报告（2019）》，社会科学文献出版社，2019。

罗兰贝格：《2019 年汽车行业颠覆性数据探测》，2019 年 11 月 20 日。

安　全　篇

汽车安全测评

报告一
国内外汽车安全发展现状

摘　要： 本报告主要对国内外道路交通安全的总体形势与特征进行研究，从交通事故概况、各国交通安全发展形势、机动车和驾驶人保有量、道路交通事故形态发展、弱势道路使用者以及交通事故损伤分布情况等方面对中国以及全球的交通安全总体形势进行归纳和总结。

关键词： 道路安全　交通事故　死亡率　弱势道路使用者

一　国内外道路交通安全的总体形势与特征

（一）全球交通安全总体形势

1. 交通事故是人类主要的死亡原因之一

据 2018 年世界卫生组织（World Health Organization）发布的统计报告，交通事故已经成为人类的主要死亡原因之一。2016 年，交通事故致死人数占比已经从第 9 位攀升至第 8 位（见表1），致死人数达到 135 万。对于 5 ~ 29 岁的儿童和青年，交通事故是最主要的致死原因。

表 1　2016 年人类死亡的前十大原因

单位：%

排名	死亡原因	占总死亡人数的比例
1	缺血性心脏疾病	16.6
2	中风	10.2
3	慢性阻塞性肺疾病	5.4
4	下呼吸道感染	5.2
5	阿尔茨海默氏病和其他痴呆	3.5
6	气管癌、支气管癌、肺癌	3.0
7	糖尿病	2.8
8	道路交通伤害	2.5
9	腹泻病	2.4
10	结核病	2.3

资料来源：世界卫生组织。

与此同时，虽然全世界的车辆保有量在稳步增加，随着道路交通管理水平、安全驾驶意识和车辆安全技术水平的提升，整体的万车死亡率从 2000 年的 135 人下降到 2016 年的 64 人，具体数据如图 1 所示。

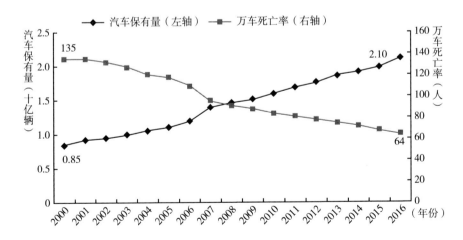

图 1　2000 ~ 2016 年世界汽车保有量及万车死亡率统计

资料来源：世界卫生组织。

2. 十年间各国交通事故死亡人数总体呈现下降趋势

据美国国家公路交通安全管理局统计，美国道路交通死亡人数从 2008 ~ 2014 年除 2012 年外均呈现负增长趋势，在 2015 年出现反弹，2014 ~ 2015 年的死亡人数增长率为 8.4%，为 2008 ~ 2017 年中最高，如图 2 所示。

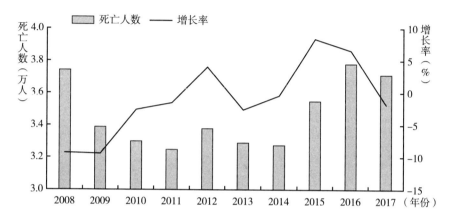

图2　2008 ~ 2017 年美国道路交通事故死亡人数据统计

资料来源：美国国家公路交通安全管理局。

日本交通事故综合分析中心数据显示，2008 ~ 2018 年，日本道路交通事故死亡人数呈逐年下降的趋势，具体数据如图 3 所示。

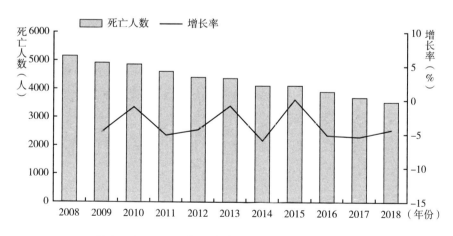

图3　2008 ~ 2018 年日本道路交通事故死亡人数统计

资料来源：日本交通事故综合分析中心。

2007～2016 年，德国、西班牙、法国、意大利、荷兰、英国、韩国等国家的道路交通事故死亡人数变化情况如图 4 所示。2016 年与 2007 年相比，以上各国的死亡人数均呈下降趋势，下降率分别为 35.22%、52.65%、24.87%、36.02%、11.28%、41.42%、30.39%，各国总体道路交通事故死亡率下降约 35.05%。

图 4　2007～2016 年各国道路交通事故死亡人数示意

资料来源：中国道路交通事故统计年报。

3. 低、中、高收入国家交通安全发展水平不均衡

全球各地区的道路交通安全发展水平不均衡。道路交通伤害和死亡的负担不成比例地由弱势道路使用者和生活在低收入和中等收入国家的人承担，在这些国家，日益机动化的交通工具造成越来越多的人员伤亡。2013 年，不同收入水平国家的道路交通事故死亡率如图 5a 所示。2016 年，不同收入水平国家交通事故所致死亡率如图 5b 所示。

2013～2016 年，在低收入国家，道路交通死亡人数都没有下降，而在 48 个中高收入国家，死亡人数有所下降，如图 6 所示。

4. 交通死亡率具有地区不平等特性

WHO 统计资料表明，道路交通死亡率也呈现地区不平等性。如图 7 所示，2016 年的统计数据显示，非洲和东南亚国家的道路交通死亡率分别为每十万人 26.6 人和 20.7 人，均高于世界平均水平十万人口 18.2 人，且与 2013 年相

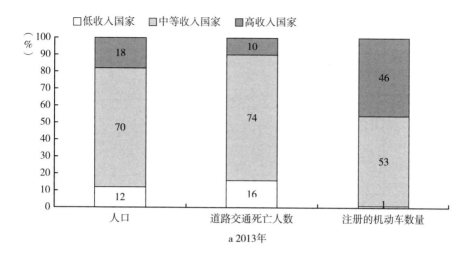

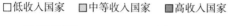

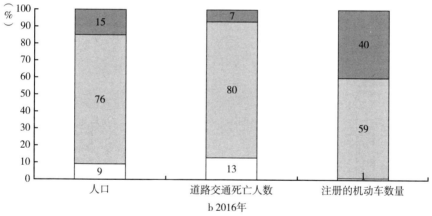

图5 不同收入水平国家人口、道路交通死亡人数和注册机动车辆数量的比例

资料来源：世界卫生组织。

比均有所增加，而美洲、欧洲及西太平洋的数据均较低且呈下降趋势。

除东地中海区域外，每十万人口道路交通死亡率随地区收入的增加而下降。在非洲，中等收入国家与低收入国家之间存在明显差别，中等收入国家的死亡率为每十万人口 23.6 人，低收入国家为每十万人口 29.3 人。在欧洲，中等收入国家的道路交通死亡率（每十万人口死亡 14.4 人）几乎是高收入国家的 3 倍（每十万人口死亡 5.1 人）。

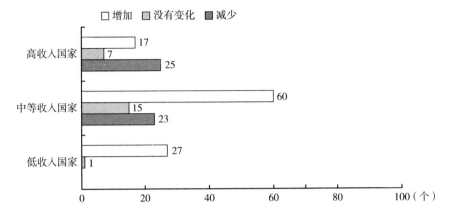

图6 2013～2016年道路交通死亡人数有所变化的国家数目

注：数据代表了自2013年以来死亡人数变化超过2%的国家，不包括人口在20万以下的国家。

资料来源：世界卫生组织。

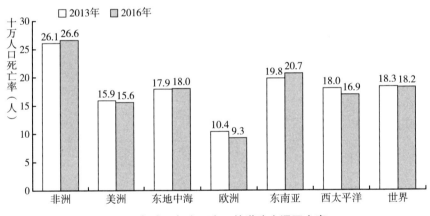

图7 各地区每十万人口的道路交通死亡率

资料来源：世界卫生组织。

5. 弱势道路使用者占道路交通死亡人数一半以上

2018年全球道路安全状况报告显示，在所有道路交通死亡中，有一半以上是弱势道路使用者，包括行人、骑自行车的人和使用两轮或三轮机动车的人。如图8所示，世界行人和骑自行车的人死亡数占总数的26%，两轮或三轮机动车驾驶人占28%，汽车使用者占29%，其余17%是其他/未经确认者。

其中，非洲的行人和骑自行车的人死亡率合计最高，占44%；而东南亚和西太平洋的两轮或三轮机动车驾驶人死亡率最高，分别为43%和36%。

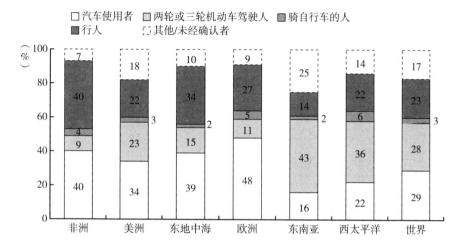

图8　按道路使用者类别及世界卫生组织区域划分的死亡人数分布

资料来源：世界卫生组织。

（二）中国道路交通安全总体形势

1. 中国道路交通安全形势发生改变

随着中国经济的快速增长，道路交通迎来巨大的发展与变革。截至2018年底，中国公路总里程超过480万公里，机动车保有量超过3.2亿辆。但中国的道路交通安全形势依然比较严峻，公安部交通管理局的统计年报显示，2018年，中国共接到道路交通事故1025.6万起，同比增加183.7万起，同比增长21.8%。其中涉及人员伤亡的道路交通事故244937起，造成63194人死亡、258532人受伤，直接财产损失达13.8亿元，与2017年同期相比，死亡人数下降0.9%，事故起数、受伤人数、直接财产损失分别上升20.6%、23.3%和14.1%。发生适用简易程序处理的道路交通事故1001.1万起，同比增加179.5万起，同比增长21.8%。

2. 机动车和驾驶人保有量快速增长

经济水平的提高增强了人们的购买力，汽车保有量呈快速增长趋势。2018年，找国汽车保有量达到24028万辆，为历史最高水平，与2017年相比，增加 2284 万辆，增长 10.5%；摩托车保有量为 6823 万辆，减少 602 万辆，下降 8.1%。汽车占机动车的比例持续提高，从 2014 年的 58.62% 提高到 2018 年的 73.48%，汽车已经成为机动车的主要构成部分。近五年的汽车保有量及占机动车比例情况如图 9 所示。

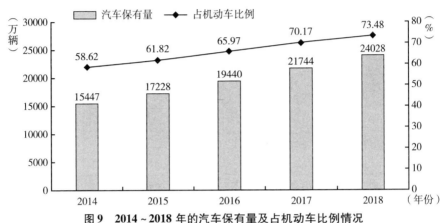

图 9 2014～2018 年的汽车保有量及占机动车比例情况

资料来源：公安部交通管理局。

国家统计局的数据显示，2009～2018 年十年，机动车驾驶员人数与汽车驾驶员人数呈现明显增长趋势，机动车驾驶员人数与汽车驾驶员人数情况如图 10 所示。

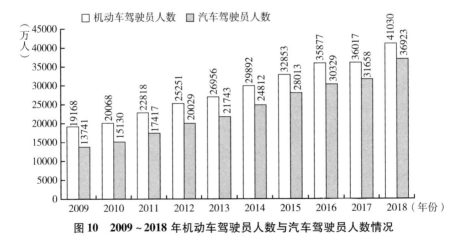

图 10 2009～2018 年机动车驾驶员人数与汽车驾驶员人数情况

资料来源：国家统计局。

3. 道路交通死亡人数及十万人口死亡率总体呈下降趋势

据 2018 年度道路交通事故统计年报，2018 年涉及人员伤亡的交通事故：起数上升 20.6%，死亡人数下降 0.9%。如图 11 所示，中国近 10 年的交通事故数量及事故死亡人数下降后又在 2016 年显示出上升趋势。2018 年涉及人员伤亡的交通事故起数为 2009 年以来的最大值。

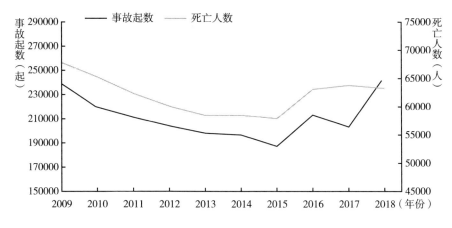

图 11　2009～2018 年道路交通事故情况

资料来源：公安部交通管理局。

2009～2018 年万车死亡率总体呈下降趋势，十万人口死亡率在 2016 年呈现较明显的上升趋势，与 2015 年相比上升 8.1%，2017 年十万人口死亡率相比 2016 年上升 0.66%，上升幅度有所回落。万车死亡率除 2016 年上升了 2.9% 以外，其余年份均为下降。2009～2018 年万车死亡率及十万人口死亡率趋势如图 12 所示。

4. 道路交通事故形态与车辆间事故形态稳定

2014～2018 年事故形态分布无明显变化，如图 13 所示，车辆间事故发生概率远远大于车辆与人事故和单车事故数量。

根据 2014～2018 年交通事故年报统计数据，在两车事故（碰撞运动车辆）中发生侧面碰撞的概率最高，占总事故起数的 40% 左右，发生追尾碰撞与正面碰撞的概率相似。主要车辆间事故形态占总事故数量的比例变化如图 14 所示。

5. 近年高速公路事故死亡人数占比呈下降趋势且车辆间事故形态稳定

据 2018 年度道路交通事故统计年报，2018 年高速公路发生事故 9243 起，

.

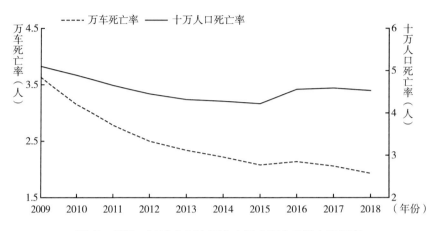

图12 2009～2018年万车死亡率及十万人口死亡率示意

资料来源：公安部交通管理局。

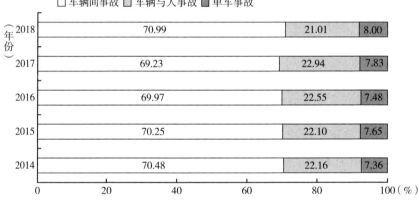

图13 道路交通事故形态分布示意

资料来源：公安部交通管理局。

导致的死亡人数为5336人。2009～2018年十年高速公路发生交通事故数占总交通事故数的比例变化趋势如图15所示。

2014～2018年，高速公路主要车辆间事故占总事故数量的比例变化如图16所示。在两车事故（碰撞运动车辆）中发生追尾碰撞的概率最高，占总事故起数的35%左右。发生侧面碰撞与正面碰撞的概率之和在10%以下。

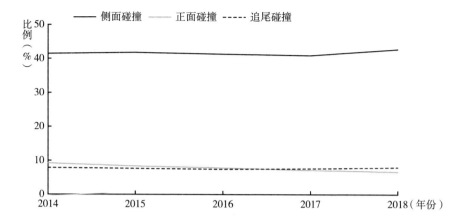

图14 2014～2018年主要车辆间事故占总事故数量的比例

资料来源：公安部交通管理局。

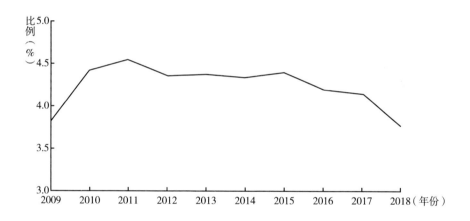

图15 高速公路交通事故数占总交通事故数的比例变化趋势

资料来源：公安部交通管理局。

6.弱势道路使用者死亡人数占比呈上升趋势

据2009～2018年度道路交通事故统计年报，2009～2018年交通事故中弱势道路使用者（驾驶非机动车者、乘非机动车者、步行者）死亡人数占总死亡人数的百分比变化趋势如图17所示。交通事故中弱势道路使用者的死亡人数占总死亡人数的百分比呈上升趋势。

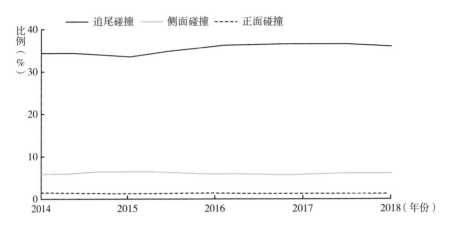

图 16　2014～2018 年主要车辆间事故占总事故数量的比例示意

资料来源：公安部交通管理局。

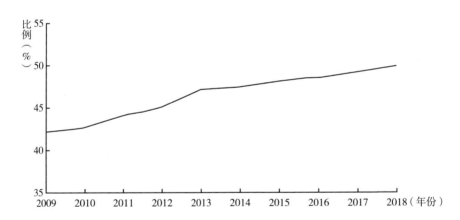

图 17　2009～2018 年弱势道路使用者死亡人数占总死亡人数的百分比变化趋势

资料来源：公安部交通管理局。

2009～2018 年主要弱势道路使用者死亡情况如图 18 所示，步行者的死亡数在主要弱势道路使用者死亡数中最高，其次是驾驶摩托车者。骑自行车者与乘摩托车者的死亡数量大体呈逐年下降趋势，而骑电动自行车者的死亡数量则逐年上升。

综上，中国道路交通安全面临的挑战主要是：①机动车和驾驶人保有量快速增长；②弱势道路使用者死亡人数占比呈逐渐上升趋势；③车辆间碰撞仍然

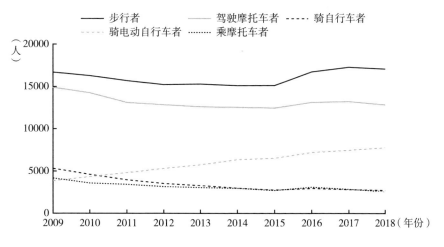

图18 2009～2018年主要弱势道路使用者死亡情况

资料来源：公安部交通管理局。

是道路交通事故中的主要事故形态。要应对以上挑战，需要从人、车、路多个因素进行综合考虑。比如，加强安全教育，提高人的安全意识；优化道路安全设计，加强道路交通安全管理；完善车辆安全设计标准，针对中国的道路交通安全事故特征开展新车测试、评价等。

二 国内外安全标准发展历程及现状

从世界上第一辆汽车诞生开始，汽车对促进社会进步、提高大众物质生活水平、改善人们精神生活都起到了非常重要的作用。但随着汽车保有量迅速增加，道路交通事故已发展成为一个严重的社会问题。因此，从20世纪50年代开始，许多国家，特别是工业发达国家相继对汽车产品进行立法，实施法制化管理，并制定各类汽车技术法规，对汽车安全等技术性能加以控制，以减少汽车对人类社会和环境造成的危害。

我国的汽车强制性标准体系主要以ECE法规和EC指令为参照，汽车强制性标准首先从主动安全开始，随着汽车工业的发展和技术进步，逐步扩展至一般安全、被动安全。在被动安全测试里，主要包括车内乘员安全和车外行人安全两大方面。

（一）车内乘员安全标准

1. 正面碰撞标准

汽车正面碰撞标准主要有美国的 FMVSS 208、欧洲的 ECE R94 以及中国的 GB 11551—2014 等。主要的正面碰撞形式为 100% 正面碰撞、正面 30°斜角刚性壁障碰撞、正面可变形壁障 40% 偏置碰撞等。

（1）FMVSS 208

美国是世界上最早实施车辆正面碰撞法规的国家。美国 FMVSS 208《乘员碰撞保护》法规包括 100% 正面碰撞、正面 30°斜角刚性壁障碰撞和正面可变形壁障 40% 偏置碰撞。

（2）欧洲法规

欧洲的正面碰撞法规包含 ECE R137 和 ECE R94，分别规定了 100% 重叠正面碰撞和正面可变形壁障 40% 偏置碰撞，试验速度分别为 50km/h 和 56km/h。

（3）中国标准

我国正面碰撞标准 GB11551—2014 规定了 100% 重叠正面碰撞，试验速度为 50km/h。偏置碰撞标准 GB/T20913—2007 规定了 40% 偏置碰撞，试验速度为 56km/h。

2. 侧面碰撞标准

在美欧两大汽车安全法规体系中，汽车侧面碰撞的法规分别为 FMVSS 214 和 ECE R95。1990 年 10 月 FMVSS 214 在美国颁布执行；欧洲于 1991 年颁布了 ECE《侧面碰撞草案》，并于 1995 年颁布了正式的 ECE R95 侧面碰撞法规。日本在 1998 年将侧面碰撞法规正式纳入日本保安基准。

我国于 2004 年开始制定汽车侧面碰撞乘员保护国家强制性标准，并于 2006 年 7 月 1 日起正式实施。美国、欧洲现行的侧面碰撞试验方法存在较多的不同之处，包括碰撞形态，移动壁障的台车质量、尺寸、吸能块尺寸及性能，试验用侧碰假人、碰撞基准点等，同时乘员伤害指标也略有不同。

（1）FMVSS 214

FMVSS 214 的侧面碰撞标准为移动变形壁障运载台车纵向中垂面以 48km/h 的速度垂直撞击试验车辆，运载台车的行进方向与运载台车的纵向中垂面夹角为 27°；侧面柱碰试验速度 0～32km/h，车辆的运动方向和车辆的纵向中心线成 75°的角度。

（2）欧洲法规

在欧洲法规中，移动变形壁障运载台车以 50km/h 的速度垂直撞击试验车辆驾驶员侧。侧面柱碰速度为 32km/h，车辆纵向中心线与车辆运动方向成 75°角。

（3）日本标准

日本标准中的侧面碰撞和侧面柱状的碰撞形式与欧洲法规基本相同。

（4）GB 20071—2006

中国侧面碰撞安全标准修改采用了欧洲的 ECE R95 法规，并结合国内的具体国情制定。考虑到我国人体参数和车型特点，在制定该标准时又参考了日本的相关法规。标准于 2006 年 7 月 1 日开始实施，标准规定了汽车进行侧面碰撞的要求和试验程序，并对车辆型式的变更、三维 H 点装置、移动变形壁障及碰撞假人进行了规定。我国侧碰标准规定了碰撞形式为移动变形壁障纵向中垂面与试验车辆纵向中垂面垂直，碰撞速度为 50km/h。目前，国标碰撞假人采用 ES - 2。

3. 翻滚碰撞标准

当前翻滚碰撞方面的标准主要为等效的顶部静压试验。顶压试验标准以美国 FMVSS 为主，中国国标参考美国的相关法规制定。而欧盟和日本在这方面的法规标准还有缺失，未制定乘用车的翻滚标准。

（1）FMVSS 216a

将车辆放上台架，并以一定角度将车辆的底盘框架牢牢固定在刚性水平面上。通过测量水平面及驾驶员和乘客侧门槛底部标准参考点之间的垂直距离来确定车辆的横向姿态。采用刚性金属板以一定的角度和 13mm/s 的速度对车顶施加载荷，直至加载位移量达到 127mm。

规定车辆车顶结构在试验中必须承受的最大载荷是车辆空载重量的 3 倍。该标准还扩展了适用范围，使其也适用于额定车辆总重大于 2722 千克但不大于 4536 千克的车辆，确定了这些较重车辆的受力要求为车辆空载重量的 1.5 倍。同时标准还规定，上述所有车辆必须在双面试验中满足规定的载荷要求，标准还要求车辆在试验中保持足够的生存空间。

（2）GB26134—2010

GB26134—2010 参考美国 FMVSS 标准制定。金属板以一定的角度和不超过 13mm/s 的速度对车顶施压，直至所加载的载荷达到要求。

4. 追尾碰撞中的座椅标准

关于追尾碰撞中的座椅（挥鞭伤）的标准大致包括美国的 FMVSS 202a、FMVSS 207，欧洲的 ECE R17、ECE R25、GTR 7，中国的 GB11550—2009、GB15083—2019 以及 ISO17373：2005。FMVSS 207、ECE R17、ECE R25、GB11550—2009 和 GB15083—2019 对座椅头枕的外观尺寸、吸能性能做出了规定，规定了防挥鞭伤座椅的基本要求。FMVSS 202a、GTR 7 和 ISO17373：2005 对汽车座椅防挥鞭伤功能提出了具体要求，规定了座椅防挥鞭伤评价指标、试验方法。

（1）FMVSS 202a 头枕

FMVSS 202a 标准规定了头枕的要求，以减少在追尾和其他碰撞中颈部受伤的频率和严重程度。该标准适用于 2009 年 9 月 1 日当天或之后制造的乘用车、额定车辆总重小于等于 4536 kg 的多用途乘用车、货车和客车。

关于动态要求，FMVSS 202a 标准中对头部与躯干的相对旋转角度和头部伤害标准有要求。对于旋转角度，Hybrid-Ⅲ 50 百分位试验假人头部和躯干之间的相对旋转角度限制在 12°。对于头部伤害标准，将最大 HIC15 值限制为 500。

（2）GTR 7 全球法规

GTR 7 全球技术法规从静态评价和动态评价两方面规定了座椅防挥鞭伤要求。静态评价要求头枕高度≥800mm，头后间隙≤55mm；动态评价要求，当采用 Hybrid-Ⅲ 50 百分位男性试验假人时，评价指标同 FMVSS 202a 动态试验要求相同。当采用 BioRID Ⅱ 假人时，评价指标为假人 NIC、上颈部 Fx、上颈部 Fz、上颈部 My、下颈部 Fx、下颈部 Fz、下颈部 My。

（3）ISO17373：2005

ISO17373：2005 规定了座椅防挥鞭伤动态试验性能要求。动态试验采用 BioRID Ⅱ 或 Hybrid-Ⅲ 50 百分位假人，评价指标包括头部加速度（X/Y/Z）、上颈部 Fx、上颈部 Fz、上颈部 My、下颈部加速度（X）、下颈部 Fx、下颈部 Fz、下颈部 My、胸部加速度（X/Z）、骨盆加速度（X/Y/Z）。

（二）行人安全标准

由于行人事故发生概率高，损伤风险大，对行人保护的研究也越来越引起全球范围的关注。2008 年世界车辆法规协调论坛（WP29）及其管理委员会通过表决，行人法规成为 GTR 第 9 号法规。欧盟于 2003 年正式通过 2003/102/EC 指令，该指令成为全球第一部行人保护法规。2009 年废除相关指令并推出 EC 78/2009 号指令是欧盟目前制定的有关行人保护方面的最新法规。我国于 2009 年发布了 GB/T 24550—2009《汽车对行人的碰撞保护》，主要参考全球技术法规 GTR 9（2008 年版）。

（1）GTR 9

适用范围：最大设计质量大于 500kg 的 M1 类汽车、最大设计质量大于 500kg 但不大于 4500kg 的 M2 类汽车以及最大设计质量大于 500kg 但不大于 4500kg 的 N 类汽车。但不包括驾驶员座椅 R 点与前轴中心的横向平面的水平距离小于 1000mm 的 M2 类和 N 类汽车。

GTR 9 试验项目含头型试验和腿型试验，儿童头型质量为 3.5kg，撞击速度为 35km/h，撞击角度为 50°；成人头型质量为 4.5kg，撞击速度为 35km/h，撞击角度为 65°。腿型根据保险杠下部基准线离地高度，采用 TRL 下腿型/上腿型冲击保险杠，冲击速度为 40km/h。

（2）ECER 127

该法规适用于 M1 和 N1 类机动车。N1 类车辆的驾驶员位置"R 点"是前轴向前或纵向前轴横向中心线后方最大为 1100mm 的车辆，不受该法规的要求。

ECE R127 的儿童头型质量为 3.5kg，撞击速度为 35km/h，撞击角度为 50°；成人头型质量为 4.5kg，撞击速度为 35km/h，撞击角度为 65°。腿型根据保险杠下部基准线离地高度，采用 Flex PLI 腿型/TRL 上腿型冲击保险杠，冲击速度为 40km/h。

（3）GB/T 24550—2009

GB/T 24550—2009 的要求参见 GTR 9。

三 国内外安全评价规程发展历程及现状

世界三大汽车法规体系主要有：美国的 FMVSS、欧洲的 ECE 和 EEC，以及日本的 TRIAS。它们在 20 世纪五六十年代出现，并不断完善。汽车安全标准针对汽车安全性提出了最基本要求，满足汽车安全标准要求是各国汽车产品进入市场的一道门槛。但汽车安全标准缺乏对汽车产品安全性能的总体评价分级，无法为汽车消费者提供一个更直观的汽车安全性评价。

为使消费者对汽车安全有更好的认识，汽车安全评价规程相继在各国出现。1978 年美国公路交通安全管理局（NHTSA）提出并组织建立了最早的NCAP 体系，至 20 世纪 90 年代末期，欧洲、日本、澳大利亚及韩国等也先后组建了自己的 NCAP 体系，我国也在 2006 年由中国汽车技术研究中心正式建立 C-NCAP 体系。以上评价工况主要聚焦于人员的安全，测试工况以中高速为主。

在低速碰撞方面，在全球具有较强影响力的是汽车维修研究委员会（简称 RCAR）从保险公司的视角提出的低速结构碰撞试验和低速保险杠碰撞试验工况，用以研究低速碰撞中车辆的耐撞性与维修成本，其目的旨在提升乘用车的耐撞性和维修经济性。

2017 年，在中国保险行业协会指导下，中国汽车工程研究院（简称"中国汽研"）和中保研汽车技术研究院（简称"中保研"）联合推出了中国保险汽车安全指数（C-IASI）测试评价体系。该体系首次将人员安全风险和车损安全风险视角下的高速和低速碰撞测试评价体系融为一体，从耐撞性与维修经济型、车内乘员安全、车外行人安全以及辅助安全四个方面，将汽车产品隐性特征显性化和定量化，从汽车消费者和保险的角度客观评价车辆的安全特征及使用经济性，提供客观公正的参考信息。

相对于汽车安全评价标准，各汽车安全评价规程对于汽车安全的评价范围更广，评价项目更丰富，而且通过星级评定或打分的形式综合性地描述了汽车的整体安全性。同时汽车安全评价标准也为安全评价规程的制定提供了数据基础，二者缺一不可。

（一）耐撞性与维修经济性规程

在低速碰撞中，车辆的结构可能会受损，但通常不会造成严重的人身伤害。耐撞性与维修经济性的研究目的就是减少机动车维修损失，通过测试研究提高车辆的耐撞性、维修经济性。当前进行车辆耐撞性与维修经济性测试的机构主要是 RCAR 组织的成员机构，如德国安联技术中心（以下简称"AZT"）、英国大昌研究中心（以下简称"Thatcham"）、韩国保险汽车研究培训中心

（以下简称"KART"）和中保研。

（1）RCAR

1972 年成立的 RCAR（保险汽车维修理事会）在耐撞性与维修经济性研究和测试方面发挥了重要作用。目前，RCAR 有 24 个成员，横跨 20 个国家和五大洲：欧洲、亚洲、北美洲、南美洲和大洋洲。其会员机构均由保险行业或者保险公司出资成立，开展与保险风险相关的汽车技术的研究工作。

当前 RCAR 低速碰撞试验主要包含低速结构碰撞试验和保险杠碰撞试验。

低速结构碰撞试验包含正面碰撞、追尾碰撞和侧面碰撞（仅德国 AZT 进行低速结构侧面碰撞测试）。低速结构碰撞主要考核碰撞后整车特征位置闭合件间隙变化量和下车体的变形量，以及碰撞后整车零部件维修和更换的情况，综合评价其维修经济性。

①正面碰撞：试验车质量为整备质量加上一个 75kg 的驾驶员质量，碰撞点位置为车辆前部 40% 宽度处；试验速度为 15^{+1} km/h，试验壁障高度应高于试验车辆。壁障要求为不可变形的刚性壁障，碰撞侧为驾驶员侧。

②追尾碰撞：驾驶员侧须放置一个 75kg 碰撞假人，车辆与碰撞台车行进方向成 10° 摆放，碰撞点位置为车辆尾部 40% 宽度处，碰撞侧为乘员侧。车辆制动处于松开位置，试验速度为 15^{+1} km/h，台车前端需安装刚性壁障，台车质量为 1400 kg，如图 19 所示。

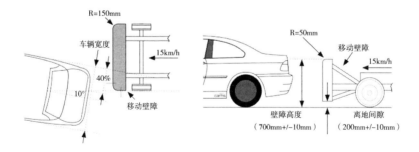

图 19　低速结构追尾碰撞

③侧面碰撞：试验车质量为整备质量加一个 75kg 的驾驶员质量，碰撞点位置为车辆前门的中心线上，离地高度 450mm，试验速度为 10^{+1} km/h，试验壁障车前端为刚性壁障，质量为 1000kg，碰撞侧为驾驶员侧，如图 20 所示。

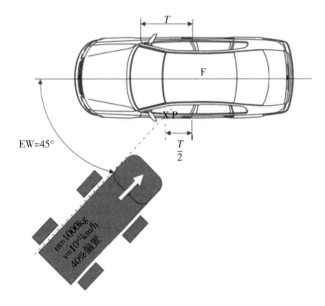

图20 低速结构侧面碰撞

保险杠碰撞试验主要考核车辆保险杠的吸能特性以及与其他车辆发生低速碰撞的兼容性和接触稳定性。保险杠碰撞试验包含全宽碰撞和角度碰撞两种碰撞类型共四种碰撞工况，正面全宽/尾部全宽测试的碰撞速度为10km/h；正面角度/尾部角度测试的碰撞速度为5km/h，工况如图21所示。

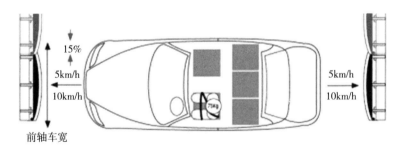

图21 保险杠碰撞测试

（2）中国保险汽车安全指数（C-IASI）

C-IASI耐撞性与维修经济性测评规程在借鉴RCAR低速测评规程的前提下，结合国内道路交通实际情况，选取低速结构碰撞测试中正面碰撞和追尾碰撞作为考核项，保险杠碰撞测试作为监测项。该试验内容主要由C-IASI的发起单位中保研完成。中保研于 2016 年加入 RCAR，可以完成国际 RCAR 组织推荐的所有碰撞试验和部分真实道路环境的实车模拟碰撞试验。同时，以中国市场的实际情况为基础，对维修经济性进行评估。

自耐撞性与维修经济性测评规程引入中国市场以来，汽车生产企业开始关注耐撞性及维修经济性提升方面的设计，完善了中国汽车测评体系重要一环。

（二）车内乘员安全规程

车内乘员安全规程包括正面碰撞乘员保护规程、侧面碰撞乘员保护规程、翻滚（顶压）乘员保护规程和追尾碰撞乘员保护规程。

1. 正面碰撞

除了汽车安全标准，各国还相继开发了新车评价规程 NCAP。NCAP 起始于美国，在欧洲得到发展。中国汽车技术研究中心于 2006 年根据中国市场自身情况，定制了 C-NCAP。此外还有 IIHS、中国的中国保险汽车安全测评（C-IASI），C-IASI 于 2018 年正式开始测试。各 NCAP 评价基础都是根据各国市场情况建立的。在试验形态设置上，都有自己的独特之处，也有相互吸收。目前，Euro NCAP 是评价项目最多的。U. S. NCAP 与 IIHS 评价体系的试验条件相对苛刻，因为美国 SUV 及大型乘用车保有量大。

各国评价规程中正面碰撞测试项目对比如表 2 所示。

表 2　各国评价规程正面碰撞项目

规程	100% 重叠刚性壁障碰撞	40% 重叠可变形壁障偏置碰撞	正面 25% 偏置碰撞
U. S. NCAP	56km/h	—	—
Euro NCAP	50km/h	64km/h	—
C-NCAP	50km/h	64km/h	—
JNCAP	55km/h	64km/h	—
IIHS	—	64km/h	64km/h
C-IASI	—	—	64km/h

资料来源：U. S. NCAP、Euro NCAP、C-NCAP、JNCAP、IIHS、C-IASI。

（1）U. S. NCAP

U. S. NCAP 正面碰撞保护标准规程包括 100% 重叠正面碰撞测试。假人损伤评价标准有头部损伤评价标准 HIC15、颈部张力、颈部压力、颈部 Nij 指数、胸部压缩量和大腿力。驾驶员和副驾驶员测量的评价指标一样。

U. S. NCAP 中 35% 重叠正面偏置碰撞形式目前还未实施。

（2）Euro NCAP

Euro NCAP 正面碰撞规程包含 100% 重叠正面碰撞测试和 40% 重叠可变形壁障偏置碰撞。其中 100% 重叠正面碰撞测试是 2015 年引入的，100% 重叠正面碰撞测试的假人损伤评价标准有：头部损伤指标 HIC15、头部加速度、颈部剪切力、颈部张力、伸张弯矩、胸部压缩量、VC、大腿力。40% 重叠可变形壁障偏置碰撞的假人损伤评价还包含膝盖滑动位移、小腿压缩力、胫骨指数。

2020 年 Euro NCAP 将引入 MPDB（可移动的渐近可变形壁障）前向碰撞测试，来评价碰撞兼容性等级。相容性评估包括壁障变形的均匀性，壁障侵入，乘员负荷指数 OLC。MPDB 试验与 ODB 试验相比，车辆的结构变形和运动相似，但由于车辆和 MPDB 小车的相对速度的增加，车身脉冲的严重程度更严重。

（3）C-NCAP

C-NCAP 正面碰撞保护标准试验规程包括 100% 重叠正面碰撞和 40% 重叠偏置碰撞。40% 重叠偏置碰撞 64km/h 的车速是 C-NCAP 于 2012 年下半年开始实施的，并且后排女性假人开始进行定量评价并计入总成绩。100% 重叠正面碰撞测试的假人损伤评价标准有头部损伤指标 HIC36、头部加速度、颈部剪切力、颈部张力、伸张弯矩、胸部压缩量、VC、大腿力。40% 重叠可变形壁障偏置碰撞的假人损伤评价还包含膝盖滑动位移、小腿压缩力、胫骨指数。

最新版 C-NCAP 与最新 U. S. NCAP 和 Euro NCAP 正面碰撞的详细对比如表 3 所示。

表 3　C-NCAP 与 Euro NCAP、U. S. NCAP 正面碰撞对比

正面碰撞	Euro NCAP		U. S. NCAP	C-NCAP	
试验形态	正面 100% 刚性壁障	正面 40% 偏置碰撞	正面 100% 刚性壁障	正面 100% 刚性壁障	正面 40% 偏置碰撞
碰撞速度	50km/h	64km/h	56km/h	50km/h	64km/h

续表

正面碰撞	Euro NCAP		U. S. NCAP	C-NCAP	
假人安放	前排两个 Hybird Ⅲ 5th 后排右侧 Hybrid-Ⅲ 5th	前排两个 Hybird Ⅲ 50th 后排 Q10.Q6 儿童假人	驾驶员 Hybrid-Ⅲ 50th 乘员侧 Hybrid-Ⅲ 5th 后排无假人	前排两个 Hybird Ⅲ 50th 后排 Hybrid-Ⅲ 5th,Q3 儿童假人	前排两个 Hybrid-Ⅲ 50th 后排左侧 Hybrid-Ⅲ 5th
假人测点	头、颈、胸、大腿	头、颈、胸、大腿、小腿	头、颈、胸、大腿	头、颈、胸、大腿、小腿	
伤害评价	取驾驶员和乘员伤害更严重的指标进行评价		驾、乘单独评价,取二者平均值做评价结果	取驾驶员和乘员伤害更严重的指标进行评价	

资料来源：Euro NCAP、U. S. NCAP、C-NCAP。

（4）JNCAP

JNCAP正面碰撞保护标准试验规程包括100%重叠正面碰撞和40%重叠偏置碰撞。100%重叠正面碰撞测试的假人损伤评价标准有头部损伤指标HIC36、颈部剪切力、颈部张力、伸张弯矩、胸部压缩量、大腿力。40%重叠可变形壁障偏置碰撞的假人损伤评价还包含胫骨指数。

（5）IIHS

IIHS中正面碰撞测试包括40%重叠偏置碰撞和正面25%重叠小偏置碰撞。40%重叠偏置碰撞的假人损伤评价标准有头部损伤指标HIC15、头部加速度、颈部张力、颈部压力、颈部Nij、胸部压缩量、胸部加速度、VC、粘性指数、大腿力、膝盖滑动位移、小腿压缩力、胫骨指数和脚部加速度。25%重叠小偏置碰撞的假人损伤评价项目与40%重叠偏置碰撞的假人损伤评价项目一致。

（6）C-IASI

中国汽研与中保研，在借鉴国际成熟经验（RCAR和IIHS）的基础上，结合中国汽车保险与车辆安全技术现状，制定形成"中国保险汽车安全指数"（C-IASI）测试评价体系。其中正面碰撞包括正面25%偏置碰撞。评价指标分为假人伤害等级评定和车辆结构等级评定，其中假人伤害等级评定指标有头部、颈部、胸部、大腿和髋部（KTH 评价指标）、腿部和脚部；车辆结构等级评定评价指标有侵入量测量值评估、定性观察车辆结构等级、燃料和高压系统完整性。

2. 侧面碰撞

（1）U. S. NCAP

U. S. NCAP 的侧面碰撞试验为移动过变形壁障运载台车纵向中垂面以 55km/h 的速度撞击试验车辆，运载台车的行进方向与运载台车的纵向中垂面夹角为 27°；侧面柱碰试验速度为 0 ~ 32km/h，车辆的运动方向和车辆纵向中心线成 75°的角度。

U. S. NCAP 的伤害准则如表 4 所示。

表 4　U. S. NCAP 中侧面碰撞中假人伤害准则

侧面碰撞（MDB& 柱碰）		
假人	ES-2re	SID-IIs
头部（HIC36）	$P_{head}(AIS3+) = \varphi\left(\dfrac{\ln(HIC36) - 7.45231}{0.73998}\right)$ φ 是累积正态分布函数	$P_{head}(AIS3+) = \varphi\left(\dfrac{\ln(HIC36) - 7.45231}{0.73998}\right)$ φ 是累积正态分布函数
假人	ES-2re	SID-IIs
胸部（肋骨压缩量 mm）	$P_{chest}(AIS3+) = \dfrac{1}{1 + e^{5.3895 - 0.0919 \times max. ribdeflection}}$	—
腹部（压力 N）	$P_{abdomen}(AIS3+) = \dfrac{1}{1 + e^{6.04044 - 0.002133 \times F}}$ F 为假人腹部压力	—
骨盆（力）	$P_{pelvis}(AIS3+) = \dfrac{1}{1 + e^{7.5969 - 0.0011 \times F}}$ F 为假人骨盆合力（髋关节和髂骨）	$P_{pelvis}(AIS2+) = \dfrac{1}{1 + e^{6.3055 - 0.00094 \times F}}$ F 为假人骨盆合力（髋关节和髂骨）
Overall	Pjoint = 1 – (1 – Phead) × (1 – Pchest) × (1 – Pabdomen) × (1 – Ppelvis)	Pjoint = 1 – (1 – Phead) × (1 – Ppelvis)

资料来源：U. S. NCAP。

U. S. NCAP 的评估方法：利用所谓的相对风险值（RR = relative risk）来评估星级，图 22 表示相对风险值（RR）对应的星级。

图22 相对风险值（RR）对应的星级

资料来源：U. S. NCAP。

（2）Euro NCAP

Euro NCAP 中侧面碰撞保护标准如表5所示。

表5 Euro NCAP 中侧面碰撞保护标准

假人	部位	标准	4 分	0 分	极限值	罚分
WorldSID 50%	头部	HIC15	< 500	> 700	> 700	气囊不正确打开(-1 分) 碰撞中车门打开(-1 分/门) 肩膀侧向力≥3.0kN(胸部得分为0) VC≥1.0m/s(胸部得分为0/腹部得分为0) 对规定的保护区域保护不充分(-4 分)
		a3ms(g)	< 72	> 80	> 80	
	胸部	压缩量(mm)	< 28	> 50	> 50(MDB) > 55(柱碰)	
	腹部	压缩量(mm)	< 47	> 65	> 65	
	骨盆	耻骨压缩力峰值(kN)	< 1.7	> 2.8	> 2.8	

注：柱碰：没有线性插值。当 HIC15≥700，合成加速度峰值 > 80g 或头部与柱直接接触，0 分。

资料来源：Euro NCAP。

（3）C-NCAP

C-NCAP 规程中侧面碰撞试验的碰撞形式为移动变形壁障与静止试验车辆侧面垂直，并垂直撞向试验车辆，其碰撞速度为 50km/h。侧面碰撞测试的要求见表6，WorldSID 50th 和 SID-IIs 型侧面碰撞假人测量部位和测量参数见表7。

表6 侧面碰撞测试的要求

测试仪器	测试部位		最小幅值
WorldSID 50th 型侧碰撞假人	头部	线性加速度 Ax、Ay、Az	250g
WorldSID 50th 型侧碰撞假人	上颈部	力 Fx、Fy、Fz 和 Mx、My、Mz	5kN,300Nm
	肩部关节	力 Fx、Fy、Fz	8kN
	肩部 – 肋骨	位移和转动	100mm

测试仪器	测试部位		最小幅值
WorldSID 50th 型侧碰撞假人	胸部－上肋骨	位移和转动	100mm
	胸部－中肋骨	位移和转动	100mm
	胸部－下肋骨	位移和转动	100mm
	胸部	温度	30℃
	腹部－上肋骨	位移和转动	100mm
	腹部－下肋骨	位移和转动	100mm
	腰椎－T12	加速度 Ax、Ay、Az	200g
	骨盆	加速度 Ax、Ay、Az	200g
	骨盆－耻骨	力	5kN
	股骨颈（仅被撞侧）	力 Fx、Fy、Fz	5kN
SID-IIs 侧碰撞假人	头部	线性加速度 Ax、Ay、Az	250g
	肩部－肋骨	位移	75mm
	胸部－肋骨	位移	75mm
	腰椎－T12	加速度 Ax、Ay、Az	250g
	腹部位移量	位移	75mm
	髋关节和髂骨	合成力 Fy	8kN
加速度传感器	车身右侧 B 柱	加速度 Ay	250g
	移动变形壁障质心	加速度 Ax、Ay、Az	250g

资料来源：C-NCAP。

表 7　WorldSID 50th 和 SID-IIs 型侧面碰撞假人测量部位和测量参数

假人	部位	得分	标准	
前排假人：WorldSID 50th	头部	4	HIC15 < 500，a3ms（累计 3ms 加速度峰值）< 72g	最大20 分
		0	HIC15 > 700，a3ms > 80g	
	胸部	4	压缩量 < 28mm	
		0	压缩量 > 50mm；VC > 1.0m/s；肩膀侧向力 > 3.0kN	
前排假人：WorldSID 50th	腹部	4	压缩量 < 47mm	
		0	压缩量 > 65mm；VC > 1.0m/s	
	骨盆	4	PSPF（耻骨力的峰值）< 1.7kN	
		0	PSPF > 2.8kN	
后排假人：SID-IIs	头部	1	HIC15 < 500	
		0	HIC15 > 700	
	胸部	1	压缩量 < 31mm	
		0	压缩量 > 41mm；VC > 1.0m/s	

续表

假人	部位	得分	标准
后排假人：SID-IIs	腹部	1	压缩量 <38mm
		0	压缩量 >48mm；VC >1.0m/s
	骨盆	1	Force <3500N
		0	Force >5500N

资料来源：C-NCAP。

（4）JNCAP

JNCAP 中详细的侧面碰撞假人的评价准则如表 8 所示。

表 8 JNCAP 中侧面碰撞假人的评价准则

假人	部位	权重	分数	标准	
WS 50 前排	头部	1.0	4	HIC15 <500	最大 12 分（加权后）
			0	HIC15 >700	
	胸部	1.0	4	压缩量 <28mm	
			0	压缩量 >50mm,肩膀侧向力 >3.0kN	
	腹部	0.5	4	压缩量 <47mm	
			0	压缩量 >65mm	
	骨盆	0.5	4	PSPF <1.7kN	
			0	PSPF >2.8kN	

资料来源：JNCAP。

（5）IIHS

IIHS 中侧面碰撞试验规定了碰撞形式为移动变形壁障与静止试验车辆侧面垂直，并垂直撞向试验车辆，其碰撞速度为 50km/h。前后排假人都采用 SID IIs。

IIHS 中假人的测评部位包括头部/颈部、胸部/躯干、盆骨/左大腿，结构上的标准为侵入量。其中，头部/颈部采用的标准是 HIC15、FZ 拉伸、FZ 压缩；胸部/躯干采用的标准是肩部压缩量、肋骨压缩量、最差肋骨压缩量、压缩率、VC；盆骨/左大腿采用的标准是髋骨力、髂骨力、髋骨力和髂骨力的合力、大腿 A-P 力/弯矩、大腿 L-M 力/弯矩；侵入量为 B 柱与驾驶员座椅中心线的位移。

（6）C-IASI

C-IASI 中头部和颈部评级通过头部 HIC15、颈部拉伸力 Fz 和压缩力 Fz 三项指标来评定；躯干评级通过胸部和腹部的变形量、变形速率、粘性指标 VC 等三项指标进行评定；骨盆和腿部评级根据髋骨峰值力 FA（t）、髂骨峰值力 FI（t）、髋骨和髂骨合成力峰值 FP（t）、大腿力 Fx 和 Fy（3ms）、大腿力矩 Mx 和 My（3ms）进行评价；车辆结构等级主要根据试验后 B 柱与驾驶员座椅中线之间的距离进行评定并且根据车辆结构件是否失效对评价等级进行修正（降级）。

3. 翻滚（顶压）

翻滚（顶压）试验规程以美国为主，其中 U. S. NCAP 和 IIHS 采用不同的评价标准。中国的测试规程仅有 C-IASI，而欧盟和日本等地区还缺乏相关试验规程。

（1）U. S. NCAP

采用静态稳定因子（SSF）评价，即在试验室里测量的静态防侧翻额定值。该值可以确定车辆的重量分布，以及测试车辆是否容易倾翻。翻滚星级评分如图 23 所示。

图 23　U. S. NCAP 翻滚星级评分

资料来源：U. S. NCAP。

（2）IIHS

IIHS 根据 FMVSS 的测试规定对车辆进行测试，对车顶强度有着自己的评判标准。方法是使用金属板以一定的角度和速度撞击车顶，然后测量车顶凹陷程度。评分标准如表 9 所示。

表 9　IIHS 评分标准

评分	优秀	良好	一般	较差
车重/峰值载荷	≥4. 00	≥3. 25	≥2. 50	<2. 5

资料来源：IIHS。

（3）C-IASI

C-IASI 的车顶强度试验参考美国 IIHS 的试验流程。试验时，加载装置的刚性压板以约 5mm/s 的速度给试验车辆施加载荷，加载位移 ≥127mm，用压板位移量 127mm 范围内测得的峰值载荷与车重（整备质量状态）之比（SWR）评价车顶抗压强度等级。评分标准也与 IIHS 一致。

4. 座椅（挥鞭伤）

关于座椅（挥鞭伤）的标准大致包括欧洲的 Euro NCAP，日本的 JNCAP，美国的 IIHS，中国的 C-NCAP、C-IASI。

（1）Euro NCAP

2008 年 Euro NCAP 引入前排座椅鞭打试验，2014 年又增加了对后排乘员颈部伤害的评估。

Euro NCAP（2020）前排鞭打试验包括静态评价和动态评价。静态评价包括头枕几何尺寸评价和最差位置几何尺寸评价，其中头枕几何尺寸评价得分为 −1~1 分，最差位置几何尺寸评价得分为 0~1 分，总分 2 分。

动态评价通过采集动态试验过程中假人颈部伤害值来评价假人颈部伤害。动态试验包括中强度波形试验和高强度波形试验，其中中强度波形试验和高强度波形试验各占 3 分，总分 6 分。

前排座椅动态试验时，如图 24 所示，将座椅与约束系统安装在台车上，模拟后碰撞过程，试验过程中采集的 BioRID-Ⅱ 假人评价指标包括 NIC、Nkm、头部回弹速度、上颈部 Fx、上颈部 Fz、上颈部 My、下颈部 Fx、下颈部 My、T1 加速度、头枕接触时间及靠背张角。

2014 年，Euro NCAP 标准中新增了对于后排座椅的静态评价。标准对于后排座椅共规定了 3 项测量内容，分别是有效高度、头后间隙及非使用位置。其测量图如图 25 所示。

（2）JNCAP

JNCAP 仅进行动态评价，原则上，选择驾驶员座椅或前排乘客座椅作为测试座椅。试验过程中采集的 BioRID-Ⅱ 假人评价指标包括 NIC、上颈部 Fx、上颈部 Fz、上颈部 My、下颈部 Fx、下颈部 Fz、下颈部 My。

最终评价得分分为两部分：NIC 得分和颈部力及力矩得分。试验各测量项的评价如表 10 所示，NIC 得分 4 分，权重为 1，其他评价指标每项最大得分为

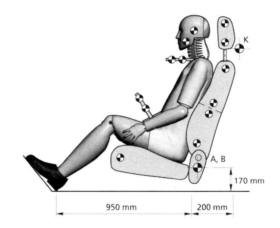

图 24 驾驶员座椅动态鞭打试验

资料来源：Euro NCAP。

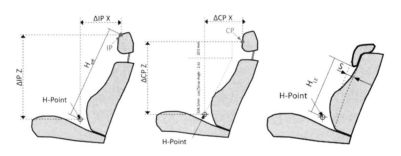

图 25 后排座椅的静态指标测量

资料来源：Euro NCAP。

4 分，取得分最低的评价指标分数乘以权重 2 作为颈部力及力矩得分，座椅鞭打总分最大 12 分。

表 10 JNCAP 鞭打试验评价

假人	指标	权重	得分	极限值
BioRID Ⅱ	NIC	1	4	$< 8 \ m^2/s^2$
			0	$> 30 \ m^2/s^2$
	上颈部 F_{x+}	2	4	$< 340N$
			0	$> 730N$

假人	指标	权重	得分	极限值
BioRID Ⅱ	上颈部 F_{z+}		4	<475N
			0	>1130N
	上颈部 M_y Flexion		4	<12Nm
			0	>40Nm
	上颈部 M_y Extension		4	<12Nm
			0	>40Nm
	下颈部 F_{x+}		4	<340N
			0	>730N
	下颈部 F_{z+}		4	<257N
			0	>1480N
	下颈部 M_y Flexion		4	<12Nm
			0	>40Nm
	下颈部 M_y Extension		4	<12Nm
			0	>40Nm

资料来源：JNCAP。

（3）C-NCAP

将驾驶员座椅仿照原车状态固定安装在台车上，模拟后碰撞过程。座椅上放置 BioRID Ⅱ型假人，用以测量后碰撞过程中，颈部受到的伤害情况。

按规定程序试验后，确定鞭打试验结果。鞭打试验分数如表 11 所示，最高得分为 5 分。在该项试验中，对于座椅靠背最大动态张角、头枕干涉头部空间、座椅滑轨动态位移不满足要求的，分别给予 2 分、2 分和 5 分的罚分。鞭打试验最低得分为 0 分，不会因罚分而减为负分。

表 11　鞭打试验得分

假人	评估项	得分	评估条件
BioRID Ⅱ	NIC	2	$<8 \text{ m}^2/\text{s}^2$
		0	$>30 \text{ m}^2/\text{s}^2$
	上颈部	1.5	$F_{x+}<340\text{N};F_{z+}<475\text{N};M_y<12\text{Nm}$
		0	$F_{x+}>730\text{N};F_{z+}>1130\text{N};M_y>40\text{Nm}$
	下颈部	1.5	$F_{x+}<340\text{N};F_{z+}<257\text{N};M_y<12\text{Nm}$
		0	$F_{x+}>730\text{N};F_{z+}>1480\text{N};M_y>40\text{Nm}$

续表

假人	评估项	得分	评估条件
	座椅靠背最大动态张角	−2	> 25.5°
	座椅滑轨最大动态位移	−5	>20mm
	HRMD 干涉	−2	Yes

资料来源：C-NCAP。

（4）IIHS

根据头枕的几何结构评估静态指标。使用测量标准 H 点的配有代表男性平均尺寸头部的 HRMD 试验装置进行 Height（头枕高度）和 Backset（头后间隙）的测量，躯干与垂直方向的夹角为 25°±1°，具体评价见表12。

表 12　静态评价

区域划分	头后间隙 B（cm）	高度 H（cm）	静态评价等级
区域 1	B≤7	H≤6	优秀
区域 2	7 < B≤9	6 < H≤8	良好
区域 3	9 < B≤11	8 < H≤10	一般
区域 4	B >11	H >10	较差

资料来源：IIHS。

动态试验的性能标准分为两组：座椅设计参数（2个）和试验假人响应参数（2个）。对于两个座椅设计参数，头枕接触时间必须小于 70 ms，或最大 T1 向前加速度必须小于 9.5g 才满足此要求。对于两个试验假人响应参数，测得的颈部力将被归类为低、中、高三个等级。

动态试验完成后进行动态评价，见表13。

表 13　动态评价

评价指标	颈部力等级	动态评价
T1 向前加速度≤9.5g	低	优秀
或	中	良好
时间≤70ms	高	一般
T1 向前加速度 >9.5g	低	良好
或	中	一般
时间 >70ms	高	较差

资料来源：IIHS。

综合上述，整体评价见表14。

表14　IIHS整体评价

静态评价	动态评价	整体评价
优秀	优秀	优秀
	良好	良好
	一般	一般
	较差	较差
优秀 Height	优秀	优秀
良好		良好
	良好	良好
	一般	一般
	较差	较差
一般	—	较差
较差		较差

资料来源：IIHS。

（5）C-IASI

座椅/头枕评估分为静态测量和动态测试两部分，评价结果分为优秀、良好、一般、较差四个等级，依次用G、A、M、P表示。

静态评价根据头枕高度和头后间隙的静态测量值所在的区域，得出优秀、良好、一般、较差静态评价，结果见表15。

表15　静态评价

区域划分	头后间隙 B（cm）	高度 H（cm）	静态评价等级
区域1	B≤7	H≤6	优秀（G）
区域2	7＜B≤9	6＜H≤8	良好（A）
区域3	9＜B≤11	8＜H≤10	一般（M）
区域4	B＞11	H＞10	较差（P）

资料来源：C-IASI官网公开信息。

动态评价通过头枕接触时刻、假人T1加速度、上颈部拉力及上颈部剪切力值来判定动态评价结果。测量结果评价如表16所示。其中颈部力等级区间划分同IIHS鞭打试验颈部力分类一样。

表 16　动态评价

评价指标	颈部力等级	动态评价
T1 的 X 向加速度≤9.5g 或 头枕接触时刻≤70ms	低	优秀（G）
	中	良好（A）
	高	一般（M）
T1 的 X 向加速度>9.5g 或 头枕接触时刻>70ms	低	良好（A）
	中	一般（M）
	高	较差（P）

资料来源：C-IASI 官网公开信息。

根据静态评价与动态评价情况，进行座椅/头枕的整体评价。

（三）行人安全规程

截至 2019 年，各测试规程对行人保护测试的项目见表 17。

表 17　各测试规程对行人保护测试的项目

法规	Euro NCAP/ANCAP	U. S. NCAP	IIHS	Latin NCAP
行人保护	● 腿型试验 ● 头型试验 ● AEB 行人/自行车试验 ● 倒车自动制动	—	● AEB 行人试验	● 腿型试验 ● 头型试验 ● AEB 行人试验
法规	JNCAP	C-NCAP	C-IASI	KNCAP
行人保护	● 腿型试验 ● 头型试验 ● AEB 行人试验	● 腿型试验 ● 头型试验 ● AEB 行人试验	● 腿型试验 ● 头型试验	● 柔性腿型试验 ● 上腿型试验(前保险杠) ● 头型试验 ● AEB 行人/自行车试验

资料来源：Euro NCAP、ANCAP、U. S. NCAP、IIHS、Latin NCAP。

（1）IIHS

IIHS 行人 AEB 试验见表 18。

表18 IIHS 行人 AEB 试验

参数	场景		
	垂直–成人 （CPNA–25）	垂直–儿童 （CPNC–50）	平行–成人 （CPLA–25）
测试车辆速度（km/h）	20，40	20，40	40，60
行人目标速度（km/h）	5	5	0
目标方向	横穿（右到左）	横穿（右到左）	与车辆同向
目标路径（相对于测试车辆）	垂直	垂直	平行
行人假人尺寸	成人	儿童	成人
假人关节（固定比例）	是	是	否
重叠率（%）	25	50	25
障碍物	无	有	无
有效试验次数（次）	5	5	5
图解			

资料来源：IIHS。

两种情况下的得分相加，然后应用两个权重因子：垂直点小计70%，平行点小计30%。每个加权操作的乘积四舍五入到1/10点。总分是两个加权小计的总和。

（2）Euro NCAP

在 Euro NCAP 中利用头型冲击器、下腿型冲击器、上腿型冲击器冲击试验和行人 AEB 试验数据对行人防护进行评价。

头型试验：在头型试验中，碰撞速度为 11.1 ± 0.2m/s，儿童头型的碰撞角度为相对于地面参考平面50°±2°，当儿童头型试验点位于发动机罩前缘基准线上或之前时，碰撞角度为相对于地面参考平面20°±2°。成人头型的碰撞角度为相对于地面参考平面65°±2°。

腿型试验：根据被测试车辆保险杠下部基准线高度选择 TRL 上腿型或

Flex PLI 腿型冲击器以 11.1 ± 0.2m/s 的速度冲击保险杠试验区域。各个方向的偏转角度要求在 2° 以内。

WAD775mm 试验：根据每个试验位置所对应 WAD930 和 IBRL 连线与水平面的角度来计算试验速度和角度。各个方向的偏转角度要求在 2° 以内。

AEB VRU：AEB 弱势道路使用者系统是为行人和/或骑自行车的人通过车辆路径时自动刹车而设计的 AEB 系统。对于 AEB VRU 系统的评估，考虑了两个方面的评估：行人和骑自行车的人。AEB 行人系统在 5 个不同的场景中进行评估，包括 AEB 和 FCW 功能。

AEB 行人：对三个场景进行测试，模拟行人横穿测试车辆前方道路，以及行人在车辆前方同向前行的情况。穿行的场景包括一名成年人从驾驶员侧穿过车辆前方，一名成年人从前座乘客侧穿过车辆前方（在此场景下会进行两项测试）；以及一名儿童突然从驾驶员侧的两辆静止车辆的缝隙之间跑出。在纵向场景中，将完成两项测试：一项是行人正对车辆中心，另一项是行人沿道路行走。纵向场景以及一个穿行场景会在低亮度条件下重复进行。

AEB 骑自行车的人试验见表 19。

表 19　AEB 骑自行车的人试验

	AEB 骑自行车的人		
	CBNA - 50	CBLA - 50	CBLA - 25
测试类型	AEB		FCW
测试速度	20 ~ 60km/h	25 ~ 60km/h	50 ~ 80km/h
自行车速度	15km/h		20km/h
碰撞位置	50%		25%
照明条件	白天		

注：CBNA（Bicyclist from Nearside），CBLA（Longitudinal Bicyclist）。
资料来源：Euro NCAP。

（3）C-NCAP

头型试验：在头型试验中，儿童头型的碰撞速度为 40 ± 0.72km/h，碰撞角度为相对于地面参考平面 50° ± 2°，当儿童头型试验点位于发动机罩前缘基准线上或之前时，碰撞角度为相对于地面参考平面 20° ± 2°。成人头型的碰撞速度为 40 ± 0.72km/h ，碰撞角度为相对于地面参考平面 65° ±2°。

腿型试验：根据被测试车辆保险杠下部基准线高度选择 TRL 上腿型或 Flex PLI 腿型冲击器以 40 ± 0.72km/h 的速度按照规定的方向撞向保险杠。通过每次试验获得的腿部弯矩以及膝部韧带伸长量等性能指标进行评分。

AEB VRU_ Ped 系统需要进行两部分的评价，表 20 是 AEB VRU_ Ped 系统测试项目。

表 20　AEB VRU_ Ped 系统测试项目

AEB 功能测试点					HMI 及其他要求
车速	行人速度				
	CVFA – 50	CVFA – 25	CVNA – 25	CVNA – 75	
20km/h					
30km/h					
40km/h	6.5km/h	6.5km/h	5km/h	5km/h	关闭要求 FCW 报警要求
50km/h					
60km/h					

资料来源：C-NCAP。

AEB VRU_ Ped 系统得分的前提条件如下。

①在 CVNA – 75 场景下，AEB VRU_ Ped 行人系统应能从 10km/h 的车速开始工作（报警或制动）。

②能检测到速度为 3km/h 的行人，并且在 CVNA – 75 场景下，车速为 20km/h 时，系统对车速有减缓作用。

③只有 FCW 报警功能时，AEB VRU_ Ped 系统不得分。

AEB VRU_ Ped 系统的评价由两部分组成：AEB 功能部分和 HMI 部分。

对于 AEB VRU_ Ped 系统的功能测试，VVUT（VUT 的速度）≤40km/h 的评分是基于各测试速度点相对速度的减少量进行计算的。对于完全避免碰撞的试验，该测试速度点得满分；对于没有完全避免碰撞发生的试验，使用线性插值的方法来计算对应的单个试验得分。

HMI 部分得分的前提条件是：车辆起动，AEB 和 FCW 功能默认"开启"。同时满足关闭要求与 FCW 报警要求时，才可以得分；没有 FCW 功能的系统，本项不得分。

（4）C-IASI

车外行人保护试验包括头型冲击试验和腿型冲击试验。

头型试验：包络距离为 1000～2100mm 的区域作为测试区域。头型试验采用儿童/成人头型以 11.1±0.02m/s 的速度冲击车辆发动机罩等车辆前部结构，测量头部伤害指标。

腿型试验：根据被试车辆保险杠下部高度选择 TRL 上腿型或 Flex PLI 腿型冲击器以 11.1±0.02 m/s 的速度冲击车辆前保险杠，测量腿部伤害指标。Flex PLI 腿型对保险杠的试验如图 26 所示。TRL 上腿型冲击车辆包络线775mm，测量大腿/骨盆的伤害，作为监测项。

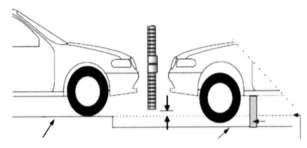

图 26 Flex PLI 腿型对保险杠的试验

资料来源：C-IASI 官网公开信息。

（5）JNCAP

该行人头部保护性能测试适用于载客 9 人或以下的乘用车及总重量为 2.8吨或以下的商用车。

头型试验：使用头部损伤标准来评估车辆对行人头部的保护性能。按照表21 中的碰撞要求（头部冲击器、碰撞速度和碰撞角度），将头部冲击器撞击在试验车发动机罩。

表 21 头型试验要求

	头部冲击器	碰撞速度（km/h）	碰撞角度（deg）
1	成人头部冲击器		65±2°
2	儿童头部冲击器	40±0.7	50±2°
3	儿童头部冲击器		20±2°

资料来源：J-NCAP。

腿型试验：Flex PLI 腿型冲击器以 40±0.7km/h 的速度冲击车辆前保险杠，测量腿部伤害指标。

行人 AEB：测试场景，对于每个 AEBS 评估测试和 FCWS 评估测试，模拟行人应使用通过的两种测试场景：CPN 成年行人从近端横穿，CPNO 成年行人在有遮挡车辆的条件下从近端横穿。

试验车辆速度：试验车辆的试验速度应在表 22 所述范围内，试验以最低速度开始，以 5km/h 或 10km/h 递增。此外，在车辆制造商声明等情况下，可提高起动车速。同样，在车辆制造商声明等情况下，也可以降低结束车速。

表 22　试验车速

	AEB 试验	FCW 试验
CPN 场景	10～60km/h	10～60km/h
CPNO 场景	25～45km/h	25～45km/h

资料来源：JNCAP。

针对有和没有周围光线的夜间测试，对于每个 AEBS 评估测试和 FCWS 评估测试，模拟行人应使用通过的两种测试场景：CPF 成年行人从远端横穿，CPFO 成年行人在有遮挡车辆的条件下从远端横穿，遮挡车辆开近光灯。试验车辆速度：试验车辆的试验速度应在表 23（a）及（b）所述范围内，试验以最低速度开始，以 5km/h 或 10km/h 的速度递增。此外，在车辆制造商声明等情况下，可提高起动车速。同样，在车辆制造商声明等情况下，也可以降低结束车速。

表 23（a）　周围有灯光试验的试验车速

试验车速（km/h）	AEB 试验	FCW 试验
CPF 场景	30～60km/h	30～60km/h
CPFO 场景	30～60km/h	30～60km/h

资料来源：JNCAP。

表 23（b）　周围没有灯光试验的试验车速

试验车速（km/h）	AEB 试验	FCW 试验
CPF 场景	30～60km/h	30～60km/h
CPFO 场景	40～50km/h	40～50km/h

资料来源：JNCAP。

（四）辅助安全规程

在各国的安全评价规程中除了前文中所说的耐撞性与维修经济性规程、车内乘员安全规程与车外行人安全规程以外，其他项目的测试规程见表24。黑框字体为2020年计划实施的测试项目。

表24　各国的安全评价规程中其他测试项目

安全规程	Euro NCAP/ANCAP	U.S. NCAP	IIHS	Latin NCAP
测试项目	■ SBR, SAS, AEB, LSS, AEB Junction & Crossing, Occupant Status, AES, Rescue, AD	■ FCW, LDW, AEB, DBS,	■AEB, FCW ■Headlights ■ Low Speed Bumper	■ SBR, ABS, ESC, SAS, BSD, LSS, AEB, Rescue sheet, Rear impact：UN R32
安全规程	JNCAP	C-NCAP	C-IASI	KNCAP
测试项目	■ SBR, AEB, LSS, Rear View, Headlights, Usability rear belts, Pedal misapplication	■ESC ■SBR ■AEB, FCW	■AEB, FCW ■ Low Speed Bumper	■ Brakes, SBR, FCW, LDW, SLD, AEB, BSD, ASCC, LKA, RCTA, ISA, Advanced Airbag

资料来源：Euro NCAP、U.S. NCAP、IIHS、Latin NCAP。

（1）Euro NCAP/ANCAP

Euro NCAP/ANCAP中主动安全与驾驶辅助试验项目和评估见表25。

表25　Euro NCAP/ANCAP主动安全与驾驶辅助试验项目评估

安全带提醒（SBR）总分		3.00	
所有前排座椅		1	
后排座椅安装了SBR（n＝后排座位数）		1.5/n 每个座椅	
后排座椅安装了乘员探测装置（n＝后排座位数）		0.5/n 每个座椅	
速度辅助（SAS）总分		3.00	
限速信息功能（SLIF）	基础的 SLIF	0.50	1.50
	先进的 SLIF	0.50	
速度辅助（SAS）总分	3.00	速度辅助	3.00

安全带提醒（SBR）总分			3.00	
	系统精度		0.25	
	警告功能		0.25	
速度控制功能	限速功能 SLF			1.50
	无 SLIF 配置的车		1.25	
	有 SLIF 配置的车		0.75	
	智能速度辅助（ISA）和/或智能 ACC		1.50	
车道辅助系统（LSS）总分			4.00	
人机界面（HMI）	车道偏离警告（LDW）		0.25	0.50
	盲点探测（BSM）		0.25	
车道保持（LKA）	路沿	没有标线	0.25	2.00
		只有中心线	0.25	
	虚线	只有单车道虚线	0.25	
		两边均有车道线	0.5	
	实线	只有单车道虚线	0.25	
		两边均有车道线	0.5	
紧急车道保持（ELK）	路沿	中心线　路沿		1.50
		虚线　无线	0.25	
		虚线　虚线	0.25	
		虚线　实线	0.25	
	迎面来车	两边均有车道线	0.50	
	超车	两边均有车道线	0.25	
AEB – 城市间总分			3.00	
AEB 市区：满分 3 分（作为成人保护的一部分）				
AEB 行人保护：满分 12 分（作为行人保护的一部分）				

资料来源：Euro NCAP/ANCAP。

（2）U. S. NCAP

U. S. NCAP 中主动安全与驾驶辅助试验项目和评估包含以下项目。

前碰预警：该测试项目分为三种测试工况，见表 26。

紧急自动刹车：该测试项目分为四种测试工况，见表 27。

表 26 U. S. NCAP 前碰预警测试要求

工况	接近静止车辆 LVS（Lead Vehicle Stopped）	接近慢行车辆 LVM（Lead Vehicle Moving）	接近减速车辆 LVD（Lead Vehicle Decelerating）
要求	2.1sTTC 前报警	2.0sTTC 前报警	2.4sTTC 前报警

资料来源：U. S. NCAP。

表 27 U. S. NCAP 紧急自动刹车测试要求

工况	接近静止车辆 LVS（Lead Vehicle Stopped）	接近慢行车辆 LVM（Lead Vehicle Moving）25mph	接近慢行车辆 LVM（Lead Vehicle Moving）45mph	接近减速车辆 LVD（Lead Vehicle Decelerating）	接近平钢板 False Positive Test
要求	$\Delta v \geqslant 9.8$ mph	无碰撞	$\Delta v \geqslant 9.8$ mph	$\Delta v \geqslant 10.5$ mph	减速度≤0.5g

资料来源：U. S. NCAP。

还包含动态制动辅助、近光灯、半自动灯光调节、尾灯转向信号、道路偏离警告、盲点探测、翻滚风险评估。

作为行人评估部分包含行人保护 AEB、倒车自动制动。

（3）C-NCAP

C-NCAP 主动安全与驾驶辅助试验，包含车辆自动紧急制动系统性能测试、车辆电子稳定性控制系统性能测试报告的审核。

对于配置了 ESC 系统的试验车辆，通过审核车辆生产企业提供的具备资质的第三方检测机构出具的关于此车型满足相关要求的性能测试报告，判定车辆的 ESC 系统是否具备所要求的性能。

对于配置了 AEB 系统的车型，进行车辆追尾自动紧急制动系统（AEB CCR）试验，以及行人自动紧急制动系统（AEB VRU_ Ped）试验，其中 AEB VRU_ Ped 试验已在前面的章节中给出了详细介绍。AEB CCR 系统进行三部分评价。第一部分：AEB 功能和 FCW 功能测试，包含三种测试场景——CCRs、CCRm 和 CCRb，如表 28 所示。第二部分：误作用试验，相邻车道车辆制动试验和铁板试验。第三部分：人机交互部分。第二、三部分总结见表 29。

表28 AEB 功能和 FCW 功能测试项目

试验项目	CCRs(前车静止)		CCRm(前车慢行)		CCRb(前车制动)	
	AEB	FCW	AEB	FCW	AEB	FCW
车速	20km/h	35km/h	30km/h	50km/h	50km/h	50km/h
	30km/h	45km/h	45km/h	60km/h	(12m,4m/s^2)	(12m,4m/s^2)
	40km/h	55km/h	65km/h	75km/h	50km/h	50km/h
		75km/h			(40m,4m/s^2)	(40m,4m/s^2)

资料来源：C-NCAP。

表29 HMI 及误作用

误作用	项目	速度
	相邻车道车辆制动试验	40km/h
	铁板试验	40km/h,72km/h
HMI	关闭要求	
	FCW 辅助报警要求	
	主动式安全带预紧功能	

资料来源：C-NCAP。

（4）C-IASI

试验工况分为前向碰撞报警功能测试和自动紧急制动功能测试，FCW 功能测试见表30；AEB 功能测试见表31，采集目标车车速、主车车速、两车横向距离、两车纵向距离、横摆角速度、FCW 报警时刻等数据。

表30 FCW 功能测试项目

项目	主车车速	目标车车速	测试开始距离	测试次数
目标车静止工况	72km/h	0km/h	150m	7 次
目标车减速工况	72km/h	72km/h	30m	7 次
目标车低速工况	72km/h	32km/h	150m	7 次

资料来源：C-IASI 官网公开信息。

表31 AEB 功能测试项目

项目	主车车速	目标车车速	测试开始距离	测试次数
目标车静止工况	20km/h	0km/h	30m	5 次
	40km/h	0km/h	60m	5 次

资料来源：C-IASI 官网公开信息。

参考文献

崔福军：《基于 NCAP 的不同国家行人保护差异性研究》，《汽车实用技术》2018 年第 23 期。

杨亚、陶红艳：《汽车刹车系统仿真研究》，《科技创新与生产力》2017 年第 3 期。

邹伟、苏士昌、肖英：《一种汽车自动刹车系统设计》，《科技经济导刊》2017 年第 14 期。

Dominique Cesari：《行人保护和车辆设计》（英文），《汽车工程学报》2011 年第 5 期。

王丙雨：《基于真实行人交通事故的人体下肢损伤生物力学有限元分析研究》，湖南大学博士学位论文，2016。

刘子健、张建华、杨济匡：《碰撞生物力学基础及其应用》，《中华创伤杂志》2001 年第 17 期。

孔春玉：《车辆碰撞行人事故与损伤流行病学调查研究》，湖南大学博士学位论文，2010。

杨济匡：《汽车与行人碰撞中的损伤生物力学研究概述》，《汽车工程学报》2011 年第 2 期。

赵桂范、吴应娴：《人腿受侧向撞击时膝部损伤分析》，《生物医学工程学杂志》2004 年第 5 期。

刘玉光、刘志新：《各国新车评价规程（NCAP）测试评价技术的现状与发展》，《汽车安全与节能学报》2013 年（第 4 卷）第 1 期。

D. E. O. T. E. P. A. O. T. C. O. , Official Journal of the European Union，2003.

MizunoY. , Summary of IHRA Pedestrian Safety WG Activities（2005）-Proposed Test Methods to Evaluate Pedestrian Protection Afforded by Passenger Cars，in：Proc of 19th Int Technical Conf on the Enhanced Safety of Vehicles（ESV）. 2005：Washington DC. pp. 5 − 138.

报告二
中国汽车安全测评方法及测评结果分析

摘　要：　中国汽车安全测评分为耐撞性与维修经济性测评、车内乘员安全测评、车外行人安全测评以及辅助安全测评四个分测评。不同的分测评涵盖了不同的测试工况。本报告主要从安全测评的规程归纳，2017～2019年近三年的安全测评结果解读分析及性能开发的应对策略，详细解读安全测评的发展及变化，通过典型车型的分析得出汽车安全技术的不断进步。

关键词：　耐撞性　车内乘员　车外行人　辅助安全　安全测评

一　中国汽车安全测评

（一）耐撞性与维修经济性

车辆耐撞性与维修经济性测评试验包括车辆低速结构碰撞试验和车辆保险杠系统测试试验。车辆低速结构碰撞试验包括低速结构正面碰撞试验、低速结构追尾碰撞试验。车辆保险杠系统测试试验包括保险杠系统静态测量、正面全宽保险杠碰撞试验、尾部全宽保险杠碰撞试验。

车辆低速结构碰撞测试，主要用于车辆正面碰撞和追尾碰撞中的车辆损伤和修复评估（物理损伤和维修费用），旨在提升车辆总体耐撞性和维修经济性。车辆保险杠系统静态和动态测试，主要用于评价车辆保险杠安全性能的好坏，提升车辆之间低速碰撞的兼容性、稳定性以及自身的吸能特性。在2017版汽车安全测评规程中，车辆低速结构碰撞试验为考核评价项，车辆保险杠系统测试试验仅作为监测项，不纳入最终评价。

1. 车辆低速结构碰撞试验

（1）车辆低速结构正面碰撞试验

试验车辆以 15_0^{+1} km/h 的速度撞击固定刚性壁障。碰撞时，需确保其前端面与测试车辆横向垂面成 $10° \pm 1°$ 角。测试车辆与刚性壁障的初始接触位于驾驶员侧，且刚性壁障前表面与车辆的重叠量为前部车辆宽度的 $40\% \pm 25mm$，如图 1 所示。

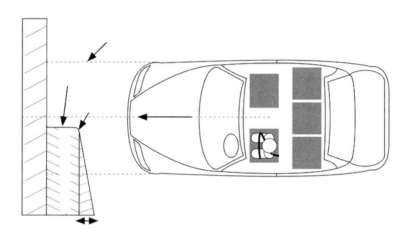

图 1 低速结构正面碰撞试验示意

资料来源：C-IASI 官网公开信息。

整车低速结构正面碰撞后，根据前部闭合件间隙变化量和下车体变形量评价车辆耐撞性能（满分为 6 分，最低分为 0 分），如表 1 所示，根据车辆修复费用与厂商新车销售指导价的比值（维修比），评价车辆维修经济性（满分为 24 分，最低分为 0 分），两者分数之和即为车辆低速结构正面碰撞得分。

表 1 低速结构正面碰撞工况下车辆维修经济性性能评价

（车辆修复费用/厂商新车销售指导价）×100（X/%）	得分（分）
X < 3.0	24
3.0 ≤ X < 3.5	23
3.5 ≤ X < 4.0	22
4.0 ≤ X < 4.5	21
4.5 ≤ X < 5.0	20

续表

（车辆修复费用/厂商新车销售指导价）×100（X/%）	得分（分）
5.0 ≤ X < 5.5	19
5.5 ≤ X < 6.0	18
6.0 ≤ X < 6.5	17
6.5 ≤ X < 7.0	16
7.0 ≤ X < 7.5	15
7.5 ≤ X < 8.0	14
8.0 ≤ X < 8.5	13
8.5 ≤ X < 9.0	12
9.0 ≤ X < 9.5	11
9.5 ≤ X < 10.0	10
10.0 ≤ X < 10.5	9
10.5 ≤ X < 11.0	8
11.0 ≤ X < 11.5	7
11.5 ≤ X < 12.0	6
12.0 ≤ X < 12.5	5
12.5 ≤ X < 13.0	4
13.0 ≤ X < 13.5	3
13.5 ≤ X < 14.0	2
14.0 ≤ X < 14.5	1
X ≥ 14.5	0

资料来源：C-IASI 官网公开信息。

（2）车辆低速结构追尾碰撞试验

移动壁障台车以 15_0^{+1} km/h 的速度碰撞测试车辆尾部。一般情况下，后部碰撞侧与前部碰撞侧相反，除非有证据表明另一侧更合适。移动壁障与试验车辆的重叠量为后部车辆宽度的 40% ±25mm，移动壁障纵轴和试验车辆的纵轴夹角为 10° ±1°，如图 2 所示。

整车低速结构追尾碰撞后，根据后部闭合件间隙变化量和下车体变形量评价车辆耐撞性能（满分为 6 分，最低分为 0 分）。如表 2 所示，根据车辆修复费用与厂商新车销售指导价的比值（维修比），评价车辆维修经济性（满分为 24 分，最低分为 0 分），两者分数之和即为车辆低速结构追尾碰撞得分。

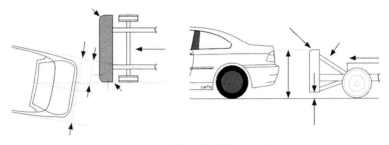

图2 低速结构追尾碰撞测试示意

资料来源：C-IASI 官网公开信息。

表2 低速结构追尾碰撞工况下车辆维修经济性性能评价

（车辆修复费用/厂商新车销售指导价）×100（X/%）	得分（分）
X < 0.5	24
0.5 ≤ X < 0.75	23
0.75 ≤ X < 1.0	22
1.0 ≤ X < 1.25	21
1.25 ≤ X < 1.5	20
1.5 ≤ X < 1.75	19
1.75 ≤ X < 2.0	18
2.0 ≤ X < 2.25	17
2.25 ≤ X < 2.5	16
2.5 ≤ X < 2.75	15
2.75 ≤ X < 3.0	14
3.0 ≤ X < 3.25	13
3.25 ≤ X < 3.5	12
3.5 ≤ X < 3.75	11
3.75 ≤ X < 4.0	10
4.0 ≤ X < 4.25	9
4.25 ≤ X < 4.5	8
4.5 ≤ X < 4.75	7
4.75 ≤ X < 5.0	6
5.0 ≤ X < 5.25	5
5.25 ≤ X < 5.5	4
5.5 ≤ X < 5.75	3
5.75 ≤ X < 6.0	2
6.0 ≤ X < 6.25	1
X ≥ 6.25	0

资料来源：C-IASI 官网公开信息。

2. 车辆保险杠系统测试试验

（1）保险杠系统静态测量

保险杠系统静态测试主要测量防撞横梁的有效高度、防撞横梁的有效宽度和防撞横梁与保险杠壁障的有效结合尺寸。

防撞横梁有效高度通过一个接触其侧面的垂直平面来测定，其测量方法如图3所示。保险杠有效高度的测量分别在车辆中心点、左右侧纵梁的前部中心点等3处进行，3个测量点均在±50mm的范围内进行测量，取该范围内的最小值。防撞横梁有效高度 = 左边测量值×0.25 + 右边测量值×0.25 + 中间测量值×0.5。

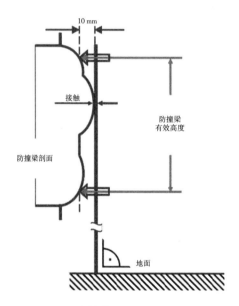

图3 防撞横梁有效高度测量

资料来源：C-IASI官网公开信息。

防撞横梁有效宽度测量如图4所示。当车辆防撞横梁的末端高度小于其有效高度时，两端的宽度将不被计算在防撞横梁的有效宽度尺寸内。

防撞横梁与保险杠壁障的有效结合尺寸须首先确认车辆参考高度，有效结合尺寸取决于防撞衡量有效高度和保险杠壁障间的重叠率，并按图5所示进行测量计算。

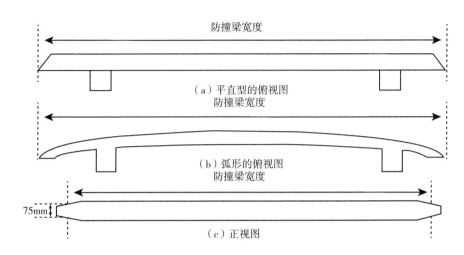

图4　防撞横梁有效宽度测量

资料来源：C-IASI 官网公开信息。

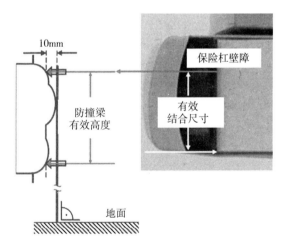

图5　有效结合尺寸测量

资料来源：C-IASI 官网公开信息。

（2）正面全宽保险杠碰撞试验

试验车辆以 10 ± 0.5 km/h 的速度撞击正面保险杠壁障装置。正面碰撞保险杠壁障装置的离地高度为 455 ± 3mm，试验车辆上需配置 75 ± 5kg 的配重假人，撞击过程中车辆纵向中心线应与壁障纵向中心线重合，最大允许横向偏差为±50mm，如图6所示。

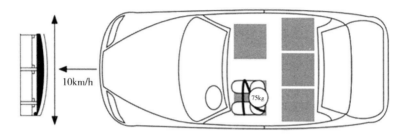

图6　正面100%全宽低速保险杠碰撞测试示意

资料来源：C-IASI官网公开信息。

（3）尾部全宽保险杠碰撞试验

试验车辆以10±0.5 km/h的速度撞击尾部保险杠壁障装置。尾部碰撞保险杠壁障装置的离地高度为405±3mm，试验车辆上需配置75kg的配重假人，撞击过程中车辆纵向中心线应与壁障纵向中心线重合，最大允许横向偏差为±50mm，如图7所示。

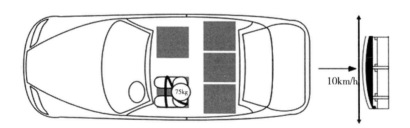

图7　尾部全宽低速保险杠碰撞测试示意

资料来源：C-IASI官网公开信息。

目前，耐撞性与维修经济性测评仅将保险杠系统静态测量结果作为监测项，尚未开展低速保险杠碰撞试验评价。

3. 耐撞性与维修经济性总体评价

车辆耐撞性与维修经济性总体评价分为优秀（Good）、良好（Acceptable）、一般（Marginal）和较差（Poor）四个评价等级。根据低速结构碰撞加权得分对车辆耐撞性与维修经济性测评进行评价，具体的评价技术指标如表 3 所示。车辆低速结构碰撞的加权得分，正面碰撞得分占 2/3，追尾碰撞得分占 1/3，即

低速结构碰撞加权得分 =（低速结构正面碰撞得分 × 2 + 低速结构追尾碰撞得分）/3。

低速结构碰撞时，驾乘人员通常不会受到伤害，车辆安全气囊系统不应发生起爆，如果车辆安全气囊系统在低速结构碰撞过程中发生了起爆现象，则该测试车型的耐撞性与维修经济性测评直接评定为较差（P）。

表 3   车辆耐撞性与维修经济性评价指标

加权得分/X	评级
X ≥ 23	优秀（G）
19 ≤ X < 23	良好（A）
14 ≤ X < 19	一般（M）
X < 14	较差（P）

资料来源：C-IASI 官网公开信息。

（二）车内乘员安全测评

车内乘员安全测评整体评价涵盖正面 25% 偏置碰撞、侧面碰撞、车顶强度和座椅/头枕四个工况。每个工况分为优秀（Good）、良好（Acceptable）、一般（Marginal）和较差（Poor）四个评价等级。

1. 正面25%偏置碰撞规程概况

正面 25% 偏置碰撞规程分为试验规程和评价规程两部分。试验车辆以 64.4 ± 1km/h 的速度、25% ± 1% 的重叠率正面撞击固定刚性壁障，采集约束系统和假人运动状态数据、假人伤害数据、车体结构变形数据并对这三个方面进行评价。

约束系统和假人运动评价包含正面头部保护、侧面头部保护、正面胸部保护和乘员防护四个部分，每一部分包含不同的评价项，对应不同的缺陷数。约束系统和假人运动缺陷见表 4。

表4 约束系统和假人运动缺陷

正面头部保护	
稳定的正面安全气囊作用	0 缺陷
局部的正面安全气囊作用	1 个缺陷
极小的正面安全气囊作用	2 个缺陷
方向盘横向移动过度（>10cm）	1 个缺陷
头部与硬体结构接触两次或多次	1 个缺陷
正面安全气囊未展开或未及时展开	约束系统和假人运动等级判定为较差
侧面头部保护	
侧面头部保护安全气囊展开后前方覆盖范围充分	0 缺陷
侧面头部保护安全气囊展开后前方覆盖范围有限	1 个缺陷
侧面头部保护安全气囊未展开	2 个缺陷
头部侧向位移过度	1 个缺陷
正面胸部保护	
方向盘垂直移动过度（>10cm）	1 个缺陷
方向盘横向移动过度（>15cm）	1 个缺陷
乘员防护和其他	
乘员前倾过度	1 个缺陷
乘员有烧伤风险	1 个缺陷
座椅不稳定	1 个缺陷
座椅固定点失效	约束系统和假人运动等级判定为较差
车门打开或分离	
约束系统和假人运动总体等级评定	
优秀	0~1 个缺陷
良好	2~3 个缺陷
一般	4~5 个缺陷
较差	6+ 个缺陷

资料来源：C-IASI 官网公开信息。

假人伤害评价包含对假人头部和颈部、胸部、大腿和髋部、腿部和脚部四个身体部位，分为优秀、良好、一般和较差四个评价等级。身体各部位评价指标的最差结果作为该部位整体评价等级。表5表明了优秀、良好、一般和较差四个等级的评价指标限值范围。

表5　假人伤害评级

身体部位	参数	优秀	良好	一般	较差
头部和颈部	HIC_{15}	≤560	≤700	≤840	>840
	N_{ij}	≤0.80	≤1.00	≤1.20	>1.20
	颈部拉伸力 Fz(kN)	≤2.6	≤3.3	≤4.0	>4.0
	颈部压缩力 Fz(kN)	≤3.2	≤4.0	≤4.8	>4.8
胸部	胸部加速度 A_{3ms}(g)	≤60	≤75	≤90	>90
	胸骨变形量 D(mm)	≤50	≤60	≤75	>75
	肋骨压缩速率 V(m/s)	≤6.6	≤8.2	≤9.8	>9.8
	粘性指标 VC (m/s)	≤0.8	≤1.0	≤1.2	>1.2
大腿和髋部	膝盖–大腿–臀部伤害风险 KTH	≤5%	≤15%	≤25%	>25%
腿部和脚部	膝关节滑动位移 D(mm)	≤12	≤15	≤18	>18
	胫骨指标(上部、下部)TI	≤0.80	≤1.00	≤1.20	>1.20
	胫骨轴向力 Fz(kN)	≤4.0	≤6.0	≤8.0	>8.0
	脚部最大合成加速度 A(g)	≤150	≤200	≤260	>260

资料来源：C-IASI官网公开信息。

车辆结构等级用侵入量测量值进行评定，如图8所示，并且根据乘员舱结构完整性的定性观察结果对等级进行修正（降级）。

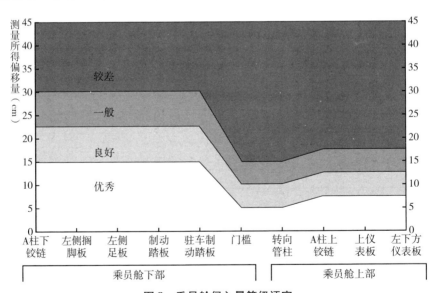

图8　乘员舱侵入量等级评定

资料来源：C-IASI官网公开信息。

所有测量点被划分为两个区域：乘员舱下部和乘员舱上部。乘员舱下部包括 A 柱下铰链、左侧搁脚板、左侧足板、制动踏板、驻车制动踏板和门槛；乘员舱上部包括转向管柱、A 柱上铰链、上仪表板和左下方仪表板。

若侵入量测量值落入不同的评级范围，则结构等级为测量值位于区域最多的一级，但结构等级不得比最差测量值所在等级高出超过一级。总体结构等级为乘员舱下部和上部分类等级中差的等级。

总体评价根据车辆结构、头部和颈部、胸部、大腿和髋部、腿部和脚部伤害测量值以及约束系统和假人运动等按表6计算得到。

表6　总体评价

评估项目	等级			
	优秀（G）	良好（A）	一般（M）	较差（P）
车辆结构	0	2	6	10
头部和颈部	0	2	10	20
胸部	0	2	10	20
大腿和髋部	0	2	6	10
腿部和脚部	0	1	2	4
约束系统和假人运动	0	2	6	10
总体等级界限值	0 ~ 3	4 ~ 9	10 ~ 19	20 +

资料来源：C-IASI 官网公开信息。

2. 侧面碰撞规程概况

侧面碰撞规程分为试验规程和评价规程两部分。碰撞速度为 $50 \pm 1 \text{km/h}$。试验车辆驾驶员位置及第二排左侧座椅位置上各放置一个 SID-IIs（D 版）型假人，用于测量碰撞过程中驾驶员及第二排左侧乘员的损伤情况。评价分为假人头部运动保护、假人伤害、车辆结构三个方面。

假人头部运动保护等级由驾驶员和乘员头部运动情况评定，分为优秀、良好、一般和较差四个评价等级。具体评级见表7。

假人伤害等级分为头部和颈部、躯干、骨盆和腿部三个身体部位。

表7　假人头部运动保护评级

头部运动情况说明	评级
头部受到头部保护系统(一般是安全气囊)的有效保护	优秀
车辆内饰或结构可以防止头部与 MDB 接触	良好
头部未与车辆内饰接触,但头部趋向靠近并且没有措施防止头部与 MDB 接触("侥幸免撞")	一般
头部与车辆内饰表面或结构接触,但没有措施防止头部与车辆外部接触	一般
头部与 MDB 接触	较差

资料来源：C-IASI 官网公开信息。

每个身体部位都以该部位评价指标为基础进行伤害等级评定，结果分为优秀、良好、一般和较差。身体各部位评价指标的最差结果作为该部位整体评价等级。整体评价等级以假人身体各部位最差的等级作为最终的评价等级。具体假人伤害评价等级见表8。

表8　假人伤害评级

部位	评价指标	优秀	良好	一般	较差
头部和颈部	HIC_{15}	0 ~ 623	624 ~ 779	780 ~ 935	>935
	颈部拉伸力 F_z(kN)	0 ~ 2.1	2.2 ~ 2.5	2.6 ~ 2.9	>2.9
	颈部压缩力 F_z(kN)	0 ~ 2.5	2.6 ~ 3.0	3.1 ~ 3.5	>3.5
躯干	平均变形量(mm)	0 ~ 34	35 ~ 42	43 ~ 50	>50
	变形量峰值(mm)	——	——	51 ~ 55	>55
	粘性指标 VC(m/s)	0 ~ 1.00	1.01 ~ 1.20	1.21 ~ 1.40	>1.40
	变形速率(m/s)	0 ~ 8.20	8.21 ~ 9.84	9.85 ~ 11.48	>11.48
	肩部位移(mm)	如果肩部触底或其变形量超过 60mm,则躯干的评级结果降一级			
骨盆和腿部	髂骨力 $F_I(t)$(kN)	0 ~ 4.0	4.1 ~ 4.8	4.9 ~ 5.6	>5.6
	髋骨力 $F_A(t)$(kN)	0 ~ 4.0	4.1 ~ 4.8	4.9 ~ 5.6	>5.6
	髂骨和髋骨合成力 $F_P(t)$(kN)	0 ~ 5.1	5.2 ~ 6.1	6.2 ~ 7.1	>7.1
	大腿力 F_x、F_y(kN)	0 ~ 2.8	2.9 ~ 3.4	3.5 ~ 3.9	>3.9
	大腿力矩 M_x、M_y(kN)	0 ~ 254	255 ~ 305	306 ~ 356	>356

资料来源：C-IASI 官网公开信息。

车辆结构等级主要根据试验后 B 柱与驾驶员座椅中线之间的距离进行评定（见表9），并且根据车辆结构件是否失效对评价等级进行修正（降级）。

表9　车辆结构评级

评价指标	优秀	良好	一般	较差
B柱与驾驶员座椅中线之间的距离(cm)	≥12.5	5.0～12.4	0～4.9	<0
结构件失效(例如,B柱完全断裂、车门打开等)	车辆结构评级降一级			

资料来源：C-IASI官网公开信息。

总体评价根据车辆结构、头部运动保护、头部和颈部、躯干、骨盆和腿部按表10计算得到。

表10　总体评价

评价项目	优秀(G)	良好(A)	一般(M)	较差(P)
车辆结构	0	2	6	10
驾驶员				
头部运动保护	0	2	4	10
头部和颈部	0	2	10	20*
躯干	0	2	10	20*
骨盆和腿部	0	2	6	10
乘员				
头部运动保护	0	2	4	10
头部和颈部	0	2	10	20*
躯干	0	2	10	20*
骨盆和腿部	0	2	6	10
总体等级界限值	0～6	8～20	22～32	34+

* 若头部和颈部或躯干评级为较差,总体评价不得高于一般。

资料来源：C-IASI官网公开信息。

3. 车顶强度规程概况

车顶强度规程分为试验规程和评价规程。试验时,加载装置的刚性压板以约5mm/s的速度给试验车辆施加载荷,加载位移≥127mm,用压板位移量127mm范围内测得的峰值载荷与车重（整备质量状态）之比（SWR）评价车顶抗压强度等级。

车顶强度评级分为优秀、良好、一般、较差四个等级,具体见表11。

表 11　车顶强度评级界限

载荷 - 质量比（SWR）	评级
SWR≥4.00	优秀（G）
4.00＞SWR≥3.25	良好（A）
3.25＞SWR≥2.50	一般（M）
SWR＜2.50	较差（P）

资料来源：C-IASI 官网公开信息。

4. 座椅/头枕规程概况

座椅/头枕规程分为静态试验规程、动态试验规程和评价规程。静态试验规程旨在评估车辆追尾碰撞中头枕几何特征对于减少乘员颈部损伤的影响。动态试验规程用于评估座椅/头枕在中低速追尾碰撞中防止颈部受伤害的能力。

静态评级结果为优秀或良好的座椅及头枕，进行动态试验；静态评级为一般或较差的座椅及头枕，则不进行动态试验。

首先进行头枕静态几何形状测量和评价，然后将座椅安装到台车上进行模拟追尾碰撞（波形满足特定的几何界限，速度为 16km/h），完成动态测试和评价，进而完成对座椅/头枕的总体评价。

静态评价根据头枕高度和头后间隙的静态测量值所在的区域，得出优秀、良好、一般、较差静态评价结果，如表 12 所示。

表 12　测量值区域划分

测量值区域划分	头后间隙（用"B"表示）	头枕高度（用"H"表示）	静态评价
区域 1	B≤7cm	H≤6cm	优秀（G）
区域 2	7cm＜B≤9cm	6cm＜H≤8cm	良好（A）
区域 3	9cm＜B≤11cm	8cm＜H≤10cm	一般（M）
区域 4	B＞11cm	H＞10cm	较差（P）

资料来源：C-IASI 官网公开信息。

动态评价根据假人的颈部力等级、T1 的 X 向加速度或头枕接触时刻划分为优秀、良好、一般三个等级。若 T1 的 X 向加速度和头枕接触时刻均不满足要求，则座椅的动态评价下调一级。动态评价要求详见表 13。

表 13 动态评价要求

评价指标	颈部力分类	动态评价
T1 的 X 向加速度≤9.5g 或头枕接触时刻≤70ms	低	优秀(G)
	中	良好(A)
	高	一般(M)
T1 的 X 向加速度 >9.5g 和头枕接触时刻 >70ms	低	良好(A)
	中	一般(M)
	高	较差(P)

资料来源：C-IASI 官网公开信息。

根据静态评价与动态评价情况（见表14），进行座椅/头枕的整体评价。

表 14 座椅及头枕的整体评价

静态评价	动态评价	整体评价
优秀	优秀	优秀(G)
	良好	良好(A)
	一般	一般(M)
	较差	较差(P)
头枕高度为优秀	优秀	优秀(G)
		良好(A)
良好	良好	良好(A)
	一般	一般(M)
	较差	较差(P)
一般	不进行动态测试	较差(P)
较差	不进行动态测试	较差(P)

资料来源：C-IASI 官网公开信息。

（三）车外行人安全测评

车外行人保护试验包括头型冲击试验、腿型冲击试验和骨盆冲击试验（监测项）。

1. 头型冲击试验

头型冲击试验根据厂家是否提供头型试验区域预测数据，分为网格点法和均分区域法两种方法。当厂家提供头型试验区域预测结果时采用网格点法，未提供时采用均分区域法。

（1）网格点法

头型试验区域的边界如图9所示，在前部是WAD1000线，在侧面是发动机罩侧面基准线，后面是WAD2100线。包络距离为1000～1500mm的区域作为儿童头型试验区域，包络距离为1700～2100mm的区域作为成人头型试验区域。包络距离为1500～1700mm的区域根据后缘基准线的相对位置选择儿童或成人头型冲击器。

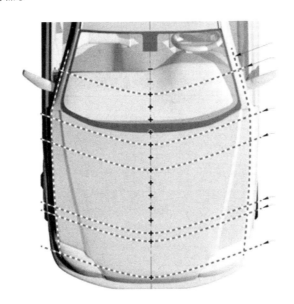

图9 头型试验区域的边界

资料来源：C-IASI官网公开信息。

头型试验采用儿童/成人头型以11.1±0.2 m/s的速度冲击车辆发动机罩等车辆前部结构，测量头部伤害指标。在通过试验点的纵向垂直平面内，儿童头型相对于地面基准平面的冲击角度为50°±2°；对位于发动机罩前缘基准线上或之前的儿童头型试验点，相对于地面基准平面的冲击角度为20°±2°。成人头型相对于地面基准平面的冲击角度为65°±2°。头型中心线与试验点偏差为±10mm。发射机构的速度控制应该保证在第一接触点的速度为11.1±0.2m/s。速度测量装置应达到±0.02m/s的精度。

　　头型试验区域被划分为若干个网格点，单个网格点总分为 1 分，按照单个碰撞点的 HIC_{15} 值提供网格点得分预测图谱。试验时随机选取 10 个网格点进行试验，并根据预测值计算修正系数。默认红色网格点得分为 1 分，默认绿色网格点得分为 1 分，蓝色点按实际试验值计算得分。

　　网格点法的头型试验分数（除默认网格点和蓝色点以外）由预测值和修正系数计算得到。计算公式如下

$$头型试验得分的百分比 = (\sum 预测得分 \times 修正系数 + \sum 默认得分 + \sum 蓝色区域得分) \div 网格总点数 \times 100\%$$

$$头型试验得分 = 头型试验得分的百分比 \times 24$$

表 15　头型试验区域得分判定

HIC_{15} 范围	得分	颜色
$HIC_{15} < 650$	1.000	绿色
$650 \leqslant HIC_{15} < 1000$	0.750	黄色
$1000 \leqslant HIC_{15} < 1350$	0.500	橙色
$1350 \leqslant HIC_{15} < 1700$	0.250	褐色
$1700 \leqslant HIC_{15}$	0.000	红色

资料来源：C-IASI 官网公开信息。

（2）均分区域法

　　当车辆制造厂商未提供头型试验区域预测结果，头型试验按均分区域法进行。按照图 10 将试验区域划分为 12 个均分区域，每个均分区域被划分为四个子区。每个均分区域内任选一个试验点，试验室最多选择 12 个试验点进行试验。如果选择的两个试验点空间上左右对称，若其下部空间和结构一致，则第二个点可不进行试验，采用第一个点的结果进行评价。如果制造厂商认为在某个特定均分区域的试验室已选试验点无法充分表现这一均分区域的性能，则制造厂商可以要求在该均分区域内追加一次试验，这一要求同样适用于未选择试验点的均分区域。

　　每个均分区域的最高分为 4.000 分，每个子区的最高得分为 1.000 分。试验室在每个均分区域选择一个可能导致伤害程度最高的点进行试验，结果判定

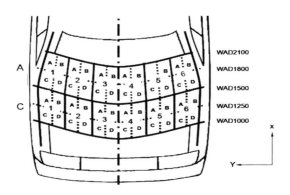

图 10　头型试验区域均分区域标记

根据表 12，该试验点的分数可作为该均分区域内所有子区的分数，该均分区域得分的计算公式如下。

$$一个均分区域的得分 = 已选试验点的得分 × 4$$

没有选取试验点的均分区域，若结构对称，可得到与其对称均分区域的分数。

制造厂商可以申请对未选试验点的均分区域，或已选试验点所在均分区域的剩余子区进行试验。根据表 12，对已选试验点和增加试验点分别进行结果判定，得到两个试验点的分数。该均分区域得分的计算公式如下。

$$一个均分区域的得分 = 制造厂商申请的子区个数 × 增加试验点的得分 + (4 - 制造厂商申请的子区个数) × 已选试验点的得分$$

均分区域法的头型试验得分计算公式如下。

$$头型试验得分的百分比 = \sum 均分区域得分 ÷ 48 × 100\%$$

$$头型试验得分 = 头型试验得分的百分比 × 24$$

2. 腿型冲击试验

当车辆处于正常行驶姿态时，选取的网格点处的保险杠下部基准线高度小于 425mm 时使用 Flex PLI 腿型进行腿型试验；选取的网格点处的保险杠下部基准线高度高于 500mm 时使用 TRL 上腿型进行上腿型水平冲击保险杠试验；选取网格点处的保险杠下部基准线高度在 425～500mm 时，制造厂商和试验室协商，选择 Flex PLI 腿型或 TRL 上腿型进行试验。

Flex PLI 腿型试验：在第一接触时刻，Flex PLI 腿型的底端距地面基准平面高度为 75 ± 10mm，如图 11 所示。设定发射机构的速度，确保在第一接触时刻的速度为 11. 1 ± 0. 2m/s。在第一接触时刻，柔性腿型速度的矢量方向在水平面内并平行于车辆纵向垂直平面，与水平面和纵向垂直平面的偏差不超过 ± 2°。柔性腿型的轴在第一接触时刻应保持竖直，轴线方向与纵向垂直平面和横向垂直平面的偏差不超过 ± 2°。

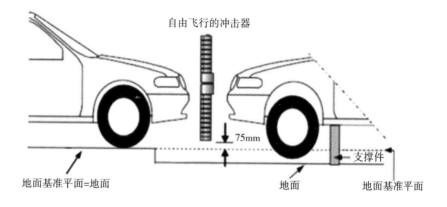

图 11　Flex PLI 腿型对保险杠的试验

资料来源：C-IASI 官网公开信息。

将腿型试验区域数据划分为若干个网格点，每个网格点最高可得分数为 1. 000 分，最低可得分数为 0. 000 分。若试验结果在高低限值之间采用线性插值法计算。每个网格点的得分为胫骨弯矩（最高 0. 500 分）和韧带伸长量（最高 0. 500 分）之和。指标和限值见表 16。

表 16　Flex PLI 腿型指标和限值

指标	高性能限值	低性能限值
胫骨弯矩	282Nm	340Nm
内侧副韧带伸长量	19mm	22mm
前、后交叉韧带伸长量	10mm	10mm

资料来源：C-IASI 官网公开信息。

胫骨弯矩的得分取 T1、T2、T3、T4 中最差的得分。

韧带伸长量的得分：当 ACL/PCL（前/后交叉韧带伸长量）小于限值，得分根据 MCL（内侧副韧带伸长量）的限值进行评分；当 ACL/PCL 达到或超过限值，得分为 0.000 分。Flex PLI 腿型试验得分计算公式：

Flex PLI 腿型试验得分的百分比 = ∑ 网格点的得分 ÷ 最大可实现的总分 ×100%

Flex PLI 腿型试验得分 = Flex PLI 腿型试验得分的百分比 ×6

上腿型试验：上腿型冲击器以 11.1 ± 0.2m/s 的速度撞击保险杠。上腿型导向运动方向平行于车辆中心线，角度偏差不超过 ±2°。在第一接触时刻，上腿型的水平中心线应在保险杠上部基准线和保险杠下部基准线的中间位置，上下偏差不超过 ±10mm；并且上腿型的竖直中线与碰撞试验点的横向偏差不超过 ±10mm。导向运动时，上腿型的竖直轴在第一接触时刻应保持竖直，角度偏差不超过 ±2°，导向运动方向平行于车辆中心线。

将腿型试验区域数据划分为若干个网格点，每个网格点最高可得分数为 1.000 分，最低可得分数为 0.000 分。若试验结果在高低限值之间采用线性插值法计算。根据弯矩和合力分别计算得分，该网格点的得分取两者中较差的得分。指标和限值见表 17。

上腿型的试验得分计算公式如下。

上腿型得分的百分比 = ∑ 每个网格点得分 ÷ 最大可实现的总分 ×100%。

上腿型试验得分 = TRL 上腿型得分的百分比 ×6

表 17　上腿型指标和限值

指标	高性能限值	低性能限值
弯矩	285Nm	350Nm
合力	5.0kN	6.0kN

资料来源：C-IASI 官网公开信息。

3. 骨盆冲击试验（监测项）

骨盆冲击试验采用 TRL 上腿型冲击 WAD775 位置，冲击速度和冲击角度根据车辆前端的几何结构参数确定。每个网格点位置处的试验速度方向与地面基准平面的角度定义为 α。速度方向与距离车辆中心线相同侧向位置上的 IBRL 的点和 WAD930 线上的点的连线垂直，如图 12 所示。冲击速度按冲击角度确定名义能量后确定。在第一接触时刻，上腿型的中心线应在 WAD775 线上，偏差为 ±10mm，已选定的碰撞试验点的横向偏差不超过 ±10mm。调整发射机构确保得到正确的速度和角度，速度的偏差在 ±2%。在第一接触时刻前，测量的速度需要考虑重力作用的影响。速度测量装置应达到 ±0.02m/s 的精度。冲击角度的偏差不超过 ±2°。

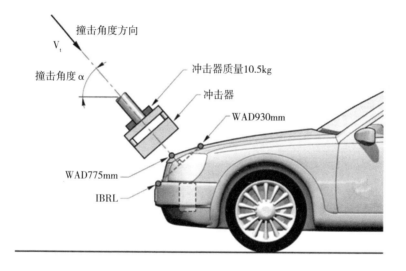

图 12 上腿型冲击 WAD775

资料来源：C-IASI 官网公开信息。

（四）辅助安全测评

车辆辅助安全测评自动紧急制动（AEB）系统评测包含前碰预警（FCW）功能评价和 AEB 功能评价。

FCW 功能评价包含目标车静止（主车车速 72km/h）、目标车低速（主车车速 72km/h，目标车车速 32km/h）和目标车减速（主车和目标车车速均为 72km/h，两车相距 30m，目标车减速度为 −3m/s²）三大场景，根据报警时刻的碰撞时距 TTC 进行评价，评价标准如表 18 所示。

表 18 FCW 评价标准

测试场景		测试车速	目标速度	评价方法	满分
FCW 功能	目标车静止	72km/h	0	报警时刻 2.1s≤TTC	
	目标车低速	72km/h	32km/h	报警时刻 2.0s≤TTC	1
	目标车减速	72km/h	72km/h	报警时刻 2.4s≤TTC	

资料来源：C-IASI 官网公开信息。

AEB 功能评价包含目标车静止（主车车速分别为 20km/h 和 40km/h）场景，根据制动减速量进行评价，评价标准如表 19 所示。

表 19 AEB 评价标准

相对速度	20km/h			40km/h			
制动减速量（km/h）	$V_3<8$	$8≤V_3<16$	$16≤V_3$	$V_3<8$	$8≤V_3<16$	$16≤V_3<36$	$36≤V_3$
分值	0	1	2	0	1	2	3

资料来源：C-IASI 官网公开信息。

整个辅助安全测评的满分为 6 分，评价等级的划分如表 20 所示。

表 20 整体评级得分

AEB 得分	5～6	2～4	1	0
评价等级	优秀（G）	良好（A）	一般（M）	较差（P）

资料来源：C-IASI 官网公开信息。

二 汽车安全测评结果分析

（一）耐撞性与维修经济性

1.总体评级情况

2017～2019 年测试车型耐撞性与维修经济性总体评级情况如图 13 所示。可以看到，测试车型耐撞性与维修经济性评级普遍较差，优良率并没有明显提升。其主要原因在于：部分测试车型低速结构碰撞时，前、后纵梁及高附加值零部件易受到损伤，且损伤后无法进行修复，需进行更换，导致维修更换费用急剧上升；部分测试车型在前部低速碰撞时，气囊发生起爆，导致耐撞性与维修经济性评级直接为较差。

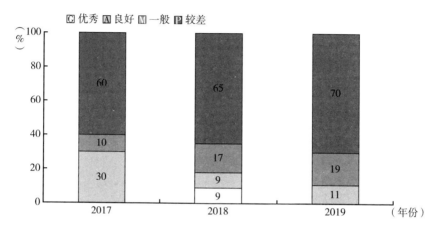

图 13　2017～2019 年度测试车型耐撞性与维修经济性评级总体情况

资料来源：C-IASI 官网公开信息。

2. 纵梁与易损件损伤及更换

在车辆低速结构碰撞工况下，前、后纵梁不应受到大的损伤。但从 2017～2019 年测试车型纵梁损伤情况的统计（见图 14），可以看到，超过一半的车型在低速结构碰撞后，前、后纵梁均不同程度地受到损伤，且损伤的概率相对较大。

在前、后纵梁发生损伤的情况下，有相当比例的车型纵梁发生了更换，尤其后纵梁较为明显，纵梁更换情况统计如图 15 所示，部分测试车型后部防撞梁总成的设计（小部分车型无后防撞梁总成）显然没有起到较好的低速碰撞保护效果。

车辆低速碰撞结构损伤，将大幅增加车辆的维修成本，造成不必要的财产损失和资源浪费，同时车辆纵梁属于车辆重要的安全结构件，维修后车辆的整体安全性能会有一定程度的影响，市场贬值严重。主机厂应在关注高速碰撞安全性的同时，更多地考虑低速碰撞的耐撞性与维修经济性能。

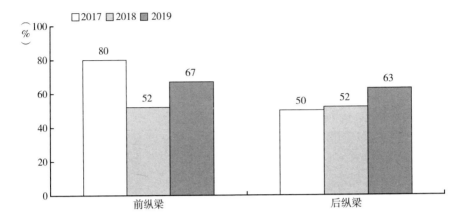

图 14 2017～2019 年纵梁损伤情况统计

资料来源：C-IASI 官网公开信息。

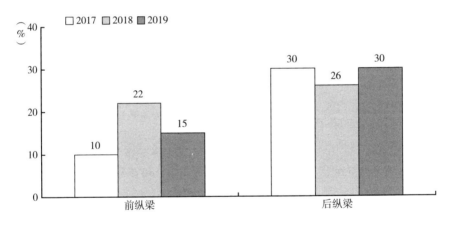

图 15 2017～2019 年纵梁更换情况统计

资料来源：C-IASI 官网公开信息。

为更直观地反映前、后低速结构碰撞零部件的损伤情况，本研究报告统计了 2017～2019 年耐撞性与维修经济性各年度测试车型平均更换和维修配件的数量，如图 16 和图 17 所示。

从图 16 和图 17 中可以看出，测试车型前端损伤配件数量居高不下，后端损伤配件数量有逐年降低趋势，表明主机厂已经开始重视配件可维修性开发，但总体来讲，配件可维修性提升不够明显。

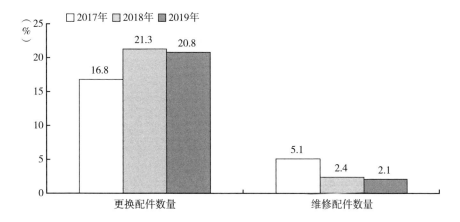

图16　2017~2019年前端配件损伤统计

资料来源：C-IASI 官网公开信息。

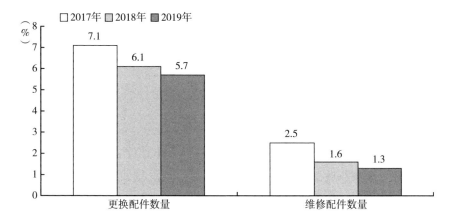

图17　2017~2019年后端配件损伤统计

资料来源：C-IASI 官网公开信息。

3. 气囊起爆率

针对低速气囊起爆情况，按起爆车型占比进行了统计，如图18所示。2017~2019年，中国汽车安全测试车型气囊起爆率明显下降，由40%降至25.9%。数据表明，测试车型车企已在关注低速气囊误爆的问题，并采取相关控制策略对低速气囊的起爆门限进行了优化，在一定程度上提高了车型低速碰撞的维修经济性，切实降低了车辆的保险风险。

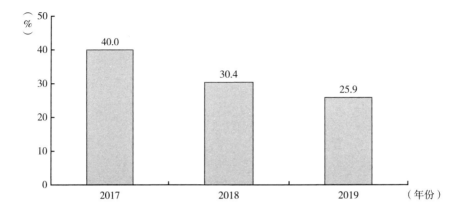

图18　2017～2019年测试车型气囊起爆率

资料来源：C-IASI官网公开信息。

综合2017～2019年所有测试车型，低速气囊起爆率为30%。与国外同类研究结果相比（气囊起爆率为5%），气囊起爆率依旧较高，车型仍有进一步改进的空间。

（二）车内乘员安全测评

2017～2019年共60款测评车型，按车型类别来分，如图19所示，轿车车型总共29款，占比49%；其中A级车占比25%，B级车占比22%，C级车占比2%。SUV车型总共29款，占比48%，其中紧凑型SUV占比28%，小型SUV占比5%，中型SUV占比15%，大型SUV占比0%。MPV车型2款，占比3%。轿车和SUV车型占总车型的97%。

从自主品牌和合资品牌来看，合资品牌共计39款，占比65%，占比接近2/3。自主品牌共计21款，占比35%。

从国别来看，如图20所示，自主品牌占比最大，为35%；其次为日系，占比23%；德系位列第三，占比17%。其他依次为美系、韩系、法系和瑞典系。

安全配置方面，如表21所示，正面安全气囊覆盖范围较全面，覆盖率为100%，前排侧气囊的覆盖率也达到了85%，侧气帘的覆盖率相对较低，为47%。

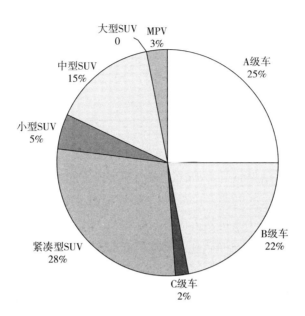

图 19　2017～2019 年测评车型分布

资料来源：中国汽研整理。

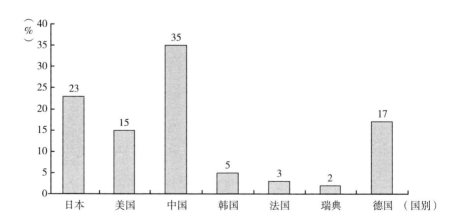

图 20　2017～2019 年车型国别分类

资料来源：中国汽研整理。

表21　2017～2019年安全气囊的配置

单位：个，%

类别	配置个数	配置率
正面安全气囊	60	100
前排侧气囊	51	85
后排侧气囊	3	5
侧气帘	28	47

资料来源：中国汽研整理。

车内乘员整体结果如图21所示，车内乘员评价优秀率为38%，良好率为19%，一般占比38%，较差占比5%。本研究报告对比了车内乘员2017～2019年的结果，2019年车内乘员整体优秀率较2017年提高了53%，增长较明显，且2019年车内乘员较差评价占比已经降到了0%。

车内乘员四个分工况获得全优车型的比例也在升高，2017年没有一款车获得全优评价，2018年仅有3款车型获得全优评级，到2019年此数量已增加到11款，占到2019年的41%，车内乘员安全测评整体安全水平在逐步提高。

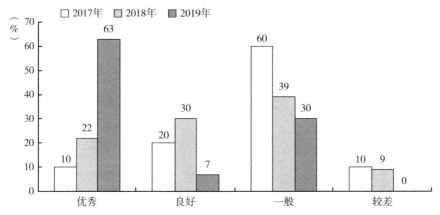

图21　2017～2019年车内乘员整体结果

资料来源：中国汽研整理。

车内乘员四个工况评级情况如表22所示。从优秀率来看，正面25%偏置碰撞优秀率相对于其他三个工况而言优秀率较低，仅达到30%，座椅/头枕优秀率较高，达到87%。就良好及以上比例而言，正面25%偏置碰撞、侧面碰撞、车顶强度以及座椅/头枕良好及以上的比例分别为 53%、70%、92% 和 100%，近三年所有工况良好及以上的比例均超过 50%。从表中明显地看出，车顶强度以及座椅/头枕较差评价占比 2019 年均降到 0%。相对于车顶强度及座椅/头枕，正面 25% 偏置碰撞及侧面碰撞依然是各个厂家在车型开发的过程中重点考虑的工况。

表 22　2017~2019 年车内乘员不同工况评级分布

工况	优秀（G）	良好（A）	一般（M）	较差（P）
正面 25% 偏置碰撞	18（30%）	14（23%）	15（25%）	13（22%）
侧面碰撞	22（37%）	20（33%）	8（13%）	10（17%）
车顶强度	41（68%）	14（24%）	5（8%）	0（0%）
座椅/头枕	52（87%）	8（13%）	0（0%）	0（0%）

资料来源：中国汽研整理。

1. 2017~2019 年正面 25% 偏置碰撞测评结果研究分析

25% 偏置碰撞结果分析主要是从整体评价、结构评级、约束系统和假人运动、假人伤害四个方面分别展开。

2017~2019 年正面 25% 偏置碰撞整体评价结果如图 22 所示，正面 25% 偏置碰撞优秀、良好、一般和较差的比例分别为 30%、23%、25% 和 22%。对 2017~2019 年整体结果对比，虽然 2019 年正面 25% 偏置碰撞整体结果优秀率不足 50%，但是相对于 2017 年优秀率而言已经提高了 34 个百分点；良好及以上的比例大幅度提高，提高了 40%；较差占比也大幅下降，从 2017 年的 50% 下降到 2019 年的 11%。对于车内乘员四个工况而言，正面 25% 偏置碰撞为最严苛的工况，虽然整体优秀率不高，但是已经改善了很多，随着汽车安全水平的整体提高，此工况的整休评价逐年提升。

正面 25% 偏置碰撞的结构等级评价如图 23 所示，结构评价良好及以上评价占比为 58%，其中 2017 年为 30%，2018 年为 56%，2019 年为 71%。相对于整体评价，车体结构除 2017 年以外，其余两年车体结构的水平与整体评价相当。从优秀率来看，2019 年结构的优秀率达到 52%，比整体评价优秀率高了 8 个百分点，比 2018 年结构优秀率增加了一倍。

结构评价等级是以乘员舱上部和乘员舱下部的侵入量中较差的等级来决定

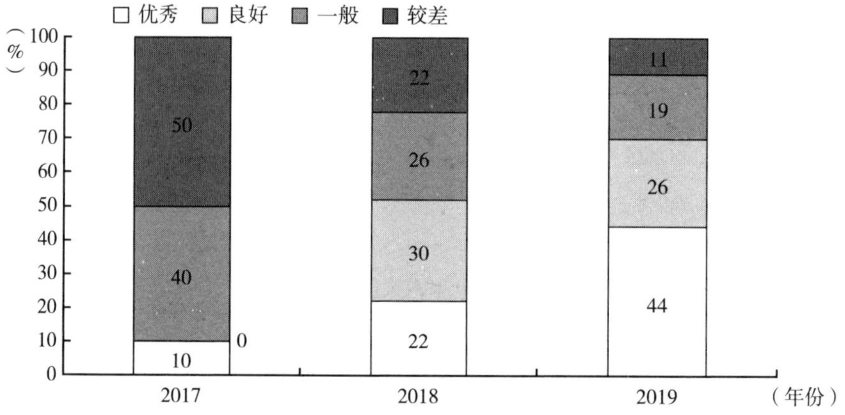

图 22　正面 25%偏置碰撞整体评价结果

资料来源：中国汽研整理。

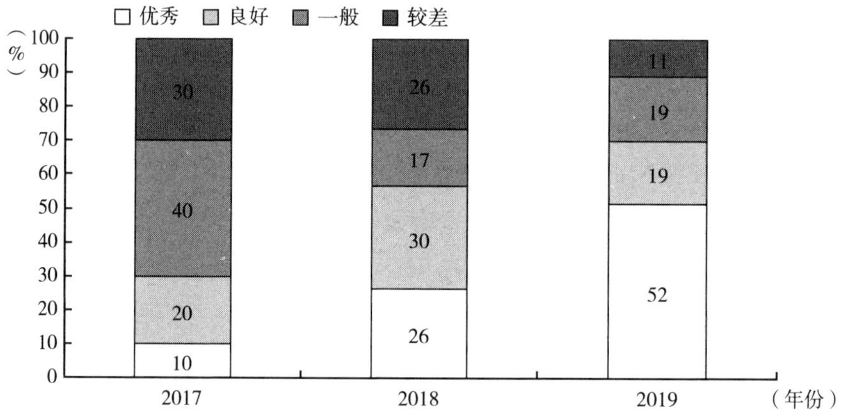

图 23　25%偏置碰的结构等级评价

注：图中数据存在相加不为 100 的情况，是由四舍五入导致的，特此说明，全书类似情况同此说明。

资料来源：中国汽研整理。

的，图 24 列出了 2017～2019 年乘员舱侵入量总体对比以及 2017～2019 年上部和下部侵入量对比。由图 24a 可以明显地看出，乘员舱下部侵入量明显优于上部侵入量。乘员舱下部侵入量优秀率为 73%，而乘员舱上部只达到 35%。提高车辆结构的优秀水平，须重点降低车辆上部侵入量。

图 24b 为近三年乘员舱上部侵入量对比，2019 年乘员舱上部的侵入量一般及以下的占比为 30%，虽占比较高，但相对于 2017 年已有下降。图 24c 为乘员舱下部的侵入量，近三年乘员舱下部侵入量均未出现较差等级，并且 2019 年的优秀率已经达到 85%，良好及以上的比例达到 96%。

乘员舱各部位侵入量对比见图 25。由以上分析可知提高车辆结构水平主要是降低乘员舱上部侵入量，乘员舱上部的侵入量评价较差的等级主要集中在上仪表板、左下方仪表板、A 柱上铰链。乘员舱下部侵入量相对而言较好，下部侵入量评价较差的部位主要集中在 A 柱下铰链。由此可知，车型在开发过程中若想获得较好等级，主要应通过降低以上四个部位的侵入量来实现。

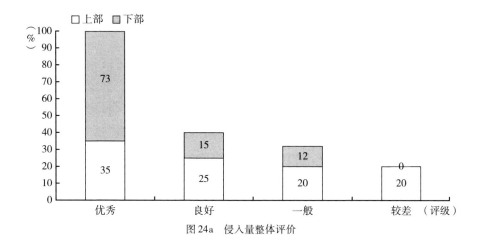

图 24a　侵入量整体评价

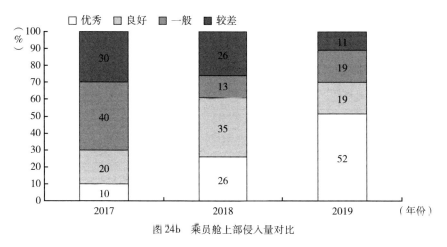

图 24b　乘员舱上部侵入量对比

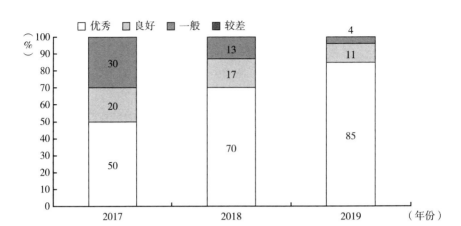

图 24c 乘员舱下部侵入量对比

图 24 2017～2019 年乘员舱上部和下部侵入量评级

资料来源：中国汽研整理。

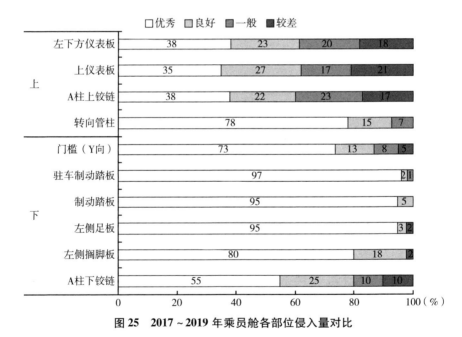

图 25 2017～2019 年乘员舱各部位侵入量对比

资料来源：中国汽研整理。

本研究报告对乘员舱评价较差的四个部位的优秀和较差评价等级进行了详细统计分析，如表 23 所示。上仪表板的侵入量虽然优秀率提升较明显，但是较差评价三年水平相当，2018 年相对于 2017 年还出现了轻微浮动。左下方仪表板较差评级 2019 年相对于 2017 年和 2018 年两年下降较明显。A 柱上铰链和下铰链优秀率 2019 年相对于其他两年均有不同程度的提升。

表 23　2017～2019 年小偏置结构侵入量对比

单位：%

测量部位		优秀			较差		
		2017 年	2018 年	2019 年	2017 年	2018 年	2019 年
下	A 柱下铰链	20	57	67	30	9	4
上	A 柱上铰链	0	39	52	30	17	11
	上仪表板	10	26	52	20	22	19
	左下方仪表板	10	35	52	30	26	7

资料来源：中国汽研整理。

本研究报告梳理了安全测评不同年份同一款车型的对比，以正面 25% 偏置碰撞为例，某车型换代后较换代前门环系统结构变形量有明显改善。车辆结构由 2018 年的一般评价提升为优秀评价。A 柱立柱铰链位置、上 A 柱变形量减小，门槛较原有车型未发生明显压溃，优化后车型门环系统保持完整，从而保证了乘员舱的完整性，间接保护了假人的小腿及脚部损伤。乘员舱左侧搁脚板、右侧足板、制动踏板、上仪表板以及左下方仪表板均达到优秀水平。

约束系统和假人运动评级对比如图 26 所示。与整体评价和结构评价相比，约束系统和假人运动的优秀率较低，只有 23%。从 2017～2019 年的对比情况可以看出，虽然 2019 年相对于 2017 年提高了 27 个百分点，但是优秀比例依旧较低，较差占比降低较明显，约束系统评价主要和正面气囊、侧气帘的作用以及方向盘的横向和纵向位移相关。方向盘的位移主要取决于结构，气囊和气帘的保护主要取决于气囊和车体结构的匹配策略。

本研究报告对正面头部保护和侧面头部保护做了进一步的分析。首先来看正面头部保护，图 27 为正面安全气囊作用情况，由图 27a 可知，稳定的正面安全气囊作用占比 30%，局部的正面安全气囊作用占比 35%，极小的正面安全气囊作用占比 35%。正面气囊的配置率为 100%，但是稳定的正面气囊作用

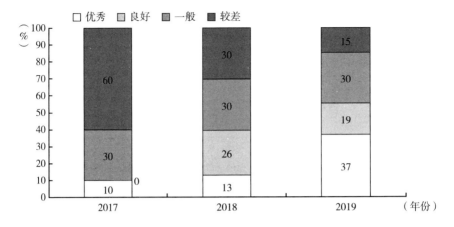

图26 约束系统和假人运动评级

资料来源：中国汽研整理。

较低，在改善车辆结构的基础上应该对正面安全气囊的直径、起爆时间、泄气孔大小进行优化，使得约束系统本身能为假人提供有效保护。

图27b 为 2017～2019 年正面头部保护评价对比，由图可知，稳定的正面气囊作用提升很快，提升了 34 个百分点。

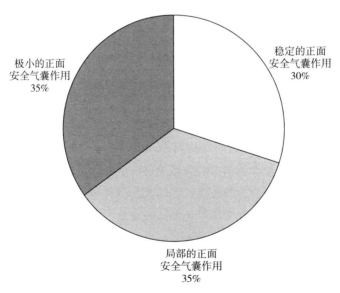

图27a 正面头部保护情况

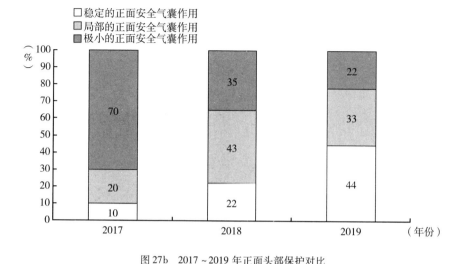

图27b 2017～2019年正面头部保护对比

图27 2017～2019年正面气囊对正面头部保护评价影响

资料来源：中国汽研整理。

侧面头部保护安全气囊对侧面头部保护评价影响如图28所示。由图28可以看出侧面头部保护安全气囊展开后前方覆盖范围充分，占比较低，平均仅为22%，2017年仅为10%，2019年提升至30%。侧面头部保护安全气囊展开后前方覆盖范围有限，仅为20%，其中2019年为26%。汽车生产企业应加强此工况的优化，更好地匹配侧面头部保护安全气帘的参数，保证侧气帘前方有足够的覆盖范围。与此同时，汽车安全测评也在积极完善侧气帘覆盖范围有限的考查，进一步引入对侧气帘防抛性能的试验和评价。

假人伤害评级如图29所示，由图可知，假人胸部损伤优秀率达到100%，假人头部/颈部优秀率高达90%，大腿/臀部损伤优秀率为85%，假人伤害最严重的为小腿/脚部，优秀率为63%。

本研究报告对大腿/臀部和小腿/脚部评价为较差的比例进行了对比，如表24所示，由表可知2019年大腿/臀部伤害较差评价已经降低到0%，小腿/脚部伤害也由2017年的20%降到2019年的4%。

假人伤害是正面25%偏置碰撞中优秀率最高的部分，这也反映了在小偏置碰撞中假人伤害不是主要的扣分点。若要车辆达到较好的成绩，须以结构、约束系统和假人运动为出发点找出解决问题的相关策略方法。

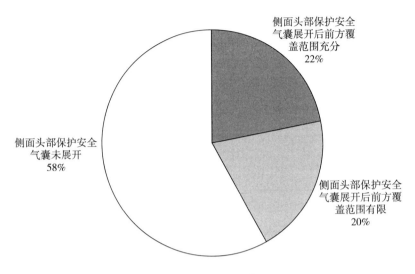

图 28a　侧面头部保护作用

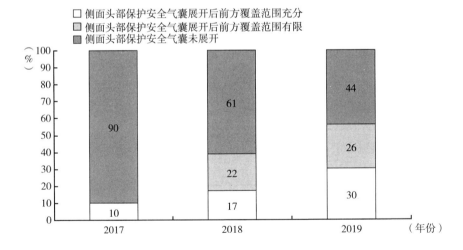

图 28b　2017～2019 年侧面头部保护对比

图 28　侧面头部安全气囊对侧面头部保护评价影响

资料来源：中国汽研整理。

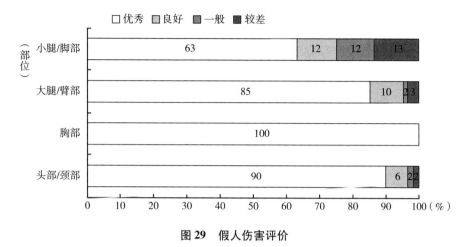

图29　假人伤害评价

资料来源：中国汽研整理。

表24　2017～2019年假人大腿和小腿评价较差对比

单位：%

部位	2017年	2018年	2019年
大腿/臀部	10	4	0
小腿/脚部	20	22	4

资料来源：中国汽研整理。

2. 2017～2019年侧面碰撞测评结果研究分析

侧面碰撞整体评价包含驾驶员和后排乘员头部保护、车辆结构、驾驶员和后排乘员假人伤害三个部分。

侧面碰撞整体评价虽然优秀率只有37%，但是良好及以上的比例达到70%，相对正面25%偏置碰撞整体结果较好。2019年的优秀率超过50%，达到56%，良好及以上的比例达到78%；2017年没有一款车型获得优秀评价（见图30）。侧面碰撞整体评价较差评级平均占比为17%。

车辆结构评价优秀率平均值为63%，良好平均值为28%，良好及以上的占比达到91%，车辆结构已经达到较好的水平，尤其是2019年的优秀率已经达到78%，良好及以上的比例达到100%。近三年除2018年侧碰结构出现了一般评价，其余两年均为良好及以上（见图31）。

107

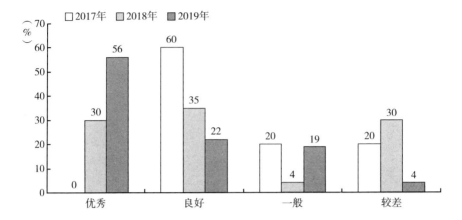

图30 2017～2019年侧面碰撞整体评价

资料来源：中国汽研整理。

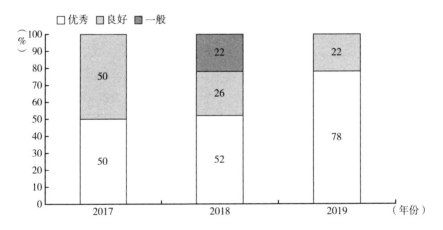

图31 2017～2019车辆结构评价

资料来源：中国汽研整理。

本研究报告对2017～2019年测试车型进行了梳理，同一款车型改款前后侧面碰撞结构对比如图32所示，2019年车辆结构由2017年的良好提高到优秀水平，这也说明主机厂已经将此工况纳入其车型开发过程中。图32标出了同一车型两次侧面碰撞后B柱的变形对比，可以看出优化后车型B柱下端变形明显（产生塑性铰），与假人胸部对应位置的B柱中部变形较小，有利于减少假人伤害。车辆结构的改善间接降低了假人伤害。

a 2017年　　　　　　　　　　　b 2019年

图32　同款车型改款前后结构对比

资料来源：中国汽研整理。

　　驾驶员及后排乘员头部保护评级结果见图33。由图可知，头部保护的整体评级要落后于图31所示的结构评价。后排乘员头部保护评级要优于驾驶员，评价为较差的比例为0%，而驾驶员侧较差等级占比相对较高，为22%，较差评价即头部与MDB接触，因此，驾驶员与MDB壁障接触的概率远大于后排乘员。

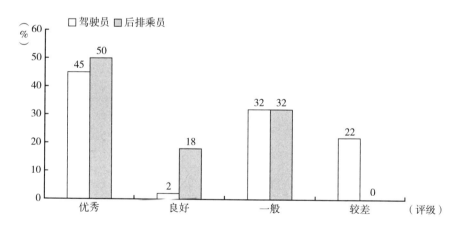

图33　驾驶员及后排乘员头部保护评级结果

资料来源：中国汽研整理。

　　2017～2019年驾驶员头部保护对比如图34所示，虽然2019年相对于2018年优秀率提升不明显，但是较差等级下降幅度较大，2019年降到7%。

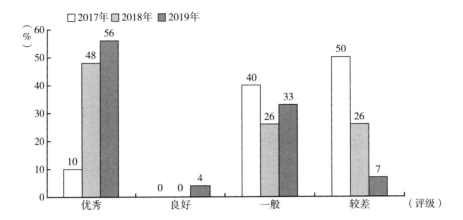

图34 2017～2019 年驾驶员头部保护评级对比

资料来源：中国汽研整理。

2017～2019 年后排乘员头部保护对比如图35 所示，由图可知，后排乘员近三年均未出现较差等级，2018 年和 2019 年优秀比例相对于 2017 年有大幅提升。

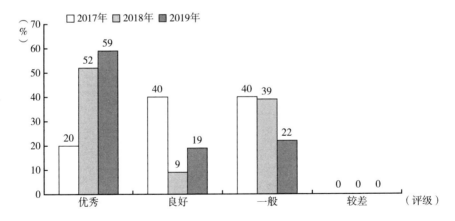

图35 2017～2019 年后排乘员头部保护评级对比

资料来源：中国汽研整理。

假人伤害评价如图36 所示。由图可知，后排乘员身体各部位损伤相对于前排较小，在侧面碰撞中驾驶员容易受伤的部位为假人躯干，优秀率只有

45%，而头部/颈部和骨盆/腿部则高达70%和72%。躯干和骨盆主要是和碰撞中车辆的撞击位置相关，头部主要和侧气帘的保护相关。后排乘员假人身体各部位优秀率均较高，并且远远优于前排。

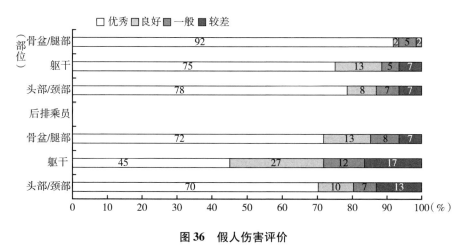

图36　假人伤害评价

资料来源：中国汽研整理。

对比近三年驾驶员侧假人伤害情况发现，如图37所示，2019年相对于其他两年躯干优秀率提升最明显，由50%提升到67%。

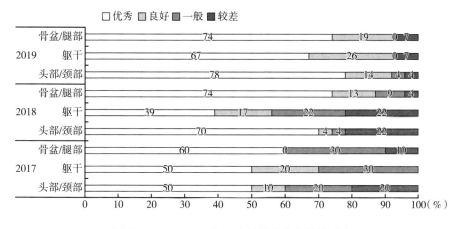

图37　2017～2019年驾驶员假人伤害结果对比

资料来源：中国汽研整理。

对比近三年后排乘员假人伤害情况发现，如图 38 所示，2019 年相对于 2018 年头部/颈部、躯干、骨盆/腿部优秀率差异不大，优秀率均较高。此外，2019 年假人身体各部位伤害较差评价降到 0%。

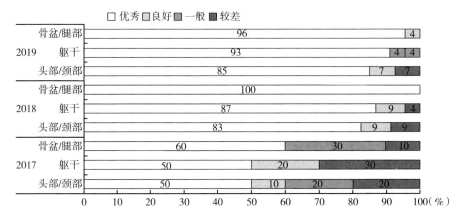

图 38 2017～2019 年后排乘员假人伤害结果对比

资料来源：中国汽研整理。

侧面碰撞评价由车体结构、假人伤害及头部保护三部分组成。侧面碰撞整体评价优秀率为 37%，结构优秀率达到 63%，驾驶员和后排乘员头部保护评价优秀率分别为 45% 和 50%，假人伤害除驾驶员躯干优秀率为 45% 以外，其他均达到 70% 以上。

从以上数据可以看出，在保证结构的基础上侧面头部保护的改善对侧面碰撞起着至关重要的作用。而侧面头部保护的改善很大一部分与侧气帘的配置及匹配相关。尤其是 2019 年车体结构良好及以上的比例已经达到 100%，假人伤害良好及以上比例也达到 90% 以上，整体评价良好及以上 78%，驾驶员头部保护只有 56%。因此侧气帘在侧面碰撞中起着至关重要的作用。

图 39 为 2017～2019 年侧气帘的配置率。图 40 为 2017～2019 年配置侧气帘车辆驾驶员头部保护评级。图 41 为 2017～2019 年配置侧气帘后排乘员头部保护评级。

由图 39 可知，侧气帘的配置率三年内几乎翻了一番。侧气帘在侧面头部保护中起到很关键的作用，如图 40 和图 41 所示，配置了侧气帘的车型驾乘人员头部保护整体评价相对较好，2019 年配置了侧气帘的车型驾驶员头部保护的优秀率已经达到 94%。后排乘员相对驾驶员头部保护效果更好，2018 年和 2019 年配置侧气帘的情况下侧面头部保护优秀率已经达到 100%。

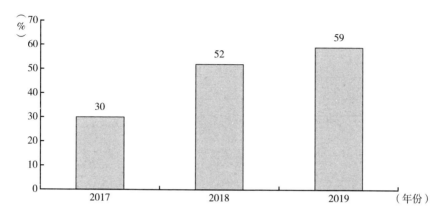

图 39　2017～2019 年侧气帘的配置率

资料来源：中国汽研整理。

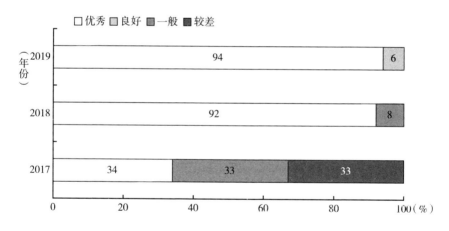

图 40　2017～2019 年配置侧气帘车辆驾驶员头部保护评级

资料来源：中国汽研整理。

本研究报告对比了同一款车型配置侧气帘前后头部保护作用，如图 42 所示。此车型 2019 年配置了侧气帘，2016 年未配置侧气帘，配置侧气帘后，驾驶员头部保护评价由较差提升到优秀，后排乘员头部保护评价由良好提升至优

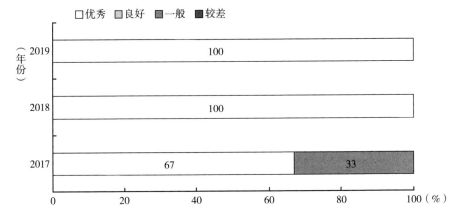

图41　2017～2019年配置侧气帘车辆后排乘员头部保护

资料来源：中国汽研整理。

秀，这也再次印证了侧气帘在侧面头部保护中的作用，也说明车辆的安全水平在逐年提升。

a 2016年　　　　　　　　　　b 2019年

图42　同款车型改款前后对比

资料来源：中国汽研整理。

3. 2017～2019年座椅/头枕测评结果研究分析

如图43所示，近三年座椅/头枕整体评价较好，其中良好及以上的比例达到100%，未出现一般和较差的评价。2019年的优秀率更是达到96%。

4. 2017～2019年车顶强度测评结果研究分析

车顶强度整体评价结果为：优秀率占比68%，良好占比23%，一般占比8%，较差为0%。

表25所示为2017～2019年车顶强度对比，由表可知，2019年车顶强度的优秀率达到89%，一般评价由2017年的20%降到2019年的4%，近三年均未

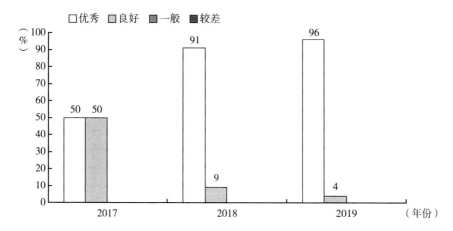

图43 2017～2019座椅/头枕评价结果

资料来源：中国汽研整理。

出现较差评价。

图44所示为2017～2019年平均峰值载荷对比，由图可知，近三年平均峰值载荷平均值为65987N，2019年为73669N。部分车型表现突出，其中11款车的车顶强度峰值载荷超过8万N，其中5款车型的峰值载荷超过9万N。

表25 2017～2019年顶压强度评级对比

单位：%

年份	优秀	良好	一般	较差
2017	40	40	20	0
2018	56	35	9	0
2019	89	7	4	0

资料来源：中国汽研整理。

（三）车外行人安全测评

1. 2017～2019年测评车型总体表现

车外行人整体评价如图45所示，优秀占比65%，良好占比为27%，一般占比6%，较差占比2%。良好及以上的比例高达92%，现有车型车外行人安全表现较好。

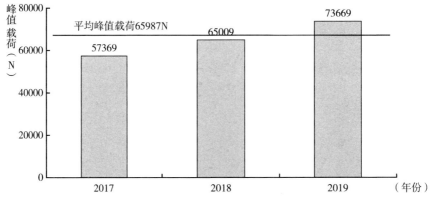

图 44　2017～2019 年测试车型平均峰值载荷对比

资料来源：中国汽研整理。

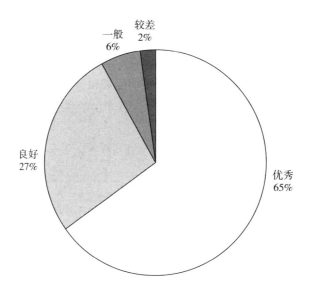

图 45　2017～2019 年测评车型总体表现

资料来源：中国汽研整理。

2. 测评结果解读

2017～2019 年行人保护评价对比如表 26 所示，2019 年行人保护优秀占比较 2018 年提升了 32 个百分点，较 2017 年提升了 69 个百分点。较差车型比前两年新增一款车，但是从整体来看，2019 年测试车型的行人保护性能较好。

表 26 2017～2019 年行人保护评价对比

单位：%

年度	优秀	良好	一般	较差
2017	20	50	30	0
2018	57	39	4	0
2019	89	7	0	4

资料来源：中国汽研整理。

2017～2019 年总得分率、头型得分和腿型得分对比如表 27 所示，2019 年总得分率较 2018 年有所提高，提高了 6 个百分点，较 2017 年提高了 14 个百分点。2019 年头型平均得分为 15.873 分，分别比 2017 年和 2018 年提高了约 3.6 分和1.3 分。2019 年腿型平均得分为 5.880 分，分别比 2017 年和 2018 年提高了约 0.7 分和 0.6 分。近三年来，行人保护得分提升明显，尤其是在头型得分方面。

表 27 2017～2019 年部分项目对比

单位：%，分

项目	2017 年	2018 年	2019 年
总得分率	58	66	72
头型得分	12.212	14.595	15.873
腿型得分	5.105	5.299	5.880

资料来源：中国汽研整理。

在行人保护主动系统的配置方面，在 2017 年测评车型中均未搭载主动式发动机罩，2018 年测评车型中仅有 1 款车型搭载主动式发动机罩，而在 2019 年测评车型中搭载主动式发动机罩的车辆数量为 3 款，所搭载车型均为合资车型。其中某款车型，2018 年未配置主动式发动机罩其头型得分为 15 分，而2019 年配置了该系统其头型得分为 21.294 分，主动式发动机罩对头型得分的提升作用明显。未来将会有更多的车型搭载行人保护主动系统，车外行人安全测评中也将考虑加入主动式发动机罩的测评方法。

（四）车外辅助安全测评

2017 年摸底试验完成 5 款车型的测评，其中包括轿车 2 款，SUV 3 款。成绩如图46所示，有3款车型获得优秀评价，优秀占比60％，1款车型获得良好评价，一款车型获得较差评价。

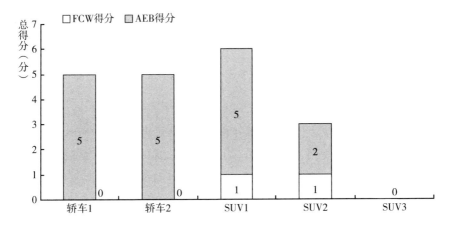

图46　2017年测评车型得分

资料来源：中国汽研整理。

2018年车辆辅助安全测评完成15款车型的正式试验，如图47所示，13款车型获得优秀评价，优秀占比为87％，1款车型获得良好评价，1款车型获得较差评价。

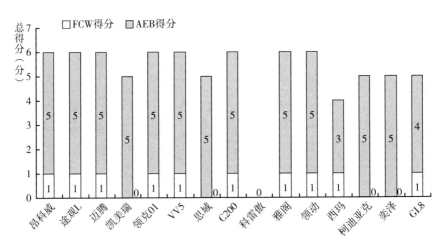

图47　2018年评测车型得分

资料来源：中国汽研整理。

2019 年车辆辅助安全测评完成 24 款车型的正式试验，如图 48 所示，23 款车型获得优秀评价，优秀占比为 96%，1 款车型获得一般评价。

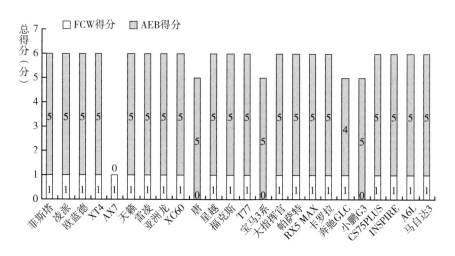

图 48　2019 年测评车型得分

资料来源：中国汽研整理。

通过对比 2017～2019 年三年的测评数据可以得到如下结论。

（1）优秀率从 2017 年的 60% 提升到 2018 年的 87%，再到 2019 年的 96%，逐年提高。

（2）FCW 作为主要失分点，得分率从 2017 年的 40% 提升到 2018 年的 67%，再到 2019 年的 87.5%，也是逐年攀升的，可以看出主机厂针对 FCW 报警性能进行了优化。

（3）车辆辅助安全测评的满分率从 2017 年的 20% 提升到 2018 年的 53.3%，再到 2019 年的 79.2%，呈逐年增加趋势。

三　安全测评性能开发策略研究

根据以上汽车安全测评分析数据，在安全测评性能开发中，车顶强度获得优化评级比例最高，且近三年均未出现较差评价。同时，车顶强度主要影响区域为 A 柱上接头区域，开发策略相对明了。而对于其他测评工况的开发，评级相对较低，受多个区域结构的综合影响较大，具有一定的开发难度。因此，以下针对耐撞性与维修经济性、正面25%偏置碰撞、侧面碰撞和车外行人安全的开发策略进行介绍。

（一）耐撞性与维修经济性测评开发策略

耐撞性与维修经济性主要考虑汽车售后阶段的可维修性和经济性，这就要求在汽车设计的前期阶段，将汽车在低速碰撞后的维修、拆解、更换、经济性等因素考虑进去，结合汽车的销售指导价，打通汽车前、后市场，完善汽车全生命周期的产业链设计体系。

1. 设计目标要求

耐撞性与维修经济性设计的一般原则如下。

①低速碰撞工况下，安全气囊系统不误触发，安全带（预紧）等其他约束系统不触发。

②前、后保险杠蒙皮及防撞梁总成设计满足保险杠静态测试要求。

③前、后防撞梁及吸能盒充分吸能，尽量避免其余零部件产生变形或破坏。

④易损件布置尽量避开壁障碰撞部位。

⑤高附加值零件设计防护结构，并确保足够的安全距离或高度（尾灯灯机罩），尽量避免高附加值零部件维修或更换。

⑥合理设计前、后部结构连接方式，防止因一个部件损坏而导致其连接部件的损坏。

⑦确保车门与侧围间隙的变化量，使前后翼子板不发生移位。

⑧车体纵梁不应发生较大塑性变形，尤其是前纵梁前部和后纵梁后部。

2. 典型设计策略

（1）前防撞梁设计策略

增加前、后防撞横梁的有效宽度及有效高度，增加接触面积（有效宽度≥85%）；扩大前、后防撞梁与保险杠壁障的有效结合尺寸（防撞梁有效高度与壁障的重叠率≥75%）；尽量使前、后防撞梁中心线高度与壁障保持一致（前防撞梁中心线离地高度为505mm，后防撞梁中心线离地高度为455mm）；防撞梁应具有一定的覆盖范围，有效保护前、后端易损零部件。

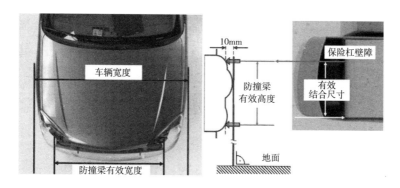

图49　前后防撞梁高度设计策略

资料来源：中国汽研整理。

（2）吸能盒设计策略

前后吸能盒结构设计应保证足够的长度和合理的截面尺寸。合理匹配吸能盒与纵梁前后部的刚度，以便充分吸收低速碰撞能量，保证纵梁前后端不发生塑性变形。

图50　吸能盒与纵梁匹配设计策略

资料来源：中国汽研整理。

（3）前保险杠设计策略

在前保险杆处增加二级缓冲吸能结构（泡沫或吸能钣金件），辅助吸收碰撞能量。

（4）造型及总布置设计策略

在造型及布置阶段充分考虑低速碰撞要求，将前端易损零部件的位置尽量避开壁障碰撞位置。

合理设计车辆前分缝线位置，避免碰撞过程中机舱盖造成较大损坏，可以将发动机罩分缝及翼子板分缝后移并尽量避免保险杠与翼子板的刚性连接。

图51 保险杠与翼子板分缝线设计策略

资料来源：中国汽研整理。

防撞梁周围零部件（尤其是高附加值部件）离防撞梁应有足够的距离，或前方有加强结构件。龙门架一般宜设计为活装结构，方便快速拆卸维修及更换。最后需合理设计结构的连接方式，防止因一个部件损坏而导致连接部件或其他部件的损坏。

图52 防撞梁周围零部件布置策略

3. 气囊误起爆

在耐撞性与维修经济性试验过程中，气囊的误起爆将大幅增加车辆维修费用且对乘员安全造成潜在威胁。根据测评试验，在2017～2018年测评的33款车型中约有1/3的车型在耐撞性与维修经济性试验中出现了气囊的起爆，测试车型的平均起爆率达30%以上，远高于国外同类型研究机构对约束系统起爆

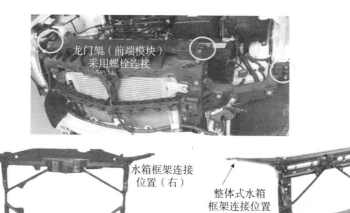

图 53　龙门架设计策略

资料来源：中国汽研整理。

率（5%以内）的统计。针对这一情况，应在车型设计阶段就将耐撞性与维修经济性测评的试验工况加入 ECU 标定和验证中，防止试验中气囊出现误起爆的现象。

（二）正面25%偏置碰撞安全开发策略

正面 25% 偏置碰撞工况的特点是：壁障位于汽车纵梁的外侧，纵梁很难通过溃缩变形吸收足够的碰撞能量，碰撞能量通过轮胎等零件传递到乘员舱，车身受力变形产生巨大的侵入量，进而对车内乘员造成伤害。在开发方面，往往受制于车内空间的限制，很难设置较好的传力路径来吸收碰撞能量。

1. 碰撞目标要求

在正面 25% 偏置碰撞中，需 shotgun 结构与底盘的摆臂、悬架、轮胎等配合作用使车身产生侧向位移，A 柱及门槛能够抵御刚性壁障和车轮的侵入，A 柱上边梁保持完整且无明显折弯变形，同时门槛能够有效降低车轮侵入，保证搁脚区变形量小及乘员舱结构完好，为正面安全气囊和侧气帘充分展开提供空间，以此有效地保护乘员安全。约束系统合理设计，避免缺陷。

2. 整体设计思路

乘用车在传统的 100% 正面碰撞和正面 40% 偏置碰撞试验工况中，向乘员舱传递纵向力的路径通常分为上下两条。一条是通过底部前纵梁、门槛梁传递到乘员舱底部的纵梁位置。经过前纵梁、门槛梁的传力路径起主要传力作用，该条传力路径中，前部结构件因在较大的冲击力下变形严重，前轮会受到挤压碰撞，碰撞能量通过轮胎，依次经铰链柱下部、门槛梁传递到汽车后部，同时，前纵梁变形吸收传递到乘员舱的能量，从而降低碰撞中可能对乘员造成的伤害。另一条是通过shotgun传递到A柱、铰链柱和门槛梁，这条传递路径上过大的载荷会导到车门较大变形，致使车门开启困难，因此在该传力路径的设置过程中需要综合考虑各方面的因素，一般不希望设置得很大。

不同于传统的100%正面碰撞和正面40%偏置碰撞试验工况，正面25%偏置碰撞中，由于刚性壁障与车辆的接触主要在纵梁之外，刚性壁障完全从防撞梁、吸能盒、副车架等吸能零件绕过，且纵梁作为主要的吸能部件不参与或者较少参与变形吸能，使得碰撞载荷主要通过轮胎和shotgun向后传递到A柱、门槛，容易造成驾驶舱的严重变形。

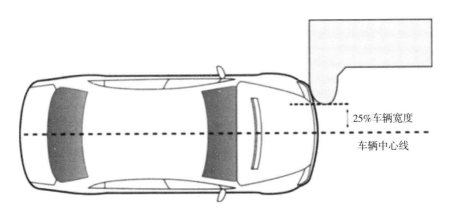

25%车辆宽度

车辆中心线

图54　正面25%偏置碰撞示意

资料来源：25%偏置碰撞试验规程。

根据正面25%偏置碰撞的特点和传力路径，可将车身结构从前到后分为三个碰撞区域：碰撞区域1（Zone 1），保险杠、防撞梁到纵梁的前端；碰撞区域2（Zone 2），从shotgun前端到前围板；碰撞区域3（Zone 3），A柱及其以后的乘员舱区域。

根据车辆在以上3个区域的受力，可将整个正面25%偏置碰撞分为三个阶段。

第一阶段：汽车通过区域1，前保险杠与刚性壁障接触，且只接触到保险杠的一小段，刚性壁障几乎没有受到来自整车结构的阻挡，故这个阶段产生的碰撞力往往很小。

第二阶段：汽车通过区域2，刚性壁障受到来自shotgun、水箱上边梁等零件的阻挡，若shotgun设计得不合理，无法通过溃缩变形来有效吸收碰撞的能量，其在整车传力路径中往往仅受到挤压作用，使得shotgun传力很小，同时在侧向力作用下，汽车与壁障的重叠面积开始减小，因此这段区域的碰撞力比较小。

第三阶段：汽车通过区域1和区域2以后，刚性壁障以较大的碰撞速度撞向门槛梁与A柱，乘员舱受到很大的冲击载荷，由于这段区域较大的碰撞载荷力，乘员舱严重变形，同时，汽车在碰撞载荷力作用下发生很大的侧向旋转。

碰撞过程中，将各部分的能量按照碰撞区域划分。

$$E_0 = \frac{1}{2}m v_0^2 = (E_1 + E_2 + E_3) + \frac{1}{2}m v_x^2 + \frac{1}{2}m v_y^2$$

式中：E_0为初始动能；E_1、E_2、E_3为三个碰撞区域吸收能量值；m为汽车质量；v_0为初始速度；v_x、v_y为碰撞后整车x向、y向残留的速度。

基于上述正面25%偏置碰撞的特点可以发现，若碰撞后产生过大的v_x及v_y，那么假人运动响应就体现为较大的x向位移和过度的y向横移，这会造成头部与气囊的不稳定接触，使得头部滑出气囊的保护范围，增加头部与方向盘、仪表板、A柱发生二次碰撞的风险，故正面25%偏置碰撞的设计思路需有效减小v_x及v_y。根据碰撞能量区域划分，通过增加三个碰撞区域吸收的能量（E_1、E_2、E_3）就能达到减小v_x、v_y的目的。由于E_3需在一个合理的范围内来保证正面25%偏置碰撞中驾驶舱的相对完整性，这就需要增加E_1、E_2吸收的能量。

3. 典型设计策略

（1）车身结构设计策略

根据车身的整体结构和正面25%偏置碰撞的碰撞特点及整体设计思路，将车身碰撞划分的三个区域分别提出针对性的结构设计策略。

125

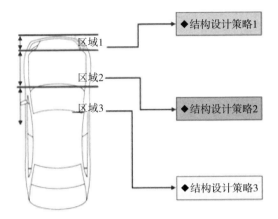

图 55　正面 25% 偏置碰撞结构设计策略示意

资料来源：中国汽研整理。

①碰撞区域 1 结构设计策略。通过构建侧向位移导向结构，尽可能减少侧向残余位移，增大车身与壁障的接触面积，使车身结构尽早介入吸能，可通过以下两种方式实现。

增加副吸能盒，增加能量吸收，防止内侧变形，增加向外侧的传力通道。

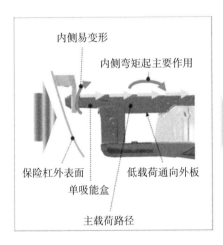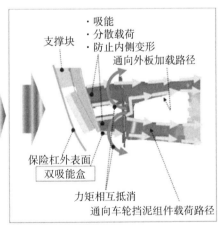

图 56　副吸能盒结构设计示意

资料来源：中国汽研整理。

增加前防撞梁长度，扩大前防撞的覆盖区域，使得碰撞过程中壁障与前防撞梁直接接触。

图57 防撞梁结构设计策略示意

资料来源：中国汽研整理。

碰撞区域1车身结构案例解析。选取三款在正面25%偏置碰撞试验测评中均获得优秀车身结构评级的车型，三者前防撞梁均往两侧加长，在试验中与壁障直接接触，如图58所示。

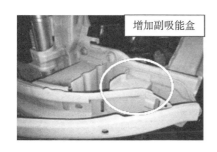
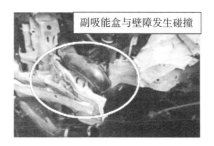

图58 某车型正面25%偏置碰撞结构设计策略示意

资料来源：中国汽研整理。

②碰撞区域2结构设计策略。该设计策略通过在正面25%偏置碰撞中设计侧向位移导向结构、优化shotgun结构，通过减弱门槛与刚性壁障的撞击，并将碰撞力传递至上纵梁，可以有效提升正面25%偏置碰撞性能。以下为具体的设计策略。

避免shotgun出现悬臂结构，延长shotgun与前纵梁前端搭接，使shotgun和前纵梁构建成环状结构的封闭路径。

提升shotgun的结构强度，并将shotgun结构设计得较为平缓，使其在碰撞

图59 某车型正面25%偏置碰撞结构设计策略示意

资料来源：中国汽研整理。

图60 某车型正面25%偏置碰撞结构设计策略示意

资料来源：中国汽研整理。

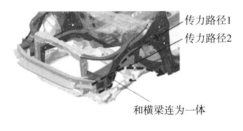
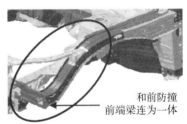

图61 某车型 shotgun 结构设计策略示意

资料来源：中国汽研整理。

中更易于稳定压溃，这些策略有利于传递碰撞力至车身结构（悬臂式结构中）。也可将 shotgun 和上边梁进行弧形设计，和前防撞横梁连为一体，碰撞时，诱导车辆和壁障间的滑移，减少碰撞力的传递。

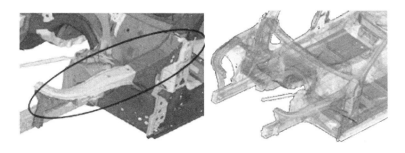

图 62　某车型 shotgun 结构设计策略示意

资料来源：中国汽研整理。

为了更好地传递正面 25% 偏置碰撞中的碰撞力，采用副车架外八字设计，该设计能够增加碰撞能量吸收，并保证乘员舱的完整性。

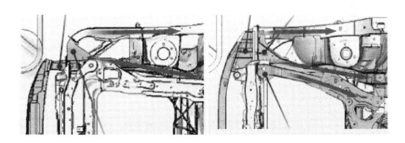

图 63　某车型副车架结构设计策略示意

资料来源：中国汽研整理。

碰撞区域 2 正面 25% 偏置碰撞优秀车身结构案例解析。

③碰撞区域 3 结构设计策略。该区域设计策略的主要目的是保持乘员舱的完整性，通过提高门环系统的整体强度，来减小门环系统在碰撞过程中的受力变形。相关具体设计策略如下所述。

增加 A 柱上端（上边梁）、A 柱下端、门槛梁等的结构强度。A 柱上端可采用超高强钢材料、填充碳纤维或者管件加强件；A 柱下端增加截面，采用超高强钢材料；门槛件及其加强件使用超高强钢材料，或者填充碳纤维加强件。这些设计策略的实施，能够提高门环系统的整体强度，保持乘员舱的完整性，减小门环系统在碰撞过程中的变形，有效降低碰撞中驾驶舱的侵入量。

图64 某车型结构设计策略示意

资料来源：中国汽研整理。

图65 某车型结构设计策略示意

资料来源：中国汽研整理。

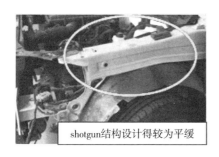

图66 某车型结构设计策略示意

资料来源：中国汽研整理。

（2）约束系统设计策略

根据测评统计结果，约束系统和假人运动评级是缺陷数量出现较多的评价

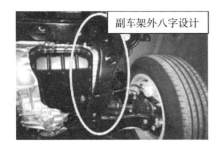

图 67 某车型结构设计策略示意

资料来源：中国汽研整理。

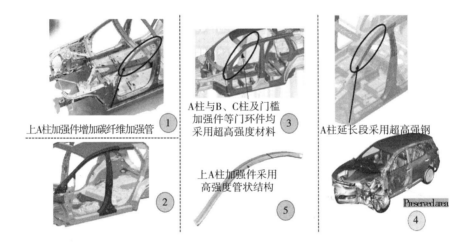

图 68 A柱上端结构设计策略示意

资料来源：中国汽研整理。

指标。汽车约束系统包括安全带、安全气囊、座椅、转向管柱、内饰等零部件，这些约束系统子模块与测评假人的运动姿态和伤害密切相关。约束系统各子模块的性能需与车辆在正面25%偏置碰撞中的运动形式相匹配，各约束系统子模块在参数设计阶段时需结合车身结构的现状进行优化。对于正面25%偏置碰撞，约束系统各子模块参数设计原则如下。

①正面安全气囊是保护乘员头部最重要的部分，合理的包袋设计能够在碰撞时对假人的头部起到有效的保护作用。

②配置的安全气帘应尽量向A柱延伸，至方向盘中心的可压缩范围的正

131

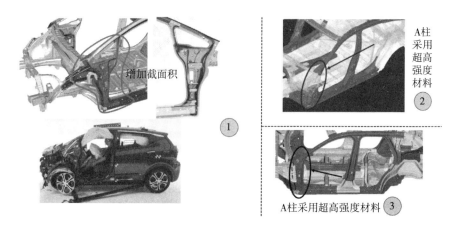

图 69　A 柱下端结构设计策略示意

资料来源：中国汽研整理。

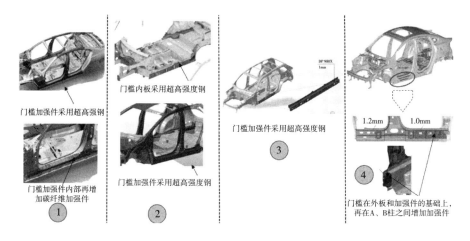

图 70　门槛结构设计策略示意

资料来源：中国汽研整理。

交平面内，避免假人头部在滑出正面安全气囊时，与 A 柱或其他内饰发生碰撞。

③根据膝部空间布置膝部安全气囊，使膝部安全气囊吸收腿部惯性能量并约束小腿运动，避免膝部和小腿与刚性零件接触，从而有效降低膝部和小腿伤害的风险。

④安全带采用预紧装置，在碰撞前期约束假人前移量，在一定程度上提升对头颈部、胸部的保护性能；虽然低限力安全带可以降低胸部伤害，但同时也会减弱对假人的约束作用，增加假人前倾量过度的风险，不利于腿部保护。安全带限力值需要根据车型布置空间和其他约束系统部件进行约束系统集成优化匹配。

⑤座椅为约束系统中的一个重要组成部分，采用防下潜设计，可以降低假人下潜风险，并保证假人骨盆的正确运动，同时应该避免座椅及其固定点的部分失效，否则将直接导致假人的非预设运动，使匹配好的约束系统无法发挥应有的设计性能。

⑥设计可压溃式转向管柱，其在压溃过程中可以缓冲并吸收假人的冲击载荷和惯性能量，降低转向系统对假人的反作用，有效避免假人头部击穿正面安全气囊，从而降低假人伤害。

⑦在正面25%偏置碰撞试验中，由于轮胎对乘员舱的挤压力较大，仪表板侵入量一般都较大，若腿部与仪表板的硬点、分缝线等特征接触会加大伤害风险。在护膝板前期造型设计中，在腿部接触区域应尽量避免硬点、分缝线等特征；合理设计护膝板造型，使得膝部在碰撞过程中先于小腿接触护膝板，可以降低膝部及小腿伤害风险。

⑧增加脚跟泡沫推动块，可以约束脚部运动并缓冲脚部载荷，有效降低小腿伤害。

（三）侧面碰撞安全开发策略

1. 碰撞目标要求

安全测评的侧面碰撞壁障采用了国际上最重的1500kg的侧面碰撞壁障，该壁障模拟目前国内常见的SUV车型的重量。在侧面碰撞中，门槛梁一般以后扭转变形的方式参与能量吸收及力的传递，要求B柱变形良好并控制B柱上对应假人各关键部位的侵入量，且在B柱的中下部形成一个塑性铰，给乘员足够的生存空间。侧面约束系统（如侧气囊、侧气帘）配置完备并充分展开，避免假人与内饰硬点或壁障接触而产生伤害。

2. 典型设计策略

（1）车身结构设计策略

在侧面碰撞中，一般白车身主要的承力结构包括门槛、A柱、B柱、C柱、上边梁及前后车门。在2017年及以前的车身侧面碰撞结构设计中，大多数车型的设计侧重点为B柱和门槛，C-NCAP（2018）实施以来，碰撞安全工程师开始关注A柱和C柱在侧面碰撞中的作用，加之中国汽研安全测评的侧面碰撞壁障相较之前的侧撞壁障质量更重、重心更高，壁障前部刚度更大，这就要求门槛、A柱、B柱、C柱、上边梁及前后车门共同承担碰撞载荷，并要求各部件通过有效合理的搭接形成一个整体，通过侧面结构的整体作用，减少乘员的伤害。

侧面碰撞的车身结构设计策略一般可以从以下几个方面进行。门槛件及其加强件采用超高强钢或者填充碳纤维加强件，提高门环系统的整体强度，保持乘员舱的完整性；B柱采用铝合金、变强度、补丁板或变截面设计，诱导其在合适位置发生变形，保持门环系统稳定性，减少乘员损伤风险；地板前后横梁左右贯通，保证横梁与门槛重叠率，并采用热成形、高强度钢和激光拼焊，保证侧面碰撞力的有效传递；前围板横梁变厚度设计、加强筋设计或增加前围板强度。纵梁末端采用Y形分散结构，分散纵梁传递的载荷。

（2）约束系统设计策略

侧面碰撞的约束系统主要包括侧面气囊、侧气帘、座椅、车门及B柱内饰。随着消费者对汽车安全关注度的提高，越来越多的上市车型将侧气囊、侧气帘作为全系标配。在侧气帘位置确定和造型设计阶段，应保证侧气帘完全覆盖前、后排假人头部可能接触的区域，该方案可提高对假人头部的保护效果，避免头部与壁障或内饰产生接触。

侧气囊设计阶段应全面考虑车身结构的侵入量、侵入速度及侵入加速度。在碰撞过程中，侧气囊与假人胸部压缩量的大小直接相关，并影响假人的运动姿态。侧气囊应覆盖假人肩部、胸部及骨盆等部位，并结合车身结构变形匹配相适应的气体发生器。保证侧气囊充分展开并正常作用，防止侧气囊出现"击穿"的现象。

合理地设计座椅包面，可以缓冲车门对假人的冲击载荷，并推动假人横移。

车门扶手的结构与假人胸部肋骨压缩量直接相关，一般要求扶手高度低于胸部下肋骨，车内扶手与B柱内饰、髋部区域车门面板的Y向断面差尽量小。另外车门扶手和车门内饰的局部弱化和预设碰撞过程中的损坏是提升侧面碰撞性能的一个常规手段。

（四）车外行人安全开发策略

1. 头部碰撞开发策略

（1）外造型设计阶段开发

①优化调整测试点（C，0，0）位置。测试点（C，0，0）位置决定了头型测试点整体布置的前后情况，可在整体权衡所有头型测试点的布置后，在一定范围内调整（C，0，0）的位置来优化头型测试点的整体布置，通过调整车型 LOGO 突出量、前保险杠（包括前格栅）以及发罩前端的高度等前端造型特征来达到优化目的。

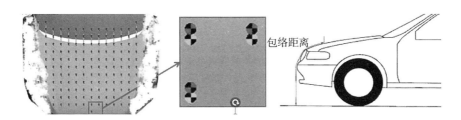

图71　行人保护头部碰撞布点示意

资料来源：中国汽研整理。

②优化头型测试点的布局。因在标记头型测试点时，距离侧面基准线距离小于 50mm（Y向）的点要去掉，所以可以优化调整侧面基准线，尽可能利用该条款将发罩铰链附近区域与前大灯附近区域排除在测试范围以外。可将发罩 CAS 相应抬高而翼子板 CAS 下压或者将发罩造型棱线适当外移，使 45°线尽量先与发动机罩 CAS 相切。

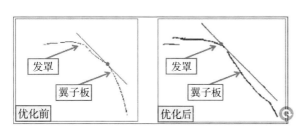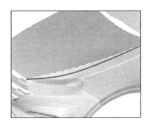

图72　行人保护翼子板优化示意

资料来源：中国汽研整理。

③优化发罩后缘基准线。发罩后缘基准线通常涉及发罩后边界与通风盖板的造型，一方面，因为通风盖板下面通常布置了雨刮系统，以及风窗下横梁，这些部件刚度较大，头型伤害值存在超标的可能；另一方面，发动机罩后缘基准线通常是儿童头型与成人头型选用的分界线，该线后移有利于更多的测试点选用儿童头型进行测试。可将发罩后边界尽量后延，设计隐藏式通风盖板，确保后缘基准线落在发罩上。

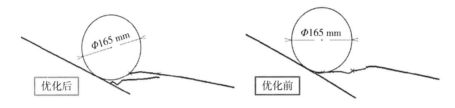

图73　行人保护发罩后缘基准线优化示意

资料来源：中国汽研整理。

④优化测试区域对应的内部吸能空间。发罩下方充足的空间能够避免头型测试时发罩内板与前舱内零部件的二次碰撞，有利于发罩内板的优化设计，并最终达到对头型加速度波形的有效控制。可通过以下方式进行优化；调整发罩造型面的高低及其饱满度；优化布置前舱内刚度较大零部件的位置，譬如，制动液壶、蓄电池等，使其最高点不超过行人头型的吸能空间经验值。

（2）结构设计阶段开发

①锁扣布置及加强版设计。如果锁扣位置被布置到头型测试区域内，应控制锁扣焊接于车身的两支脚与发罩外 CAS 的间距，可通过下移锁体的安装高度、缩短锁扣自身高度等方案控制间距。对于锁扣加强板，可以将其设计为一个面积较大，但刚度较弱的结构，这样既可以分散发罩关闭时锁扣承受的冲击力，又能减弱行人保护中行人头部的伤害；也可以设计双锁方案，分散发罩关闭时锁扣所受的冲击力，进而可以弱化相应的加强板刚度。

②风窗下横梁的优化设计。将风窗下横梁用于玻璃黏接的结构设计为开放截面、悬臂结构，有利于头型撞击该部位时结构的溃缩变形，从而可以改善头型伤害。

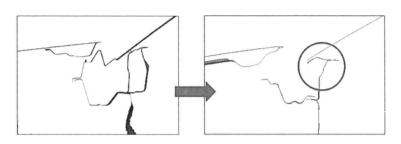

图 74 行人保护风窗下横梁优化示意

资料来源：中国汽研整理。

2. 腿部碰撞开发策略

按照腿型在与车辆进行碰撞后的运动状态可分为以下三种情形，分别对应于不同的车型设计。在保证吸能空间的基础上，不同的情形应采用不同的设计策略。

情形 1：冲击过程中，腿型整体被车体抛向空中，但腿型的弯曲较小。

图 75 情形 1 腿部碰撞运动示意

情形 2：冲击过程中，腿型整体被车体撞向地面，但腿型的弯曲较小。

图 76 情形 2 腿部碰撞运动示意

情形 3：冲击过程中，腿型整体被车体反向弹出，但腿型的弯曲较小。

图 77 情形 3 腿部碰撞运动示意

资料来源：中国汽研整理。

表 28   三种腿部运动情形对应造型特点及性能风险

造型特点	①对应的车型通常是轿车 ②前保下端离地面高度较低，车体对腿型的胫骨有较好的支撑 ③发罩前缘较低，车体前端对腿型膝盖及以上的支撑不足	1. 对应的车型通常是接近角较大的 SUV 车型 2. 通常前保下端离地高度较高，车体对腿型的胫骨支撑不足 3. 发罩前缘较高，车体前端对腿型膝盖以上有较好的支撑	1. 对应的车型为中大型 SUV 车型或城市 SUV 车型 2. 车体前端比较平齐，为腿型的均匀支撑提供了可能
性能风险	膝部韧带伸长量	膝部韧带伸长量	注意腿型支撑面支撑刚度的均匀性

资料来源：中国汽研整理。

（1）针对情形 1 的开发策略

合理设计车型前端刚度，上弱下强，刚度逐渐过渡。优化方法一般为以下三种：弱化发罩前缘部位，减弱支撑作用；在保险杠下端内侧，增加小腿支撑结构；优化前防撞横梁泡沫的结构以及材料参数。

（2）针对情形 2 的开发策略

合理匹配前端刚度，上强下弱，车辆前端刚度逐渐过渡。较为常用的优化方法分为四种：不设计前保下端小腿支撑结构；增强发罩前缘刚度，造型阶段使发罩前缘靠前；优化前防撞横梁泡沫的结构以及材料参数；在前防撞横梁与发罩之间增加支撑横梁结构。

（3）针对情形 3 的开发策略

合理匹配车辆前端刚度，使整个支撑面上刚度相对均匀。可以优化前防撞横梁泡沫的结构以及材料参数，或者在支撑不足的高度位置增加支撑横梁结构。

参考文献

肖锋、陈晓锋：《IIHS 小偏置碰撞位移导向策略与结构评估方法》，《汽车安全与节能学报》2013 年第 4 期。

陈可明、胡丽娟、胡晏殊：《国内某车型小偏置正面碰撞的全面评估》，《汽车安全与节能学报》2013 年第 1 期。

刘珍海、乔磊磊、岳国辉等：《正面小重叠碰撞工况模拟研究与实车优化分析》，《汽车安全与节能学报》2012 年第 4 期。

RCAR Design Guide 2008.

《CIASI 2018 年测评结果研究报告》，http：//www. ciasi. org. cn/。

Sherwood C. P. Nolan J. M. & Zuby D. S. , Characteristics of Small Overlap Crashes. 2th International ESV Conference, Stuffgart, Germany, 2009.

报告三
汽车安全评价发展趋势展望

摘　要： 美国、欧盟、日本等国家和地区高度重视汽车的主动安全与被动安全性能的发展，已经建立了较为完善的汽车安全测试评价标准和体系。本报告将通过车辆的耐撞性与维修经济性、乘员安全评价、行人安全评价以及汽车主动安全评价等方面，对各国安全评价的发展趋势进行总结。

关键词： 耐撞性　维修经济性　乘员安全　行人安全　主动安全

一　耐撞性与维修经济性发展趋势

汽车在车速较低的情况下发生碰撞或刮擦事故是日常生活中广大车主都会遇到的高频问题。而在低速事故中发生的车辆损坏，不同的车辆会呈现不同的特性，不同的特性都直接关系到车主在车辆保有环节的综合成本，而这些特性在购车环节中又是隐性的。耐撞性与维修经济性测评针对该隐性特性，参照国外保险行业汽车技术研究机构通行采用的试验方式和评价规程，开展实车碰撞研究，对车辆的耐撞性和维修经济性等进行信息公示，为消费者提供更全面的购车和养车信息。

RCAR 车辆低速碰撞试验规范对碰撞壁障、移动壁障的尺寸以及试验车辆条件等有具体规定，对于碰撞后车辆的变形测量点和检测方法等也进行了规定。总之，RCAR 车辆低速碰撞试验规范已成为一个广泛使用、实用且易于操作的规范。但 RCAR 中的一些具体参数（如碰撞壁障、移动壁障的尺寸以及碰撞后车辆变形的检测位置等）对不同车辆和交通状况的国家和地区值得探讨。由于各国道路条件不同及发生碰撞时的典型车速各异，不同国家和地区的低速碰撞试验规范也应有所不同。低速碰撞损坏车辆的修复成本或耗费工时是汽车低速碰撞试验结果的最重要评价指标，逐步建立统一的维修工时标准和配件价格采集规范、受损零部件维修与更换原则等尤为重要。

车辆实际使用过程中发生的低速碰撞形式主要包含车辆低速结构碰撞和车辆保险杠系统测试（含车辆保险杠静态测量和动态测试），前保险杠动态测试主要有正面全碰撞、尾部全碰撞两种碰撞形式，后续重点将在正面角碰撞和尾部角碰撞等方面加强研究。当前的低速碰撞工况无法有效考核新能源车型三点系统等性能，因此，新能源汽车典型低速工况研究也是后续研究重点。

从 RCAC 成员国低速碰撞试验及其结果应用的经验来看，建立适合我国国情的汽车低速碰撞技术评价体系对提高车辆安全技术的进步具有巨大的促进作用，同时也需要多方共同努力。例如，汽车保险公司在汽车碰撞财产损失理赔过程中，应详细记录发生汽车低速碰撞的形式并估算碰撞速度等技术参数，再对其进行统计分析，进而确定中国不同形式低速碰撞事故的百分比（加权系数）。由于中国地域辽阔，各个城市或地域的交通情况差异巨大，建议确定中国不同形式低速碰撞事故的百分比时应选用若干典型城市的数据进行统计处理。也需要确定中国的车辆碰撞车速、角碰撞的重叠度、碰撞位置和壁障的高度等关键试验参数。开展汽车低速碰撞试验评价指标体系相关软硬件设施建设，如低速碰撞后损坏部件的检查设备、测量工作室和修复车间等，包含汽车损坏修复常用配件的实时价格、型号数据库和各地汽车修理工时费的实时价格数据库，以及汽车低速碰撞修复成本计算及评估软件，可进一步提升低速维修损失评估的效率。

二 乘员安全评价发展趋势

（一）更仿生的假人

1. 引入 THOR 假人替代 Hybrid Ⅲ 假人来研究正面碰撞中人体所受伤害

目前，世界各国法规和 NCAP 评价体系，在正面 100% 重叠刚性壁障碰撞试验中，广泛在前排驾驶员侧放置一个 Hybrid-Ⅲ-50 百分位男性假人，此假人由美国通用汽车公司在 1976 年设计开发。我国正面碰撞法规 GB11551—

2014 规定 100% 重叠正面碰撞中采用两个 Hybrid-Ⅲ-50 百分位男性假人。

在 2018 年 11 月欧洲 Euro NCAP 公布的评价规则 9.0 版本中，Euro NCAP 确定于 2020 年 1 月开始在正面碰撞驾驶员侧使用 THOR50 百分位假人，用来测试、评价驾驶员受伤情况。美国 NCAP 计划在 90km/h 时速下侧面偏置移动式可变形壁障试验（OMDB）中的驾驶员侧、副驾驶员侧以及 56km/h 的正面全宽刚性壁障试验中的驾驶人侧使用 THOR50 百分位男性假人替代 Hybrid-Ⅲ-50 百分位男性假人。

THOR50 百分位假人仿真度更高，拥有更多、更精确的传感器。如图 1 所示，THOR50 百分位假人在面部增加了压力传感器，头部增加了角速度传感器，用来评价假人面部的损伤和脑部的损伤。

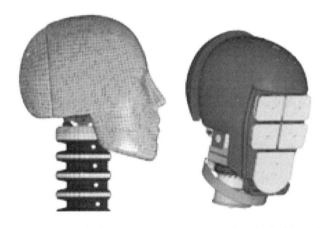

图 1　Hybrid Ⅲ假人（左）和 THOR50M（右）假人头部示意

资料来源：马健胜、卜晓兵、李英杰等《基于台车仿真的 Hybrid Ⅲ 50th 假人与 THOR 50th 假人伤害对比研究》，2019 中国汽车工程学会年会论文集（4）. 2019。

胸部结构差异是两种假人主要的差别之一。THOR50 百分位假人采用了更直接的传感器测量胸部压缩量，胸部采用 4 个红外线伸缩杆，杆两端的相对空间距离变化即为此压缩杆上的胸部压缩量，根据各国评价指标换算成假人胸部压缩量，THOR 假人由于采用 4 根伸缩杆，可以模拟假人胸部压缩的不均匀性，模拟胸腔的扭转变形行为。如图 2 所示。

2. 开发中国体征碰撞测试假人

Hybrid-Ⅲ-50 百分位男性假人所对应的美国 50 百分位人体的身高、体质量

图2 HybridⅢ假人（左）和 THOR（右）假人胸部装置

资料来源：马健胜、卜晓兵、李英杰等《基于台车仿真的 HybridⅢ50th 假人与 THOR 50th 假人伤害对比研究》，2019 中国汽车工程学会年会论文集（4），2019。

分别为 1751 mm 和 78.2 kg，而我国 1988 年国标中 50 百分位男性的身高、体质量分别为 1678 mm 和 59kg，其中身高与 HybridⅢ假人对应人体尺寸的差异是 4.17%，而体质量的差异则达到 24.55%。到 2015 年，虽然我国人体身高和体质量有所增加，但体质量与 HybridⅢ假人所对应的体质量差异仍达 10%。另外，我国 50 百分位男性的坐高要略微高于 Hybrid-Ⅲ-50 百分位男性假人对应的成年人体坐高，这与之前中国 50 百分位男性的身高要明显低于 HybridⅢ假人所对应的美国 50 百分位男性的身高形成鲜明的反差，这就意味着两国人体在身高上的差距主要集中在下肢上。同时，这个反差也表明虽然随着时间的推移，中国人体的身高和体质量不断增加，并逐步接近 Hybrid-Ⅲ-50 百分位男性假人所对应的人体尺寸的身高和体质量，但两国人体在身体比例等体态上仍有明显差异。

中国人体体征与欧美人体体征无论是从外在特征，还是从内在特性上都与相应的中国人体有较大差异，二者对汽车安全设计的影响较大，直接影响到汽车的约束系统和安全性能评价指标。

（二）儿童安全

欧洲 NCAP 从 2003 年 11 月在碰撞测试中引进了"儿童保护"评价指标。其儿童安全评价主要包括儿童假人指标评价、儿童座椅评价及车辆评价 3 部分，这 3 部分满分为 60 分，星级最高为 5 星。

Q 系列假人生物力学逼真性和损伤评估能力都要高于 P 系列。最新版 C-NCAP 和 Euro NCAP 正面碰撞测试规程中，正面 40% 偏置碰撞中，Euro NCAP

后排采用 Q10、Q6 儿童假人，C-NCAP 采用 Q3 儿童假人。

目前，全球共有 4 种"儿童假人家族"用于整车及儿童座椅的开发，即 P 系列假人、Q 系列假人、CRABI 假人和 Hybrid Ⅲ 假人。最新开发的 Q 系列儿童假人具有更好的重复性、稳定性和生物逼真度，损伤评估能力强，是目前最先进的儿童假人。Q 假人的分段重量和主要尺寸与 P 假人的有所不同，最重要的是 Q 假人采用了最新的生物仿真学数据，不仅可用于正面碰撞和后面碰撞试验，还可用于侧面碰撞试验，如图 3 所示。

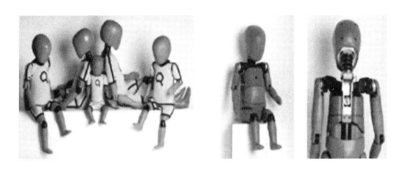

图 3　Q 假人家族（Q1.5、Q3、Q10、Q6、Q1）示意

资料来源：Sandner V.，Ratzek A. MPDB-mobile Offset Progressive Deformable Barrier［C］//Proceedings of 24th International Technical Conference on Enhanced Safety of Vehicles. Gothenburg，2015。

欧洲经济委员会要求从 2013 年 6 月起在欧洲使用 Q 假人逐步替代 P 假人，此外 Euro NCAP 也于 2016 年开始全面使用 Q 假人进行整车动态试验。最新版 C-NCAP 和 Euro NCAP 正面碰撞测试规程中，正面 40% 偏置碰撞中，Euro NCAP 后排采用 Q10、Q6 儿童假人，C-NCAP 采用 Q3 儿童假人。

在同一工况下（C-NCAP 正面碰撞和后面碰撞），Q 假人与 P 假人各评价指标的 Q/P 换算关系如表 1 所示。

表 1　Q 假人与 P 假人各评价指标的 Q/P 换算关系

碰撞形式		假人	头部移动量	头部 3 ms 加速度	颈部 Z 向载荷	胸部 3 ms 加速度
婴儿组	正面碰撞	1.5 岁	1.3045	1.0022	0.5851	0.8612
	后面碰撞	1.5 岁	1.0819	0.7726	0.5691	1.1299

碰撞形式		假人	头部移动量	头部 3 ms 加速度	颈部 Z 向载荷	胸部 3 ms 加速度
幼儿组	正面碰撞	1 岁	0.9575	0.9982	1.0994	0.8909
		3 岁	1.0397	1.1410	1.4053	0.9774
学童组	正面碰撞	3 岁		1.0943	1.5874	0.8875
		6 岁		0.9260	1.1486	0.8101
		10 岁		1.5118	2.6948	0.8515

（三）电动汽车安全

相对于传统汽车，纯电动汽车具有大容量高压动力电池、高压电机系统、DC/DC 及其他高压附件设备。其整体电气化程度高，电动汽车若发生功能故障，将严重危害驾乘人员的生命安全。因此，电动汽车高压安全性是评价电动汽车品质的一项重要指标。

作为电动汽车最基础和重要的标准之一，我国早在 2005 年就发布了 GB/T 18384《电动汽车安全要求》系列标准，主要参考了国际标准 ISO 6469，随着技术的不断发展以及在产品应用和检测方面越来越多的积累，我国在 2010 年启动了对 GB/T 18384 系列标准的修订工作，2013 年提交全国汽车标准化技术委员会电动车辆分委会审查并通过，于 2015 年 5 月 15 日发布，并于 2015 年 10 月 1 日正式实施。

（四）汽车碰撞相容性

耐撞性和碰撞相容性是被动安全中的重要组成部分。美国公路保险协会发布的交通事故报告中指出，多车事故是造成乘员伤亡的主要事故形态，在这类事故中小型车如轿车的乘员相对于 SUV、客车与货车等的乘员有较高的死亡率。在汽车安全的领域中，相容性的观点还没有被较好地运用，且相关研究也较少。因此，车辆在碰撞相容性方面依然有较大的提升空间与研究前景。除此之外，截至 2020 年还没有出台有关衡量车辆碰撞相容性的安全标准与测试法规。研究轿车的正面碰撞相容性除了有助于轿车碰撞相容性的改进、提高其车辆安全性能外，还能为有关机构指定安全法规标准提供支撑，是车辆正面碰撞安全的重要发展趋势。

1996 年，美国国家公路交通安全署对汽车碰撞相容性作出了完整的定义。自此以后，NHTSA 启动了对汽车碰撞相容性的一系列调查和研究。欧洲和日本等地区和国家也对这一突出问题进行了探索和研究。

不同类型车的攻击性差距很大，货车＞SUV＞轿车，其中轿车中微型车和紧凑型车攻击性最小。欧洲碰撞兼容性项目小组将碰撞中乘员损伤的统计数据与车体变形的统计数据相结合，探究车车碰撞中造成乘员伤亡的原因。结果发现，两车前部结构接触少、两车碰撞力不匹配、小车的乘员舱刚度不足都会造成车车碰撞中人员伤亡。

国内的相容性研究起步较晚，2001 年，朱西产第一次提出碰撞相容性的概念，随后，部分学者对碰撞相容性进行了一些简单的研究。近年来，碰撞相容性的研究逐渐增多，袁泉基于北京追尾事故统计数据，对追尾事故车辆进行了分类对比和数据分析，为提高追尾事故的相容性提供了参考。郑祖丹在国内首次引入测力墙的概念，并运用简化模型对车辆几何特征相容性做了研究。荆友录优化了货车前部钻碰防护装置的结构，有效改善了货车和轿车的几何相容性问题。唐友名结合美国的交通事故统计数据，对车辆侧碰相容性的影响因素进行了研究。陈现岭基于两种正面碰撞工况研究了车车碰撞的刚度相容性。李导梳理了 NHSTA 碰撞相容性项目的研究脉络，总结了碰撞相容性的研究流程，如图 4 所示，并结合我国交通现状指出了碰撞相容性的研究方向。

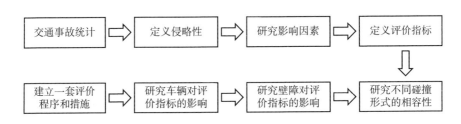

图 4　NHTSA 关于碰撞相容性的研究流程

尽管国内外对碰撞相容性做了大量研究，但目前仍没有形成有效的相容性碰撞法规，碰撞相容性研究仍是最近热门的研究课题，在未来几年汽车抗撞性研究将逐渐向汽车碰撞相容性研究发展。

在针对车辆碰撞相容性的测试评价规程建立过程中，壁障是非常重要的测试工具。Euro NCAP 于 2017 年在 ESV 会议上发表了移动渐进式变形壁障（MPDB）试验研究成果。这种测试方法的基础最初由 FIMCAR 项目组于 2013 年提出，由 ADAC 于 2015 年做出进一步的修改完善。一种新的移动渐进式可变形壁障（Mobile Progressive Deformable Barrier，MPDB）即将运用于车辆的正面碰撞安全试验。

最新发布的 2018 年安全开发手册提到，2020 版 Euro NCAP 提高了汽车正面碰撞工况的强度，更改偏置碰撞试验形式，并增加正碰工况。2020 版 Euro NCAP 以 50% 重叠的可变形移动壁障和车辆均以 50 km/h 的速度对撞的 MPDB 工况，替代现行的 40% 重叠可变形固定壁障、速度为 64 km/h 的前部偏置碰撞 ODB 工况。另外我国 C-NCAP 也规划在 2021 版评价规程中引入 MPDB 碰撞工况。ODB 工况对整车结构变形，尤其是乘员舱的完整性要求很高，该工况要求降低整车加速度脉冲对乘员造成的伤害，同时保证整车变形后乘员能有足够大的生存空间。新工况示意见图 5，与现行 ODB 工况差别较大。壁障小车质量为 1400 kg，壁障小车和被撞车辆均以 50km/h 的速度相对运动，以 50% 的重叠率相对撞击。

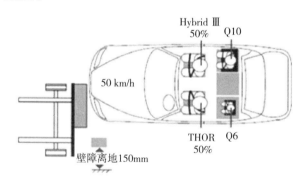

图 5　MPDB 碰撞工况 Hybrid Ⅲ说明

资料来源：Euro NCAP。

MPDB 测试中除了用假人伤害、车身变形量来评价车辆的自我保护性能外，还增加了碰撞相容性评价指标。用蜂窝铝及台车评价车辆的攻击性。

（五）侧面柱碰撞

根据美国高速公路管理局（NIITSA）对汽车碰撞事故对象分类调查，

在汽车整体碰撞对象中，汽车发生撞击树或信号标志杆、灯杆等柱状物体的碰撞事故率为13.20%，在整体车辆碰撞对象中占据很大的比重，如图6所示。

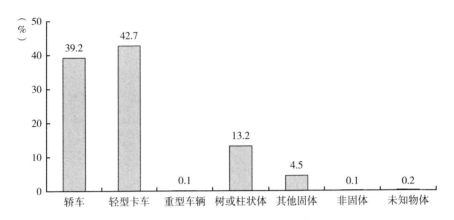

图6 汽车整体碰撞对象比例

资料来源：美国高速公路管理局（NHTSA）。

而目前，欧盟和美国已经有侧面柱碰测试评价法规，将成为国内标准制定的重要参考。

Euro NCAP侧面柱碰撞试验，相比于普通的移动壁障碰撞测试，侧面柱碰由于碰撞点更集中，必须采用相应的措施来降低侧面柱碰对于人体的伤害，目前普遍采用的保护措施是加装气帘、侧气囊。

（六）翻滚碰撞

在车辆侧翻过程中，车顶的强度非常重要，这会直接影响车内乘员的安全。尤其对SUV来说，其车型大、车身重，发生翻滚可能会对乘员造成更大的损伤，因此，翻滚测试很有必要性。

当前，各国法规以静态测试和顶压测试为主。当前的这些试验只能满足部分指标的测试，而无法对翻滚事故中可能存在的危险进行评估。通常来说，翻滚测试结果要评价四个方面的内容：一是车辆的变形量，二是约束系统的有效性，三是乘员的伤害，四是燃油是否有泄漏。

三　行人安全评价发展趋势

1994 年行人碰撞保护的试验方法及碰撞模拟器在欧洲推出，即 EEVC/WG10。1998 年，EEVC/WG17 提出了行人碰撞保护试验草案，该草案成为欧盟、ISO、全球统一技术法规（GTR）、日本等制定行人碰撞保护试验标准的参考。2003 年，欧洲新车评价规程（Euro NCAP）和澳大利亚新车评价规程（ANCAP）将行人碰撞保护加入新车评价规程。在中国，GB/T 24550—2009 于 2009 年 10 月 30 日发布，并于 2010 年 7 月 1 日开始推荐性实施。

部分国家和地区的安全标准以及评价规程对行人保护测试的项目如表 2 所示。

表 2　各安全标准以及评价规程对行人保护测试的项目

国家或地区	中国	美国	欧洲	其他
安全标准	GB/T 24550	FMVSS208	UN R127	—
行人保护	● 腿型试验 ● 头型试验	—	● 腿型试验 ● 头型试验	—
评价规程	C-NCAP	U. S. NCAP	Euro NCAP/ANCAP	JNCAP
行人保护	● 腿型试验 ● 头型试验 ● AEB 行人试验	—	● 腿型试验 ● 头型试验 ● AEB 行人/自行车试验 ● 倒车自动制动	● 腿型试验 ● 头型试验 ● AEB 行人试验
评价规程	C-IASI	IIHS	—	KNCAP
行人保护	● 腿型试验 ● 头型试验	● AEB 行人试验	—	● 柔性腿型试验 ● 上腿型试验（前保险杠） ● 头型试验 ● AEB 行人/自行车试验

资料来源：GB/T 24550、FMVSS208、UN R127、C-NCAP 等。

由表 2 可见，各个国家和地区的标准及评价规程中的行人安全测试项目有不同之处，但是都对行人的头部伤害与腿部伤害评价提出了要求。

在强制性标准中，GB/T 24550 与 ECE R127 在头型上均选用了 3.5kg 儿童头型、4.5kg 成人头型，儿童头型冲击速度都为 35km/h，冲击角度为

50°，成人头型冲击速度均为 35km/h，冲击角度为 65°，头型技术指标限值的设置相同。腿型均采用 TRL 上腿型、TRL-LFI 下腿型、Flex PLI 腿型中的一种或几种，冲击速度都为 40km/h，上腿型与下腿型的技术指标限值的设置相同。

在第三方评价规程中，C-NCAP、C-IASI 与 Euro NCAP 在头型的选择上都是选用了 3.5kg 儿童头型、4.5kg 成人头型，儿童头型冲击速度都为 40km/h，冲击角度为 20°与 50°，成人头型冲击速度都为 40km/h，冲击角度为 65°，头型技术指标限值的设置保持一致。腿型上都采用了 TRL 上腿型与 Flex PLI 腿型，冲击速度都为 40km/h，上腿型与下腿型的技术指标限值的设置保持一致。

随着国内行人碰撞保护试验研究的不断深入，车辆行人碰撞保护性能整体水平逐渐提升，行人碰撞保护评价和研究也将逐渐被汽车企业和研究机构所重视。行人碰撞保护性能将从车辆的设计阶段就开始被考虑。行人碰撞保护安全标准与评价规程的制修订工作将加快，国内行人碰撞保护标准发展相对滞后的局面将被改变。中国在安全标准以及评价规程对行人保护测试的项目上与发达国家相比仍有欠缺之处，GB/T 24550 与 C-IASI 的行人保护测试的项目中还没有包含行人/自行车 AEB 测试规程，为获得更好的行人碰撞保护性能，一些新的行人碰撞保护技术将被应用，相关测试评价规程也会逐渐得到完善。

四　汽车主动安全评价发展趋势

近年来，"电动化""智能化""网联化""共享化"已经成为汽车行业的发展趋势，掀起了汽车行业技术变革的浪潮。汽车安全技术也朝着系统化（汽车、道路和人的系统交互）、集成化（被动安全和主动安全）、智能化（智能避撞系统、智能驾驶系统、智能轮胎、智能悬架、智能安全气囊、智能交通系统）方向发展。被动安全已经被认为不再具有巨大的发展潜力，需要付出巨大的努力才可能实现对乘员保护的较大发展。目前，主动安全变得越来越重要。近年来，自动紧急制动系统、驾驶员监测和自动紧急转向等新技术正在慢慢进入市场。可以预见的是，这些主动安全技术将在未来的几年得到广泛的应用，使交通事故及交通伤亡人数进一步降低。全球汽车主动安全法规、标准和规程等评价方法的不断推陈出新，推动着汽车主动安全技术的快速发展。对照明和光信号、制动、转向和轮胎的主动安全法规以及集中在 AEB 和 FCW 测试的新车评价体系（NCAP）和保险协会评价体系的主动安全评价规则也正在不断地完善。对于主动安全评价来说，各国不论是测试评价法规还是规程，在2020 年以后都有着各自的发展方向。

（一）主动安全法规

现在的全球三大汽车法规体系有美国的 FMVSS、欧盟的 EEC 和 ECE 以及日本的 TRIAS。日本、中国和澳大利亚等国家的汽车安全法规基本上都是参照美国以及欧盟的汽车法规制定的。

欧盟的目标是在 2030 年前将交通事故死亡人数减少至 1.3 万，所以在2018 年欧盟就要求将在 2021 年起强制执行 7 项车辆主动安全法规。其中包括酒精锁车系统、紧急刹车系统、分心识别、嗜睡预警和预防系统、车道保持辅助系统、智能车速辅助系统以及倒车摄像头和监测系统，同时事故数据记录器也将强制实施。

我国的汽车安全法规与国际上的法规体系在发布时间上还是存在差距的。近年来，我国与国际上在乘员保护与行人保护上的差距也在不断缩小。未来一两年中国也将发布事故数据记录器标准，这将为交通事故的司法鉴定与数据采集提供便利。

（二）主动安全规程

1. Euro NCAP 主动安全规程

早期 Euro NCAP 评价体系以被动安全评测为主，2009 年颁布的 Euro NCAP（2012）评价规则中便增加了安全辅助系统测试项目。随着主动安全技术的发展，Euro NCAP 的评分规则也在不断变化，在 2017 年 9 月，Euro NCAP推出 2025 路线图，旨在追求"零愿景"的战略决策，其重点强调了欧洲市场近年来具有突破性的车辆技术，如 AEB、AES 及 V2X 等技术的评价规则，提高了安全辅助系统测试项目、评分比例，并制定了时间表。

Euro NCAP 在主动安全方面有测试项目更加丰富、评分占比增大的趋势，这对未来主动安全技术的发展提出了更高的要求。在接下来的时间，Euro NCAP 将更加注重从"基于技术"到"基于场景"的评估方法的过渡，允许形式多样的系统干涉，以此给消费者带来更加权威的评价指标。同时，Euro NCAP 在测试手段上也将更加重视通过虚拟测试技术来提高评估结果的鲁棒性。在测试项目上，其不是拘泥于现有的测试项目，而是通过基于真实道路交通事故发生的频率及汽车先进技术的发展不断创新，以提高其测试规程的实时性和先进性。Euro NCAP 在主动安全方面将不断提高和创新以下方面的测评规则。

（1）Euro NCAP 驾驶员监控（DMS）系统

从 2025 路线图可以看到，Euro NCAP 对于驾驶员监控系统的测试评价从 2020 年开始分不同阶段慢慢实施并逐步完善。在不影响假阳性水平的情况下通过调整干预标准以适应不同司机的驾驶状态将会成为接下来的研究重点。对于驾驶员的监控将围绕如何可靠和准确地监测驾驶员状态以及车辆根据采集的驾驶员状态如何采取行动这两方面展开。而诸如驾驶员位置监控等其他方面将在未来的规程条款中逐渐增加。

（2）Euro NCAP 自动紧急转向（AES）系统

当前的 AEB 系统对于避免或减轻碰撞事故的严重程度发挥了很大的潜能，尽管自动紧急转向系统相对于 AEB 系统来说在技术上的要求也更高，但研究表明，自动紧急转向系统在减轻碰撞严重程度和避免人员伤亡方面将发挥更加明显的作用，特别是涉及单车事故、小重叠事故及有弱势道路使用者的事故场景中。

尽管目前市场上已出现初级紧急转向装置的硬件设备，如线控转向系统等，但很少有完全的自动紧急转向系统。虽然 AES 在市场推广和低成本制造方面面临很大的挑战，但预计 AES 技术将在未来几年进入市场。Euro NCAP 也计划在不同的道路使用者的情况下将 AES 技术纳入评价规程。作为这项计划的第一步，Euro NCAP 在 2020 年将驾驶员激活、车道转向支持技术纳入 2020 年的总体评价规程。而关于 AES 系统的可接受性、鲁棒性、系统性能等信息将会作为第二步的计划纳入评价体系。

（3）Euro NCAP 自动紧急制动（AEB）系统

针对 AEB 系统的测试规程，Euro NCAP 确定了三个优先发展领域，评级计划也将陆续更新以反映汽车主动安全系统的最新进展。

①低速工况（低速车道或停车场）下的后向碰撞。Euro NCAP 计划在2020 年采用倒车行人场景来测试 AEB 后向行人保护功能。

②交叉路口的穿过及转弯碰撞。Euro NCAP 增加对 AEB 系统在道路交叉路口的评级，测试对象涵盖了小汽车、行人、自行车骑行者及电动两轮车骑行者。

③正面碰撞场景。对车辆在同车道内的转向和制动功能进行干预，以防止车辆在较窄范围内与其他道路使用者发生正面碰撞。

（4）Euro NCAP V2X 技术

目前，V2X 技术标准及实施时间存在很大的不确定性，因此欧洲汽车制造商还未考虑将 V2X 的安全功能放在首位。估计到 2024 年，关于 V2X 技术的诸多不确定性问题都将得到解决，因此 Euro NCAP 为了支持 V2X 技术在车辆安全方面的可用性，将在接下来的评级计划中纳入新的奖励措施来支持和推动V2X 技术的发展。其次，由于车联网的大发展，网络安全（Cyber Security）也开始被 Euro NCAP 提上日程，因为很多主动安全功能都将应用部分网络，一旦发生网络安全问题，这些功能也会受到影响，因此 Euro NCAP 已经开始关注其他标准的实行情况，如 ISO 26262、ISO 21434、J 3061，但不排除在未来的 Euro NCAP 评价体系中加入一些最低限度的网络。

2. C-NCAP 主动安全规程

C-NCAP 经过多次标准的提升目前采用 2018 年版管理规则进行试验，最后按照 C-NCAP 规程进行评分和星级评定。目前，C-NCAP 对安全带提醒装置（SBR），电子稳定控制（ESC）系统，自动紧急制动（AEB）系统以及前向预警（FCW）系统都有测试要求，并且纳入评分。

（1）C-NCAP 主动安全板块研究思路

C-NCAP 根据历史交通事故数据统计，将驾驶辅助分为五类（见表3）。在驾驶员辅助层级，侧重关注人的因素造成的道路交通安全事故，并通过主动安全系统的导入提升道路交通安全性。从 ADAS 角度分析，甲类主要基于前方毫米波雷达、激光雷达、前视摄像头灯传感技术，乙类主要基于摄像头、侧后方雷达灯传感技术，丙类主要基于超声波传感器或侧后方雷达，丁类主要基于摄像头、红外相机等传感技术。

表3　驾驶辅助维度类别

维度	分类	功能
驾驶辅助	甲类	车间安全辅助
		行人安全辅助
		两轮车安全辅助
	乙类	侧方辅助
		车道辅助
	丙类	后部安全辅助
	丁类	交通标识辅助
		驾驶员监控
	V2X 安全辅助	

资料来源：C-NCAP。

C-NCAP 主动安全将采用基于功能与场景的综合分析方法。首先基于 CIDAS 乘用车 2011～2017 年的交通事故数据将事故场景进行排序统计，然后将重要事故场景列入未来的评价体系。

（2）C-NCAP 主动安全规程路线图

对于甲类中的三种功能，由统计的事故数据可知汽车与两轮车事故数居第一，车辆与行人事故多发生在夜间并且发生形式多为纵向，车辆间事故多为同向及对向。因此，C-NCAP 计划在 2021 年时，对车间安全辅助测试丰富 AEB 纵向场景，对行人安全辅助测试增加 AEB 夜间及纵向场景，对两轮车安全辅助测试的评价项设为 AEB 横向及纵向之和。

对于乙类中的两种功能，由统计的事故可以看出，车辆行驶时与左右侧盲区内的两轮车车事故数居前，同时车辆偏离车道发生的事故排在第四位。因此，C-NCAP 计划在 2020 年时，对侧方辅助测试增加盲区车辆报警的可选加分项，对车道辅助测试增加 LDW 的可选加分项。2021 年时，对侧方辅助测试增加两轮车盲区报警场景的评价项，对车道辅助测试增加 LKA 的评价项。

对于丙类与丁类中的辅助功能，由统计的事故可以看出，低速车周事故数也较多，驾驶员以非正常状态驾驶出现事故频率非常高。因此，C-NCAP 计划在 2020 年时，在交通标志辅助测试中增加限速标识识别的可选加分项。

同时，C-NCAP 对自动驾驶评价也有新的计划，主要围绕三个方面进行评价。①是否传递给消费者准确、充分的信息（信息）。其中包括对产品所处的自动化层级以及性能局限是否有明确的说明、对产品使用的区域是否有明确的说明、对驾驶员所需承担的职责是否有明确的说明、关于功能安全和信息安全性的企业承诺。②自动驾驶功能是否有足够的安全性（性能）。③能否防范驾驶员误用或滥用（交互）。其中包括是否使用电子围栏、注意力监控、转向力矩监控等方式降低驾驶员滥用风险等。

（3）C-NCAP主动安全测试评价方法研究进展

①C-NCAP车道偏离预警系统

2020 C-NCAP车道偏离预警系统的测试评价见表4。将选取两种测试场景：车辆向左偏离穿越直线实物和车辆向右偏离穿越直线实物。

表4 车道偏离预警系统的测试评价

车速	横向速度	偏离方向	试验次数	评价标准
（80±1）km/h	（0.2±0.05）m/s		1	车辆应在轮胎外侧
（80±1）km/h	（0.3±0.05）m/s	向左和向右	1	超过车道线外侧
（80±1）km/h	（0.4±0.05）m/s		1	0.2m前报警

资料来源：C-NCAP。

②C-NCAP盲区监测系统

2020 C-NCAP盲区监测系统将选取两种测试场景：直线路目标车超越试验车辆和直线路目标车超越试验车辆，如图7所示。

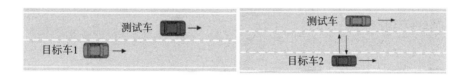

图7 盲区监测系统测试场景

资料来源：C-NCAP。

③2020 C-NCAP限速信息识别

限速信息识别的测试场景如图8所示。试验开始时，车辆在车道中央沿直线行驶，以（限速值±1）km/h的车速驶过限速标志。它的评价标准是速度限制应以交通标志显示在驾驶员的直接视野内，识别的速度限制与限速标志牌的速度限制牌无差异。

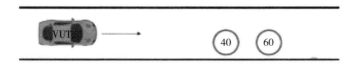

图8　限速信息识别的测试场景

资料来源：C-NCAP。

④2020 C-NCAP 超速报警

超速报警的测试场景与限速信息识别一致，试验开始时，车辆在车道中央沿直线行驶，以不低于（限速值＋10）km/h 的车速驶向限速标志。它的评价标准为应使用闪烁的交通标志给予驾驶员警示，并符合相关要求。

⑤2020 C-NCAP AEB 测试

C-NCAP 进行了 AEB 两轮车测试场景的研究，开展了行人纵向、自行车横向和纵向以及电动两轮车骑行多种场景的测试方法，测试系统和评价方法的研究。对于 AEB/BSD 两轮车测试场景的路线如表5所示。

表5　AEB/BSD 两轮车测试场景的路线

2018 年 1 月至 2019 年 5 月	2019 年 5 月至 2019 年 12 月	2020 年 1 月
事故形态深入研究	试验评价方法研究及测试验证	测试法规公布及评价方案确定
与主机厂联合开展研究工作,资源共享		

资料来源：C-NCAP。

3. JNCAP 主动安全规程

JNCAP 对于主动安全的测试规程在场景上也更加丰富，在评价项目上向更加严格的方向发展。JNCAP 未来在主动安全方面的测试项目将着重于以下两个方面。

①AEB 系统行人保护功能，侧重于晚间有无照明条件的场景研究。

②车道偏离预警功能，在该测试的基础上增加车道保持辅助系统测试项目，并将测试重点放在车道保持辅助系统的规程改进上。

4. LATIN NCAP 主动安全规程

根据 LATIN NCAP 的官方声明，从 2020 年起，将根据情况适时调整其测试规程，在主动安全方面的调整重点集中在座椅震动预警、盲点检测系统、自动紧急制动系统、LSS、Rescue sheet 等几个方面。

5. U. S NCAP 主动安全规程

U. S NCAP 已经在考虑未来将盲区监测系统和灯光纳入新的 U. S NCAP 测试规程中，现在并不确定何时正式执行。NHTSA 认为 BSD 是一项有前途的技术。BSD 系统是许多新车、SUV 和卡车的一种选择，可以帮助避免碰撞。

6. A-NCAP 主动安全规程

A-NCAP 主要测试四个项目：成人乘员安全、儿童乘员安全、行人保护安全以及安全辅助。对于安全辅助项目，2019 年以前 A-NCAP 的 AEB 系统在总分为 13 的分值中占 3 分。在 2020 年以后，AEB 系统在总分为 16 的分值中占 4 分。2020 年以后，ANCAP 将根据汽车主动技术的不断发展，加入新的主动安全测试项目，包括自动紧急转向、AEB 后向测试以及驾驶员监控系统测试 3 个新的测试项目，这对我国汽车安全的发展具有很好的借鉴意义。

7. C-IASI 主动安全规程

NCAP（新车评价规程）安全评价面向的对象是消费者，它为消费者提供车辆隐性性能的显性化信息，帮助消费者深入认识车辆安全。为应对新形势下的新需求和新要求，中国保险汽车安全测评首次从汽车的持有使用环节，将汽车作为承保标的物对其安全风险进行系统、深入的试验研究。围绕"车""人""人车交互"等立体交通场景中与车损和人伤等相关的风险因素，经过大量的理论研究和摸底测试，凝结成中国保险汽车安全测评体系。该体系包含耐撞性与维修经济性测评、车内乘员安全测评、车外行人安全测评和车辆辅助安全测评四个维度，分别从汽车保有环节的财产风险、事故伤亡风险等方面，以评分呈现形式，将汽车产品隐性特征显性化和定量化，从汽车使用者和保险的角度客观评价车辆的安全特征及使用经济性。

耐撞性与维修经济性测评针对该隐性特性，参照国外保险行业汽车技术研究机构通行采用的试验方式和评价规程，开展实车碰撞研究，对车辆的耐撞性和维修经济性等进行信息公示，为消费者提供更全面的购车和养车信息。汽车在中高速行驶中发生碰撞事故对车内乘员是非常危险的，尤其是高速碰撞事故，其造成的损失和影响更大。通过结合国内保险赔付情况和国外保险行业汽车技术研究机构的研究，针对保险赔付案例中人伤程度最严重、赔付风险最突出的情况：易发生乘员空间侵入的正面25%小偏置碰撞、侧面碰撞和侧翻翻滚，以及极易形成挥鞭伤，即颈椎过度屈伸性损伤的座椅鞭打情形等，通过实车碰撞研究，对车辆的车内乘员安全性能进行试验评价，并面向消费者进行科学的安全信息提示，引导消费者理性地选车购车。针对中国交通中人车混行的特殊情况，路况条件较为复杂，加之人们的道路交通法规意识不强，导致涉及行人的交通事故高发。行人是弱势道路使用者，在行人保护方面需要全社会的共同关注和努力，尽可能地减少事故发生，减小人身伤害风险。结合中国道路安全发展现状实际，参考国际上对车辆行人保护安全性能的测试评价规范，对事故中主要的人体小腿伤害、大腿伤害和头部伤害等，对车辆的车外行人安全性能进行量化，增强全社会对道路行人的保护意识。

另外，随着汽车电子技术向智能化和网联化发展，新的车辆辅助安全技术不断出现，可以在危机发生之前，对驾驶者进行预警，甚至可以在预警无效时，无须驾驶者介入即可实现车道保持、减速或者停车等避险措施，极大地提升车辆的主动安全性。这对汽车保险承保理赔的服务水平提出了新的要求。国外的保险行业汽车技术研究机构已经积极开展相关工作。为顺应汽车安全技术发展的大趋势，在现有的国际研究基础上形成了车辆辅助安全测评。该测评对安全辅助装置的事故防止有效性和损伤减轻有效性等功能及效果进行试验和评价，并通过具体的行业关联应用和消费者信息提示，促进汽车安全技术的进步，最终通过行车风险的预防和降低，实现对车辆及道路使用者的安全保障和保险标的风险的降低。

C-IASI（中国保险汽车安全测评）不仅为消费者提供显性化信息，而且考虑事故发生概率、事故影响大小等，通过多种标准的工况试验，同样为保险公司提供信息。这样嫁接主机厂和保险公司，连接前后端共同为消费者提供更好的产品和服务以及更全面的保障。在2017版的C-IASI中已经明确了自动紧急制动系统（包括AEB和FCW）的车辆辅助安全测评的评价。未来，C-IASI将会更加关注诸如车身稳定控制系统、车道偏离预警系统、座椅震动预警以及盲区监测系统等。

综上可以看出，中国保险汽车安全测评把安全因素放在第一位，服务于消

费者、保险公司、整车企业、政府部门等多个领域，进一步推动汽车行业进一
步走向成熟。

参考文献

颜凌波、解文娜、许伟等：《正面碰撞中基于中国人体尺寸的假人损伤响应研究》，
《汽车工程》2019 年第 3 期。

杨斌、赵淑华、张慧云、马伟、彭丽英：《欧洲最新儿童安全座椅标准 ECE R129 解
读》，《标准科学》2014 年第 9 期。

杜北华、娄磊、王明星：《儿童 Q、P 假人在 C-NCAP-CRS 碰撞试验中各评价指标对
比分析》，《汽车技术》2017 年第 7 期。

杨国亮、齐同启、柳熹等：《纯电动汽车高压电气系统安全设计》，《汽车工程师》
2015 年第 11 期。

孙晴、岳国辉、张立宇、巩康、李胜杰、赵敬：《一种应对 MPDB 工况碰撞相容性
的车辆前端设计研究》，《北京汽车》2019 年第 6 期。

周丹凤、涂金刚：《2020 版 Euro NCAP 碰撞 MPDB 测试对汽车设计的影响》，《计算
机辅助工程》2018 年第 5 期。

张瑞雨：《有质量差异的两车碰撞时车辆前端刚度的相容性匹配》，《汽车安全与节
能学报》2018 年第 3 期。

雷雨成、严斌、程昆：《汽车的碰撞相容性研究》，《汽车科技》2004 年第 1 期。

刘新宇、华慕文：《基于 CAR to CAR 正面偏置碰撞的车辆碰撞相容性探讨》，《城市
车辆》2008 年第 6 期。

袁泉、李一兵：《基于碰撞相容性因素的车辆追尾事故深入数据分析》，《汽车技术》
2006 年第 S1 期。

郑祖丹、胡伟强、吴斌等：《汽车碰撞测力墙的研制》，《上海汽车》2011 年第
10 期。

荆友录：《货车与乘用车正面碰撞相容性的研究》，南京航空航天大学博士学位论
文，2010。

唐友名：《车对车侧面碰撞兼容性影响因素分析》，《中国安全科学学报》2012 年第
10 期。

陈现岭、张凯、崔伟：《长城某车辆碰撞相容性研究》，《汽车与配件》2008 年第
31 期。

曹正林：《汽车安全法规与评价体系发展趋势》，《汽车文摘》2019 年第 2 期。

包崇美：《聚焦国内外 AEB 测试》，《世界汽车》2018 年第 4 期。

Child Safety, EEVC Working Group 18 Report. February 2006.

LSTC. Progressive deformable barrier documentation, http：//www. Lstc. com/download/ dummy_ and_ barrier_ models/LSTC. PDB. 170511_ V2. 1_ Documentation. Pdf.

Carhs. Training Gmbh. Safety Companion 2019, http：//www. SAFETYWISSEN. com.

Euro NCAP. European New Car Assessment Program（E-NCAP）MPDB Assessment Protocol Technical Bulletin Compatibility Assessment Version 1. 0, http//www. Euro NCAP. com.

Euro NCAP. European New Car Assessment Program（E-NCAP）MPDB Frontal Impact Testing Protocol Version 1. 0, http//www. Euro NCAP. com.

Euro NCAP. European New Car Assessment Program（E-NCAP）Assessment Protocol- Adult Occupant Protection Version 9. 0, http//www. Euro NCAP. com.

Gabler, H. C. and Hollowell, W. T. The Aggressivity of Light Trucks and Vans in Traffic Crashes. SAE World Congress, Paper No. 980908, Detroit, 1998.

Clay Gabler, Steven Summers, Willian T Hollowell. NHTSA's Vehicle Compatibility Research Program. SAE1999 − 01 − 0071.

Emad Sadeghipour, Erich Josef Wehrle, and Markus Lienkamp. An Approach for the Development and the Validation of Generic Simulation Models for Crash-Compatibility Investigations. SAE Int. J. Trans. Safety, 2016, 4（2）：219 − 228.

Heiko Johannsen, Robert Thomson. Compatibility Assessment：Can the Current ADAC MPDB Test Properly Assess Compatibility? IRCOBI Conference 2016.

Emad Sadeghipour, Morris Fischer, Fabian Duddeck. Critical Review of the Current Assessment Approaches for Frontal Crash Compatibility Regarding the Evaluation of Structural Interaction. https：//www. researchgate. net/publication/277714418.

Mathias Stein, Darius Friedemann, Alexander Eisenach, et al. Parametric Modelling of Simplified Car Models for Assessment of Frontal Impact Compatibility. 8th European. LS-DYNA Users Conference, Strasbourg, 2011.

Koji Mizuno, Janusz Kajzer. "Compatibility Problems in Frontal, Side, Single Car Collisions and Car-to-pedestrian Accidents in Japan", *Journal of Accident Analysis and Prevention*, 1999, 31：381 − 391.

NHTSA. The New Car Assessment Program Suggested Approaches for Future Program Enhancements, Washington：National Highway Traffic Safety Administration, 2007.

The European New Car Assessment Programme. Euro NCAP 2025 Roadmap.

The European New Car Assessment Programme. Euro NCAP Rating Review 2018.

Safety Companion 2018, Germany：Carhs, 2018：18 − 27.

智能汽车测评

报告四
国内外智能汽车技术发展现状

摘　要：　本报告系统介绍了国内外智能汽车发展现状。首先，通过对智能汽车关键技术、核心功能及发展路线进行研究，归纳了智能汽车技术的发展特征。其次，利用数据详细分析并总结了智能汽车相关技术的市场应用情况，从总体上反映出智能汽车的发展概况。再次，深入调查研究了国内外智能汽车的政策、法律、法规、标准的制定和发布动态，分析了行业发展和管理规范的方向。最后，基于智能汽车技术发展的测评需求，对其涉及的仿真测试、场地测试、道路测试以及代表性的测试评价规程进行全面介绍，总结了智能汽车测评体系的发展和构建现状。

关键词：　智能汽车　自动驾驶　关键技术　标准法规　测试评价

一 国内外智能汽车技术发展及应用现状

（一）智能汽车发展总体概况

1. 智能汽车概述

（1）智能汽车定义

一般而言，智能汽车又称智能网联汽车、自动驾驶汽车、无人驾驶汽车。根据《智能网联汽车技术路线图》中的有关描述，可给出如下定义：智能汽车是指搭载先进的车载传感器、控制器、执行器等装置，并融合现代通信与网络、人工智能等技术，实现车与 X（车、路、人、云等）智能信息交换、共享，具备复杂环境感知、智能决策、协同控制等功能，可实现"安全、高效、舒适、节能"行驶，并最终可实现替代人来操作的新一代汽车。

（2）等级划分

从使用场景、技术特征等角度出发，美国 SAE、NHTSA，德国 VDA，中国智能网联汽车分标委（SAC）等已经给出了各自的定义和分级方案，其中，美国 SAE 分级定义和分级最权威。在 SAE J3016™ 自动驾驶等级划分中，一般 L0 ~ L2 属于高级驾驶辅助系统（Advanced Driving Assistance System，ADAS），L3 ~ L5 属于自动驾驶系统（Automatic Driving System，ADS）范畴。L3 级别是自动驾驶的分水岭。

2. 功能与系统组成

考虑到现阶段 L0 ~ L2 驾驶辅助系统已大规模量产，L3 有条件自动驾驶接近量产，L4 高度自动驾驶处于研发及小规模测试阶段，因此可以选取具有代表性的 L2、L3 为主要对象，对智能汽车系统的核心功能和系统组成进行分析。

（1）L2 自动驾驶

① 核心功能

L2 自动驾驶系统是由集中计算与控制单元、车载摄像头、毫米波雷达及超声波雷达等传感器相互配合实现的，可实现以下核心功能。

全景影像：向驾驶员提供车辆周围 360°范围内环境的实时影像信息。

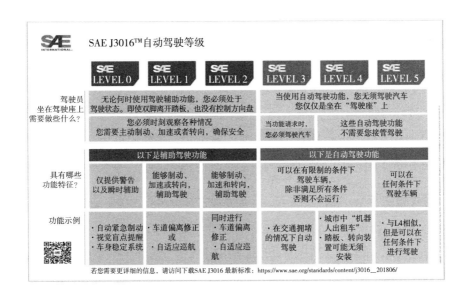

图 1　SAE 自动驾驶等级

资料来源：SAE J3016™。

车道偏离预警：实时监测车辆在本车道的行驶状态，并在出现非驾驶意愿的车道偏离时发出警告信息。

车道保持：实时监测车辆与车道线的相对位置，持续或在必要情况下介入车辆横向运动控制，使车辆保持在原车道内行驶。

自适应巡航：实时监测车辆前方行驶环境，在设定的速度范围内自动调整行驶速度，以适应前方车辆和/或道路条件等引起的驾驶环境变化。

自动泊车：在车辆泊车时，自动检测泊车空间并为驾驶员提供泊车指示和/或方向控制等辅助功能。

②系统组成

L2 自动驾驶系统由集中计算与控制单元、摄像头、毫米波雷达等传感器通过数据信息融合，共同完成系统决策及系统控制，并实现环境感知、计算、决策及控制的各项功能。

典型的系统由 1 个集中计算与控制单元、1 个前向毫米波雷达、1 个前向摄像头、4 个环视摄像头，以及左右侧各 2 个超声波雷达、前后侧各 4 个超声波雷达共同构成。

通过 CAN 总线实现集中计算与控制单元同线控转向、动力、制动等单元的通信，实现车辆控制；与座舱仪表单元、座舱中控导航单元通信，完成系统的人机交互。

（2）L3 自动驾驶

①核心功能

L3 自动驾驶系统是靠集中计算与控制单元、车载摄像头、毫米波雷达、超声波雷达以及激光雷达等传感器，并配以高精地图等来实现的，除了 L2 的功能外，还包括如下功能。

拥堵代驾：在车辆低速通过交通拥堵路段时，实时监测车辆前方及相邻车道行驶环境，经驾驶员确认后自动对车辆进行横向和纵向控制。

自主泊车：除了 L2 所述自动泊车系统外，还包括自动驶出停车位的功能。

高速代驾：汽车可以实现车速在 130km/h 以下高速公路范围内的自动驾驶。

车联网：车辆通过互联网与外界进行信息交互、共享，可分别用于车辆与车辆、车辆与基础设施、车辆与行人的信息交互。

②系统组成

L3 自动驾驶系统由集中计算与控制单元、摄像头、毫米波雷达、超声波雷达和激光雷达等传感器，以及高精地图、定位系统等相配合来共同完成系统决策及系统控制，并实现环境感知、计算、决策及控制的各项功能。

典型的系统由 1 个集中计算与控制单元、1 个前向毫米波雷达、1 个前向摄像头、4 个车身盲点监测毫米波雷达、1 个驾驶员监控摄像头、4 个环视摄像头、前后侧各 4 个超声波雷达、左右侧各 2 个超声波雷达、1 个激光雷达以及高精地图等共同构成。

通过以太网实现集中计算与控制单元同转向、动力、制动等单元的通信，实现车辆控制；与座舱仪表单元、座舱中控导航单元通信，并借助 LVDS 进行视频投射，完成系统的人机交互。

3. 关键技术发展情况

智能汽车涵盖汽车、电子、通信、交通等多个领域，涉及的关键技术及发展情况如下。

（1）先进传感器技术

包含应用摄像头的图像识别技术、雷达对车身周围环境的感知技术以及柔性光电部件对司机生理行为的监测技术。

智能汽车自动驾驶能力的增强，对先进传感器技术提出了精度和分辨率更高、测距范围更远的要求。摄像头产品多元化发展，车载雷达种类增多，包括24GHz 的中短程距离毫米波雷达、77GHz 的长距离毫米波雷达和 79GHz 的高分辨率/成像毫米波雷达以及激光雷达等都有所应用。

随着车辆上装备的传感器的种类、数量日益增多，多源传感器融合技术、传感器冗余设计技术将会成为未来高级自动驾驶的重要研究方向。

（2）高精度定位和地图技术

高精度定位是实现复杂环境自动驾驶需要突破的关键技术，自动驾驶的应用趋势是定位精度在米级的全球导航卫星系统（GNSS）与传感器组合的导航方案。随着我国北斗高精度定位系统在全国区域内的广泛应用，将很好地为未来无人驾驶汽车提供一种低成本、广区域、高精度的定位方案。

高精地图是实现 L3 及以上自动驾驶技术的重要保障，它将提供更详细的道路信息，比如道路曲率、航向、坡度等。如今，以高德、百度、四维图新为代表的地图企业都在积极发展符合自动驾驶应用场景的高精地图技术。

（3）智能决策技术

决策技术包含但不限于风险预警与控制先后顺序、多目标协作技术以及驾驶情景影响剖析等。系统工作是依据行车目标、本车行驶状态和车辆周边环境信息，为控制驾驶行为和动作实际提供可靠的支撑。决策机制应在满足安全的前提下，适应尽量多的工况，以完成舒适、节能等方面的合理驾驶决策。

（4）车辆控制技术

控制技术包括纵向、横向以及垂直方向的运动控制，分别是动力系统、制动系统、转向系统以及悬架系统。借助融合驱动、制动、转向、悬架的底盘控制技术，以及应用移动通信和环境感知系统的车队协同和车路协同，实现被控车辆的速度、行驶方向与预设的速度曲线、行驶路线保持同步。

（5）车联网无线通信技术

车联网无线通信技术（Vehicle to Everything，V2X）是汽车实现高级自动驾驶的必要技术，提出的通信要求包括非常快的网络接入速度、低时延、可靠性高、信息安全程度高、频谱间干扰小、传输速度快。

不具备 V2X 网联化技术的单车智能无法实现完全自动驾驶已经成为行业共识。目前，我国已将 LTE-V 确定为车联网专门使用的通信系统，而数据传输速率更快的 5G 是面向未来自动驾驶、汽车信息娱乐等应用领域的重点研究方向，考虑到 LTE-V 可以平滑过渡到 5G，所以在该领域技术发展的重点是 LTE-V2X、5G-V2X。

4. 发展路线

（1）自动驾驶功能落地路线

从各项功能的应用路线来看，ADAS 各项功能如 BSD、FCW、AEB、ACC、LKA 等会首先得到应用，可以解决在一定条件下的车辆横向或纵向运动控制，而后，随着高精地图和定位、V2X 的发展，可以逐步解决目标环境和事件的感知以及驾驶任务的接管问题，实现车辆的全自动驾驶。

（2）自动驾驶应用场景路线

智能汽车近年来飞速发展，已经进入测试示范和商业化应用的快车道。未来以自动驾驶为核心的出行/物流服务，将从私家车出行、共享客运接驳、货运物流三大应用场景出发，实现渐进式落地。

（3）主流汽车厂商的业务规划

国外的特斯拉、奥迪、日产、沃尔沃、奔驰、丰田等知名厂商相继加快了研发步伐，制定了自动驾驶时间表。国内智能汽车技术虽然起步相对较晚，但近几年关注度高涨，传统车企、新造车公司纷纷与互联网、信息与通信技术（Information and Communications Technology，ICT）企业展开合作加快布局智能网联汽车领域，技术研发取得进展，产品投放进程加快。

从落地时间来看，2020 年将会是 L3 级自动驾驶落地的元年，近三年会是多数厂商的 L3 级自动驾驶量产年，预计 2025 年前后，L4 级自动驾驶将有望实现市场化应用。从研发路线来看，大部分主流厂商都提出了 L3 级量产计划，但也有厂商跳过 L3 级，如奥迪已取消 L3 级量产计划，沃尔沃、福特表示会越过 L3 级，直接研发 L4/L5 级自动驾驶。国内厂商多选择"渐进式路线"，即一边推动实现 L3 级自动驾驶量产，一边研发 L4/L5 级自动驾驶技术。

表 1　全球重点汽车厂商自动驾驶业务规划

企业	进展与计划
通用	2017 年凯迪拉克 CT6 搭载 Super Cruise 3.0 计划于 2019 年量产 L4 级自动驾驶汽车 CruiseAV
福特	跳过 L3 级别 2017 年收购机器人及人工智能软件领域初创公司 ArgoAl 推迟 2021 年量产 L4 级自动驾驶汽车的计划
丰田	2017 年 1 月发布 L4 级概念车 Concep – 爱 i 2018 年推出多功能自动驾驶出行平台 e-Palett 计划于 2020 年推出合适高速场景的 L3 级自动驾驶汽车 计划 2025～2029 年将自动驾驶技术适用范围扩大至普通道路
戴姆勒	计划于 2020 年实现大部分车型的自动驾驶 计划于 2021 年测试 L4、L5 级自动驾驶汽车
大众	2017 年 4 月发布 L4 级概念车 Sedric 计划于 2021 年推出 L5 级自动驾驶汽车 Sedric
奥迪	2017 年 7 月搭载 L3 级自动驾驶系统的 A8 量产上市 （功能从未开放，已取消量产 L3 级计划） 2017 年 9 月发布 L4 级概念车 Elaine 和 L5 级概念车 Audi Aicon 计划 2019 年量产 L4 级自动驾驶汽车 Elaine
宝马	计划于 2019 年发布可实现 L3 级自动驾驶的七系 计划于 2021 年将 L3 级自动驾驶方案应用于量产车型 iNext 计划于 2021 年发布 L5 级自动驾驶汽车
沃尔沃	跳过 L3 级 计划于 2020 年实现自动驾驶零伤亡 计划在 2021 款 XC90 车型上实现 L4 级自动驾驶
长安	2018 年 3 月成为中国首家实现 L2 级无人驾驶汽车量产的企业 计划于 2020 年实现 L3 级无人驾驶汽车的量产 计划于 2025 年实现 L4 级无人驾驶汽车的量产
广汽	计划在 2020 年以前实现 L3 级自动驾驶 计划在 2025 年以前实现 L4 级自动驾驶 计划在 2030 年以前实现 L5 级自动驾驶
一汽	计划于 2019 年推出实现 L3 级自动驾驶的量产红旗车型 计划于 2020 年推出实现 L4 级自动驾驶的量产车型 计划于 2025 年实现 L5 级自动驾驶

续表

企业	进展与计划
东风	力争在 2020 年实现高速公路和部分城市路况下的 L3 级自动驾驶 计划于 2025 年采用高度自动驾驶和环境感知信息联网组合,实现城区自动驾驶
上汽	计划于 2019 年实现高速公路路况下的自动驾驶 计划于 2020 年实现中心城区最复杂路况下的自动驾驶
长城	计划在 2019～2020 年实现 L2＋级自动驾驶 计划在 2020～2021 年实现 L3 级自动驾驶 计划在 2023 年实现 L4 级自动驾驶 计划在 2025 年实现 L5 级自动驾驶
吉利	计划在 2018 年实现 L2＋级自动驾驶 计划在 2020 年实现 L3 级自动驾驶

资料来源：赛迪。

（二）智能汽车市场需求研究

1. 智能汽车提升交通效率

我国是世界上第一大汽车生产国和销售市场，汽车保有量快速增长，预计到 2025 年，总保有量达到 3 亿辆，千人保有量达到 210 辆。汽车保有量的增加，带来能源短缺、环境污染、交通拥堵和事故频发等社会问题。

智能汽车作为一个智能运载工具，是新型交通系统的重要组成部分，可以解决我们现有的汽车技术不能解决的交通问题，比如安全、节能、环保等。在交通安全方面，交通事故率可大幅降低；在交通效率方面，车联网技术可提高道路通行效率；在节能减排方面，协同式智能交通系统可提高自车燃油经济性，高速公路编队行驶可降低油耗；同时，它会拉动机械、电子、通信、互联网、大数据等相关产业快速发展，并在国防领域得到应用，比如无人驾驶战斗车辆等。智能汽车技术的发展，使人们的交通方式发生改变，比如减轻驾驶负担，实现车辆共享等，将支撑形成新一代的出行生态。

2. 公众如何看待智能汽车

Capgemini 的《自动化驾驶汽车，消费者视角》研究发现：在未来五年内，消费者对于自动驾驶的需求将会翻一番。在未来一年内，虽然仅 25% 的消费者选择购买自动驾驶汽车，但近 52% 的人群表示到 2024 年他们将会选择购买自动驾驶汽车作为出行工具。在乐观的态度和期待之下，逾半数（56%）

消费者表示，比起普通汽车，他们愿意为自动汽车多花 20% 的开支。

　　市场对于出行的观念正在改变。消费者认为自动驾驶汽车将在生活中扮演更加重要的角色——不仅可以替代人类驾驶，还可以利用其自动性能完成出门跑腿的家务琐事。近半数（49%）的受访者表示，他们能够放心让自动驾驶汽车独自出行完成任务；超过半数（54%）的人可以信赖自动驾驶汽车接送不会开车的亲朋好友；一半（50%）的人希望自动驾驶汽车可以帮他们节约时间做其他事情——如社交、娱乐、工作抑或欣赏沿途美景。很明显，消费者对未来使用自动驾驶汽车充满期待。

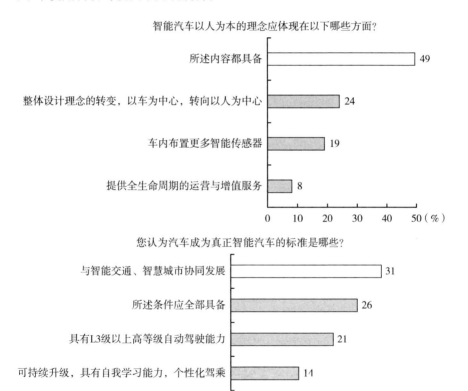

图2　消费者对智能汽车设计理念及标准的看法

注：样本数量 1957 人。
资料来源：车云研究院 2019 智能汽车消费者调研。

车云研究院调查发现，消费者认为未来智能汽车需要以人为本的设计理念以及支撑理念实现的相应标准。调查数据显示，49%的消费者认为，以人为本的理念应该是从车内布置、设计理念到全生命周期运营服务的全面体现。消费者认为以人为中心的理念需要全面提升智能汽车的标准，同时重视 V2X。

V2X 是消费者倾向选择的技术之一，与智能交通、智慧城市协同的自动驾驶服务及其所带来的高效的价值，更被消费者所认同。数据显示，90%的消费者愿意购买与智慧交通、智慧城市协同的自动驾驶服务。65%的消费者认为，车路协同最有价值的部分是更高效、更合理的路线规划并支持编队行驶。

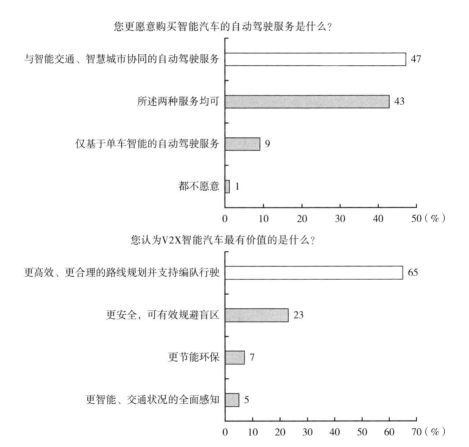

图 3　消费者对智能汽车自动驾驶服务及 V2X 的看法

注：样本数量 1957 人。
资料来源：车云研究院 2019 智能汽车消费者调研。

汽车要具有像手机一样的全方位的软件更新与迭代能力。数据显示，99%的消费者认为，汽车架构会向手机靠拢，提供更丰富、开放、个性化的场景与应用，无人驾驶的第三空间。38%的消费者认为软件定义汽车应该同时具备对自动驾驶系统、信息娱乐系统、车载智能设备、车控软件的更新与迭代能力（见图4）。

您认为未来智能汽车会像智能手机成为革命性产品吗？原因是什么？

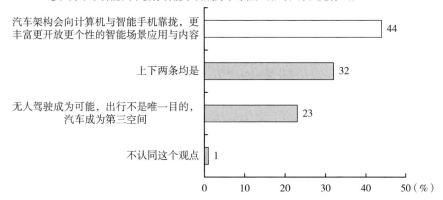

智能汽车成为软件定义汽车，您希望智能汽车具备哪些能力？

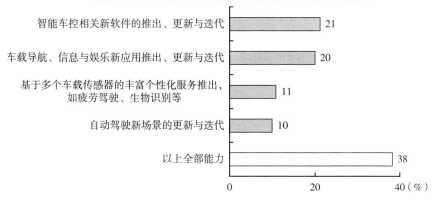

图4 消费者认为智能汽车应具备的能力

注：样本数量1957人。
资料来源：车云研究院2019智能汽车消费者调研。

3. 消费者对自动驾驶的兴趣

（1）低等级、商用的自动驾驶受欢迎

消费者对不同等级的自动驾驶汽车技术各有喜好。在国外，人类行为和分析公司Escalent的一项调查研究显示，74%的欧洲人和60%的美国人对L2级以下的自动驾驶汽车表示舒适；而认为 L3 级自动驾驶舒适性较高的消费者占比分别为43%和37%，除此之外，欧洲消费者和美国消费者对 L4 级自动驾驶和 L5 级自动驾驶满意度占比分别为34%和25%以及29%和18%。

消费者认为自动驾驶汽车最初将在五种情况下取得成功：公共汽车、网约车、送货汽车、豪华汽车和长途运输汽车，占比分别为19%、16%、15%、14%和13%。

（2）安全是第一要务

知名咨询机构德勤的一项研究表明，自 2014 年以来，中国和美国的消费者对全自动驾驶技术的兴趣有所提高，新一代消费者对自动驾驶表现出更高的兴趣。但是，目前仍有许多消费者对自动驾驶汽车的安全性感到担忧，这一数据在韩、日、美、德、印、中的比例均高于60%（见图5）。

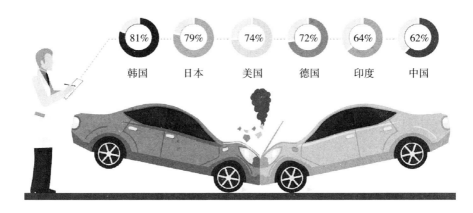

图5　认为自动驾驶汽车不安全的消费者比例

资料来源：德勤。

消费者的偏好表明，通往自动驾驶汽车之路必须保证安全。六个重点关注的国家中，在对比一系列的先进技术时，有四大技术一致被列为最受青睐的技术，这些技术能够提供先进的、预测性的安全功能。

（三）智能汽车市场应用现状

受技术、市场、政策、法规等因素影响，现阶段，不同级别的智能汽车市场化程度不尽相同。总体而言，L1 级、L2 级已经量产，获得了市场化应用，并且功能不断向 L3 级升级，L3 级也基本接近量产。L4 级自动驾驶的研发围绕"限定场景"展开，相关产品目前处于测试运营阶段，距离商业化仍有一定距离。L5 级自动驾驶的落地还很遥远。

主流车企已经推出了 L2 级自动驾驶量产车型，配置 LKA、APA、ACC、AEB 等常见的 L2 级自动驾驶功能。另外，考虑到乘用车用户存在的两大痛点（交通拥堵和疲劳驾驶），再结合当前可量产的技术储备，车企纷纷将目光瞄向 TJP（Traffic Jam Pilot）和 HWP（Highway Pilot），开始研发 L3 级自动驾驶，但 L3 级自动驾驶（人机共驾）上路面临责任划分、伦理道德方面的问题，尚需出台相应的法规。L4 级、L5 级自动驾驶技术和产业链还不成熟，零部件成本高昂，难以达到量产条件，还需要进一步创新突破。所以短期内在市场上具备高级驾驶辅助系统（ADAS）、拥堵代驾（TJP）或高速公路代驾（HWP）的 L2 + 自动驾驶会是主流。

目前，智能汽车市场应用表现出三大特点：第一，成本降低、市场需求及法规要求推动 ADAS 搭载率不断提升，L1 ～ L2 级自动驾驶正在加速普及；第二，随着网联化技术的发展和消费者需求的升级，车辆的智能互联功能正在不断丰富，搭载车联网系统的智能座舱成为汽车厂商产品差异化的重点；第三，基于场景的高等级自动驾驶的商业化进程正在加快。

1. ADAS 功能搭载率不断提升

（1）国外

美国、欧洲、日本、韩国纷纷出台前置安装 AEB、FCW 的法规要求，极大地促进了 ADAS 的发展，强制安全法规明确了主动安全功能的市场定位，AEB、FCW 等 ADAS 产品率先普及安装。

表 2　国外相关强制安装标准

地区	机构	颁布年份	法规主要内容
美国	NHTSA	2011	车辆安全评分中列入前撞预警
		2015	自 2018 年开始,五星安全标准必须配备自动紧急制动
		2016	占美国汽车市场份额 99% 以上的 20 家汽车制造商已同意:自 2022 年 9 月 1 日起,车辆总重在 3856kg 下的乘用车和轻型卡车标配 AEB;自 2025 年 9 月 1 日起,总重在 3856 ～ 4536kg 的卡车标配 AFR

续表

地区	机构	颁布年份	法规主要内容
欧洲	Euro NCAP	2013	大型商用车必须配备 AEB
		2014	乘用车要获得 5 星评分必须有至少一项主动安全技术，包括 AEB、ACC、LDW、LKA 等
日本	ML IT	2014	将 AEB 纳入安全评分体系
澳大利亚	A-NCAP	2012	2012 年起强制要求新车安装紧急制动系统
	政府	2013	2013 年 11 月以后，所有新车均需配备 ESC 电子车身稳定系统
加拿大	政府	2011	2011 年起新增乘用车强制安装 ESC 电子车身稳定系统

资料来源：公开资料整理。

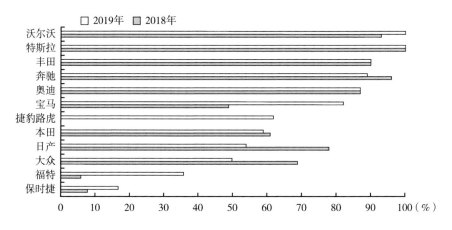

图 6　2018～2019 美国各车厂新车销售 AEB 装配率

资料来源：IIHS、华西证券研究所。

根据美国 NHTSA 的调查，在装配 AEB 系统的车厂中，搭载率较高的几名均为豪华品牌。在 2017 年出产的新车中，AEB 搭载率居首位的为电动车厂特斯拉，部分原装 AEB，另外一部分则是出厂后由云端下载系统开启了 AEB 系统的功能，总计 99.8% 的特斯拉已具有 AEB 功能。奔驰在 2017 年生产的车中有高达 96% 的车子装有 AEB，紧随其后的是奥迪的 73%、沃尔沃的 68%、宝马的 58%。数据显示，汽车厂商在美国的 AEB 搭载率在 2018～2019 年有所提升。国际知名咨询机构 IHS 的另一项调查表明：2016～2023 年，全球 ADAS 市场将以年复合增长率 16.5% 的速度上涨。可见 ADAS 的普及已是大势所趋。

（2）国内

从所有在售车型的 ADAS 细分功能搭载率来看，360°全景影像、自动紧急制动/前向碰撞预警、车道偏离预警有着较高的搭载率，排名前三。

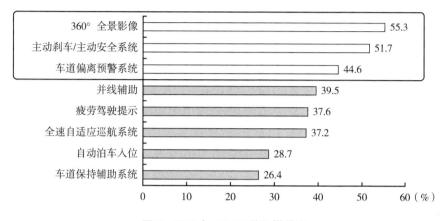

图 7　2019 年 ADAS 装配搭载率

注：含停产在售车型。
资料来源：汽车之家。

通过分析 2006～2019 年上市新车的搭载数据，可以看出，2014 年以前，除疲劳预警和车道保持辅助以外，其他几项配置均已在新车上有所体现，不过搭载率不高。自 2015 年起，上市新车 ADAS 配置日渐丰富，搭载率快速攀升，2017 年以后这种趋势更加明显，各项功能配置率总体呈现增长态势。尽管 ADAS 搭载率快速上升，但仍只有不足三成的上市新车有所搭载。

从价位分布来看，所有上市新车大部分集中在 10 万～15 万元，其次是 15 万～20 万元，因此造成整体 ADAS 搭载率不高。这也反映了 ADAS 市场具有很大的市场空间。相信未来会有越来越多的新车将搭载 ADAS 功能，用户在购车时会有更多选择的余地。

值得注意的是，我国也出台了《营运客车安全技术条件》（JT/T1094 - 2016）、《营运货车安全技术条件》（JT/T1178.1 - 2018）、《机动车运行安全技术条件》（GB7258 - 2017），对运营客车、货车等商用车安装 FCW、LDW、ESC、AEB、LKA 等进行了要求，并设定了实施期限。在法规的强力作用下，ADAS 核心安全功能在商用车上的市场搭载率也正在持续提升。

表3　国内预警类 ADAS 强制安装时间与内容

功能	标准号	实施时间	要求车辆	具体内容
FCW	JT/T1094—2016	2018 年 4 月 1 日	客车	车长 >9m 的营运客车应装配前后碰撞预警系统
FCW	JT/T1178.1—2018	2020 年 5 月 1 日	货车	总质量 >18000kg 且最高车速 >90km/h 的载货汽车,应具备前向碰撞预警功能
LDW	JT/T1094—2016	2018 年 4 月 1 日	客车	车长 >9m 的营运客车应装配车道偏离预警系统
LDW	JT/T1178.1—2018	2020 年 5 月 1 日	货车	总质量 >18000kg 且最高车速 >90km/h 的载货汽车,应具备车道偏离报警功能

资料来源：公开资料整理。

表4　国内执行类 ADAS 强制安装时间与内容

功能	标准号	实施时间	要求车辆	具体内容
ESC	JT/T1094—2016	2018 年 4 月 1 日	客车	车高 >3.7m 的营运客车和总质量 ≤3500kg 的营运客车装配电子稳定控制系统
ESC	JT/T1094—2016	2019 年 4 月 1 日	客车	车高 ≤3.7m 的营运客车和总质量 >3500kg 的营运客车装配电子稳定控制系统
ESC	GB7258—2017	2020 年 1 月 1 日	客车	车高 ≥3.7m 且未设置乘客站立区的客车应装配电子稳定控制系统的要求
ESC	JT/T1178.1—2018	2021 年 5 月 1 日	货车	总质量 ≥12000kg 且最高速 >90km/h 的载货汽车,应安装电子稳定控制系统
AEB	JT/T1094—2016	2019 年 4 月 1 日	客车	车长 >9m 的营运客车装配自动紧急制动系统
AEB	GB7258—2017	2021 年 1 月 1 日	客车	车长 ≥11m 公路客车和旅游客车应装配符合标准规定的自动驾驶紧急制动系统的要求
AEB	JT/T1178.1—2018	2021 年 5 月 1 日	货车	总质量 ≥12000kg 且最高速 >90km/h 的载货汽车,应安装自动紧急制动系统
LKA	GB7258—2017	2022 年 1 月 1 日	客车	车长 ≥11m 公路客车和旅游客车应装配符合标准规定的车道保持辅助系统的要求
EBS	GB7258—2017	2021 年 1 月 1 日	货车	总质量 ≥12000kg 的危险物运输货车应装配电控制动系统(注:非电子稳定控制系统)

资料来源：公开资料整理。

2.搭载车联网系统的智能座舱成为产品差异化重点

由于智能座舱比ADAS车规级功能安全等级要求更低，所以整车厂在智能座舱方案选型上更加激进，更愿意尝试新的产品和技术方案，以实现差异化，提高产品的市场竞争力。从数据来看，座舱电子（主要是中控液晶屏、全液晶仪表、抬头显示等硬件）和车联网系统市场渗透很快。

（1）座舱电子

随着用户对安全和娱乐功能的需求升级，座舱电子产品渗透率正在持续提升。根据东吴证券研究所的测算，2019年座舱电子，包括车载信息娱乐系统、驾驶信息显示系统、HUD、流媒体后视镜、行车记录仪、后排液晶显示，渗透率分别为83.1%、15.0%、7.5%、3.1%、10.6%、0.6%。其中车载信息娱乐系统功能集成度较高，产品较为成熟，渗透率较高，其他产品均处于普及期，渗透率均没有超过15%。

表5　智能座舱各产品渗透率（含预测）

单位：%

年份	2017	2018	2019	2020	2021E	2022E	2023E	2024E	2025E
车载信息娱乐系统	71.3	78.7	83.1	90.2	92.0	94.0	96.0	97.0	98.0
驾驶信息显示系统	5.9	6.4	15.0	27.2	35.0	43.0	50.0	55.0	60.0
HUD（抬头显示）	5.9	6.4	7.5	8.7	10.7	13.7	17.7	23.7	30.0
流媒体后视镜	5.1	0.7	3.1	7.6	10.0	14.0	18.0	22.0	26.0
行车记录仪	3.7	11.3	10.6	13.0	17.0	23.0	29.0	36.0	44.0
后排液晶显示	1.5	0.0	0.6	1.1	2.0	3.0	4.0	5.5	7.0

注：2021~2025年数据为预测数据。

资料来源：东吴证券研究所根据自建样本库测算，前装市场。

①车载信息娱乐系统（中控液晶屏），目前中控液晶屏整体渗透率已达高位，中低端车型渗透率未来仍将缓慢上升。根据前文样本统计，2017年20万元以上车型液晶中控屏渗透率已达84.1%，至2019年，20万元以上车型渗透率已达100%。12万元以下车型渗透率也从2017年的47.8%提升到2020年的73.1%。未来中控液晶屏的渗透率仍将缓慢提升，并逐渐向大尺寸、多联屏方向发展。

按自主品牌和合资品牌车型来分，合资品牌渗透节奏略慢于自主品牌。据样本统计情况，2017 年自主品牌和合资品牌渗透率分别为 74.6% 和 68.8%，至 2020 年渗透率分别达 89.7% 和 90.6%。

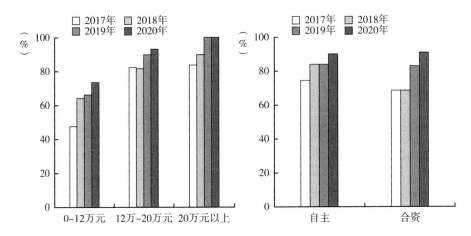

图 8　2017～2020 年中控液晶屏渗透率情况
（左：按车型指导价，右：按自主/合资车型分）

资料来源：汽车之家、东吴证券研究所。

②驾驶信息显示系统（全液晶仪表盘），中高端车型全液晶仪表处于快速渗透期，未来有望逐渐由中高端向低端快速渗透。根据样本统计情况，2017 年 12 万～20 万元、20 万元以上车型全液晶仪表渗透率仅为 10.9%、6.8%，至 2020 年渗透率已达 33.3%、38.9%，渗透率提升迅速。12 万元以下车型近几年全液晶仪表渗透率仍较低，至 2020 年仅 3.9%。随着技术成熟，规模化应用后，成本进一步下探，未来低端车型渗透率有望加速提升。

全液晶仪表渗透率合资和自主品牌均处于快速提升期。根据样本统计情况，全液晶仪表合资品牌渗透节奏明显慢于自主品牌，2017 年自主品牌和合资品牌渗透率分别为 10.0%、2.6%。到 2020 年，合资品牌基本追平自主品牌，自主品牌和合资品牌渗透率分别为 28.2% 和 26.4%。

③HUD（抬头显示）。现阶段 HUD 整体渗透率较低，主要搭载于高端车型中，未来有望由高端向中低端车型加速渗透。2017～2020 年，20 万元以上车型渗透率在 18%～25%；样本中 12 万～20 万元车型中仅一款搭载，其他车型均未搭载。渗透率较低的主要原因是 HUD 设计难度较大，成本较高，所以

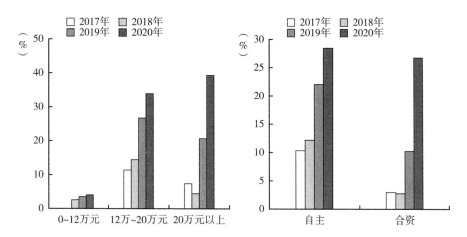

图9　2017~2020年全液晶仪表盘渗透率情况
（左：按车型指导价；右：按自主/合资车型分）

资料来源：汽车之家、东吴证券研究所。

现阶段主要搭载在高端车型上，随着技术逐渐成熟，成本进一步降低，未来三年有望由高端车型向中低端车型加速渗透。

　　与液晶中控和全液晶仪表不同，HUD前装主要搭载在合资品牌车型中，且合资品牌车型HUD渗透率呈现缓慢上升趋势，由2017年的10.4%提升至2020年的15.1%（见图10），而样本中的自主品牌车型均未搭载HUD。

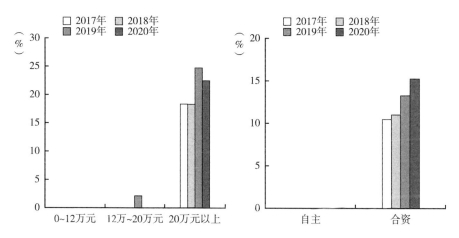

图10　2017~2020年HUD渗透率情况（左：按车型指导价；右：按自主/合资车型分）

资料来源：汽车之家、东吴证券研究所。

（2）车联网系统

车联网系统指的是搭载了车载信息娱乐服务，包括音乐、电台、资讯、游戏、途记、导航、手机互联、车家互联、远程控制、紧急救援等网联化服务的智能交互系统。比如，奥迪 Audi Connect，宝马 BMW Connected Drive、G-Netlink，比亚迪 CarPad，阿里 AliOs，百度 CarLife，腾讯 AI in Car 等。

根据佐思产研的统计，截至 2019 年 12 月，国内市场在售车款为 5607 款（剔除停售车款），其中车联网搭载款数为 1521 款，搭载率为 27.1%，比上一年同期增加 2.4 个百分点（见图 11）。

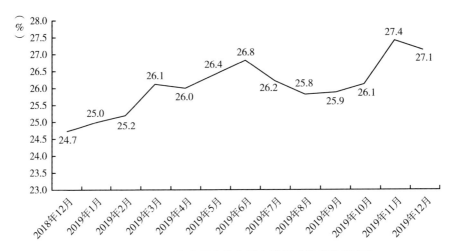

图 11 2018～2019 年中国在售车型车联网系统搭载率变化

资料来源：佐思产研。

3. 高等级自动驾驶商业化进程加快

奥迪新 A8 已经具备 L3 级自动驾驶功能，是全球较早开发出的 L3 级量产车，虽然由于法规等原因其 L3 系统并没有真正启用。国内的比亚迪已经实现 L2 + 自动驾驶，长安汽车宣布即将推出可量产 L3 级车型 Uni-T，广汽集团宣布即将推出可量产的 L3 级车型 AionLX，上汽集团将要推出 L3 级量产车型 Marvel XPro，长城将于 2020 年第二季度实现 L2.9 自动驾驶应用，吉利计划在 2020 年实现 L3 级自动驾驶应用。与 L4 级自动驾驶相比，L3 级自动驾驶的成本和技术实现难度都更低，是车企研发和规模化量产的重点方向。

大众汽车聚焦于纯电动和自动驾驶，特别推出 I. D 系列产品，预计配备

I. D. Pilot 的 L4 级自动驾驶系统。Waymo 已完成超过 1000 万英里的自动驾驶道路测试和超过 50 亿英里的模拟测试，目标直接推出 L4 级自动驾驶系统，并在美国凤凰城等地推出自动驾驶出行服务。Cruise 面向汽车出行市场开发量产 L4 级自动驾驶汽车，并向美国交通部提交无人驾驶豁免申请。L4 级自动驾驶发展如火如荼，在出租、园区、景区、港口、机场、环卫等限定场景下实现 L4 级自动驾驶商业化应用，是国内外企业角逐的焦点。

在美国，ICT 企业、传统车厂、造车新势力、一级零部件供应商（Tier1）等各均发力角逐 RoboTaxi 市场。Waymo 在美国凤凰城郊区四个区域，针对 Waymo 自动驾驶项目的早期测试乘客开放 Waymo One 自动驾驶出租车项目（配备安全员），其服务价格与 Uber、Lyft 等网约车价格相当。通用汽车在收购 Cruise 后也在大力布局无人驾驶出租车项目。戴姆勒、博世和美国圣何塞政府三方计划将圣何塞作为试点城市，由戴姆勒和博世联合提供无人驾驶乘车服务。特斯拉 CEO 马斯克宣称，到 2020 年特斯拉将有 100 万辆自动驾驶出租车上路。特斯拉还提出 Tesla Network 及汽车共享服务，让拥有 Model 3 的公司或车主来执行 RoboTaxi 服务。在欧洲，基于高等级自动驾驶技术正在积极开展商业化物流服务。沃尔沃与挪威 Kalk 矿场合作，开展矿山无人驾驶商业化物流业务，并做出商业模式创新，从销售车辆转变为按照运量收费，以降低初次购买的门槛与难度。瑞典无人驾驶公司 Einride 也与物流巨头 DB Schenker 开展合作，在瑞典的一条公共道路上完成货物运输。在日本，丰田开发 e-Palette 移动平台并取消驾驶员座位，打通通勤、物流以及用餐、办公等各类生活场景，并依托 e-Palette 打造未来出行生态。我国也正在积极探索自动驾驶的落地场景和商业化（见表 6）。

表 6　我国高等级自动驾驶商用落地场景

落地领域	细分	时间	具体内容
物流运输	卡车（高速公路、港口、矿区）	2018 年 4 月	一汽解放 L4 级无人驾驶重型卡车下线
		2018 年 4 月	东风商用车发布 L4 级无人驾驶重卡
		2018 年 4 月	中国重汽 L4 级无人驾驶电动卡车在天津港口试运营
		2018 年 4 月	图森未来 5 辆无人重卡车队商业试运营
		2018 年 5 月	苏宁无人重卡"行龙一号"在上海奉贤完成首测
		2018 年 9 月	西井科技发布全时无人驾驶电动重卡 Q-Truck，业务已从港区扩展至矿区快递服务

续表

落地领域	细分	时间	具体内容
配送服务	快递服务	2018 年 3 月	菜鸟无人车进入测试阶段
		2018 年 6 月	20 辆京东无人配送车全场景常态化运营即时配送
		2018 年 7 月	美团推出无人配送开放平台，新款无人配送概念车为 L4 级自动驾驶
	即时服务	2018 年 11 月	智行者无人驾驶物流配送车"蜗必达"已正式投入量产
		2018 年 11 月	苏宁无人车已在南京、北京、成都的苏宁店铺投入使用环卫车
作业	环卫车	2018 年 9 月	北京环卫集团推出 7 款纯电动无人驾驶环卫车
		2018 年 11 月	智行者无人驾驶清洁车"蜗小白"已正式投入量产，已和首钢合作，为园区提供机器人清扫配送服务
		2018 年 12 月	宇通下线纯电动无人驾驶扫路机巴士
载客	巴士	2018 年 5 月	宇通搭载 L4 级自动驾驶系统的客车实现特定场景内示范运营
		2018 年 7 月	百度 L4 级自动驾驶巴士量产下线，将开展商业化运营出租车
	出租车	2018 年 11 月	文远知行开发自动驾驶出租车于广州投入试运营

注：数据统计截至 2018 年。

资料来源：前瞻产业研究院。

二　国内外智能汽车政策及标准现状

（一）国内外智能汽车政策法律现状

美国联邦政府已发布了《自动驾驶 4.0》（AV4.0），以确保美国在智能网联汽车技术方面的领先地位。计划整合 38 个联邦部门、独立机构、委员会和总统行政办公室在自动驾驶领域的工作，为州政府和地方政府、创新者以及所有相关者提供美国政府有关自动驾驶汽车工作的指导。美国政府将采取灵活的、技术中立的政策，让公众选择最经济有效的交通和出行解决方案。另外，AV4.0 确立了开发和集成自动驾驶车辆的联邦原则，包括 3 个核心重点领域：优先考虑安全、促进创新和确保一致的监管方法。AV4.0 强调统一和协作，进一步明确了政府的原则，为自动驾驶技术发展过程中的安全和创新提供指导。美国多州积极推进无人驾驶法规制定，美国各州针对自动驾驶汽车的立法内容主要包括自动驾驶汽车的概念、功能、技术条件，驾驶人员的资质，自动驾驶汽车运行规范，道路测试的管理方式，基本的法律责任以及事故报告制度等，其中道路测试是自动驾驶汽车法律法规的核心。目前，已有加州、密歇根州、俄亥俄州、佛罗里达州、亚利桑那州、宾夕法尼亚州、弗吉尼亚州、马萨诸塞州、内华达州、华盛顿等颁布了道路测试法规。

日本 SIP 项目（战略性创新创造计划）已进入 2.0 阶段，下一步的重点将是自动驾驶与未来智能社会的协同。政府计划 2020 年在限定地区解禁无人驾驶的自动驾驶汽车，2020 年东京奥运会、残奥会期间推出具有自动驾驶功能的出租车、巴士车运营服务，维持日本在智能网联汽车领域的领先地位。自 2016 年起，日本宣布开始修订《道路交通法》和《道路运输车辆法》。日本在 2017 年 2 月，对《道路交通法》进行修订，允许在特定区域内的公开道路使用智能网联汽车，由日本警察厅负责相关许可工作，并对《道路运输车辆法》规定的安全标准进行了修订，允许具备适当安全措施的智能网联汽车（包括一般测试和远程测试）进行车辆登记。为推动商业化部署，2019 年 5 月，日本再次对《道路运输车辆法》进行修订，可行驶的道路环境与速度等条件将从纸面要求转为技术模式实现，由厂商方面提供"设计运行区域"（ODD），经日本中央政府确认合理性后进行认定。从 2020 年 4 月开始，日本将允许 L3 级的自动驾驶车辆在高速公路上行驶。另外，日本正在开展关于智能网联汽车发生事故的赔偿机制讨论，并提出要在 2020 年前实现智能网联汽车立法。

欧盟各国一直致力于加强顶层规划，促进各国协同推进智能网联汽车发展应用。欧洲道路交通研究咨询委员会在 2015 年发布智能网联汽车技术路线图，2019 年对该路线图进行更新，进一步强化了网联化、车路协同方面的规划和要求。2019 年 4 月，欧盟批准了《自动驾驶汽车的豁免程序指南》，以协调国家对自动驾驶车辆的临时安全评估。该指南重点关注 L3 级和 L4 级的自动驾驶汽车。为了制定一套通行的自动驾驶汽车安全标准，2019 年 7 月，戴姆勒、宝马、奥迪、安波福等 11 家企业联合发布《自动驾驶安全第一》白皮书。白皮书首次为自动驾驶汽车安全研发和验证提供了一个清晰可追溯的系统规范，涉及摄像头、转向系统等具体部件，也总结了国际汽车工程师学会（SAE）自动驾驶分级标准（J3016）L3 级和 L4 级中的设计安全、检验和验证方法，以推动监管机构对 ISO26262 等标准进行全面修订。与此同时，围绕智能网联汽车的定义、分级、技术升发、汽车制造以及各项安全法规和道路交通规则等，瑞典、芬兰、德国、荷兰、英国等国家纷纷启动修订智能网联汽车相关法律法规的程序，以破除现阶段欧洲自动驾驶发展面临的法律法规障碍。

我国也高度重视自动驾驶技术的发展应用，加快推进自动驾驶汽车创新发展。在政策法规方面，2018 年初，国家发展改革委就发布了《智能汽车创新发展战略（征求意见稿）》，明确了智能汽车产业的发展目标，给出了智能汽车"三步走"的战略发展路线。随后，工信部、公安部、交通运输部联合印发《智能网联汽车道路测试管理规范（试行）》，对智能网联汽车道路测试申请、审核、管理以及测试主体、测试驾驶人和测试车辆要求等进行规范。2018 年底，工信部发布《车联网（智能网联汽车）产业发展行动计划》，进一步指导和推动我国智能网联汽车产业发展。

2019 年 9 月，中共中央、国务院印发的《交通强国建设纲要》明确提出，到 2035 年基本建成交通强国，并特别提到要加强智能网联汽车（智能汽车、自动驾驶、车路协同）研发，形成自主可控完整的产业链。2020 年 2 月，国家 11 部委联合发布《智能汽车创新发展战略》，提出：到 2025 年，实现有条件自动驾驶（L3 级）汽车达到规模化生产，实现高度自动驾驶（L4 级）在特定环境下市场化应用；建设形成技术创新、产业生态、路网设施、法规标准、产品监管和网络安全六大体系。

表 7　我国智能网联汽车产业主要政策

时间	发布部门	政策名称
2015 年 5 月	国务院	《中国制造 2025》
2016 年 5 月	国家发改委、科技部、工信部、中央网信办	《"互联网＋"人工智能实行三年行动实施方案》
2016 年 8 月	国家发改委、交通运输部	《推进"互联网＋"便捷交通促进智能交通发展的实施方案》
2016 年 10 月	工信部	《节能与新能源汽车技术路线图》
2017 年 4 月	工信部、国家发改委、科技部	《汽车产业中长期发展规划》
2017 年 7 月	国务院	《新一代人工智能发展规划》
2017 年 11 月	国家发改委	《增强制造业核心竞争力三年行动计划(2018～2020 年)》
2017 年 12 月	工信部、国家标准委	《国家车联网产业标准体系建设指南(智能网联汽车)》
2018 年 3 月	国家发改委	《智能汽车创新发展战略(征求意见稿)》

续表

时间	发布部门	政策名称
2018 年 4 月	工信部、公安部、交通运输部	《智能网联汽车道路测试管理规范(试行)》
2018 年 6 月	工信部	《车联网(智能网联汽车)直连通信用 5905 - 5925MHz 频段的管理规定(征求意见稿)》
2018 年 6 月	工信部、国家标准委	《国家车联网产业标准体系建设指南(总体要求)》
2018 年 7 月	交通部	《自动驾驶封闭场地建设技术指南(暂行)》
2018 年 12 月	工信部	《车联网(智能网联汽车)产业发展行动计划》
2019 年 5 月	交通部	《关于促进道路交通自动驾驶发展的指导意见(征求意见稿)》
2019 年 7 月	交通部	《数字交通发展规划纲要》
2019 年 9 月	中共中央、国务院	《交通强国建设纲要》
2019 年 12 月	工信部	《新能源汽车产业发展规划 2021~2035 年》(含智能网联)
2020 年 2 月	国家发改委等 11 部委	《智能汽车创新发展战略》

资料来源：根据公开资料整理。

（二）国际智能汽车标准法规现状

国内外均成立了专业小组开展智能网联汽车或者自动驾驶车辆标准制定工作。WP. 29 于 2018 年 6 月成立联合国智能网联工作组 GRVA，专门从事智能网联汽车的相关工作。国际标准组织 ISO 成立 TC22 和 TC204，分别负责道路车辆和智能交通系统，其规定的标准值是最低标准，并且还未对智能网联汽车的相关性能做出规定。中国的全国汽车标准化技术委员会成立了智能网联汽车分标委，专门从事相关标准制定工作。另外，还有 SAE、Euro NCAP、JT/T 等非营利团体在制定或已制定更加严苛的标准法规。

目前，国内外已经针对高级驾驶辅助系统出台了若干个相关标准，主要面向碰撞预警系统、车道偏离预警系统、主动紧急制动系统、车道保持系统、自适应巡航系统等辅助功能。

1. 联合国智能网联汽车法规工作组（WP. 29　GRVA）

GRVA 是联合国在制动与行驶系工作组（GRRF）基础上，整合智能交通/自动驾驶（ITS/AD）非正式工作组设立的新工作组，负责统筹开展联合国有关智能网联汽车法规的协调任务。GRVA 的优先行动项包括车辆自动驾驶和智能网联的安全性、ADAS 及动力系统（转向、刹车系统等）相关内容。

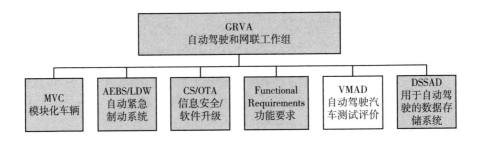

图 12　GRVA 组织架构

资料来源：公开资料整理。

在测试评价方面，GRVA 工作组改组后，形成了自动驾驶测试及评价的非正式工作组 VMAD。世界汽车制造商组织 OICA 提出了三支柱认证理念，即真实世界驾驶测试、实车认证测试（场地测试）及审核和认证模拟仿真三种自动驾驶测试类型，旨在达到自动驾驶汽车测试评价的标准互认的目的，并得到了广泛认可。

表 8　三支柱认证理念

三支柱法	要求	测试类型	一般场景	危险场景	边角场景
真实世界驾驶测试	共道路系统行为的整体印象 使用标准化检查表评估系统应对现实世界交通情况的能力 自动驾驶的"驾驶执照考试" 需通过一系列具体情况的指导	道路测试	▲		
实车认证测试	将审核/评估结果与实车行为相匹配 通过具有挑战性的场景评估系统的行为 场景具有复现性	场地测试	▲	▲	
审核和认证模拟仿真	审核发展过程(方法、标准) 评估安全概念(功能安全、使用安全)和采取的措施 检查一般安全要求和交通规则的整合情况 使用模拟结果(高里程批准、应对 comer case 的能力)	仿真测试	▲	▲	▲

资料来源：根据公开资料整理。

2. 国际标准化组织（ISO）

国际标准化组织是各国标准组织的全球联盟，包括中国、德国、法国、日本、美国等多国的标准化组织。其中，自动驾驶领域的标准化工作是 TC22、TC204 两个委员会共同的工作范畴，TC22 侧重基于车辆自身装置而进行的信息采集、处理、决策和行为的车辆技术领域，TC204 侧重基于道路交通设施的信息传递以及交通管理信息化方面，车辆与道路交通设施的通信及信息共享方面则由两个技术委员会进行沟通、协调。

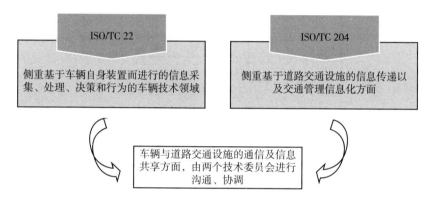

图 13　ISO 设立的自动驾驶委员会 TC22/TC204

资料来源：根据公开资料整理。

目前，国际标准化组织的道路车辆技术委员会（ISO/TC22）负责道路车辆的标准化工作，主要由 SC31－41 等 11 个分委会组成，包括车辆通信（SC31）、车辆电气电子部件及通用系统（SC32）、车辆动力学及底盘部件（SC33）等。

其中，SC31 工作组相关标准正在陆续制定发布，如网联车辆（ExVe）方法论 ISO 20077 系列标准已经发布，包括通用信息和设计导则两部分，不仅给出了相关车辆的通用信息和专业术语，还为 ExVe 及接口设计提供了基本规范和原则。另外，ExVe 网络服务 ISO 20078 系列标准和以太网 ISO 21111 系列标准也在逐步制定和发布过程中。目前，SC32 工作组已经发布了功能安全 ISO 26262：2018 版系列标准，并积极推动预期功能安全 ISO21448 国际标准的制定，该工作组已经联合了美国汽车工程师学会（SAE）共同开发信息安全

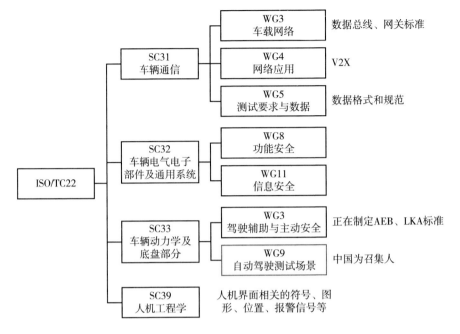

图 14 ISO/TC22

资料来源：公开资料整理。

ISO/SAE 21434 国际标准。

此外，智能交通系统技术委员会（ISO/TC204）负责城郊地面运输信息、通信和控制系统的标准化，目前通过与 SAE 合作制定了智能交通系统 ISO/SAE 22736 标准，给出了道路车辆自动驾驶系统的分类和术语定义。

（三）中国智能汽车标准法规现状

我国智能网联汽车标准制定工作于 2017 年 12 月开始启动，陆续发布了《国家车联网产业标准体系建设指南》等一系列文件，加强标准体系的顶层设计。自 2018 年起，工业和信息化部每年组织发布《智能网联汽车标准化工作要点》，对当年标准化工作进行全面部署。全国汽标委智能网联汽车分标委分别设立了高级驾驶辅助系统、自动驾驶、汽车信息安全、汽车功能安全和网联功能及应用等多个工作组，逐步开展相关标准的研究制定工作。

目前，全国汽标委正在全力推进智能网联汽车各细分领域标准研究和制定

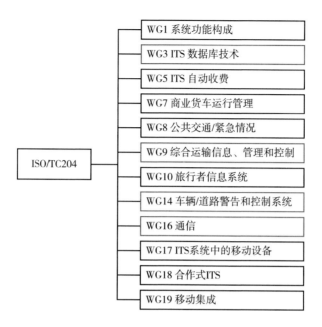

图 15 ISO/TC204

资料来源：公开资料整理。

工作，包括 ADAS、AD、信息安全、网联功能与应用等，共计 40 多项推荐性国家标准，计划到 2025 年，制定 100 项以上的智能网联标准。

1. 国家智能汽车标准体系

自 2017 年 12 月以来，我国陆续发布多个车联网标准指南系列文件，明确体系建立的意义、未来标准建设目标、近期重点推进方向等，尤其第二部分"智能网联汽车"是智能汽车技术标准制定的指导依据。

表 9 《国家车联网产业标准体系建设指南》系列文件发布情况

已出台	未出台
• 智能网联汽车(2017 年 12 月) • 信息通信(2018 年 6 月) • 电子产品与服务(2018 年 6 月) • 车辆智能管理(2019 年 4 月)	• 智能交通相关

资料来源：公开资料整理。

《国家车联网产业标准体系建设指南（智能网联汽车）》提出了我国智能网联汽车（智能汽车）的标准体系框架。框架涵盖"基础""通用规范""产品与技术应用""相关标准"四个部分，进一步可以细分为 14 个子类。

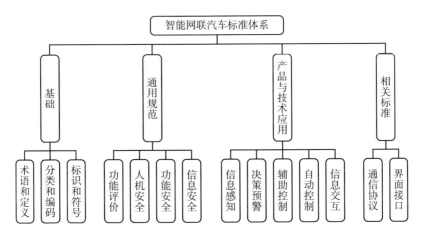

图 16　智能网联汽车标准体系

资料来源：《国家车联网产业标准体系建设指南（智能网联汽车）》。

到 2020 年，初步建立能够支撑驾驶辅助及低级别自动驾驶的智能网联汽车标准体系。制定 30 项以上智能网联汽车重点标准，涵盖功能安全、信息安全、人机界面等通用技术以及信息感知与交互、决策预警、辅助控制等核心功能相关的技术要求和试验方法，促进智能化产品的全面普及与网联化技术的逐步应用。

到 2025 年，系统形成能够支撑高级别自动驾驶的智能网联汽车标准体系。涵盖智能化自动控制、网联化协同决策技术以及典型场景下自动驾驶功能与性能相关的技术要求和评价方法，促进智能网联汽车"智能化 + 网联化"融合发展，以及技术和产品的全面推广普及。

2. 智能网联汽车标准化工作的推进

自 2018 年 3 月以来，我国每年发布《智能网联汽车标准化工作要点》，明确当年标准化工作任务及目标。2020 年 4 月 16 日，工信部发布《2020 年智能网联汽车标准化工作要点》，提出：2020 年智能网联汽车标准化工作，将以推动标准体系与产业需求对接协同、与技术发展相互支撑，建立国标、行标、团标协同配套新型标准体系为重点。

一是实现《国家车联网产业标准体系建设指南（智能网联汽车）》第一阶段建设目标，形成能够支撑驾驶辅助及低级别自动驾驶的智能网联汽车标准体系；编制汽车网联功能与应用标准化路线图；针对高级驾驶辅助系统、自动驾驶、信息安全、功能安全、汽车网联功能与应用等技术领域，有计划地部署标准研制工作；选择典型企业和产品，开展标准实施效果跟踪评估。

二是加快开展自动驾驶系统通用技术要求、信息安全、功能安全等支撑产品安全性评估的通用类标准制定；推进模拟仿真、封闭场地和实际道路测试评价类系列标准制定；完成自动驾驶汽车数据记录系统、测试场景、汽车软件升级等关键标准的立项和编制工作；启动智能网联汽车网联性能测试评价、测试设备和工具、试验室能力评价方法等标准研究。面向无人接驳、无人物流等新型产业模式及港口、园区、停车场等特定场景的应用示范需求，完成所需技术标准的立项研究；加快智能网联汽车自动驾驶功能测试相关标准制定。

三是加快推进各类急需关键标准出台，包括智能网联汽车术语及定义标准立项、智能泊车功能分级标准预研；驾驶员注意力监控系统、商用车车道保持辅助系统标准制定；汽车全景影像监测系统、汽车夜视系统、智能网联汽车自动驾驶系统通用技术要求、自动驾驶功能场地测试方法等标准的立项；抬头显示系统、组合驾驶辅助系统、自动驾驶仿真和实际道路测试方法、自动驾驶人机交互系统等标准预研并申请立项；基于 LTE-V2X 直连通信的车载信息交互系统、汽车信息安全通用技术要求、车载信息交互系统信息安全等标准的审查与报批；汽车诊断接口、风险评估、应急响应等相关标准的立项等。

四是开展 ISO 21434《道路车辆 信息安全工程》和 ISO 20077《道路车辆 网联车辆方法论》系列国际标准转化工作。积极参与 ISO 层面智能网联汽车国际标准化活动，牵头推动自动驾驶测试场景术语和定义、自动驾驶设计运行范围规范等国际标准制定，共同承担预期功能安全、软件升级工程等关键标准的起草工作。与 WP.29、ISO 等国际组织、主要汽车生产国标准化机构等加强沟通、交流。

3. 智能网联汽车分标委（SAC）的标准研制进展

智能网联汽车分标委是在国家标准化管理委员会、工业和信息化部直接关心和支持下于 2017 年 12 月 29 日获批成立的，是全球范围内首个专门负责智能网联汽车领域标准化的专业标委会，旨在发挥标准的基础性和引导性作用，贯彻落实国家智能网联汽车相关战略、方针和规划，推动智能网联汽车技术创新发展和产业转型升级，服务智能网联汽车研发、测试、示范和运行，支撑智能网联汽车产品及产业管理，促进智能网联汽车相关产业集群发展，构建安全、高效、健康、智慧运行的未来汽车社会。

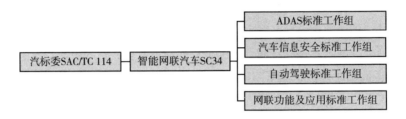

图 17　汽标委智能网联汽车分标委组织架构

资料来源：汽标委 SAC/TC 114。

2019 年，智能网联汽车标准化工作取得阶段性进展，在标准覆盖领域、标准启动数量、标准制定进度、国际协调合作等方面均有所突破。分标委依据《国家车联网产业标准体系建设指南（智能网联汽车）》及《2019 年智能网联汽车标准化工作要点》，启动高级驾驶辅助系统、自动驾驶、信息安全、网联功能与应用、车用操作系统等细分领域 54 项标准制定及项目研究工作。

分标委 2020 年五项工作目标为：①完成建设指南阶段性目标，全面支撑技术发展需求；②开展新型测试评价方法研究，支持未来产品评价管理；③系统开展智能网联汽车各领域标准制定，加快重点标准研究与制定；④积极履行相关国际协调职责，务实推进国际交流与合作；⑤搭建标准宣传推介平台，加强标准成果推广应用。目前智能网联分标委各领域进展如下。

（1）ADAS 领域

依据 ADAS 标准制定路线图，目前已开展 20 项推荐性国家标准制定及 3 项标准化需求研究项目，其中 2 项标准已发布，4 项标准已报批，3 项标准已立项。

表 10 ADAS 标准制定情况

标准号	标准	状态
GB/T 38186—2019	《商用车辆自动紧急制动系统(AEBS)性能要求及试验方法》	已发布
GB/T 38185—2019	《商用车辆电子稳定性控制系统性能要求及试验方法》	已发布
	《乘用车自动紧急制动系统(AEBS)性能要求及试验方法》	已报批
	《道路车辆先进驾驶辅助系统(ADAS)术语及定义》	已报批
	《道路车辆盲区监测(BSD)系统性能要求及试验方法》	已报批
	《乘用车车道保持辅助系统(LKA)性能要求及试验方法》	已报批
	《驾驶员注意力监测系统性能要求及试验方法》	已立项
	《商用车车道保持辅助系统性能要求及试验方法》	已立项
	《智能泊车辅助系统性能要求及试验方法》	已立项

资料来源：公开资料整理。

（2）自动驾驶（AD）领域

对于 L3 及以上级别自动驾驶系统，目前已开展 8 项推荐性国家标准制定及 6 项标准化需求研究项目，其中 1 项标准已报批，4 项标准已提交立项。

表 11 自动驾驶（AD）领域标准制定情况

标准	状态
《汽车驾驶自动化分级》	已报批
《智能网联汽车术语与定义》	提交立项
《智能网联汽车自动驾驶功能场地测试方法及要求》	提交立项
《自动驾驶系统数据记录系统性能要求及试验方法》	启动预研
《自动驾驶功能评价指南》	启动预研

资料来源：公开资料整理。

（3）网联功能与应用领域

在网联功能与应用领域，智能网联分标委切实贯彻《C-V2X 标准合作框架协议》，同步开展了 7 项相关标准及研究项目制定，其中 3 项标准已提交立项。

表 12　网联功能与应用领域标准制定情况

标准	状态
《道路车辆网联车辆方法论第 1 部分通用信息》	提交立项
《道路车辆网联车辆方法论第 2 部分设计导则》	提交立项
《基于 LTE-V2X 直连通信的车载信息交互系统技术要求》	提交立项

资料来源：公开资料整理。

（4）信息安全领域

汽车信息安全工作组成立于 2017 年，工作组从基础和通用、共性技术、关键系统与部件等不同层级展开标准子体系的研究工作，并形成了 30 余个标准项目规划，截至目前，已分 3 批次开展了 13 项标准制定及研究项目。

表 13　信息安全领域标准制定情况

标准	状态
《汽车信息安全通用技术要求》	征求意见
《电动汽车远程服务与管理系统信息安全技术要求》	征求意见
《车载信息交互系统信息安全技术要求》	征求意见
《汽车网关信息安全技术要求》	征求意见
《电动汽车充电系统信息安全技术要求》	立项
《汽车软件升级通用技术要求》	立项
《汽车诊断接口信息安全技术要求》	草案
《汽车信息安全应急响应管理指南》	草案
《汽车信息安全风险评估规范》	草案
《汽车整车信息安全技术要求与测试方法》	预研
《道路车辆信息安全工程》	预研

资料来源：智能网联汽车分标委。

三　国内外智能汽车测评体系发展研究

目前，ADAS 驾驶辅助系统已经开始大规模配置进入市场，V2X 车联网配置的发展速度也非常快。对于 ADAS、V2X 的快速发展以及全球汽车市场上的快速商业化，如何确保车辆及系统的可靠性、安全性以及乘员体验，是国内外汽车厂商和消费者共同关注的话题。因此，ADAS、V2X 的测试评价也自然引起了各大车企及零部件企业的重视。

行业正在推动建立智能汽车（自动驾驶汽车）的测试评价体系，主要涉及场地测试、道路测试、虚拟仿真测试（含场景库），以及相应的技术标准或测试评价规程等。

（一）场地测试发展现状

智能网联汽车封闭道路测试是测试与评价的重要一环，国内外封闭道路测试往往以测试示范区为载体，开展智能网联汽车的测试评价工作。

在智能网联汽车测试示范区建设方面，大多数发达国家及地区已在大规模开展智能网联示范区建设。美国走在前列，位于密歇根州的 MCity 是全球首个自动驾驶封闭测试区，于 2015 年正式建成并投入使用。基于安全测试、形成实践共同体方面的考虑，美国交通部指定了 10 个智能网联汽车测试场，分布于 9 个州，不同区域的测试场为自动驾驶在有差异的气候条件和地貌特征测试提供支撑，在此基础上，美国交通部提出构建美国国家自动驾驶测试场网络，推进自动驾驶技术研发及相关技术信息共享，建立测试和示范最佳实践社区，并促进相关方和公众对自动驾驶的认识，加快自动驾驶的安全部署。瑞典 AsteZero 主动安全测试区为全球首个面向未来交通安全的综合测试场，包含乡村路段、城市区、多车道路段和高速区四种测试环境，可针对不同场景系统化反复测试。日本 J-town 试验场地于 2016 年开建，测试场规模已达到 300 多万平方米，是日本对外开放且较为成熟的自动驾驶封闭测试场，包含市区 V2X 测试区域、多用途测试区域、特殊环境测试区域 3 个区域。

我国测试示范区建设也初具成效。工信部、公安部、交通运输部和各地方政府积极支持智能网联汽车测试示范区建设，正在规划和建设的各级别、不同规模和特色的测试示范区达到 20 多个。这些测试示范区大致可分为两类，一类是由国家相关部委联合地方政府批复，由相关企业或研究机构承担建设的国家级测试示范区。其中交通运输部批复认定的有长安大学车联网与智能汽车试验场、交通部公路交通综合试验场、重庆车检院自动驾驶封闭场地测试基地；工信部批复认定的有吉林、北京—河北、无锡、上海、浙江、武汉、长沙、广州、重庆、成都共 10 个国家智能网联汽车测试示范区。另一类是在地方政府的支持下，由高校、车企、研究机构自主建设的测试道路或地方级智能网联汽车测试示范区，据不完全统计，这类测试示范区目前至少有 14 家以上。各类不同的测试示范区结合各地发展状况，依托当地优势与特色资源，正在对测试示范区进行积极建设与探索，极大地推动了我国智能网联汽车的发展。

（二）道路测试发展现状

美国是最早推进自动驾驶道路测试的国家，自 2011 年颁布首部州立法允许道路测试至今，全球众多国家都在积极推动自动驾驶道路测试，纷纷斥巨资建造测试示范区，通过解决道路测试的技术难题，推动自动驾驶技术发展，抢占产业的优势地位。总体上看，美国、欧盟、日本等国家或地区已基本进入公开道路测试阶段，其中美国在自动驾驶道路测试方面处于领先位置，形成了较为宽松的自动驾驶政策氛围，全美已有 41 个州允许进行自动驾驶测试，占到全国州政府数量的 80%。其中，加州地区测试处于领先位置，自 2015 年加州开展自动驾驶"脱离"测试以来，已连续五年发布测试报告。根据《2019 年自动驾驶脱离报告》，目前，有 64 家公司拥有在加州公共道路上测试配备安全员的自动驾驶汽车的有效许可证，相对于 2018 年的 48 家公司有所增加。同时有五家公司（Aurora、AutoX、小马智行、Waymo 和 Zoox）得到了加州公共事业委员会（CPUC）的许可，可以使用自动驾驶汽车接送乘客。在加州开展自动驾驶测试企业的所有测试里程数大约为 288 万英里，比上一个报告周期增加了 80 多万英里，Waymo 在加州的路测里程超 145 万英里，占所有车辆总测试里程的一半，中国企业表现优秀，排名前十的企业中有五家来自中国。在每千英里接管次数上，百度以 0.06 次居首。

我国也积极推动智能网联汽车开放道路的测试，北京、上海、天津、重庆、广州、武汉、襄阳、长春、深圳、杭州、无锡、苏州、常州、长沙、保定、济南、平潭、肇庆、柳州、西安、湖州、莆田、沧州等多座城市出台了道路测试管理规范，划定了具体道路开放区域。据不完全统计，截至 2019 年 10 月 31 日，全国共有 20 余个省区市出台了智能网联汽车测试管理规范或实施细则，其中有 20 多个城市发出测试牌照，牌照数量总计近 300 张，极大地推动了智能网联汽车发展，2020 年 4 月，百度率先在长沙推出无人驾驶出租车服务，正式开始示范运营。从道路测试城市来看，北京智能网联汽车测试申请企业数、车辆数、路测里程均位居全国第一。据《北京市自动驾驶车辆道路测试报告（2019）》，截至 2019 年底，北京市已累计开放 4 个区县的自动驾驶测试道路，共计 151 条 503.68 公里；累计为 13 家自动驾驶企业 77 辆车发放一般性道路测试牌照；首次为百度公司 40 辆车发放了允许载人测试的联席审查意见；测试累计里程达到 104 万公里，整体安全可控。百度 Apollo 以 52 辆测试车以及 89.4 万公里累计测试里程成为所有测试企业中投入测试车数量最多、测试里程最长的企业。

（三）虚拟仿真测试发展现状

1. 场景数据库

驾驶测试场景是支撑汽车自动驾驶及其测试评价技术的核心要素与关键技术，通过场景的解构与重构对智能网联汽车驾驶进行虚拟测试得到了广泛关注，但行驶环境具有无限丰富、极其复杂、不可预测、不可穷尽的特点，给场景的架构带来了巨大的挑战。

各国对自动驾驶测试场景库进行了积极的研究，进行了大量的场景测试项目，德国在 2016 年 6 月开展了 PEGASUS 项目，从事自动驾驶的 16 家企业共同参与，致力于高度自动驾驶技术的产业化准备。在此项目中，利用自动驾驶车辆 "Highway-Chauffeur" 作为测试对象，共同制定了确保高度自动驾驶功能安全的方法和工具要求。项目的主要研究问题是：期望的自动驾驶汽车的智能等级；如何验证自动驾驶能始终完成期望的表现；场景的分析和试验方法；自动驾驶测试验证的实验过程。美国加州大学伯克利分校向公众开放了大型的自动驾驶数据库 BDD100K，共包含了 10 万个视频，每个视频时长大约 40s，分辨率为 720p，刷新频率是 30fps，还附有手机记录的 GPS/IMU 信息，以显示大概的驾驶轨迹。这些视频涵盖了不同的天气条件，包括晴天、阴天和雨天，以及白天和晚上的不同时间。除了道路上的汽车数据，BDD100K 还收录了道路和人行横道上的行人数据。视频中有超过 8.5 万行人数据，可以为相关研究者提供强大的支持。KITTI 数据集由德国卡尔斯鲁厄理工学院和丰田美国技术研究院联合创办，用于自动驾驶场景下的计算机视觉算法评测。该数据集用于评测立体图像（stereo）、光流（Optical flow）、视觉测距（Visual odometry）、3D 物体检测（Object detection）和 3D 跟踪（Tracking）等计算机视觉技术在车载环境下的性能。KITTI 包含市区、乡村和高速公路等场景采集的真实图像数据，每张图像中最多达 15 辆车和 30 个行人，还有各种程度的遮挡与截断。整个数据集由 389 对立体图像和光流图、39.2 km 视觉测距序列以及超过 200k 3D 标注物体的图像组成。

这些项目确定了场景的定义方式并提出了相应的测试方法，为场景测试技术的发展提供了新的道路。在我国，百度的 Apollo Scape 数据集将包括具有高分辨率图像和像素级别标注的 RGB 视频、具有场景级语义分割的密集三维点云、基于双目立体视觉的视频和全景图像，2018 年 4 月 3 日，完成了数据集的第二部分更新，开放数据集累计提供 146997 帧图像数据，包含像素级标注和姿态信息，以及对应静态背景深度图像下载。中国汽研拥有全方位的覆盖不同道路类型（高速、城市）、不同驾驶员类型的数据采集系统及 100 万公里数据。中汽中心在天津、北京、上海等地采集了停车场和高速公路和交通事故等场景，采集了超过 500 个停车场、约 30 万公里的数据。上海汽车城建立了覆盖中国道路交通事故深度研究数据、人机共驾数据以及道路交通流与路侧数据，约 50 万公里。

2. 仿真测试

虚拟仿真的优点是测试是可重复的，并且它支持超过性能/耐久性极限和危险情况的测试能力。ISO 26262 提出了用于进行软件安全需求验证的模型在环测试（MIL）、软件在环测试（SIL）和硬件在环测试（HIL），是当前常用的仿真测试方法。随着自动驾驶技术的落地，这三种方法在国内外均获得了不同程度的发展应用。

在 MIL 方面，主要的发展技术在于仿真平台与软件的开发，国内主要有百度 Apollo、51VR 开发的 51Sim-One、PanoSim 等仿真测试平台进行智能汽车的测试评价。Apollo 仿真平台是一个搭建在百度云和 Azure 的云服务，可以使用用户指定的 Apollo 版本在云端进行仿真测试，Apollo 仿真平台也提供了较为完善的场景通过判别系统，可以从交通规则、动力学行为和舒适度等方面对自动驾驶算法做出评价。51Sim-One 是 51VR 自主研发的一款集多传感器仿真、交通流与智能体仿真、感知与决策仿真、自动驾驶行为训练等于一体的自动驾驶仿真与测试平台，用于自动驾驶产品的研发、测试和验证。PanoSim 是一款集复杂车辆动力学模型、汽车三维行驶环境模型、汽车行驶交通模型、车载环

境传感模型（相机和雷达）、无线通信模型、GPS 和数字地图模型、Matlab/
Simulink 仿真环境自动生成、图形与动画后处理工具等于一体的模拟仿真软件
平台。在国外，仿真测试软件主要分为两个阵营：一个是传统的车辆动力学软
件升级扩展的智能汽车仿真测试功能，比如，Carsim、Carmaker、Dyna 4 等，
另一个则是专注于智能驾驶领域场景建模、传感器建模、交通流建模方面的仿
真测试软件，比如 Prescan、Scaner、VTD、rFpro、Vissim、SUMO、Cognata、
RightHook、Parallel Domain、Metamoto、NVIDIA Drive Constellation、AAI、
AirSim 等。

　　在 SIL 方面，自动驾驶算法迭代初期，对于原理和软件系统验证的 SIL 占
据较为重要的地位。借助传感器仿真、车辆动力学仿真，通过纯软件的方式接
入自动驾驶感知和决策控制系统形成闭环测试，是纯仿真的测试，与 MIL 情
况类似。

　　在 HIL 方面，主要的发展技术在于实时系统与传感器模拟设备的开发，
其中实时系统主要是国外的实时处理器设备，包括 NI、Dspace、ETAS、
Concurrent 等，国内在实时处理器设备开发方面暂无相关成熟产品。传感器模
拟设备开发方面，主要针对毫米波雷达、超声波雷达、激光雷达、摄像头、
V2X 等传感器进行模拟设备的开发。国内恒润开发了毫米波雷达模拟器、超
声波模拟板卡、摄像头暗箱和视频注入板卡，国外 Konrad、dSPACE、R&S、
KEYSIGHT、KEYCOM 等都针对毫米波雷达开发了雷达模拟器，其中，Konrad
还针对激光雷达开发了一套 16 线的激光雷达模拟器。对于摄像头的 HIL 测试，
IAE 公司开发了相应的视频注入板卡，进行摄像头视频图像的直接注入分析。

　　另外，近几年，国外也发展了整车在环仿真测试（Vehicle in the Loop，
VeHIL），主要的发展技术在于整车测试设备与整车环境模拟。用于 VeHIL 的
整车测试设备分为两类，一类是转鼓，另一类是轴耦合测功机。整车测试设备
用于智能汽车的测试需要具备强制动、高转速、能转向等特征，对于转鼓而
言，国内外暂无具备以上所有特征的成熟产品，一般都不能转向，对于轴耦合
测功机而言，已有相应成熟产品，RotoTest、Rotronics 公司均有解决方案。用
于 VeHIL 的整车环境模拟有两类，一类是用移动假车进行目标模拟，另一类
则是用模拟器产生模拟信号进行目标模拟。国外 TASS 公司、IAE 公司做过移
动假车的方案，对于用模拟器进行目标模拟的方案现阶段还不太成熟。

（四）国内外典型测试规程介绍

1. IIHS

2020 年 3 月 12 日，美国 IIHS 发布了 L2 级自动驾驶安全设计准则（简称"IIHS 准则"），包括车辆逐级报警原则和降低过度依赖的推荐设计策略。IIHS准则提出四大安全设计原则，目的是减少驾驶员误用和过度依赖 L2 级自动驾驶辅助系统。

在驾驶员监控方面，驾驶员监控应同时使用直接和间接方法，以最大限度地确保驾驶员状态监测的准确性和可靠性。直接方法包括眼睛（扫视和眼睑闭合）和头部方向。间接方法包括方向盘接触、车道偏离频率，自启动起的点火周期、持续时间以及驾驶员响应注意提示所花费的时间。

在驾驶员注意提醒和违规后果方面，注意力提醒应逐级提高紧急程度，驾驶员仍不响应时，增加多种报警方式。仅视觉警报应在简短的初始阶段使用，下一阶段应包括双模式警报，最好是视觉和座椅震动报警。然后，它应该升级为三态警报（视觉、触觉和听觉）。所有非视觉警报均应附有视觉消息以进行澄清。对于每种类型的警告，非视觉警报都应该是唯一的。持续或反复出现不合规情况应导致脉冲制动，直到安全停车和锁定 L2 系统。直到下一个点火循环，不允许驾驶员使用或修改注意提醒，不允许驾驶员再次开启 L2 系统。

保持驾驶员积极参与驾驶的策略，鼓励驾驶员在开启车道居中功能的同时对车辆进行触觉控制。允许驾驶员的转向输入优先于车道居中控制，系统无须进入待机模式。禁止自动驾驶系统所有的自动换道和超车。

应该明确定义自动驾驶系统的操作设计域（ODD），并将其传达给驾驶员，自动驾驶系统功能在规定的 ODD 内使用系统。

2. Euro NCAP

Euro NCAP 作为全球知名的新车评鉴机构，一直在为汽车安全提供最新的、更具挑战性的测评内容。近些年，Euro NCAP 在碰撞测试项目上变化不大，变化主要集中在主动安全测试上，特别是针对 AEB 系统的测试，一直在增加。2014 年，AEB 项目正式被纳入评分体系。之前，低速自动紧急制动测试纳入静止靶车相对于测试车辆路线向左或向右偏置的场景。在行人保护方面，AEB 行人检测引入新的测试，包括夜间场景和骑车者检测。考虑到越来越多骑行者的存在，Euro NCAP 还从 2018 年加入对骑车者 AEB 系统的检测，并将该系统与行人 AEB 系统一起概括为一个新名称——弱势道路使用者 AEB 系统（AEB VRU），同时将行人保护测试项更改为弱势道路使用者保护项（Vulnerable Road Users）。在安全辅助方面，后排座椅采用先进的安全带提醒装置（SBR）将让车辆获得更高的评分。

2020 年的测试中主要新增的安全辅助项目包括 AEB VRU pedestrian-Back-over（行人 AEB – 倒车工况）、AEB-Junction & Crossing（交叉路口转弯 AEB）、Automatic Emergency Steering（紧急主动转向）等。

3. C-NCAP

C-NCAP 是中国新车评价规程，在车辆"主动安全"评价方面，主要测试的是 AEB 系统。2018 年规程将 AEB 系统测试纳入五星评价资格的必要条件，开始对 AEB 系统进行全面测评。对于配置了 AEB 系统的车型，进行 AEB CCR，以及 AEB VRU_ Ped 测试。AEB CCR 及 AEB VRU_ Ped 试验是用测试车辆以不同速度行驶至前方静止、慢行和制动的模拟车辆目标物以及行人假人目标物，检验测试车辆在没有人为干预的情况下的制动及预警情况，以评价 AEB 系统性能的好坏。其中 AEB CCR 系统进行三部分评价：第一部分为 AEB 功能和 FCW 功能测试，包含 CCRs、CCRm 和 CCRb 测试场景；第二部分为误作用测试，包括相邻车道车辆制动试验和铁板试验；第三部分为人机交互（HMI）部分。AEB VRU_ Ped 系统需要进行两部分的评价：第一部分为 AEB 系统功能测试，有 CVFA – 25、CVFA – 50、CVNA – 25 和 CVNA – 75 四种测试场景；第二部分为 HMI 及其他要求。

C-NCAP 将在 2021 版中增加主动安全的测试内容，提高主动安全在五星评分体系中的占比，主动安全权重由 15% 增加到 25%。

具体如下：增加车辆自动紧急制动系统试验项目；增加车道保持辅助系统试验及评价方法；增加对于车道偏离报警系统、盲区监测系统、速度辅助系统审核项目及技术要求；增加整车灯光性能试验及评价方法。

（五）关于上市车型的测试评价

根据车云研究院的调研数据，有超过一半的消费者认为目前市场上大部分智能汽车都是"伪智能"的。74% 的消费者认为目前市场上还没有让他们很满意的智能汽车。消费者对于当前智能汽车的智能程度并不是非常满意，交互体验差、缺少个性化设计、功能不完善是消费者最不满意的因素。近三成消费者对现有自动驾驶的安全表示担心。因此，我们必须想办法来消除消费者对自动驾驶的抱怨和顾虑。

在这种背景下，i-VISTA 智能汽车测评方法应运而生。i-VISTA 智能汽车测评方法是在中国汽车工业协会和中国汽车工程学会的联合指导下，充分研究中国自然驾驶数据，结合中国驾驶员行为特性统计分析研究成果，建立的智能网联汽车/自动驾驶汽车测评体系，测评对象是达到量产上市的车型，服务于消费者买车用车。i-VISTA 智能汽车测评致力于打造中立、公正、专业的智能汽车第三方测试评价体系。

报告五
i-VISTA 智能汽车测评方法及测评结果分析

摘　要：　"i-VISTA 智能汽车测评方法"是全球首个智能汽车/自动驾驶测评体系，i-VISTA 智能汽车测评方法是基于中国交通场景建立的智能汽车/自动驾驶汽车第三方测评体系。自 2018 年开始正式实施，对 ACC、AEB、LDW、BSD、APS 五大核心 ADAS 功能测评，已经累积发布 40 款车型测评结果，从测试数据分析结果来看，各个系统的技术水平均有所提升。i-VISTA 智能测评方法 2018 版的实施促进了行业技术进步。为了适应智能汽车快速发展，基于中国自然驾驶数据的研究，i-VISTA 智能测评方法 2020 版规程正在研究中，测评体系升级为智能行车、智能泊车、智能安全、智能交互四大板块，是全球首个面向 L2 级自动驾驶辅助系统的测评体系，具有鲜明的创新点。

关键词：　i-VISTA　智能汽车测评　自然驾驶数据　智能汽车

一　i-VISTA 智能汽车测评

（一）i-VISTA 智能汽车测评概述

1. 什么是 i-VISTA

i-VISTA（Intelligent Vehicle Integrated Systems Test Area）本意是智能汽车集成系统试验示范区，该示范区是中国汽车工程研究院股份有限公司（简称"中国汽研"）在工信部和重庆市政府资助下的部市共建项目的成果，于 2015

年 12 月签约启动，至 2016 年 11 月正式完成。

该示范区建成之后，中国汽研智能网联汽车测试评价中心做了大量的智能汽车应用示范、智能汽车/自动驾驶汽车测评、5G 自动驾驶示范运营等研究工作，目前已经发展成为具有国际领先水平的智能汽车和智慧交通应用示范工程及产品工程化公共服务平台。i-VISTA 平台已经成为智能汽车行业的重要支撑力量，具体有四大方向。

一是"i-VISTA 智能汽车测评方法"（以下简称"i-VISTA 智能汽车测评方法"），是全球首个智能汽车/自动驾驶第三方测试评价体系。

二是 i-VISTA 自动驾驶汽车挑战赛（i-VISTA Grand Challenge），该赛事是中国国际产业博览会的重要组成部分，中汽院智能网联科技有限公司作为赛事承办单位，自 2018～2019 年以来已成功举办 2 届，2020 年将举办第 3 届比赛。

三是 i-VISTA 智能网联汽车国际研讨会，每年于 11 月下旬举办，全球范围内的行业专家分享与交流人工智能、大数据、智能网联汽车、5G 应用、智能汽车产业融合和智能汽车测试评价等领域的前沿动态。自 2016 年以来已成功举办 4 届，2020 年将举办第 5 届，已经成为智能汽车/自动驾驶领域顶级的技术交流平台。

四是 i-VISTA 联合研究中心，致力于智能网联汽车共性技术研究，聚集各方资金优势和科研能力进行协同开发、成果共享，指导企业自身能力建设，引导企业不断优化完善产品，实现转型升级，推动跨区域、跨领域交流合作和协同发展。

2. i-VISTA 智能汽车测评方法

i-VISTA 智能汽车测评方法正是基于上述研究成果，在中国汽车工业协会和中国汽车工程学会的联合指导下，充分研究中国自然驾驶数据，结合中国驾驶员行为特性统计分析研究成果，建立的智能网联汽车/自动驾驶汽车测评体系，测评对象是达到量产上市的车型。i-VISTA 智能汽车测评方法致力于打造中立、公正、专业的智能汽车测评品牌。

i-VISTA 智能汽车测评方法旨在助力国家智能汽车发展战略、引导企业优化升级，为国家制定标准和监督管理提供支撑，同时服务消费者买车用车。当前，主流整车企业已将 i-VISTA 智能汽车测评方法评价规程引入开发流程。

为保证测评结果的中立、公正，试验车辆全部由 i-VISTA 管理中心自主随机从市场正规渠道采购。i-VISTA 智能汽车测评方法 2018 版测试车型选车原则，是截至选定车型的日期，上市时间 2 年内、累计销量 3000 辆以上，ACC、AEB、LDW、BSD、ASP 驾驶辅助系统至少搭载三项，配置最齐全且售价最低的车型。测评车辆都是市场主流的、能够代表智能汽车发展水平的车型。从买车、提车到现场测试评价的全过程都接受媒体、车企的现场监督，确保测试全程的公平、公正、公开。

测评过程严格按照在 i-VISTA 官网正式上线的智能汽车测评方法、管理办法开展。管理办法和测评方法在正式上线前经过多轮征求意见稿讨论和专家评审，得到业界多方面的认可，从根本上保证了测评结果的权威性。

i-VISTA 智能汽车测评方法 2018 版管理办法、试验评价规程在正式发布之前，经过了三个月的意见征询期，收到来自车企、供应商、研究机构、高校等业界专家的宝贵意见和建议，管理中心据此对评价规程和管理办法进行了修改和完善。2018 版管理办法和试验评价规程于 2018 年初开始正式实施。

（二）i-VISTA 智能汽车测评方法 (2018版)

i-VISTA 智能汽车测评方法 2018 版测评体系对以下五个系统进行测试评价。

1. 自适应巡航控制系统

自适应巡航控制（Adaptive Cruise Control，ACC）系统试验工况包含目标车静止、目标车低速、目标车减速、50% 横向重叠共 4 个试验场景，以及抬头显示、自适应限速、走停功能 3 个加分项。

表 1　自适应巡航控制系统测试工况及评价指标

试验场景	主车车速（km/h）	目标车车速（km/h）	评价指标		分值（分）	权重	总分（分）
			安全指标	体验指标			
目标车静止	30	0	识别并制动至速度为零	减速度、减速度变化率	1.5	2	9
	40				1.5	2	
	50				1.5	1	
	60				1.5	1	

试验场景	主车车速（km/h）	目标车车速（km/h）	评价指标		分值（分）	权重	总分（分）
			安全指标	体验指标			
目标车低速	90	30	制动并跟车行驶	减速度、减速度变化率	1.5	3	13.5
	100				1.5	3	
	110				1.5	2	
	120				1.5	1	
目标车减速	120	70（−3m/s²）	制动跟停	减速度、减速度变化率	1.5	1	3
		70（−4m/s²）			1.5		
50%横向重叠	70	30km/（重叠率为−50%）	制动并跟车行驶	减速度、减速度变化率	1.5	1	3
		30km/h（重叠率为50%）			1.5		
加分项	抬头显示		显示ACC相关信息		0.5	1	0.5
	自适应限速		根据限速标志、地图信息或者V2X信息自动进行降速调整		0.5	1	0.5
	走停		具有跟停、跟走和支持静止状态下激活		0.5	1	0.5

资料来源：自适应巡航控制系统评价规程 i-VISTA SM-ADAS-ACCR-A0 –2018。

目标车静止场景分别对安全指标和体验指标进行评价，满分为9分。其中，安全指标为主车是否识别目标车并制动至速度为零。体验指标为主车减速度与减速度变化率。目标车低速场景分别对安全指标和体验指标进行评价，满分13.5分。其中，安全指标为主车是否制动并跟车行驶。体验指标为主车减速度与减速度变化率。目标车减速场景分别对安全指标和体验指标进行评价，满分为3分。其中，安全指标为主车是否能制动跟停。体验指标为主车减速度与减速度变化率。以上安全指标与体验指标在各个场景的每个工况下各占0.5分。

2. 自动紧急制动系统

自动紧急制动（Autonomous Emergency Braking，AEB）系统分为安全性和体验性两大评价维度。其中安全评价分为FCW功能试验和AEB功能试验，FCW功能试验包含目标车静止、目标车低速和目标车减速试验工况；AEB功

能试验包含目标车静止、目标车低速试验工况；体验评价对 FCW 功能和 AEB
功能的人机交互进行评价。

表 2　自动紧急制动系统测试工况及评价指标

评价项目		测试场景	主车车速（km/h）	目标车车速（km/h）	评价方法	满分（分）	总分（分）
安全评价	FCW 功能	目标车静止	72	0	报警时刻 2.1s≤TTC<4.0s	2	2
		目标车减速	72	72	报警时刻 2.4s≤TTC<4.0s		
		目标车低速	72	32	报警时刻 2.0s≤TTC<4.0s		
	AEB 功能	目标车静止	20	0	避免或减轻碰撞	2	10
			40	0		3	
		目标车低速	40	20		2	
			60	20		3	
体验评价	人机交互	目标车低速	60	20	主动式安全带预紧功能	0.5	1
			60	20	抬头显示、安全带振动或其他触觉形式的报警	0.5	

资料来源：自动紧急制动系统评价规程 i-VISTA SM-ADAS-AEBR-A0–2018。

在 FCW 测试中，每一工况的 7 次试验中有 5 次试验满足要求，则 FCW 得
2 分；如果任一工况 FCW 报警时刻满足表 2 要求的次数小于 5，则 FCW 得 0
分。如果没有 FCW 报警功能，则 FCW 得 0 分。

在 AEB 测试中，根据制动减速量的平均值计算得分。根据主车车速 V1 和
碰撞时速度 V2 计算制动减速量 V3，根据表 2 确定 AEB 功能的得分。相同速
度点的 5 次试验取 V3 的平均值进行评分，四舍五入保留 1 位小数。

AEB 激活前 0.1s 时主车速度记为 V1，其中纵向减速度达到 0.5m/s 认为
AEB 已经激活；主车最前端接触目标车车尾时的主车速度记为 V2。目标车静
止工况，如果两车未发生碰撞，则 V2 = 0；目标车低速工况，如果两车未发生
碰撞，则 V2 与目标车车速相同。制动减速量 V3 = V1 − V2。

人机交互评价借用目标车低速场景的"主车 60km/h 对目标车 20km/h"
的试验工况。具有主动式安全带预紧功能（要求可重复使用）得 0.5 分。除
基本的听觉报警形式之外，FCW 具备其他任一报警形式（抬头显示、安全带
振动或其他触觉形式的报警），得 0.5 分。

3. 车道偏离报警系统

车道偏离报警（Lane Departure Warning，LDW）系统试验工况包括直道可重复性试验和弯道报警产生试验，分为安全评价和体验评价。安全评价由直道可重复性和弯道报警产生试验场景组成，最迟报警线位于车道边界外侧0.15m处。体验评价为人机交互评价，同时对车道保持辅助功能进行加分鼓励。

表3 车道偏离报警系统测试工况及评价指标

评价项目		试验场景	偏离方向	偏离速度（m/s）	评价指标	满分（分）	
安全评价	LDW性能	直道可重复性试验	左/右偏离	0.1 < v ≤ 0.3	每个工况4次试验的报警时刻不晚于最迟报警线，且均在一个0.3m宽的固定区域内	8	10
				0.6 < v ≤ 0.8			
		弯道报警产生试验	左/右偏离	0.0 < v < 0.4	报警位置在报警临界线设置区域内	2	
				0.4 < v < 0.8			
体验评价	人机交互	直道	左或右偏离	0.1 < v ≤ 0.3 或 0.6 < v ≤ 0.8	触觉、听觉、视觉	1	1
加分项	车道保持辅助功能	—	—	—	是否具有车道居中或车道纠偏功能	2	2

资料来源：车道偏离报警系统评价规程 i-VISTA SM-ADAS-LDWR-A0 – 2018。

直道可重复性试验场景总得分是四个工况得分之和，每个工况满分为2分。每个工况要求重复四次试验，若四次试验 T_{LDW} 均不晚于最迟报警线，且均在一个0.3m宽的固定区域内，则得到满分2分，否则得0分。弯道报警产生试验得分是八个工况得分（满分0.25分）之和。每个工况有一次试验，若 T_{LDW} 不晚于最迟报警线，则该工况得满分0.25分，否则得0分。体验评价对LDW的人机交互形式进行评价。若直道可重复性试验场景中LDW报警方式同时包含触觉、听觉和视觉形式，则得到满分1分；若仅有听觉和视觉形式，则得0.5分。

若车辆具备持续保持车道居中功能，则得满分2分；若仅具备车辆临界纠偏功能，则得1分；若不具备前述两种车道保持辅助功能，则得0分。

4. 盲区监测系统

盲区监测（Blind Spot Detecting，BSD）系统安全评价工况为目标车超越主车测试，体验评价工况为两轮车识别能力测试，同时对开门预警和倒车横向预警功能进行加分鼓励。

表4 盲区监测系统测试工况及评价指标

评价项目		试验场景	车速（km/h）		评价方法	得分（分）	满分（分）
			主车	目标车			
安全评价	目标车超主车	左盲区	60	70	所有3次试验均满足开始报警时刻和结束报警时刻要求	3	6
			60	90		2	
			60	120		1	
		右盲区	60	70		3	6
			60	90		2	
			60	120		1	
体验评价	两轮车识别能力	左盲区	20	30	是否报警	1	2
		右盲区	20	30	是否报警	1	
加分项	开门预警功能				有该功能	1	2
	倒车横向预警功能				有该功能	1	

资料来源：盲区监测系统评价规程 i-VISTA SM-ADAS-BSDR-A0 – 2018。

从安全评价、体验评价两个维度对 BSD 的试验结果计算得分。安全评价根据目标车超越主车工况计算得分，左、右盲区各6分，总分为12分。体验评价根据两轮车识别能力测试结果得分，左、右盲区各1分，总分为2分。加分项为开门预警功能和倒车横向预警功能，有此功能得1分，共2分。每个工况下3次试验的开始报警时刻和结束报警时刻均满足报警要求，则试验通过，得到该工况的满分值。若任意一次试验的开始报警时刻或结束报警时刻不满足报警要求，则该速度点不得分。

5. 自动泊车辅助系统

自动泊车辅助系统（Assisted Parking System，APS）从体验评价、安全评价和加分项三个维度对 APS 的试验结果进行评价。其中体验评价包括车位搜索能力与泊车能力测试，安全评价为车辆障碍物检测，加分项为平行车位出库能力测试。

表5 自动泊车辅助系统测试工况及评价指标

评价项目		试验场景	评价方法	满分（分）
体验评价	车位搜索能力	双边界车辆平行车位	是否能够识别车位	2
		单边界车辆平行车位	是否能够识别车位1和车位2	0.8
		白色标线平行车位	是否能够识别车位	0.4
		双边界车辆垂直车位	是否能够识别车位	2
		单边界车辆垂直车位	是否能够识别车位1和车位2	0.8
		白色标线垂直车位	是否能够识别车位	0.4
		斜向车位	是否能够识别车位	0.8
	泊车能力	双边界车辆平行车位	揉库次数，停车姿态α，与路沿石距离	3
		双边界车辆垂直车位	揉库次数，停车姿态β，是否停进目标区域	3
		斜向车位	揉库次数，停车姿态β，是否停进目标停车位	2
安全评价	车辆障碍物检测	采用泊车能力试验场景	是否剐蹭车辆 是否碾压路牙	见备注②
加分项	平行车位出库	双边界车辆平行车位	顺利出库	1

注：发生剐蹭、碾压路沿情况，体验泊车能力的该类场景不得分。
资料来源：自动泊车辅助系统评价规程 i-VISTA SM-ADAS-APSR-A0－2018。

车位搜索能力的每个试验场景由不同的车速和横向间距组成不同的试验工况，包括对斜向车位、白色标线平行车位场景和白色标线垂直车位的搜索能力测试。泊车能力试验中，双边界车辆平行车位场景和双边界车辆垂直车位场景总分各3分，斜向车位场景总分2分。平行车位场景和垂直车位场景都分为大、中、小三种车位，每个试验工况分值为1分。泊车过程中若发生剐蹭、碾压路沿或者边界车辆的情况，则该场景泊车能力不得分，相当于一票否决。

二 智能汽车测评结果分析

（一）测评结果概述

i-VISTA智能汽车测评方法自2018年初正式实施以来，截至发稿日期，已向社会公开发布了总共40款市场主流车型的测试评价结果。测试结果被央视、网易、华龙网等传统媒体、新媒体广泛转载，受到行业、媒体、消费者的关注。

（二）测评结果分析

1. 测评车型分析

从2018年开始至2019年底，持续测评40款车型，在测试车型中，自主品牌占35%，欧系占20%，美系占22%，日系占18%，韩系占5%（见图1）。结果显示中国品牌更愿搭载ADAS作为智能化的标签。

ADAS搭载情况：其中搭载ACC、AEB、LDW、BSD、APS 5个系统的占38%；搭载其中4个系统的占40%，搭载3个系统的占22%（见图1）。

欧系车ADAS搭载率最高，ACC、AEB、BSD、LDW、APS 5个系统全部搭载的占62.5%；自主品牌其次，5个系统全搭载的占57.1%。

日系、韩系车型5个系统全搭载的搭载率最低，主要体现在没有搭载APS（见图2）。

2. 测评结果分析

相比2018年，2019年各系统测评结果为优秀的比例均有所提升，整车企业、零部件供应商积极投入，快速响应i-VISTA智能测评方法的测评要求以获得更优秀的测评结果是重要原因之一。其中BSD提升最快，优秀率上升18.7个百分点；ACC和BSD优秀率上升幅度均为17.3个百分点。

各系统平均得分表现良好，AEB、LDW一如既往地表现稳定，平均得分达到优秀评级；BSD的平均得分提高幅度最大，2019年也达到优秀。

（1）ACC测评结果

在2018~2019年所测试的40款车型中，仅3款车型未搭载ACC系统，搭载率较高，但ACC性能差异较大。

从测评结果来看，37款搭载ACC的车型，在目标车静止场景中，仅有20款车型能识别静态目标，因此ACC系统目前所面临的最大挑战不是动态场景，而是目标车静止场景，可以看到如果某车型能完成目标车静止场景，得分就相对靠前。现在大部分车型在设计开发阶段对目标车静止场景优化不足，从实际用户体验及实用性而言这是不够完善的，所以厂家应当对目标车静止场景进行优化升级，依靠毫米波雷达和摄像头两种传感器相融合的能力来解决这个问

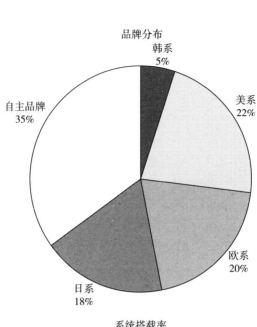

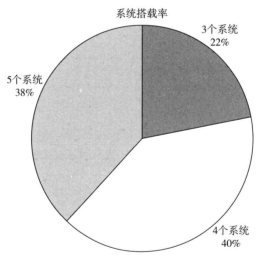

图1 品牌分布及系统搭载率

资料来源：i-VISTA 智能汽车测评数据。

题，以达到 ACC 系统的便利性。

（2）AEB 测评结果

已经发布测评结果的 40 款车型全部搭载 AEB 系统，其中优秀评级车型 35

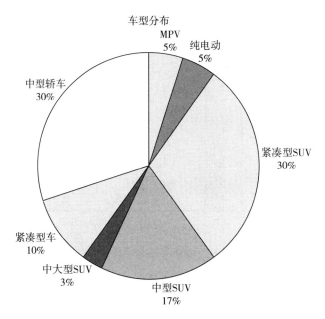

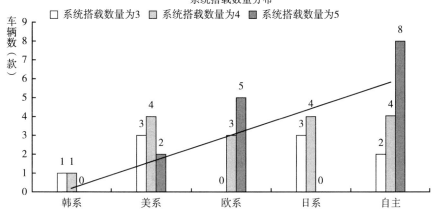

图 2　车型分布及系统数量分布

资料来源：i-VISTA 智能汽车测评数据。

款，优秀率 87.5%；良好评级车型 3 款，良好率 7.5%；一般评级车型 1 款，一般率 2.5%；较差评级车型 1 款，较差率 2.5%。

2018 年评测车型 25 款，优秀评级车型 21 款，优秀率 84%；2019 年评测车型 15 款，优秀评级车型 14 款，优秀率 93.3%，没有较差评级车型。2019

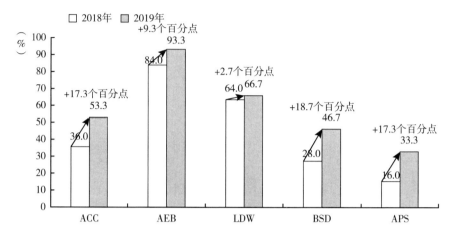

图 3 　2018～2019 年各系统优秀率对比

资料来源：i-VISTA 智能测评数据。

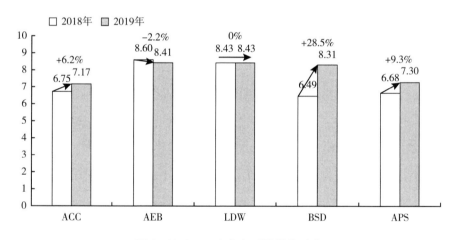

图 4 　2018～2019 年各系统得分对比

资料来源：i-VISTA 智能汽车测评数据。

年相较于 2018 年优秀率有所提升，表示 AEB 系统的性能也在逐步上升。

40 款车型中同时搭载辅助报警功能和安全带预紧功能的车型有 6 款，占比 15%；搭载辅助报警功能的车型有 28 款，占比 70%。

总体来看，i-VISTA 智能自动紧急制动系统测评结果良好，主要原因有以下两个方面。

一是随着技术的进步，雷达以及摄像头成本的降低，目前采用融合方案的AEB 系统装车率越来越高，AEB 系统的性能正在逐渐增强。

二是目前 i-VISTA 智能汽车测评方法 2018 版规程仅有车对车场景，没有车对道路弱势群体的测评，评测场景较为单一，难度相对于国外其他测评体系较低。所以智能汽车测评方法将于 2020 年推出新版自动紧急制动测评方法，更全面地对 AEB 系统做出评价。

（3）LDW 测评结果

在 2018～2019 年所测试的 40 款车型中，有 6 款车型未搭载 LDW 系统，总体得分较高，79% 的车型得到优秀且没有表现较差的车型。

从测评结果来看，虽然 LDW 系统整体表现较好，但大部分搭载 LDW 的车型对弯道的识别能力不足，34 款车型中弯道测试场景仅有 23 款车型得分，12 款车型得满分。通过研究中国的道路交通环境发现，我国地形比较复杂，高速公路位于高原、丘陵、山地的占比较高，我国高速公路的设计标准中，山区地带高速公路的弯道最小设计半径是 250m，因此，对半径 250m 弯道的识别能力应是 LDW 系统设计准则之一。但从测评结果可以看到，LDW 系统在此场景的可靠性并不高，因此 LDW 系统需提高弯道性能。

（4）BSD 测评结果

从 2018 年汽车智能测评结果来看，所测 25 款车型中有 19 款车型搭载BSD 系统，其中获得优秀的有 6 款，良好的有 3 款，一般的有 6 款，较差的有4 款。整体得分差异比较大，得分率偏低。

从 2019 年智能测评结果来看，15 款车型中有 10 款车型搭载 BSD 系统，其中获得成绩优秀的有 7 款，良好的有 1 款，一般的有 2 款。整体得分差异较小，得分率较高。

在所有车型中，只有 4 款车型 BSD 功能得到满分，因为这 4 款车型所搭载的传感器均具有良好的探测性能，预警性能优秀，同时还搭载了加分项开门预警 DOW 功能和倒车横向预警 RCTA 功能。

同时，有 4 款车评级结果为较差，从技术角度来分析，大部分得分低的车型主要是受传感器性能的影响，如搭载 24GHz 毫米波雷达，甚至有些车型依靠超声波雷达实现 BSD 功能，探测能力有限。

对比 2018～2019 年测评结果，优秀率由 42.1% 上升至 70%，明显反映了

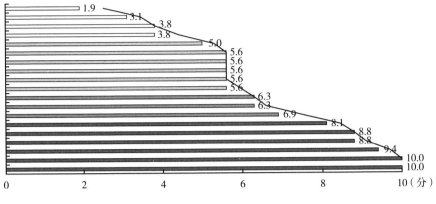

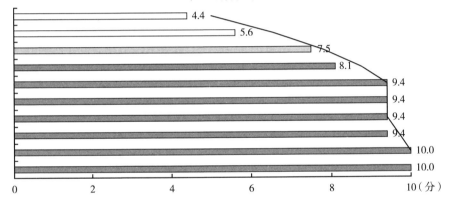

图 5　2018～2019 年 BSD 得分统计

资料来源：i-VISTA 智能测评数据。

整个行业在 ADAS 领域的投入和进步。

开门预警功能在人车混行交通场景中很有意义，在所有 40 款车型中，搭载 DOW 加分功能的车辆仅有 6 款，占比 15%，存在很大的提升空间。

（5）APS 测评结果

截至 2019 年底，测评结果显示，自动泊车整体的得分差异比较大，搭载的车型比较少，仅有 19 款车型搭载，其中日系品牌某一款车型搭载 APS 系统。

在 2018～2019 年已发布的 40 款车型中，有 26 款车型搭载了 APS，搭载率仅有 65%。而在之前一份汽车之家针对车主做的一项问卷调查中，关于

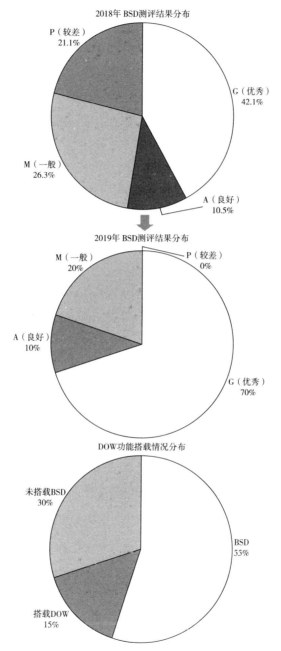

图6　2018～2019 年 BSD 测评结果分布及 DOW 功能搭载情况分布

资料来源：i-VISTA 智能汽车测评数据。

"您最经常使用车上哪项辅助驾驶功能"的调查，自动泊车系统位居前三。通过调查发现，消费者在面对日益狭小的泊车空间时，对自动泊车辅助系统的需求是比较大的。65%的搭载率显然不能满足消费者的使用需求，因此车企在研发新车时，还需要考虑搭载自动泊车辅助系统。在 26 款搭载了 APS 系统的车型中，系统评价为优秀的车型仅有 9 款，优秀率为 34.6%，优秀率比较低。

我们对 2019 年测试的某款评级为优秀的车型进行详细分析，该车型所搭载的自动泊车辅助系统为半自动泊车系统，需要驾驶员的操作打开车位搜索功能，在找到车位后，需要驾驶员确认车位，随后系统接管，进入泊车过程，在泊车过程中，系统控制车辆转向、油门和制动，完成泊车。相对于辅助泊车系统，半自动泊车系统更为智能。对于车位搜索能力，该车型仅能搜索到有边界车辆的车位，而对于没有边界车辆仅有车位标线的车位不能识别。主要是因为 APS 系统采用的是超声波雷达，未采用摄像头方案，因此仅能识别有边界的车位。对于双边界平行、垂直、斜向车位，车辆的识别率为 100%。对于单边界平行车位、单边界垂直车位，该车型仅能识别到边界车辆单侧的 1 个目标车位，识别率为 50%。该车型双边界车辆垂直车位和斜向车位，泊车能力得分率为 100%，对于双边界车辆平行车位，该车型泊车能力的得分率为 80%。可以看到，平行车位相对于垂直车位和斜向车位更有难度，另外，针对具有中国典型车位特征的斜向车位，该车型也能够较好地完成泊入，表现较好。该车型具有平行车位出库功能，这一功能对于新手来讲，在面对狭小的平行车位出库时，比较实用。APS 系统总得分 8.6 分，评级为优秀。

由以上分析可知，得到优秀的车型依然不能同时识别到双边界车位与白色标线车位。

至于为什么多达 77.5% 的车型没有得到优秀的评价，进一步分析其得分情况，如图 7 所示。

大多数车型在面对斜向车位时，不能有效识别及成功泊车。斜向车位搜索能力的得分率为 79%，而斜向车位泊车能力的得分率为 68%。i-VISTA 研究团队于 2018～2019 年开展了中国自然驾驶数据和中国交通数据的深度研究，揭示了斜向车位在中国较为典型和普遍，因此车企需要提升车辆对斜向车位的识别能力与泊车能力。

而在主要测试场景中，仅有一款车型能够识别白色标线车位。根据当前产

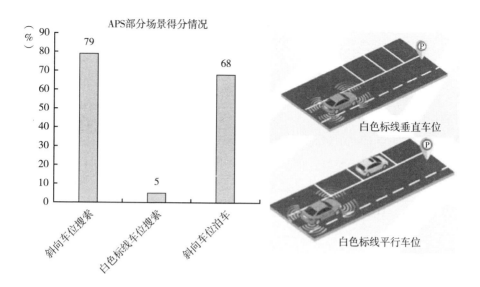

APS部分场景得分情况

白色标线垂直车位

白色标线平行车位

图7　APS 部分场景得分情况

资料来源：i-VISTA 智能汽车测评数据。

品的规划情况，白色标线车位的识别是下一代自动泊车系统重点解决的问题。对于消费者来说，白色标线车位应该是更容易停进去，而当前的自动泊车对这种车位完全不知道怎么停，因为它根本"看不到"。这也反映了一个事实，在当前搭载了自动泊车辅助系统的车型中，往往没有将超声波雷达方案与摄像头方案进行融合。在已经测试的车型中，仅有一款车型采用了摄像头方案。但遗憾的是，这款车型仅搭载了摄像头，没有搭载超声波雷达，因此，在最终的测试结果中，该车型仅得到了较差的成绩。而对于其他搭载了超声波雷达的车型，往往由于缺乏同时对单边界两个车位的识别能力，以及缺乏对斜向车位的泊车能力，大部分车型不能拿到优秀成绩。

综合以上分析，现有的自动泊车系统一是缺乏对标线车位的识别能力；二是缺乏对单边界车位两个车位的识别能力；三是缺乏对斜向车位的识别与泊车能力；四是缺乏超声波雷达与摄像头融合的泊车方案。i-VISTA 测评方法在2020 版的规程里也会着重来增加这类场景，建议主机厂采用超声波雷达和摄像头融合方案来做下一代的自动泊车系统。

3. 年度智能车型评选

i-VISTA 智能测评方法的测试内容是针对 AEB、ACC、LDW、BSD、APS 五个系统，原因有三点：一是这五大系统的搭载率在所有 ADAS 系统中是排名最靠前的；二是消费者的关注度高，调查数据显示，消费者最关注的驾驶辅助系统中排名前六的包含了这五大系统；三是这五大系统是将来自动驾驶的核心功能。

为了体现车辆 ADAS 的综合水平，i-VISTA 智能测评管理中心制定了"年度智能车型"的评选办法。年度智能车型的评选具有积极的意义，一方面，可以鼓励车企更重视车辆的综合性能，提高技术水平；另一方面，可以帮助消费者更好地了解车辆配置表背后的性能，引导消费者理性购车、科学用车。

2019 年度智能车型的评选标准是 i-VISTA 智能汽车测评方的 AEB、ACC、LDW、BSD、APS 五个系统均得到"优秀"评级，这个标准是严苛的。

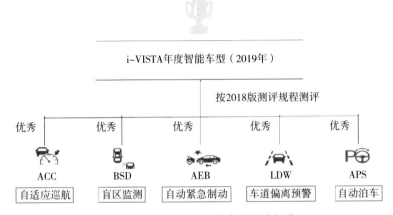

图 8 i-VISTA 年度智能车型评选标准

资料来源：i-VISTA 国家智能汽车集成系统试验区官网。

在 2018 年测评的 25 款车型中，达到该标准的车型为零。2019 年参与测评的 15 款车型中有 2 款车型达到该标准。从另一个角度说明 i-VISTA 智能汽车测评方法促进了行业技术水平的提升。

4. i-VISTA 智能汽车测评方法对行业的意义

在 i-VISTA 智能汽车测评方法发布之前，全球范围内没有系统的 ADAS 测评体系，仅有 L0 级的测试评价方法，没有 L1/L2 及更高级别的驾驶辅助系统/自动驾驶系统公开的第三方测评体系。i-VISTA 智能汽车测评方法就是在此大背景下建立的，目的是从消费者角度、市场需求的角度，服务于企业技术开发，助力国家智能汽车产业和技术竞争力的培育和发展。

　　i-VISTA 智能汽车测评方法作为全球第一个智能网联汽车第三方评价体系，受到行业内和行业外媒体及消费者的广泛关注，i-VISTA 测评体系已经成为大多数主流车企智能化开发的设计输入。对于汽车行业的重大意义之一在于，能够引导企业技术升级的方向，促进车企提高技术水平。例如，长安汽车 CS75 在 2018 年度测评中成绩突出，但是 LDW 系统仅得到 6.5 分，取得"良好（＋＋＋）"评级。随后长安专程访问中国汽研进行技术交流，将 i-VISTA 智能汽车测评体系纳入开发体系。长安在后续车型 CS75 PLUS 的开发中，按照 i-VISTA 智能汽车测评体系的要求，进行技术攻关，取得了良好的效果。在 2019 年度第三批车型中，长安 CS75 PLUS 取得了优秀评级，不仅 LDW 系统取得了"优秀（＋＋＋＋）"评价，ACC 系统得分也有大幅度提高，由原来的 8.2 分提高到 9.0 分。

　　i-VISTA 智能汽车测评方法对其他行业也起到了积极的作用。保险行业在智能汽车、自动驾驶快速发展的大背景下，面临智能汽车保费改革的压力，保费的精算需要与智能汽车的性能相关联。i-VISTA 智能汽车测评方法的出现，为保险行业的智能汽车保费测算提供了有力的数据支撑。

　　i-VISTA 智能汽车测评方法对于普通消费者也有重要的指导意义。普通消费者对于智能汽车的理解还处于初步接纳的阶段，对于诸多驾驶辅助系统还知之甚少或者尚未了解。而通常对智能汽车的宣传也仅仅停留在功能层面，消费者只能看到配置表上各个专业名词，没有渠道了解智能汽车的性能。i-VISTA 智能汽车测评方法通过专业的设备，量化各个系统的性能，让消费者可以透过配置表了解车辆的真实性能，可以真正指导消费者买车用车。

　　目前正在实施的 2018 版 i-VISTA 智能汽车测评方法，基于中国交通场景，结合消费者需求设计评价场景，重点对搭载自适应巡航控制、自动紧急制动、车道偏离报警、盲点监测、自动泊车辅助等先进驾驶辅助系统的车型进行评价，并以直观量化的等级形式定期对外公开发布评价结果。

三　i-VISTA 智能汽车测评方法2020版研究

（一）研究背景

　　根据 SAE 的分类，自动驾驶可以分为 L0 ~ L5 级共六个等级。相对而言，

L1 级过渡到 L2 级的难度较小，需要考虑的是如何同时实现车辆与驾驶员协同驾驶，而 L2 级过渡到 L3 级的难度较大。

根据相关机构调查，市场上所有燃油车型的全部配置，定速巡航、盲区监测、车道保持、碰撞预警、自适应巡航控制的整体车型渗透率分别为 57.1%、17%、17.2%、19.3%、17.2%，且在 40 万元以上的价位区间里，车型渗透率最高，分别达 71.1%、56%、61.5%、63.9%、67.5%。据国家发改委和工信部规划，到 2020 年智能新车占比至少达到 30%，而目前同时配备自适应巡航和车道保持功能的车型，占比仅为 8.8%，销量占比不到 10%，国内目前在售车型，L2 级功能渗透率平均超过 25%，豪华车甚至超过 60%，L2 级自动驾驶在 2019 年开始大规模量产趋势明显。因此，到 2020 年，L2 级智能新车渗透率将有一倍以上提升空间。

但是，普通消费者对搭载 L2 驾驶辅助系统的车辆了解不全面，并且各个厂家对于 L2 的功能定义不同，造成一系列安全事故，如 2016 年 5 月，特斯拉汽车公司生产的一辆 Model S 型轿车在美国佛罗里达州高速公路上以自动驾驶模式行驶时，与前方一辆正在横穿公路的拖挂货车相撞，司机当场死亡。

调查报告指出，特斯拉使用的自动驾驶系统属于 L1～L2 的辅助类驾驶系统，技术定位有其局限性，不能探测到所有的安全威胁并提出警告或及时刹车。因此，在采取 L1 或 L2 的自动驾驶模式时，驾驶员仍须时刻关注行车环境，随时准备采取行动避免撞车。同时，虽然特斯拉在车主手册、用户界面以及相关警示中提供了有关自动驾驶系统局限性的信息，但这些信息"可能不够具体"。因此，该报告告诫驾驶员要仔细阅读车主手册中对于自动驾驶辅助系统技术的指导和警示，并应清楚地认识到自动驾驶系统技术的局限性。

自 2019 年开始，智能测评管理中心进行 i-VISTA 2020 版规程的研究，测评对象是搭载 L2 自动驾驶辅助系统的上市车型。

（二）中国自然驾驶数据研究

不同国家的道路交通环境和驾驶员行为存在显著差异，这是阻碍自动驾驶技术本土化开发和测试的重要因素。基于国外驾驶场景制定的测试工况，不完全符合中国汽车实际行驶场景，因此其车辆测评结果与实际道路行驶表现存在差异。为使 i-VISTA 智能汽车测评方法更符合中国实际道路交通的特点，中国汽研在全国范围内开展了大规模的自然驾驶数据采集，基于自然驾驶数据开展中国典型驾驶场景研究，更好地支持符合中国交通环境特征的 i-VISTA 智能汽车测评方法。

图 9　面向 i-VISTA 智能汽车测评方法的自然驾驶数据研究流程

资料来源：中国汽研自然驾驶数据研究。

1. 自然驾驶数据采集

基于不同传感器的性能特点，中国汽研建立了以"高清摄像头 + Mobileye + 毫米波雷达 + GPS"为基础的数据采集平台，实现对车身周围的交通环境信息采集。

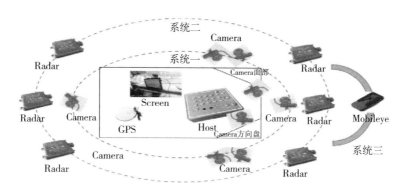

图 10　自然驾驶数据采集设备安装信息示意

资料来源：中国汽研自然驾驶数据研究。

GPS 提供车辆实时经纬度位置，便于车辆定位管理、行驶区域自动区分和多传感器时间同步。

毫米波雷达可精确测量目标物类型、尺寸、精准的目标物位置与速度等信息，其位置测量精度可以达到分米级，速度测量精度达到 0.1km/h。

Mobileye 用于弥补毫米波雷达在目标物类别识别、标志牌识别和车道线识别方面的弱势，提供更加丰富的场景信息。

摄像头可以弥补 Mobileye 无法提供视频图像的缺陷，提供各方向的视场信息。

目前，中国汽研已采集 100 万公里自然驾驶数据，覆盖东北、华北、华东、华西、华中、西南、华南等主要区域的道路，包括高速公路、城市道路、国道省道等各等级道路，同时涉及多种地形、多种天气条件，构成了多样化自然驾驶数据库。

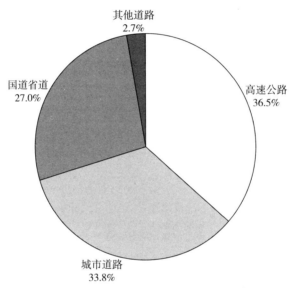

图 11 自然驾驶数据采集道路等级分布

资料来源：中国汽研自然驾驶数据研究。

2. 自然驾驶数据处理

原始自然驾驶数据一般包含两种类型——视频数据和传感器数据，其中，传感器数据为各种传感器获取的主车、目标物、车道线、GPS 等数据信息。来源于多个传感器的原始信号数据存在多种存储形式，如文本数据、16 进制的CAN 报文数据、二进制序列化数据等，需要通过信号定义文件解析为具有物理意义的结构化数据才可用于后续的分析。同时，数据采集过程中，由于设备问题和操作问题，存在数据丢失、数据不完整、数据无效等问题，因此，原始自然驾驶数据首先进行数据解析、数据清洗，实现物理信息的获取和无效数据的剔除；然后通过自研数据融合算法实现多源异构数据融合，实现对目标物位置与速度的精准测量；最后将目标物信息、车道线信息、交通标志信息以结构化数据形式进行标准化存储入库，基于车辆类型、采集日期等属性进行归档管理。

根据主车与目标车的行为特征，将典型交通场景分为危险场景、跟车场景、换道场景和泊车场景四大类，并将跟车场景分为邻车切入场景、前车切出场景、跟车行驶场景和巡线行驶场景四小类，实现对交通场景的完整分割。基于对目标车位置与速度信息、车道线信息的准确测量，结合交通场景的主要特征，中国汽研自研交通场景提取算法与软件，实现对典型交通场景的批量自动提取与分类存储。同时，通过人工二次校核，实现对提取结果的人工校正和关键场景要素的人工标注，最终提取所需要的场景数据。

3. 基于自然驾驶数据的试验场景研究

（1）智能泊车场景研究

中国汽研基于大量泊车位数据的统计分析结果，编制《智能泊车辅助试验规程》的测试工况。

泊车位类型统计结果如图12所示，矩形泊车位占比89%，其他形状泊车位占比11%。平行车位、垂直车位、斜向车位的比例约为4∶5∶1，按此比例设置泊车辅助评分比重。

表6　泊车辅助评分比重设计

车位类型	示意图	满分
平行车位	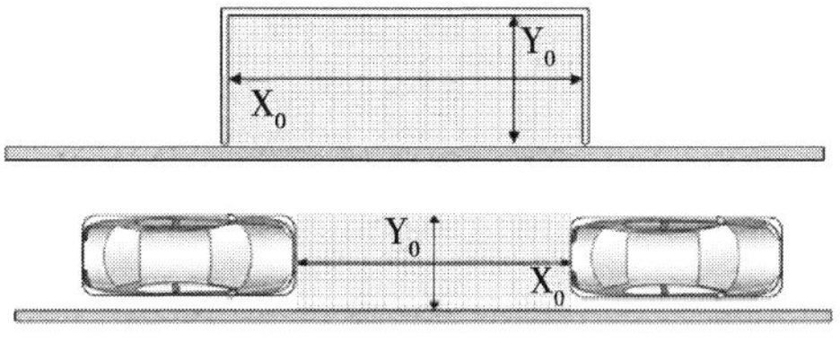	12
垂直车位	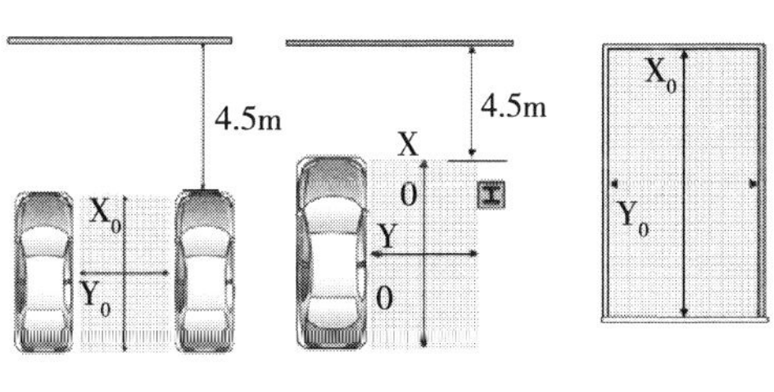	15

续表

车位类型	示意图	满分
斜向车位	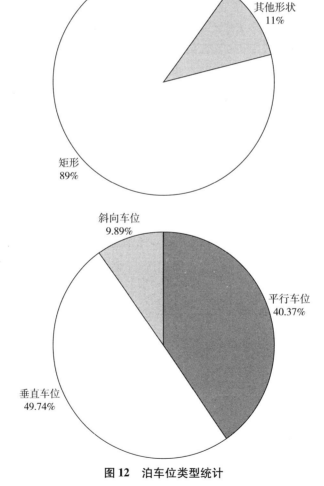	3

资料来源：智能泊车辅助试验规程 i-VISTA SM-ADAS-IPAT-A0 – 2019。

其他形状
11%

矩形
89%

斜向车位
9.89%

平行车位
40.37%

垂直车位
49.74%

图 12　泊车位类型统计

资料来源：中国汽研自然驾驶数据研究。

泊车位隔离类型示意如图 13 所示。左右隔离方式和前隔离方式的占比由高到低依次为：白实线、白虚线、黄实线、其他。后隔离方式的占比由高到低依次为：白实线、减速装置、台阶、其他。根据统计结果，泊车位测试工况设置的隔离方式如表 7 所示。

图 13 泊车位隔离类型示意

资料来源：中国汽研自然驾驶数据研究。

表 7 泊车位测试工况设置的隔离方式

车位类型	示意图	前隔离	左隔离	右隔离	后隔离
标线平行车位			白实线		路沿石
标线垂直车位			白实线		白实线
标线斜向车位			白实线		白实线

资料来源：智能泊车辅助试验规程 i-VISTA SM-ADAS-IPAT-A0－2019。

三类泊车位尺寸的均值如图 14 所示。根据统计结果，平行车位的长、宽分别设置为 6.0m 和 2.5m，垂直车位的长、宽分别设置为 5.3m 和 2.5m，斜向车位的长、宽分别设置为 7.0m 和 2.7m，如图 15 所示。

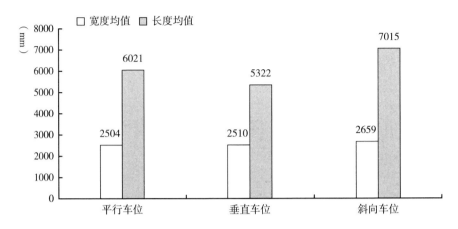

图14 三类泊车位尺寸的均值

资料来源：中国汽研自然驾驶数据研究。

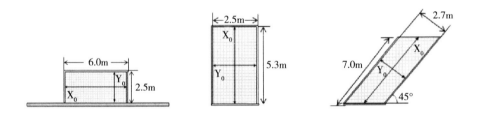

图15 泊车位测试工况尺寸设置

资料来源：智能泊车辅助试验规程 i-VISTA SM-ADAS-IPAT-A0 – 2019。

（2）智能行车直道入弯场景研究

直道入弯场景如图16所示，基于自然驾驶数据中车辆在弯道行驶时的行为特性，设置《智能行车辅助评价规程 i-VISTA SM-ADAS-ICAR-A0 – 2019》的单车道横纵向组合控制能力评价细则中的车辆在弯道内行驶的体验指标。

自然驾驶数据中车辆在弯道行驶时的横向加速度分布如图17所示，90百分位的横向加速度是 $2.22 m/s^2$，95百分位的横向加速度是 $2.51\ m/s^2$。上述统计结果与 ISO 22179—2019 中统计的弯道行驶横向加速度分布相近：弯道半径为125m时，95百分位的驾驶员过弯道的横向加速度为 $2.3\ m/s^2$；弯道半径为250m时，95百分位的驾驶员过弯道的横向加速度为 $2.3\ m/s^2$；弯道半径为

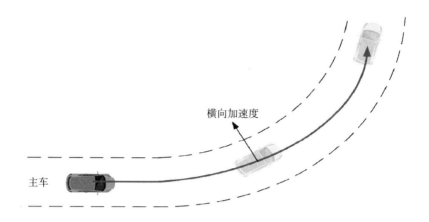

图16 直道入弯场景

资料来源：智能行车辅助评价规程 i-VISTA SM-ADAS-ICAR-A0 – 2019。

500m 时，95 百分位的驾驶员过弯道的横向加速度为 2.0m/s²，如图 18 所示。基于上述统计结果，弯道行驶的体验指标确定为：若弯道内行驶侧向加速度不超过 2.3m/s²，得 0.5 分，若任意一点超过 2.3m/s²，则得 0 分。

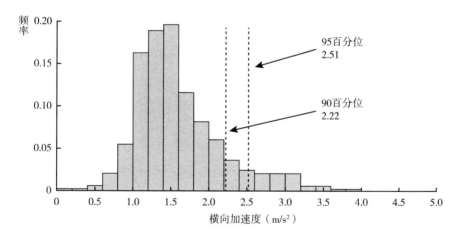

图17 弯道行驶时的横向加速度分布

资料来源：中国汽研自然驾驶数据研究。

（3）智能行车邻车切入场景研究

基于自然驾驶数据中车辆切入的场景的聚类分析，设置了《智能行车辅

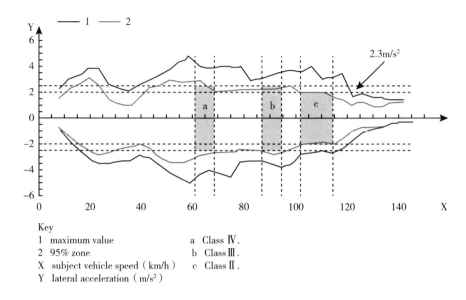

Key
1 maximum value   a Class Ⅳ.
2 95% zone   b Class Ⅲ.
X subject vehicle speed（km/h）   c Class Ⅱ.
Y lateral acceleration（m/s²）

图 18　ISO 22179—2019 中弯道行驶的横向加速度分布

资料来源：ISO 22179—2019。

助试验规程 i-VISTA SM-ADAS-ICAT-A0 – 2019》的单车道纵向控制能力中邻车切入试验场景。

邻车切入场景定义为主车巡线行驶或者跟随前方引导车辆行驶在某条固定车道时，相邻车道的车辆切入本车道并行驶于主车前方的过程。根据定义，切入工况主要包含切入起点、越线时刻、切入终点，如图 19 所示。

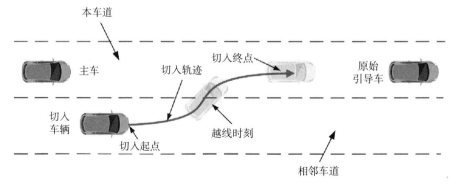

图 19　邻车切入工况示意

资料来源：《智能行车辅助试验规程 i-VISTA SM-ADAS-ICAT-A0 – 2019》。

　　自然驾驶场景一般采用六层描述体系，包含道路结构、交通设施、道路和交通设施的暂时性操纵、自然环境、交通目标、数字信息。基于场景要素描述体系和场景要素重要性分析，选取邻车切入对自车行驶有影响的环境要素和车辆要素作为聚类分析要素，包含交通状况、目标车类型、切入方向、转向灯、主车速度、目标车速度、切入时刻距离、目标车换道时间。通过使用层次聚类法，获得聚类结果如表8所示。

表8　邻车切入的聚类结果

变量	变量值	第一类	第二类	第三类	第四类
切入方向	左/右	0/100%	44%/56%	47%/53%	62%/38%
主车速度（km/h）	平均值	104.08	58.38	26.41	65.05
目标车速度（km/h）	平均值	74.56	21.73	14.36	53.43
切入时刻距离（m）	平均值	71.4	63.95	12.58	19.46
换道时间（s）	平均值	8.83	5.11	4.99	5.16
转向灯	使用/未使用	40%/60%	11%/89%	62%/38%	59%/41%
交通状况	拥挤/正常	0%/100%	0%/100%	59%/41	24%/76%
目标车类型	客车/卡车/轿车	1%/81%/18%	11%/0%/89%	6%/3%/91%	8%/24%/68%
覆盖真实工况比例（%）		15.80	17.60	23.10	43.50

资料来源：中国汽研自然驾驶数据研究。

　　由于第一类切入的目标车类型卡车占比较高，因此，基于第二类、第三类、第四类进行邻车切入场景的测试工况的设计，测试工况如表9和图20所示。

表9　目标车切入工况

单位：km/h，m

主车速度 V-sv	目标车速度 V-tv	切入时刻纵向距离 D	切入方向
30	15	20	左或右
60	20	65	左或右
65	55	17	左或右

资料来源：《智能行车辅助试验规程 i-VISTA SM-ADAS-ICAT-A0-2019》。

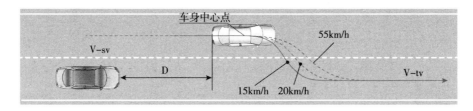

图20 目标车切入场景示意

资料来源：《智能行车辅助试验规程 i-VISTA SM-ADAS-ICAT-A0 – 2019》。

（三）i-VISTA智能汽车测评方法2020版

1. 测评体系升级

随着智能汽车技术发展，ADAS驾驶辅助系统的重要趋势之一是在实际驾驶场景中多个系统共同辅助驾驶员。从普通消费者角度来看，针对单个ADAS的测评不能完全反映车辆性能。

因此，i-VISTA 2020版测评体系根据ADAS功能，划分为智能行车、智能泊车、智能安全、智能交互四大板块。智能行车测评以L2级自动驾驶辅助为核心的功能，智能泊车测评泊车辅助系统的功能，智能安全测评L0～L1级与安全强相关的功能，智能交互先期测评语音交互与车载触屏功能。各个板块后续会根据行业技术发展补充相应的测评内容。

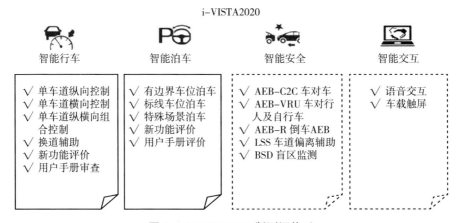

图21 i-VISTA2020版测评体系

资料来源：i-VISTA智能汽车测评方法。

i-VISTA 2020 智能行车板块包括 L1 级的自适应巡航控制、L2 级的交通拥堵辅助和高速公路辅助等系统。本规程以中国自然驾驶数据和中国驾驶员行为统计数据为基础，借鉴国内外相关标准，根据车辆单车道纵向控制能力、单车道横向控制能力、单车道纵横向组合控制能力、换道辅助能力四大核心功能，设计试验场景，包括目标车静止、目标车低速、目标车减速、邻车切入、直道居中行驶、直道驶入弯道、盲区无车、盲区有车共 8 个试验场景。

i-VISTA 2020 智能泊车评价对象升级为 L2 级泊车辅助系统，测评方法对双边界车辆/白色标线平行车位、双边界车辆/白色标线/方柱垂直车位、双边界车辆/白色标线斜向车位等七大类场景的泊车能力进行评价。智能泊车辅助模块在车辆泊车时，自动检测泊车空间并为驾驶员提供泊车指示和/或方向控制等辅助功能，辅助驾驶员完成泊车。在泊车过程中，若系统只能执行方向控制，则为半自动泊车辅助系统，属于 L1 级功能；若系统能同时执行方向和车速控制，则为全自动泊车系统，属于 L2 级功能。

i-VISTA 2020 智能安全在 2018 版测评内容的基础上，整合、调整、补充了测评内容，促使安全收益最大化。主要测评内容有 AEB 车对车场景，AEB 车对弱势群体场景，LSS 车道辅助场景，BSS 盲区辅助场景。AEB 包含了白天、夜间试验场景，也包含了横穿、纵向试验场景；LSS 的测评内容有 LDP 车道偏离辅助和 LDW 车道偏离预警；BSS 的测评内容在之前 BSD 测试场景的基础上，增加了 DOW 开门预警功能的测评。

i-VISTA 2020 智能交互为新增的测评内容，包含语音交互、触屏交互的测试与评价。车载语音交互作为智能座舱的新一代交互方式，基于人类自然语音作为输入，对汽车上的相关功能进行操作，解放驾驶员双手，保证驾驶过程中视线不离开前方道路，可有效提升驾驶安全性和便利性。i-VISTA 车载语音交互测评包括系统唤醒、功能满足度和功能丰富度等方面，具体从系统的唤醒率、唤醒时间，常用功能如导航、电话、音乐等的实现程度，以及更多功能的语音覆盖度来进行测试。

2. 测评体系创新点

以中国交通场景为基础，经过数据统计分析，形成测试场景。规程研究组采集了 100 万公里中国自然驾驶数据以及 3000 余个公共泊车区域的泊车位数据，深入分析危险、跟车、换道及泊车场景片段的数据流和视频流，聚类提取出最贴合实际交通特征的目标车静止、目标车低速、目标车减速、目标车切入、直道驶入弯道行车场景，以及包含双边界、标线形式的平行、垂直、斜向泊车位的泊车场景。

将多种 ADAS 进行综合测评，相比 2018 版测评方法，2020 版规程进一步突出了智能汽车在提升驾乘舒适性、安全性和用户体验方面的优势。首次将为驾驶员提供日常驾驶辅助的自适应巡航、自动紧急制动、交通拥堵辅助、高速公路自动驾驶辅助进行综合评价，全面覆盖 L1～L2 级自动驾驶辅助功能，填补行业空白。

引导行业技术发展方向，在各个板块的评价规程中均增加了对于新技术的加分项，如智能行车规程增加了对安全关联功能模块驾驶员状态监测系统 DMS 的加分项；智能泊车规程增加了遥控泊车功能的加分项；智能安全中增加了紧急辅助转向功能的加分项。

鼓励安全收益大的 ADAS 提升配置率，智能安全板块，各个系统的评价规程中均增加了全系标配该功能，则给予一定的加分，促进 ADAS 的配置率提升，造福全社会。

增加了对车辆用户手册的审查环节，特别要求手册中必须明确规定系统使用范围、使用激活条件及限制条件，驾驶员职责等信息，防止企业过度宣传，误导消费者滥用 L2 功能。

报告六
智能汽车评价发展趋势展望

摘　要：　随着智能汽车技术的发展，在 ADAS 测试基础上，国内外不断
开展测试评价新方法研究，以应对更高等级智能汽车的测试需
求。高等级智能网联汽车具有更宽广的设计运行域（ODD），
因此也将处理更复杂的交通天气环境，这对于系统的安全性来
说无疑增加了极大难度。故而针对未来高等级智能网联产品，
以安全性为核心的测评思路不会改变，并逐渐延伸到功能安
全、预期功能安全、信息安全评价等更多方面；在此基础上，
为提升产品对消费者的友好程度，开展对舒适、HMI、能耗、
效率等多维度评价成为国内外的研究热点；同时，由于智能汽
车为保障安全的理论测试里程规模巨大，传统测试方法难以支
撑，因此国际上也趋向于开展对虚拟仿真与实车测试相结合评
价的研究，亦引入虚拟现实、整车在环等新测试方法，以支撑
高等级智能网联汽车产品的成功量产。为满足消费者的实际需
求，推动消费者逐渐接受智能网联汽车产品，客观实用的、面
向消费者的评价必然成为未来的重要发展趋势。

关键词：　多维度评价　虚拟仿真　实车测试　智能汽车

一　发展以安全为核心的多维度的测试评价

智能汽车可以显著提升交通通行效率、节省能耗和通行时间，是解决道路
安全、交通拥堵等问题的有效方案。自动驾驶技术能够将人举从紧张的驾驶工
作中解脱出来，带来全新的驾乘体验。可以预见，智能汽车的发展必将深刻影

响人类生活的诸多方面，企业也将加快相关产品的研发和市场投放。然而，企业推出的产品是否满足道路安全要求？对解决交通拥堵有多大收益？如何对自动驾驶汽车进行评价？针对这些普遍的疑问，目前还没有一套成熟并行之有效的测评体系可以帮助我们清晰地回答。

针对L3及以上级别自动驾驶系统，在国际上虽然已有许多研究人员开展大量的相关研究，但全今仍未形成能够被业界及消费者广泛认可的自动驾驶系统测评体系。因此，亟须构建一个全面综合的自动驾驶汽车测试评价系统框架，能够覆盖安全性、舒适性、可靠性、人机交互、可用性、合规性、能耗性、行驶效率等不同维度，以满足行业及消费者对自动驾驶汽车的综合性测试验证及评价需求。各维度可定义如下。

①安全性

安全性是指对自动驾驶系统行驶安全相关的评估，如碰撞评估、车距评估、压线评估、对中评估、识别评估及速度、加速度评估等。

②舒适性

舒适性是指在自动驾驶系统运行过程中，对乘客舒适感体验的相关评估，相关指标如减速度曲线、减速度变化率曲线等。

③可靠性

可靠性是指对自动驾驶功能可靠程度的评估，如系统的激活与退出、故障率、可靠度、虚警率等。

④人机交互

人机交互是指对人与自动驾驶系统交互体验的评估，相关指标如报警信号类别、强度、报警及时性、显示界面、操作按钮等。

⑤可用性

可用性是指对自动驾驶系统可用程度的评价，相关指标如可用率、系统每百公里平均接管/退出次数、平均激活时间间隔等。

⑥合规性

合规性是指在自动驾驶系统运行过程中，系统对交通法规、测试标准规范要求的满足性。

⑦能耗性

能耗性是指在自动驾驶状态下，根据不同车的排量，测试车辆每百公里所耗费的油耗或电耗的水平。

⑧行驶效率

行驶效率是自动驾驶系统在不同交通流、道路及环境条件下的通行效率。

在智能汽车技术发展过程中，安全始终是自动驾驶需要考虑的核心。据统计，90%的传统汽车交通事故是驾驶员操作错误造成的，而自动驾驶则是通过机器代替人类驾驶，不会产生疲劳、分心，可以显著减少由操作错误产生的交通事故。但是，目前自动驾驶技术还不够成熟，社会体系的融入问题也依然没有解决，这可能会带来新的甚至更加严重的危险，比如复杂的天气和交通环境、故障失效以及信息安全等引起的风险。

自动驾驶安全技术主要包括功能安全、预期功能安全、信息安全等部分。功能安全在传统汽车电子电气开发过程中已被广泛应用；但针对自动驾驶系统的开发，功能安全标准ISO26262并不能完全满足需求，因此发展出了预期功能安全。信息安全针对恶意网络攻击下车辆的财产、隐私、操作等安全威胁，确保自动驾驶系统不会被网络黑客攻击。功能安全、预期功能安全和信息安全三者侧重点各有不同，但都贯穿自动驾驶系统开发的全过程；因此需要统筹考虑，才能确保自动驾驶系统的整体安全。它们的特点分别如下。

（1）功能安全

汽车电子电气系统发生故障后可能导致系统功能的异常表现，造成系统的非预期安全风险。电子电气系统的故障可分为随机硬件故障以及软件或流程原因导致的系统性故障。因此，在开发过程中，通过以危害分析和风险评估后得到的安全目标及安全完整性等级（ASIL等级）为导向，开发和落实相关功能安全要求，能有效降低系统功能失效导致的风险。

（2）预期功能安全

在当前车辆交通事故中，由系统故障问题导致的事故比例处于较低水平。但未来对于自动驾驶汽车，系统代替了人类驾驶员的操作，可能会产生因系统故障，或者识别、决策、执行过程的不准确，导致事故发生。这类非故障情况下因系统功能不足导致的自动驾驶安全风险，被划归为预期功能安全领域。

（3）信息安全

为提升自动驾驶系统对环境的感知和决策能力，系统除依靠自身感知系统外，还会通过V2X与其他车辆、基础设施或通信设备进行网络通信。而在这个过程中系统可能受到来自网络的攻击。因此需要建立网络防护，确保自动驾驶系统不会被黑客恶意操纵，防止恶意网络攻击对车辆行驶安全、用户隐私保护等带来的威胁。

除上述之外，L3 及以上级别自动驾驶系统的安全性还体现在"安全要素"方面。当前，国际上针对 L3 及以上级别自动驾驶系统，美国国家公路交通安全管理局（NHTSA）、联合国欧洲经济委员会（UNECE）等机构提出了安全要素的概念，覆盖自动驾驶系统开发、测试和应用的全过程，意在对汽车制造商进行引导，并为高等级自动驾驶系统的落地提供支撑。NHTSA 针对自动驾驶系统提出了 12 项安全要素，包括系统安全（System Safety），设计运行域（Operational Design Domain），对象和事件检测与响应（Object and Event Detection and Response），最小风险状态（Minimal Risk Condition），验证方法（Validation Methods），人机交互界面（Human Machine Interface），网络安全（Vehicle Cybersecurity），耐撞性（Crashworthiness），崩溃后行为（Post-Crash ADS Behavior），数据记录（Data Recording），消费者教育与培训（Consumer Education and Training），联邦、州和地方法律（Federal、State and local laws）。这些安全要素通常被认为是自动驾驶系统开发、测试和应用过程中最突出需要考虑和解决的问题，适用于自动驾驶系统原始设备和更换/更新设备（包括软件更新/升级），它们不取决于系统具体的设计限制，后续可能会成为指导高等级自动驾驶系统开发和测试验证的通用要求。

二 发展虚拟仿真与实车测试相结合的测试评价

由于 L3 及以上级别自动驾驶系统所需的场景数量和场景复杂程度大幅增加，其在大规模进入市场之前，理论上需要千万公里乃至上亿公里的道路测试才能满足对系统基本安全要求的评估。在这种情况下，传统车辆的测试方法已不足以满足自动驾驶汽车开发、测试和认证的需求。而相较实车测试，虚拟仿真测试具有更好的经济性和测试效率，因此逐渐成为验证自动驾驶系统不可或缺的手段，在自动驾驶系统开发、测试和验证过程中发挥着越来越重要的作用，为自动驾驶技术早日实现商业化提供有力支撑。

目前，自动驾驶系统的测试手段主要包括虚拟仿真测试、封闭场地测试和公开道路测试。而针对越来越复杂的高等级自动驾驶系统，将以上三种测试手段结合起来，形成覆盖自动驾驶开发测试"V模型"的综合测评体系以加快自动驾驶技术开发和验证的进程，成为业界主流的研究与应用趋势。

三种方法对比如下。

虚拟仿真测试包含软件在环（SIL）、模型在环（MIL）、硬件在环（HIL）以及车辆在环（VeHIL）等不同技术手段。因为高效、灵活与经济性，其已成为解决自动驾驶大规模测试验证的重要工具；但是，虚拟仿真测试需要海量的测试场景作为支撑，而高逼真度的虚拟场景自动化转换技术及广覆盖度的场景重构技术目前尚不成熟，以及如何提升虚拟仿真测试结果的真实性，这些问题都需要业界进一步研究。

封闭场地测试依托专业测试场地，通过专业测试设备（如数采系统、假车假人等）开展自动驾驶系统实车测试验证。在封闭测试场地中，测试人员可以在安全风险可控的条件下设计并执行相关测试，发现被测车辆存在的安全问题；并且，在封闭场地测试中，测试人员可以方便搭建可重复测试场景，实现对自动驾驶系统的功能逻辑、交互与性能测试；封闭场地测试也是目前执行自动驾驶相关标准规范的测试实施所使用的最普遍的测试手段。

公开道路测试是在法律允许且配有安全员的条件下，ADAS/自动驾驶系统长时间真实行驶在公开道路上，通过真实的道路、天气环境与连续、随机的复杂交通流来对系统的感知、决策与执行进行综合验证与评估。该方法可以测试自动驾驶系统在真实应用环境中的表现，理论上达到某一测试里程即可验证自动驾驶系统的安全性；但是公开道路测试需要较高的时间、人力、资金成本，测试的可重复性和条件的受控性较差，在某些极端情况下可能威胁测试人员或周围交通参与者的生命安全，也难以定义测试里程的边界和评价测试的充分性。

总体来看，从成本（时间、资金）和真实度考虑，虚拟仿真测试成本低但真实度有待提升，实车测试（封闭场地测试、公开道路测试）结果真实但成本较高。因此，未来针对自动驾驶系统的测试，"虚实结合"不但是虚拟仿真和实车测试两种方法手段的结合，也会将虚拟仿真方法应用到实车测试中，例如虚拟现实技术、整车在环等。其中，面向整车的虚拟现实技术是将真实车辆与仿真测试环境结合，利用仿真场景中的环境信息与真实车辆上的控制器进行实时交互，实现真实车辆在不同仿真测试场景下的协同测试。在测试过程中，驾驶员坐在真实车辆中在空旷的场地上正常驾驶，同时，在虚拟环境中的主车接收来自真实车辆的数据进行同步运行。因此，该技术一方面验证了整车控制器的功能逻辑；另一方面也能验证真实车辆在接收到控制信号后的真实反应，便于对控制器的重要参数进行标定和优化。整车在环是将真实车辆与虚拟场景结合的一种"虚实结合"测试方法，将控制系统集成到真实车辆并固定在特殊转毂上，通过实时控制系统控制真实目标物或者信号注入的方式实现对系统的同步联动测试；由于车辆是真实的，试验结果更加真实、可靠。通过整车在环测试可以实现对更加危险、复杂场景的复现和测试，有效减少控制系统的开发与集成测试时间，同时可以大幅度节约成本，降低危险事件的发生概率。

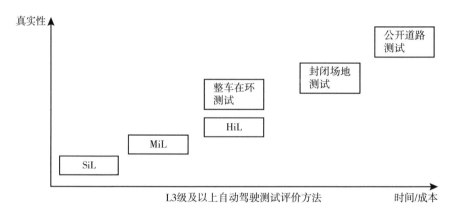

图1　整车在环实验室特点

资料来源：中国汽研整理。

自动驾驶汽车的测试评价体系是一个环环相扣又互为补充的复杂链条，任何一种测试方法都无法完全满足自动驾驶系统的测试验证需求。鉴于虚拟仿真测试、封闭场地测试和公开道路测试各有优劣并能有效地相互补充，在未来的发展趋势中，三种测试方法应该通过科学安排，形成覆盖自动驾驶系统开发"V模型"的完整综合性测试验证方法链。

三　发展客观实用的、面向消费者的测试评价

全球智能汽车正朝着智能移动终端的方向快速发展，先进驾驶辅助系统、

车载信息娱乐系统、语音控制、手势识别、多屏交互、抬头显示、远程控制等各种功能层出不穷，但普通消费者对各项功能了解尚不全面，很难去对这些智能配置的性能优劣进行分析和评价，而且不同厂家对功能的定义也不尽相同。这给普通消费者选车、用车带来了极大的困扰。

盖世汽车最近的一份调查结果显示，仅25%的参与者认为自己车上的ADAS实用性高，34%的参与者则认为自己车上的ADAS噱头大于实用，12%的参与者称ADAS系统经常误判，10%的参与者则觉得车上的ADAS操作太复杂，还有部分参与者则认为自己车上的ADAS功能设计不明确，反应不灵敏。因此，为了更好地适应消费需求，迎接即将来临的汽车"智能潮"，行业需要完善和严格的标准体系，以及相应的测评体系，一方面为消费者呈现一个真实的ADAS/自动驾驶发展业态，倒逼车企技术升级；另一方面为消费者选购智能汽车提供决策参考。

行业必须开展面向消费者的智能汽车第三方测试评价，既能保证中立、公正、专业，又能够根据技术发展及应用情况，从消费者角度对市场上相应的车型进行评价，并公开发布权威的报告，从而服务于市场和消费者。比如，对当前市场上重点关注的自适应巡航控制、自动紧急制动、车道偏离预警、盲区监测、自动泊车辅助等先进驾驶辅助系统的车型进行评价，并将评价结果以直观量化的等级形式定期对外发布。这方面，中国汽研已经推出了基于i-VISTA的智能汽车测评方法评价体系，并且产生了一定的影响力，是一个良好的开端。

长远来看，构建面向消费者的智能汽车测试评价是必然趋势，具有巨大的发展价值，对应的测试评价需要考虑纳入更多的评价维度，分阶段引入V2X和面向L3以上高级别的自动驾驶评价，打造出具有国际影响力的智能汽车评价品牌，广泛而且持续地为消费者买车用车提供权威参考，为政府监管、保险精算等行业提供理论与数据支撑，从而引导整车和零部件企业对产品进行优化升级，形成智能汽车行业良性循环发展的新模式，带动整个汽车产业链和交通产业链向更安全、更高效的方向发展。而i-VISTA智能汽车测评方法作全球首个面向消费者的中立、公正、专业的智能汽车第三方测试评价体系，将牢牢把握全球智能网联技术的发展趋势，紧密贴合中国特色地理交通环境特征，立足全球领先的大数据分析成果与国际一流的测试场地设备人力资源，致力于打造最适应中国环境的智能网联测试评价规程，促进智能网联汽车技术水平的不断提升，为中国消费者选出更优秀的智能网联汽车产品。

参考文献

美国交通部：《自动驾驶系统 2.0：安全愿景》（Automated Driving Systems 2.0：A Vision for Safety）。

吴海飞、宋雪松、曹寅：《质量与标准化》，上海机动车检测认证技术研究中心有限公司，2018 年 5 月 25 日。

毛向阳、尚世亮、崔海峰：《上海汽车》，泛亚汽车技术中心有限公司，2018 年 1 月 10 日。

中国汽车工程学会、天津智能网联汽车产业研究院编著《中国智能网联汽车产业发展报告（2018）》，社会科学文献出版社，2018。

中国汽车工程学会、国汽（北京）智能网联汽车研究院有限公司主编《中国智能网联汽车产业发展报告（2019）》，社会科学文献出版社，2019。

国家制造强国建设战略咨询委员会：《〈中国制造 2025〉重点领域技术路线图》，2015 年 10 月。

《汽车行业深度报告：软件定义汽车，智能座舱先行》，东吴证券，2020 年 4 月。

《2020 智能汽车趋势洞察及消费者调研报告》，车云研究院，2020 年 3 月。

《2019 智能汽车消费者调研》，车云研究院，2019。

《智能网联趋势下的消费者需求》，尼尔森，2019 年 1 月。

《汽车智能座舱发展趋势白皮书》，罗兰贝格，地平线，2019 年 11 月。

《全球汽车产业新四化的发展转型态势》，罗兰贝格，2019 年 3 月。

北京市经济和信息化委员会：《北京市智能网联汽车产业白皮书（2018 年）》，2018 年 10 月。

中国电子信息产业发展研究院，工业和信息化部装备工业发展中心：《全球智能网联汽车产业地图》，2018 年 10 月。

李克强、戴一凡、李升波、边明远：《智能网联汽车（ICV）技术的发展现状及趋势》，《汽车安全与节能环保》2017 年第 8 期。

郭丽丽、陈新：《智能网联汽车网络架构方案研究》，《汽车科技》2017 年第 3 期。

王莹：《车联网与自动驾驶关键技术问题》，《车联网与自动驾驶》2017 年第 5 期。

柏麟：《智能网联汽车 ADAS 及 V2X 技术推广动态浅析》，第十二届中国智能交通年会论文集，2017。

绿 色 篇

汽车健康测评

报告七
国内外汽车健康现状

摘　要： 本报告首先分析了消费者对车内环境健康的诉求，统计梳理了消费者最关心的车内健康污染问题。其次，介绍了车内空气中 VOC（车内挥发性有机物）、VOI（车内气味）、EMR（电磁辐射）、PM（车内颗粒物）、VAR（车内致敏风险）、车内生物污染防护等的检测标准和研究成果，为车内环境健康的改善提供数据支撑。

关键词： 车内环境健康　汽车健康　技术法规

一　消费者对车内环境健康的诉求

（一）消费者对车内污染问题的投诉情况

1. 车内异味成为困扰用户最大的车内环境问题

从 2015 年至 2020 年 1 月 1 日，车质网投诉平台共收到车内环境相关投诉

13156 宗。其中车内异味问题集中度最高［车内异味包含 VOC（车内挥发性有机物）产生的气味，后文统称为"车内异味"］，对用户的困扰度最大，共收到 12634 宗投诉，从投诉量来看，车内环境问题已是用户关注的一大焦点。

2016～2019 年，每年关于车内异味的投诉基本维持在 2500 宗左右（见图1），总投诉量在 200 多项投诉问题类别中排名第 4～10 位（见图 2），除动力总成问题外排名第 2，属于用户集中抱怨的问题。由于车质网每年总投诉类别及投诉量的快速增长，车内异味问题占比持续下降，2019 年占比为 3%。

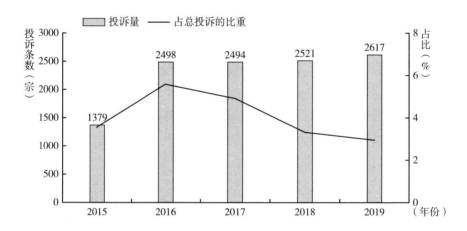

图 1　2015～2019 年车内异味的投诉量及占比变化

资料来源：车质网。

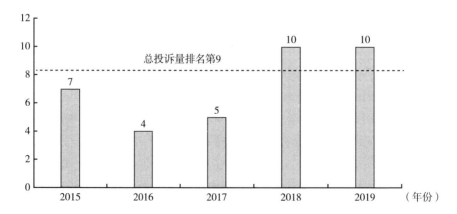

图 2　2015～2019 年车内异味投诉在总投诉问题中的排名变化

资料来源：车质网。

2. 用户多能接受新车有味道，若一年以上味道仍存在，用户抱怨度高

由图 3 可看出，购车一年内投诉车内异味问题的有 1073 宗，仅占 8.9%，说明一年内的新车异味问题，用户接受度较高；购车 1~4 年内投诉车内异味问题的有 7438 宗，占比高达 61.5%，说明一年以上味道仍存或味道加重会加大用户抱怨度。

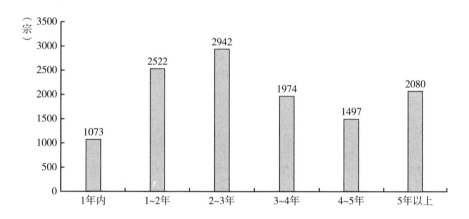

图 3　各车龄段车内异味问题的投诉量分析

资料来源：车质网。

（二）车内微生物与车内环境健康

1. 真菌和病毒

车内环境受外界环境的影响。车内微生物主要来自环境，包括驾驶员和乘车人带入，还有一部分来自车内物品，是由卫生条件差导致的病菌滋生。与车内传染性病原微生物关系最密切的是军团菌、结核菌、非典型性肺炎病毒、禽流感病毒、支原体和衣原体等。新冠肺炎疫情期间，闻"毒"色变，其实微生物病原体对私家车的影响还是比较小的，只要做好个人卫生和用车卫生，大可不必恐慌。在车内环境中，微生物对人的健康有什么危害呢？以下举几个例子。

（1）病毒

大多数呼吸道病毒都是季节性流行的产物，如流感、H1N1、MERS 等，这次新冠肺炎病毒也不例外。大多数呼吸道疾病通常在秋冬季发生，而在入夏

后趋于结束。流感作为一种高度传染性的呼吸道疾病几乎伴随人类的成长史。流感病毒通过至少两种机制在人与人之间传播：呼吸系统分泌物的直接和间接传播，以及与落在污染物上的大液滴接触。所有呼吸道病毒的传播途径都是类似的。所以戴口罩防止呼吸道病毒传播，在任何时候都是简便有效的办法。

（2）真菌

①车内环境中的真菌

对乘用车内环境影响最复杂的微生物应当是真菌。真菌遗传特性复杂，形态各异而且多变，决定了它的变应原性的复杂性，因此很难找出一种具有代表性的真菌变应原成分。真菌的抗原物质绝大部分来自真菌的孢子及菌丝，而且不同的真菌菌株在有性繁殖期与无性繁殖期两个不同的阶段，在形态上有明显的不同。例如，匐柄霉（Stemphylium）在无性繁殖期的形态几乎与多孢霉（Pleospora）的有性繁殖期无法分辨。因此不同真菌的变应原性又往往具有相对的交叉性。另外，同一种真菌变应原作用在不同的真菌过敏病人时，可以出现截然不同的反应；再加上真菌过敏患者在对真菌变应原过敏的同时，往往还会产生多种对其他非真菌性变应原的过敏反应，更使真菌的变应原性问题趋于复杂，真菌的形态与发育又受环境的影响而变异。不同的接种条件、培养基成分、培养温度及湿度，均可导致真菌形态的自动变异，从而影响其变应原性。

②由真菌产生的呼吸道致敏

真菌致敏的最主要途径是吸入致敏，凡能飘散入空气中的真菌，亦是最常见的致敏真菌。常见的致敏真菌有交链孢霉，它不仅是呼吸道变态反应的主要致病菌，也是过敏性结肠炎的主要病因之一。环境中的真菌是否能引起致敏，首先要检测其变应原性。主要利用两种手段检测，一是生物学方法，即通过真菌变应原的皮肤试验或其他激发试验，以推测其变应原性的强度与活性；二是用放射免疫法，即利用放射变应原吸附试验（RAST），从体外测定变应原浸液的变应原强度与活性。

了解真菌致敏的以下特点，可帮助用车人自行判断发生致敏是否因车内真菌引起，前8项与用车的内外环境有关，后3项与真菌本身有关。

真菌代谢产生的气味，这些代谢产物可能成为真菌致敏的决定簇。不同真菌代谢产物的量有大有小，有的具有刺激性与挥发性，形成特殊的霉味，容易诱致过敏；而有些真菌则代谢物少且比较稳定，不产生强烈的气味，这些真菌较少引起过敏。

温度，一般致敏真菌均喜生长在温暖的地方，其最适合的温度为18℃ ~ 32℃。气温在10℃以下，真菌生长速度常受抑制。但即使在﹣56℃的环境下，真菌仍能维持生命力，故绝不意味着严寒地区即无真菌生长。真菌变态反应较多出现于温暖地区。但如温度高达71℃则大部分真菌会死亡，有些真菌对温度的适应性较强，如曲霉菌，而另一些则较弱，如酵母菌。

湿度，湿度高有利于真菌的生长，车辆长时间停留在湿热的地方容易滋生霉菌。

日晒，真菌如受日光直接曝晒则很快死亡。

腐殖质的存在，如果某一区域虽然温度湿度适中，但不存在可供真菌营养的腐殖质，如遗落在车内的实物残渣等，则真菌亦难生长，故保持环境洁净亦是预防真菌变态反应的重要措施之一。

空气流速，在空气中飘散的真菌孢子，其飘散程度常与空气的流速有一定关系。孢子一般均来自地表，随大气对流及风力散入空中。

氧的供应，一般气传真菌的生长有赖于氧的供应。多数真菌在温湿的空气中生长迅速，在隔绝了氧的供应的水中或在氧气供应不充分的条件下，则生长受到抑制。

车内外条件的差异，气传致敏真菌的播散，车内外差异较大，车外空气中真菌含量受自然条件的影响较大，而车内则受用车人的习惯影响较大，如车内的通风、日照、清洁度及室内贮存的物件等。

孢子的体积，致敏真菌的孢子体积越小，越易随气流飘扬而被病人吸入呼吸道的深部，如曲霉菌、青霉菌、锈菌、黑粉菌等，孢子直径均在10μm以下，容易被吸入呼吸道深部，诱发致敏。

真菌孢子或菌丝在空气中的飘散量，一般来说真菌孢子或菌丝的播散量越大越易导致过敏。

真菌在空气中存留的时间，真菌在空气中存留的时间越长致敏的概率越高，有些真菌在空气中出现季节性特性，则致敏的时间往往与真菌增长季节高峰相一致。

③如何防护真菌致敏

车内或多或少都含有真菌，除了真菌本身的致敏性之外，个体体质也是引发致敏的重要原因。因真菌而致敏的人，大多数属于过敏易感体质，他们多数有家属过敏史或本人对其他致敏原的过敏史。对真菌的过敏往往表现出明显的特异性。同属真菌过敏的病人，有些人对交链孢霉过敏强烈，而另一些人则又可能对镰刀菌高度过敏。造成这种差异的原因很复杂，除了个体本身的体质特性外，还取决于后天对真菌暴露机会的多少、真菌暴露时的特殊体质状况等。例如，平时每个人在生活环境中，均有各种真菌孢子吸入，但由于呼吸道的天然屏障健全，并不引起过敏。然而一旦呼吸道发生炎症，特别是在病毒性炎症的情况下，呼吸道黏膜上皮破坏，毛细血管暴露，通透性增高，特定的真菌致敏原可被直接吸收而造成某一特定真菌的过敏。

2. 微生物—人—车的关系

可以说微生物与人类在生物学上是相互依存的共生关系，人体各系统器官处在一种有益菌与致病菌相对平衡的状态。比如，病毒可以激发人体免疫机制、产生免疫抗体，形成并维持机体的防御能力。预防免疫接种疫苗就是这个道理。但是病毒会使人患病并危及健康。例如，流感病毒等传染性比较强的病毒等。微生物与人类达成一种微妙的相对平衡的状态。

车作为交通代步工具，也是微生物居住的场所。车内环境、乘车人和微生物形成了一个动态的生态体系。良好的生活和用车习惯直接影响三者之间的相互关系。车作为流动工具，如果处理不当，可作为传播载体导致传染病的流行。因此，车辆作为交通运输工具，定时和做足消毒措施是必要的也是必需的。但是对于私家车，由于其私人属性和易于防控，一般做好日常的卫生清洁就足够了，无须进行过度的消毒。在发生特殊情况时，如车内环境明确受到传染源的污染，采取一些必要的强化消毒措施可保证用车安全。

传染病流行期间，如此次新冠肺炎疫情期间，面对新发传染病流行的诸多不确定性，如无症状感染者、人群感染情况不确定、病毒不断变异且传染性强等，有必要提高警惕性，做一些必要的防控准备。如车内乘员从公共场所返回车辆后，建议先用手消毒剂对手进行清洁，亲友搭乘后，也可以及时开窗通风，并对车辆相关物体表面进行消毒。减少陌生人乘车机会，尽量保持车辆通风、干燥，提高空调系统清洁频率。当然，也不建议对车辆过度消毒，不必反复在车内空气喷洒消毒剂，过量使用消毒剂会腐蚀车内饰品，造成乘车人吸入或接触到消毒剂，带来更大的健康风险。

（三）消费者理想的"健康车"

在用车过程中，车主的身心健康越来越受到重视。除了排放尾气、粉尘、可吸入颗粒物外，车内异味、电磁辐射、致敏物质等因素，都在潜移默化中严重影响着人体健康。在车辆使用过程中，用户对车内异味、车内粉尘、PM2.5过滤效率、致敏物质、电磁辐射等问题，均持有较高的关注度。此次新冠肺炎疫情暴发后，人们对车内环境健康的关注已不再局限于传统的异味、VOC等方面，如车内的抗菌、抗病毒、过滤防护、空气净化、智能空调、药物香薰、驾乘人员体征监测等新技术已成为"健康车"下一步发展的重点。

二　汽车健康技术法规和标准体系研究

（一）VOC及车内气味国内外法规标准体系

1. 国外 VOC 技术法规及标准体系

车内空气质量问题成因比较简单，主要是汽车内饰材料释放的有害物质。车内空间狭小，密闭性强，车内空气与驾乘人员直接接触，车内空气污染对驾乘人员的健康有重大影响。虽然车内空气污染程度可能会随着车体材料中有害物质的不断释放而有所减轻，但是在一般情况下，车辆从制造完成到交付给用户使用的间隔只有几天到几周的时间，加上车辆在库存和运输过程中，乘员舱都处于与外界环境隔绝的密闭状态，因此这段车辆储运的过程根本不足以充分释放和清除车内污染。往往用户开始使用新车的时候，也是车内空气污染最严重的时期。虽然目前市场上有各种声称能够消除车内污染的方法和技术手段，但是其有效性往往难以验证。用户也不可能将车辆闲置起来，等到车内污染物消减以后才开始使用新车，因此，在很多情况下包括孕妇、病人和儿童等敏感个体都可能受到车内污染的影响。车内空气污染物的成分较为复杂，有关机构进行的检测和研究情况表明，车内空气中存在的挥发性有机物有数百种，包括烃类、醛类、酮类物质等，主要有苯、甲苯、乙苯、二甲苯、苯乙烯、甲醛、乙醛、丙烯醛等污染物。车内空气污染状况与车辆制造工艺和零部件种类有直接关系，影响较大的有汽车仪表板总成、车门内饰板、地毯、顶棚、汽车线

251

束、座椅总成等。

20世纪80年代中期以来，世界各国开始关注车内空气质量问题，各类环保团体以及汽车公司采取了一系列措施使车内空气质量的测量规范化，国际上主要针对车内可挥发性有机物进行研究和控制。对于因汽车零部件和内装饰材料引起的车内空气质量问题，这些国家主要通过对配套零部件的管理来实现。例如，沃尔沃、大众等公司在欧洲采购车内装饰物和零部件的时候，公司内部都有比较严格的关于环保的规定；日本丰田公司有企业内部规定，从原材料环节控制车内异味的产生，在新车定型时还有专人针对"车内味道"进行感官评判。经过各方努力，自2000年以来，汽车工业较发达的国家也陆续开始起草并实施车内空气质量相关的标准和规范。

（1）俄罗斯国家标准

俄罗斯国家标准对所测车辆采用便携式气体分析仪，即时分析所采集空气中的部分气体以及在实验室进一步对气体中的3B进行分析。标准定义中3B为一定浓度大气中所含的化学或者生物物质以及这些物质的混合物，对人们的健康和周围环境产生有害影响。该标准中限定了一氧化碳、二氧化碳、一氧化氮、甲烷、极限酯族烃、甲醛等物质的浓度。

表1　汽车驾驶室和乘客厢内的3B清单和所允许的极限浓度

单位：mg/m^3

污染物质	卫生定额标准	污染物质	卫生定额标准
一氧化碳	5.000	甲烷	50.000
二氧化碳	0.085	极限酯族烃	50.000
一氧化氮	0.400	甲醛	0.035

注：极限酯族烃、一氧化碳、一氧化氮、二氧化碳针对使用汽油和（或）液化油气工作的带点火启动式发动机的汽车；一氧化氮、二氧化碳、一氧化碳、甲醛针对带压燃式发动机的汽车；甲烷、一氧化碳、一氧化氮、二氧化碳针对使用压缩天然气工作的带点火启动式发动机的汽车。

资料来源：P51206—2004车舱内有害物质的含量。

实验在汽车两种工作条件（制度）下进行。

Ⅰ——确定的行驶速度为50km/h。在坚硬的、坡度不超过（2.0±0.5)%的路面上进行实验。对于带机械传动箱的汽车，要选择保障稳定行驶的高传动。

Ⅱ——空转。针对停止状态下的汽车，生产商规定的发动机曲轴以最低频率稳定旋转时发动机的工作制度。

Ⅰ制度实验是在车门窗封闭状态下启动发动机，将汽车行驶到路上，而后关闭发动机使汽车停止，打开窗户、门、通气孔，使乘客厢和驾驶室通风。过（5±1）min后打开车门、窗和通气孔。启动发动机，沿路线行驶。循环开始后（20±5）min，继续行驶，对汽车驾驶室和（或者）乘客厢内的空气进行即时分析。

Ⅱ制度实验规定实验开始前，以实验汽车为中心，对5~10米半径的实验区域内空气中的3B进行即时分析。如果在实验区域内测量的3B浓度不超过用于居民区大气极限允许浓度的一半，则可以开始实验。实验开始前，将汽车放置在合适位置，让排出尾气的气流方向正对着风向，保证通风和加热系统的实验条件和工作制度，然后启动汽车发动机。在转入制度（20±5）min后，不关闭发动机，对汽车驾驶室和乘客厢内的气体进行采样并对3B进行即时分析，分析结束后，断开气体分析仪电源。Ⅰ制度和Ⅱ制度实验结束后，将实验过程中采集的空气样品转入实验室进行分析，从而进行更深入的研究。

俄罗斯国家标准对不同样车采样点的示意图如图4所示。

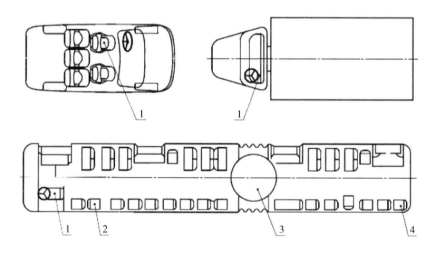

图4　俄罗斯国家标准采样点示意

资料来源：P51206—2004车舱内有害物质的含量。

（2）日本国家标准

日本 JAMA 2005 年自主行动计划——《小轿车车内空气污染治理指南》规定了 VOC 测试方法，车内污染物的测试主要分为三部分：预处理步骤、密闭放置时的甲醛浓度测定和乘车时的其他物质浓度测定。车内污染物测试流程如图 5 所示。

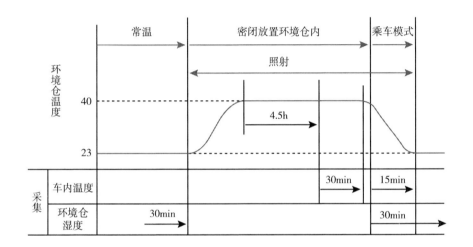

图 5 日本车内污染物测试流程

资料来源：日本自工会 VOC 标准 No.98 降低车厢内 VOC（挥发性有机化合物）的自主行动。

预处理：试验舱的温度设置在（23±2）℃且换气状态良好，并保持该状态至试验结束，将车辆搬运到试验舱内，关闭发动机，随后打开所有车门，放置 30min 以上，使车辆温度和试验舱温度一致。

密闭放置时的甲醛浓度测定：关闭车门和所有的车窗，利用射灯将车内采集空气位置附近的温度升至 40℃。在取样过程中，维持车内采集空气位置附近的温度在（40±2）℃。升温至 40℃，经过 4.5h 后，启动采样装置，空放 10min 后再采集车内空气 30min。

乘车时的其他物质浓度测定：密闭放置模式下车内空气采集结束后，立即更换其他物质采集用的采集管。打开驾驶室侧车门，启动发动机及空调后立刻关闭车门（10s 内完成）。关闭车门后开始采集样本空气，车内空气采集

15min，试验舱内空气采集30min。

日本自工会对甲醛和甲苯的温度依存性和浓度随时间的变化做了相关研究，结论如图6、图7、图8、图9所示。

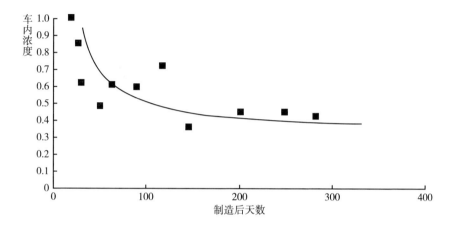

图6　甲醛浓度的经时变化

资料来源：日本自工会VOC标准No. 98降低车厢内VOC（挥发性有机化合物）的自主行动。

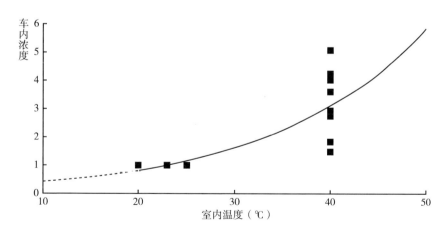

图7　甲苯浓度的经时变化

资料来源：日本自工会VOC标准No. 98降低车厢内VOC（挥发性有机化合物）的自主行动。

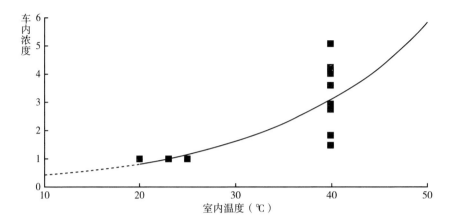

图 8　甲醛浓度的温度依存性

资料来源：日本自工会 VOC 标准 No.98 降低车厢内 VOC（挥发性有机化合物）的自主行动。

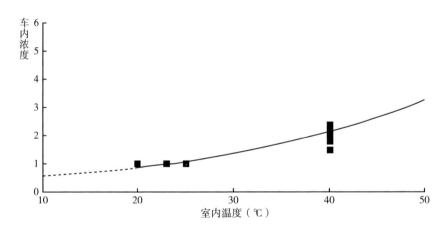

图 9　甲苯浓度的温度依存性

资料来源：日本自工会 VOC 标准 No.98 降低车厢内 VOC（挥发性有机化合物）的自主行动。

（3）德系标准

德系标准采用的测试方法主要为恒温测定，由于高温更有助于材料中各种有害物质的释放，从而更好地对材料的排放潜力进行评价，因此在测试时温度

设为65℃。另外，最新的研究添加了一个暴露模式测试，选取温度为（23 ±
2）℃，这是由于21℃~25℃属于人体舒适温度的范围，温度若不在这个范围，
驾驶员会通过开窗或者开空调来调节温度，因此暴露模式测试是基于人体真实
的暴露情况而进行的。其测试步骤如下。

预处理：车辆预处理时间定义为下线28天内，这和汽车从下线到消费者
手中的时间相当。试验舱的温度设置在（23 ±2）℃且换气状态良好，并保持
该状态至试验结束。将车辆移至试验舱内（发动机保持关闭状态），将车门和
车窗全部打开，通风至少8h以上，使车内外空气保持一致。

整车的排放潜力测试（材料开发）：关闭所有车门和车窗，使空气交换率
达到最小。利用射灯将车内采集空气位置附近的温度升至65℃。在取样过程
中，维持车内采集空气位置附近的温度在（65 ±2）℃，对车内外同时进行
采样。

暴露模式（模拟驾驶员的真实驾驶状况）：关闭所有车门和车窗，使空气
交换率达到最小。将车内采集空气位置附近的温度调节到23℃，调整试验舱
内的空气湿度为50%。在取样过程中，维持车内采集空气位置附近的温度在
（23 ±2）℃，对车内外同时进行采样。德系标准射灯与车辆的相对位置示意图
如图10所示。

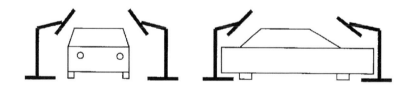

图10　德系标准射灯与车辆的相对位置示意

资料来源：PV 3938《汽车内部空间气体》。

（4）韩国国家标准

韩国新规中测定对象为从汽车下线起4周内（14~28天）的轿车。新规中
汽车车内空气管理评价的污染物质包括甲醛（Formaldehyde）和5种挥发性有机
物：苯（Benzene）、甲苯（Toluene）、二甲苯（Xylene）、乙苯（Ethylbenzene）、
苯乙烯（Styrene）。

预处理：受检车内空气循环处于内部循环状态，揭掉受检车内部构件表面出厂时所使用的塑料薄膜，将所有车窗门关闭。受检车在测定前需在常温（25℃）下静置不少于12h，以保持温度稳定。受检车辆测定温度维持在（25±2）℃。记录受检车辆测定时的温度和湿度。

测试准备：将受检车辆所有门窗打开30min并安装固定好采集管和温度计等。

检测：将受检车辆所有门窗关闭，密闭2h后开始采集受检车辆车内及测定室的空气。

（5）ISO标准体系

对新车的测试应当在组装完成后的（28+5）d内执行。受试车辆应当在阴凉处或销售厅内存放、运输（无直接阳光照射），不能使用运输保护蜡，行驶里程不应超过50km，规定了测定车厢空气中挥发性有机化合物和醛酮类物质所用的整车试验室、蒸气取样组件和操作过程。共执行了三项测定：第一项是在23℃标准条件下（无空气交换）模拟环境条件期间的一项测定（用于VOCs和醛酮类）；第二项仅用于在高温下测量甲醛（停车模式）；第三项用于车辆从高温开始在阳光下停放后，模拟行驶时的测量VOCs和醛酮类（行驶模式）。对于欧洲、亚洲、北美等地平均太阳辐射的模拟，在整车试验室中使用了固定的辐射。

预处理：在环境模式测试期间，将整车实验室的温度调节为（23±2）℃。可能需要加热或冷却装置。整车实验室的湿度应当为（50%±10%）RH。整车实验室应当通风良好，空气交换率至少应为2次/小时。继续调节整车实验室，并在（23±2）℃和（50%±10%）RH的条件下关闭受试车辆所有门窗至少8h或更长时间（如一整夜），并保持整车实验室中的空气交换率至少为2次/小时（推荐值）。受试车辆中没有空气交换。

标准模式采样（VOCs及醛酮）：在采样开始之前，吹扫采样管线的不连通体积。打开四个采样装置组的泵，在室温（23±2）℃和环境模式下，在受试车辆车厢中对气态有机化合物取样30min。同时打开整车实验室中的四个采样装置组，以测定VOCs和醛酮类本底浓度（两个采样装置组用于VOCs，两个采样装置组用于醛酮类）。探头放置在车厢空气入口前1米处，在同一个位置测量相对湿度和温度。ISO标准模式采样示意如图11所示。

图 11　ISO 标准模式采样示意

资料来源：中国汽研整理。

停车模式采样（甲醛）：开始使用加热器加热。将辐射调节为（400±50）W/m², 并保持辐射 4 h。将整车试验室中的空气交换率调整为至少 2 次/小时（推荐值）。将两个 2，4 – DNPH 滤筒安装在受试车辆测量所用的两个采样装置组中和整车实验室所用的两个采样装置组中。在采样开始之前，对采样装置组进行泄漏检查，并吹扫不连通体积。打开四个采样装置组的泵（均用于醛酮类，各自平行）。在高温下，在受试车辆车厢中执行甲醛采样 30min。应当遵守 ISO 16000 – 3（醛酮类）中描述的测量步骤。ISO 停车模式试验示意如图 12 所示。

图 12　ISO 停车模式试验示意

资料来源：中国汽研整理。

行驶模式采样（VOCs和醛酮）：打开行驶员车门，启动发动机，在60s内打开空调。如果为自动空调，则为23℃，如果为半自动或手动空调系统，则为最低档运行；对于没有空调系统的车辆，将风扇设置为新风通风的最大挡，同时打开四个采样装置组的泵（两个用于VOCs，两个用于醛酮类，各自平行），高温下对受试车辆的车内空气采样30min。

ISO标准整车VOC试验流程示意如图13所示。

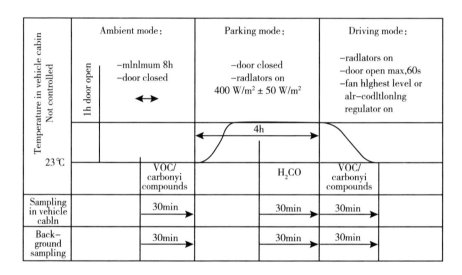

图13 ISO标准整车VOC试验流程示意

资料来源：道路车辆室内空气第一部分整车试验舱—驾驶室内挥发性有机物测定方法和规范。

2. 国内VOC技术法规及标准体系

2004年7月，《车内空气质量标准》专家小组成立，开始进行国家标准的制定工作。2007年颁布了测量方法HJ/T 400—2007《车内挥发性有机物和醛酮类物质采样测定方法》，该方法于2008年3月1日起实施。该标准规定了乘用车车内空气质量检测的采样点设置、采样环境技术要求、采样方法及设备、相应的测量方法及设备、数据处理、质量保证等内容。2011年颁布了《乘用车内空气质量评价指南》（GB/T 27630—2011），该指南于2012年3月1日实施。GB/T 27630—2011第一次规定了车内空气中常见的8种可挥发性有机物——苯、甲苯、二甲苯、乙苯、苯乙烯、甲醛、乙醛、丙烯醛的浓度要求，为国内车内空气质量控制提供了依据。

检测流程大致分为三步。首先，将合格下线（28 ± 5）d 的车撕去表面覆盖物后打开车门、车窗、后备厢、内部储物格等，安装好采样装置后，静置于环境舱中，静置时间不低于 6h。其次，关闭所有门窗，受检车辆保持封闭状态 16h 后进行醛酮和 VOC 组分平行采样（车内空气及车外背景）。最后，通过高效液相色谱分析醛酮组分浓度，通过热脱附—气质联用仪分析 VOC 浓度。

3. 国内外 VOC 法规限值比较

GB/T 27630—2011《乘用车内空气质量评价指南》作为国内首个车内空气质量标准，让车内空气质量有标准可依，但推荐性标准对汽车生产企业的约束力不强一直备受诟病。环保部于 2016 年 1 月 22 日发布 GB 27630 - 201X《乘用车内空气质量评价指南》征求意见稿，该标准将替代我国现行车内空气质量标准 GB/T 27630—2011，这意味着中国将成为世界上首个出台乘用车强制性国家标准的国家，其他国家的标准或是行业自主举措的，或是政府技术引导的，抑或是后端市场召回的。征求意见稿还对部分污染物限值进行了调整。说它是史上最严车内 VOC 国标主要基于以下原因：首先这将是全世界第一个强制性车内空气质量标准，其次标准对于车内空气中苯、甲苯、二甲苯、乙苯等物质的限值要求更加严格了，虽然放宽了乙醛的限值，但仍低于国际上广泛认可的 0.30 mg/m³ 安全阈值。我们从封闭阶段时间看，国标封闭 16 h 远高于韩国标准中的 2 h，我们从管控物质的种类来看，也较韩国、日本的汽车 VOC 标准更严格。各国整车 VOC 限值及健康测评规定标准值对比见表 2。

表 2　各国 VOC 限值对比

单位：mg/m³

控制物质	韩国	日本	国标（现行）	国标（拟修订）	健康测评
甲醛	0.25	0.10	0.10	0.10	0.10
乙醛	—	0.05	0.05	0.20	0.20
丙烯醛	—	—	0.05	0.05	0.05
苯	0.03	—	0.11	0.05	0.06
甲苯	1.00	0.26	1.10	1.00	1.00
乙苯	1.60	3.80	1.50	1.00	1.00
二甲苯	0.87	0.87	1.50	1.00	1.00
苯乙烯	0.30	0.26	0.26	0.26	0.26

资料来源：GB 27630 - 201X 征求意见稿。

4. 国内外车内气味标准体系

目前，国内外主机厂围绕气味性这一难题，加大研究投入，并建立了适用于自身企业的正向开发流程及标准，从产品开发初期选用低气味的材料，采用环保制造生产工艺，逐渐形成从材料至零部件再到整车的管控体系。随着材料技术发展，低气味的材料已日渐受到主机厂及零部件供应商的青睐，在感官质量已成为消费者关注的现在，整车气味性必须进一步改善。气味最直接地反映为人的主观评价，业界尚未形成整个汽车行业的统一标尺。车内气味的管控不是生产一款完全无气味的车，而是生产令人愉快的味道，为此，大多数主机厂都设有自己的气味团队，有时这些团队也被称为"鼻子团队"。早在1985年，奥迪汽车开发和质量保障就设有"鼻子团队"，其成员的共性是都有一个敏感的鼻子。"鼻子团队"对某种材料能否在车内部件上应用有最终决定权。若某种材料不能通过"鼻子团队"的评估将被从采购清单中剔除。当然，成为"鼻子团队"的一员需要做出一定的牺牲，因为测试者必须始终保持对气味的敏感程度。例如，吸烟者就无法在"鼻子团队"中工作，因为他们的嗅觉会变得迟钝。测试者的健康状况，特别是呼吸道健康也起到决定性的作用。一次普通的感冒也会使团队成员不能胜任工作，即便使用鼻喷剂或滴露也无济于事。

国际上关于汽车领域的气味标准多用于零部件和内饰材料，参考零部件和车内内饰气味强度的划分方法，国内外也形成了多个整车车内空气气味强度的标准。主要分为以下两大类。

德系将车内气味强度从好到差分为1~6级，1级最好，6级最差。健康测评、大众、福特、沃尔沃、奇瑞、长城、标致、上汽等企业标准参考了德系的气味评价法。气味强度等级与气味描述见表3。

表3　气味强度等级与气味描述

气味强度等级	气味强度评分标准描述
1级	无气味,不易感觉到
2级	有气味,可以感觉到,但不刺鼻,轻微强度
3级	有明显气味,可以明显感觉到,但不刺鼻,中等强度
4级	刺鼻的气味,强度较大
5级	强烈的刺鼻气味,强度很大
6级	不可忍受的气味

资料来源：VDA270。

美系将车内气味强度从差到好分为 1~10 级，1 级最差，10 级最好。参考该评价方法的车企主要有通用和吉利。

不同企业整车或内饰气味标准评价的差异见表4。

表4 不同企业整车或内饰气味标准差异

主机厂	评价人数(人)	等级划分	最小单位	合格等级	等级描述
大众	≥5			—	
福特	≥6			≤3	
奇瑞	3~5			—	
长城	≥6			≤4	1级无气味,6级无法忍受
上汽	≥5	6	0.5	—	
沃尔沃	≥5			—	
标致	≥5			—	
丰田	≥5			≤3/3.5	0级无气味,5级无法忍受
现代	≥3			≥4	6级无气味,1级无法忍受
通用	≥6	10	1	≥6	10级无气味,1级无法忍受
吉利	≥7			≥6	

资料来源：企业标准汇总。

另外，长城、标致、丰田的企业标准还需要嗅辨员对气味类型做出评价。如长城标准要求嗅辨员对车内气味是否存在甜性、酸性、焦油味、刺鼻味、油味、芳香味等异味进行描述；标致在描述是否存在的基础上，还需要嗅辨员在若存在该味道时描述出对应味道的强度；丰田除了描述气味的味道外还要嗅辨员描述诸如刺痛感、头的眩晕感、恶心、眼睛刺激、喉咙凉爽、让人昏昏欲睡等身体上的感觉。

（二）EMR 国内外法规标准体系

1. 国内外汽车电磁辐射标准体系

在汽车领域，国内外主流的车辆电磁辐射标准体系有如下几个。

①2013 年 3 月，日本汽车工业协会发布了 JASO TP—13002：2013《汽车中人体暴露电磁场的测试方法》，是全球首个针对汽车制定的人体电磁暴露测试方法。

②2018 年 12 月，中国国家标准化管理委员会发布了 GB/T 37130 《车辆

电磁场相对于人体暴露的测量方法》。

③2018年12月，中国汽车工程研究院股份有限公司发布了《中国汽车健康测评——车辆电磁辐射测试及评价方法》，与其他标准体系不同的是，此标准不仅包含了人体电磁暴露的测量方法，还包含了对应的评价方法。

三个标准在测试频段、测试工况、测试区域、测试点位方面均有差异，具体差异如下。

测试频段对比如表5所示。

表5　三大标准测试频段对比

	JASO TP – 13002	GB/T 37130	健康测评
测试频段	磁场：10Hz – 400kHz	磁场：10Hz – 400kHz	磁场：10Hz – 30MHz 电场：30MHz – 3GHz

资料来源：中国汽研。

测试工况对比如表6所示。

表6　三大标准测试工况对比

	JASO TP – 13002	GB/T 37130	健康测评
静止	×	长时电器开启	×
匀速	以40km/h的速度稳定行驶，长时电器开启	以40km/h的速度稳定行驶，长时电器开启	以40km/h的速度稳定行驶，长时电器开启
加速	油门全开，0→90km/h	加速度大于等于2.5m/s²（或最大加速度），0→90km/h；长时电器开启	油门全开，0→90km/h
减速	减速度为大于2.5m/s²，90km/h→0	减速度大于等于2.5m/s²（或最大减速度），90km/h→0；长时电器开启	减速度为大于2.5m/s²，90km/h→0
充电	充电状态	充电状态，SOC在20%～80%	×
通信	×	×	车辆静止，Key On；车载T-BOX与基站模拟器连接，并以最大功率发射，或标准天线替代T-BOX

资料来源：中国汽研。

测试区域对比如表 7 所示。

表 7　三大标准测试区域对比

	JASO TP-13002	GB/T 37130	健康测评
双排座椅	所有座椅区域	所有座椅区域、脚部区域及中控区域	前后排最左右两端座椅区域、脚部区域及中控区域
多排座椅	前、中、后三排座椅	前中后三排座椅、脚部区域及中控区域	前后排最左右两端座椅区域、脚部区域及中控区域

资料来源：中国汽研。

测试点位对比如表 8 所示。

表 8　三大标准测试点位对比

	JASO TP-13002	GB/T 37130	健康测评
座椅	头、胸、生殖器区域	头、胸、生殖器区域	头、胸、生殖器区域
脚部	×	四个子区域中心测试点	两侧两个测试点
中控	×	驾驶员和副驾之间手部可接触区域	三个测试点：中控屏中心、换挡杆（或换挡旋钮、按键）后方根部、扶手前边缘
充电口	充电枪柄式手柄的附近	各充电接口处探头可接触区域，及充电接口后 0.5m 范围内的充电线缆四周	×

资料来源：中国汽研。

2. 国内外电磁环境控制限值

国内外主流的电磁环境控制限值主要有 IEEE、ICNIRP、中国国标，汽车行业主要是用 ICNIRP 导则和 GB 8702—2014 规定的限值，其中 GB 8702—2014 最为严格。

美国电气与电子工程师学会（IEEE）在 2002 年发布了标准 C95.6—2002《IEEE 人接触 0～3KHz 电磁场安全水平标准》，其规定了 0～3KHz 低频电磁场的接触限值，并于 2007 年进行了修订。频率为 3KHz～300GHz 的电磁场作为射频电磁场，在 C95.1—2005《IEEE 人接触 3KHz～300GHz 射频电磁场安全水平标准》中进行了规定。

国际非电离辐射防护委员会（ICNIRP）在 1998 年发布了 ICNIRP 导则——《限制时变电场、磁场和电磁场暴露的导则（300 GHz 以下）》，并于 2010 年完成了对限值的修订。相比于 1998 版，新版本的限值线整体有所提高。

表9 ICNIRP 导则 1998 版公众曝露限值

频率范围	电场强度（V/m）	磁场强度（A/m）	磁感应强度（μT）
小于等于 1Hz	—	3.2×10^4	4×10^4
大于 1Hz 小于等于 8Hz	10000	$3.2 \times 10^4 / f^2$	$4 \times 10^4 / f^2$
大于 8Hz 小于等于 25Hz	10000	$4000/f$	$5000/f$
大于 0.025 kHz 小于等于 0.8kHz	$250/f$	$4/f$	$5/f$
大于 0.8kHz 小于等于 3kHz	$250/f$	5	6.25
大于 3kHz 小于等于 150kHz	87	5	6.25
大于 0.15MHz 小于等于 1MHz	87	$0.73/f$	$0.92/f$
大于 1MHz 小于等于 10MHz	$87/f^{1/2}$	$0.73/f$	$0.92/f$
大于 10MHz 小于等于 400MHz	27.5	0.073	0.092
大于 400MHz 小于等于 2000MHz	$1.375 f^{1/2}$	$0.0037 f^{1/2}$	$0.0046 f^{1/2}$
大于 2GHz 小于等于 300GHz	61	0.16	0.20

注：f 用表示在频率范围栏的单位表示。
资料来源：ICNIRP 导则 1998 版。

表 10　ICNIRP 导则 2010 版公众曝露限值

频率范围	电场强度（V/m）	磁场强度（A/m）	磁感应强度（μT）
小于等于 1Hz	—	—	—
大于 1Hz 小于等于 8Hz	5000	$3.2 \times 10^4 / f^2$	$4 \times 10^4 / f^2$
大于 8Hz 小于等于 25Hz	5000	$4000/f$	$5000/f$
大于 25Hz 小于等于 50Hz	5000	160	200
大于 50Hz 小于等于 400Hz	$250000/f$	160	200
大于 400Hz 小于等于 3000Hz	$250000/f$	$6.4 \times 10^4 / f$	$80000/f$
大于 3kHz 小于等于 10MHz	83	21	27

注：f 用表示在频率范围栏的单位表示。

资料来源：ICNIRP 导则 2010 版。

GB 8702—2014《电磁环境控制限值》是我国最新发布的电磁环境控制标准，是对《电磁辐射防护规定》（GB8702—1988）和《环境电磁波卫生标准》（GB 9175—1988）的整合修订。

表 11　GB 8702 – 2014《电磁环境控制限值》

频率范围	电场强度（V/m）	磁场强度（A/m）	磁感应强度（μT）
大于 1 Hz 小于等于 8 Hz	8000	$3.2 \times 104 / f^2$	$4 \times 104 / f^2$
大于 8 Hz 小于等于 25 Hz	8000	$4000/f$	$5000/f$
大于 0.025 kHz 小于等于 1.2kHz	$200/f$	$4/f$	$5/f$
大于 1.2 kHz 小于等于 2.9 kHz	$200/f$	3.3	4.1
大于 2.9 kHz 小于等于 57 kHz	70	$10/f$	$12/f$
大于 57 kHz 小于等于 100 kHz	$4000/f$	$10/f$	$12/f$
大于 0.1 MHz 小于等于 3 MHz	40	0.1	0.12
大于 3 MHz 小于等于 30 MHz	$67/f^{1/2}$	$0.17/f^{1/2}$	$0.21/f^{1/2}$
大于 30 MHz 小于等于 3000MHz	12	0.032	0.04
大于 3000 MHz 小于等于 15000 MHz	$0.22 f^{1/2}$	$0.00059 f^{1/2}$	$0.00074 f^{1/2}$
大于 15 GHz 小于等于 300GHz	27	0.073	0.092

注：f 用表示在频率范围栏的单位表示。

资料来源：GB8702—2014《电磁环境控制限值》。

（三）PM 相关国内外法规标准体系

1. PM 对人体健康的影响

按照空气动力学直径大小，可将大气颗粒物分为 PM2.5、PM10、TSP（总悬浮颗粒物），其中，PM2.5 指的是大气中空气动力学当量直径小于 $2.5\mu m$ 的颗粒物，PM10 指的是大气中空气动力学当量直径小于 $10\mu m$ 的颗粒物。

PM 对人体的危害，主要取决于 PM 本身的大小和其化学成分。从 PM 粒径大小来看，颗粒物的体积越微小其实对人体以及环境造成的危害越大，粒径在 2.5～10 微米的 PM10，就可以通过人体的鼻腔内的过滤系统进入人的呼吸道，主要是上呼吸道，但基本会被鼻腔内部绒毛阻挡且痰液可将颗粒物排出体外，所以相对而言对人体健康危害相对较小，而颗粒物粒径在 2.5 微米以下的细颗粒物即 PM2.5，因为过于细小，鼻腔内部绒毛以及人体的自然过滤系统都无法阻挡过滤，导致其深入人体呼吸道细支气管的末端和肺泡，干扰肺部正常的运作，有碍气体交换，容易引发包括肺部的哮喘、各类快慢支气管炎，严重的诱发心血管病等各方面的疾病。粒径更小的部分颗粒物，还可能穿透肺泡再进入人体的血液循环，危害人体健康。因 PM2.5 对人体健康的危害更大，健康测评将重点关注车内空气中 PM2.5 的污染状况。

PM2.5 的化学组成比较复杂，因其产生源不同，其化学成分也不同，按颗粒物的来源不同，又可分为一次颗粒物和二次颗粒物。一次颗粒物是指从污染源直接排放的颗粒，如烟囱排放的烟尘、风刮起的灰尘等；二次颗粒物是指从污染源排放的气体，在大气中经物理、化学作用转化生成的颗粒，如锅炉排放的 H_2S、SO_2 等经过大气氧化过程生成的硫酸盐颗粒。

从汽车使用环境出发，如车辆在行驶过程中，可能影响车内空气的 PM 来源主要有汽车尾气排放的颗粒物、扬尘、轮胎摩擦地面产生的颗粒物，以汽车尾气排放的颗粒物为例，据研究表明，不同类型机动车排放的颗粒物成分谱差异明显，含量丰富的组分为 OC、EC、SO_4^{2-}、NO_3^- 和 NH_4^+，汽油车排放颗粒物中 OC 含量最高，其次是 EC、NH_4^+、NO_3^-、Ca 和 SO_4^{2-}，柴油车排放颗粒物中 EC 含量最高，其次是 OC、Ca、Na、NO_3^-、SO_4^{2-} 和 NH_4^+。烃类是 OC 的主要成分，如烷烃、烯烃、芳香烃和多环芳烃，此外还有亚硝胺、氮杂环、环酮、醌类、酚类和酸类等，且颗粒物在大气中扩散、反应等过程中，与可能附着其他重金属元素和有害的有机物，进入人体后危害人体健康。

2. 生物气溶胶与车辆过滤防护

随着新冠肺炎疫情的暴发，汽车行业也积极响应，各车企也纷纷推出了各种健康防护新技术。例如，部分汽车企业推出了过滤性能更强的空调滤芯，提升了对更小粒径微粒的阻隔、过滤效率。新冠肺炎病毒主要通过人类呼吸道飞沫和直接接触传播，但2020年4月27日，武汉大学、复旦大学、香港科技大学、上海环境监测中心、香港中文大学等多单位合作，在 *Nature* 上在线发表题为"*Aerodynamic analysis of SARS-CoV - 2 in two Wuhan hospitals*"的研究论文，但该研究表明新冠肺炎病毒可能存在通过气溶胶传播的潜力。

气溶胶是指固体或液体微粒稳定地悬浮于气体介质中形成的分散体系，其粒径大小多在 0.01 ~ 10 微米。含有生物性粒子的气溶胶被称为生物气溶胶，包括细菌、病毒以及致敏花粉、霉菌孢子、蕨类孢子和寄生虫卵等，除具有一般气溶胶的特性以外，还具有传染性、致敏性等。

汽车作为我们日常的主要交通工具，据2014年《中国人群暴露手册》（成人卷）披露，中国人均小轿车累计使用时间为 71min/d，但交通拥堵的地区和时间段，以及职业驾驶员用车时间可能更长。车内空间相对封闭且狭小，汽车对外界污染的防护和过滤显得尤为重要。目前已有部分企业的部分车型使用了 HEPA 滤芯，但大部分汽车的滤芯仅用作过滤空气中的灰尘、花粉等，在过滤病毒方面就显得力不从心了，因此，提升汽车空调滤芯的过滤性能是车辆健康防护的重要举措。健康测评在《车内空气中颗粒物（PM）测评规程》的制定过程中，对使用不同级别空调滤芯的车辆进行了净化能力对比，结果见表12。

表 12　不同级别空调滤芯的车辆净化能力对比

单位：$\mu g/m^3$，min

车型代号	起始浓度	终止浓度	净化时间	备注
1	1705	56	20	普通滤芯
2	2130	69	20	普通滤芯
3	2151	31	13.5	普通滤芯
4	1919	31	14	普通滤芯
5	1691	487	20	普通滤芯
6	1831	31	4.8	高效滤芯

车型代号	起始浓度	终止浓度	净化时间	备注
7	1932	36	2.8	高效滤芯
8	2036	34	3	高效滤芯
9	2105	33	3.3	高效滤芯

3. 车内 PM 来源

车内环境中的颗粒物来源较多，但总体来讲，主要由外界颗粒物的侵入和车内人为产生，如空调系统或开关车门车窗引入的大气中颗粒物污染，人体衣物附着的颗粒物、吸烟等人为因素产生的颗粒物等。但主要来自外界环境的污染，如车辆静止或行驶过程中，外界汽车尾气排放、外界扬尘、工业废气等形成的颗粒物进入车内。

4. 国内外汽车行业 PM 相关标准体系研究

（1）国内汽车行业 PM 相关标准体系

国内汽车行业关于 PM 的相关研究，主要针对空调滤芯方面，整车级相关研究和技术标准较少，但目前行业对整车级 PM 的防护已开始关注。在空调滤芯方面，行业研究起步较早，形成的技术规范、测试标准较为完善，如 GB/T 32085.1—2015《汽车空调滤清器 第 1 部分：粉尘过滤测试》、QC/T 998—2015《汽车空调滤清器技术条件》等标准，测试项目包含滤芯过滤面积、过滤效率、储灰量等性能指标。QC/T 998—2015 标准规定了不同空调滤芯的过滤效率，尘源采用 GB/T 28957.1 中定义的 A2 灰进行测试。QC/T 998 对过滤效率的规定如下。

表 13　Ⅰ类、Ⅱ类、Ⅲ类的分级过滤效率

单位：μm，%

粒子光学直径	分级过滤效率		
	Ⅰ类	Ⅱ类	Ⅲ类
0.3	≥25	≥60	≥75
0.5	≥30	≥63	≥80
1	≥40	≥68	≥85
2	≥53	≥75	≥90
5	≥65	≥82	≥92
10	≥80	≥90	≥95

资料来源：QC/T998—2015《汽车空调滤清器技术条件》。

在整车 PM 防护方面，中国质量认证中心（CQC）于 2014 年发布了 CQC9206—2014《乘用车内空气中 PM2.5 检测评价方法》标准。该标准主要参考了 GB 3095《环境空气质量标准》、HJ 93《环境空气颗粒物（PM10 和 PM2.5）采样器技术要求及检测方法》、HJ/T 400《车内挥发性有机物和醛酮类物质采样测定方法》、HJ 618《环境空气 PM10 和 PM2.5 的测定重量法》。规定了相关试验技术条件（即试验应在环境舱中进行以及 PM2.5 的检测仪的基本要求）、试验方法与结果评价计算方法，其制定的初衷是考察车辆在静止状态下的密闭性是否良好。

（2）国外汽车行业 PM 相关标准体系

国外汽车行业关于 PM 的相关研究，同样主要集中在空调滤芯方面，相关测试标准主要有 ISO/TS 11155－1：2001、EN779：2012、EN1822－1：2009 等。ISO/TS 11155－1—2001 主要测试指标为压力降、过滤效率、储灰量等。EN 标准即欧洲标准，是按参加国所承担的共同义务，通过此 EN 标准将赋予某成员国的有关国家标准以合法地位，或撤销与之相对立的某一国家的有关标准。也就是说，成员国的国家标准必须与 EN 标准保持一致。EN 标准主要规定了空调滤清器初阻力、初始过滤效率、储灰量等指标。

（3）空调滤芯相关标准对比

对于空调滤芯的要求，不管是 ISO、EN 还是国标及行标，其要求和测试原理基本类似。各标准的测试内容和尘源指标见表 14、表 15。

表 14 各标准对空调滤清器的测试项目

检测标准	ISO/TS 11155－1:2001	EN779:2012	EN1822－1:2009	GB/T32085.1—2015	QC/T998—2015
检测项目	压力降	初阻力	压差	初始压力降	禁用物质
	效率	初始效率	过滤性能	终止压力降	阻燃性
	储灰量	储灰量	/	过滤面积	雾翳性
	/	/	/	储灰量	气味
	/	/	/	分级过滤效率	压力降
	/	/	/	/	过滤效率
	/	/	/	/	储灰量

资料来源：《国内外汽车空调滤清器试验标准解析》。

表15　各标准对空调滤清器测试的尘源指标

检测标准	ISO/TS 11155 – 1:2001	EN779: 2012	EN1822 – 1: 2009	GB/T32085.1 – 2015	QC/T998 – 2015
颗粒物尘源粒径(μm)	0.3 ~ 0.5 0.5 ~ 1.0 1.0 ~ 3.0 3.0 ~ 5.0 5.0 ~ 10.0	0.4	0.3 ~ 0.5	0.3 ~ 10.0	0.3 0.5 1 3 5 10

资料来源：《国内外汽车空调滤清器试验标准解析》。

（四）VAR 相关国内外法规标准体系

监管机构依据不同信息来源的皮肤致敏数据，评估与皮肤接触相关的化学品和产品的安全性，以确保这些物质在正常使用情况下，不会对人体健康造成有害影响。国内外对于皮肤致敏的法规和标准存在差异，某些方面差异很大，尤其是对于监管的严格性、测试方法的选择等方面，差异更大。以下列举说明。

1. 美国相关标准体系

美国对于皮肤致敏的评估隶属不同的法规监管，涉及几乎所有可能与人体暴露的物品和职业，如表16所示。法规对于致敏的监管要求也不同，有些仅需要危害识别，而有的需要对危害的程度（效力）作出结论，并给出风险等级评估，可以说非常具体。对于体内方法和替代方法的接受程度也不同，没有"一刀切"的做法，更多地采用基于综合考虑、具体情况具体分析、证据权重等措施，经过专家委员会的充分评估给出建议，而且这一评估过程是动态变化的，随着技术的进步和新方法被验证的进程而调整。美国法规接受的皮肤致敏测试方法见表17。

表16　美国法规对于化学品皮肤致敏的评估

美国部门	法规	条款	应用范围
CPSC	联邦危害物质法案（Federal Hazardous Substances Act,1960）	16 CFR 1500.3 16 CFR 1500.232	危害性家用物质

美国部门	法规	条款	应用范围
CPSC	危害美术材料标识（Labeling of Hazardous Art Materials Act, 1988）	16 CFR 1500.14	美术材料
	联邦杀虫剂、杀真菌剂和杀鼠剂（Federal Insecticide, Fungicide, and Rodenticide Act,1947）	40 CFR 156,40 CFR 158.230（传统杀虫剂），40 CFR 158.2230（抗菌剂），40 CFR 158.2050（生化杀虫剂）	农药
EPA	毒物控制法案，2016 年修订（Toxic Substances Control Act, 1976,2016）	40 CFR 700－799	新的和现有生产或进口的化学品
FDA	联邦食品,药品和化妆品法案（Federal Food,Drug,and Cosmetic Act,1938）	21 CFR 312.32	处方和非处方皮肤药品
		21 CFR 312.33（b）（6）,21 CFR 601.2（a）,21 CFR 601.12（a）（2）	生物制品
		21 CFR 807.87,21 CFR 812.27, 21 CFR 814.20,21 CFR 814.104	医疗器械
		21 CFR 740.10	化妆品
OSHA	职业安全和健康法案（Occupational Safety and Health Act,1970）	29 CFR 1910.1200	职业危害

资料来源：美国消费者安全委员会（U. S. Consumer Product Safety Commission, CPSC），美国环境保护部（U. S. Environmental Protection Agency, EPA），美国食品药品管理局（U. S. Food and Drug Administration, FDA），美国职业安全和健康管理局（Occupational Safety and Health Administration, OSHA），美国国立职业安全和健康研究所（National Institute for Occupational Safety and Health, NIOSH）。

表 17 美国法规接受的皮肤致敏测试方法

部门	范围	评估要求	体内方法	体外方法是否接受？
CPSC	日用品和美术材料	危害,效力	LLNA 及其改良法、GPMT,Buehler 试验	根据具体情况考虑
EPAOPP	农药	危害	LLNA（优先），减少动物的 LLNA、GPMT、Buehler 试验	仅豁免

续表

部门	范围	评估要求	体内方法	体外方法是否接受?
EPAOPPT	工业化学品	危害,风险	不需要体内测试	单一化学物可选用两个方法,其他化学品根据具体情况考虑
FDACDER 和 CBER	药品和生物制品	效力	豚鼠测试,LLNA（具体情况分析）	非动物成组试验（多个终点）
FDACDRH	医疗器械	危害	GPMTa,Buehler 试验（仅限局部器械）,LLNA 及改良法（具体情况分析）	如果经过科学验证可以考虑
FDACFSAN	化妆品及个人护理品	不要求	不适用	不适用
FDACVM	动物药物	危害,风险	LLNAa,GPMT,Buehler 试验	考虑具体情况分析
OSHA	工作场所的化学物质	危害,效力	LLNA,GPMT,Buehler 试验	是的,如果经过科学验证
NIOSH	工作场所的化学物质	危害,效力,风险评估	对皮肤提示：HRIPT,HMT,人体斑贴试验结果,LLNAa,GPMTa,Buehler 试验,小鼠耳肿胀试验;对职业风险评估,无体内试验要求	是,对皮肤提示采用证据权重法;对职业风险评估基于具体情况分析
DoD	任何可能暴露人体的化学品	危害,效力,风险评估	LLNAb,改良 Buehler 试验	是,对于早期毒性评估

注：GPMT：豚鼠最大化试验；LLNA：鼠局部淋巴结试验。

资料来源：美国 EPA 毒物防治办公室（EPA's Office Pollution Prevention Toxics，OPPT），美国 EPA 农药计划办公室（EPA's Office of Pesticide Programs，OPP），美国 FDA 器械和放射健康中心（FDA's Center for Devices and Radiological Health，CDRH），美国 FDA 药物评价和研究中心（FDA's Center for Drug Evaluation and Research，CDER），美国 FDA 生物学评价和研究中心（FDA's Center for Biologics Evaluation and Research，CBER），美国 FDA 食品安全与应用营养中心（FDA's Center for Food Safety and Applied Nutrition，CFSAN），美国 FDA 兽药中心（FDA's Center for Veterinary Medicine，CVM），美国国防部（Department of Defense，DoD）。

2. 除美国外其他国家

加拿大、巴西与美国法规体系类似，欧盟法规监管比较具体，对替代方法的使用采取更加开放的态度。美国以外国家法规接受皮肤过敏的终点和测试方法见表18。

表18　美国以外国家法规接受皮肤过敏的终点和测试方法

地区/国家	化学领域	终点	接受的体内方法	是否接受非动物替代方法?
巴西	化妆品和个人护理产品	危害	临床研究[c]，LLNA[c]及其改良法，Buehler试验，GPMT	是，作为整合策略的一部分
	农药和植保产品	危害	LLNA[c]及其改良法，Buehler试验，GPMT	是，作为整合策略的一部分
	药品	危害	临床研究[c]，LLNA[c]及其改良法，Buehler试验，GPMT	是，作为整合策略的一部分
加拿大	化妆品	风险	数据仅应要求提交。开放文献的结果是可以接受的（例如LLNA，GPMT，Buehler试验）	是
	日用品和美术材料	风险	LLNA（如果需要风险评估，则首选），GPMT，Buehler试验	是，如果没有动物数据
	工业化学品（在国内物质清单上）	效力，风险	不需要提交数据；加拿大卫生部使用来自公认方法（LLNA，GPMT，Buehler试验）的数据	是（自愿提交）
	未列入国内物质清单的化学品	效力，风险	LLNA[c]，GPMT，Buehler试验，不需要放射性标记的LLNA方法	根据具体情况考虑
	医疗设备	危害	GPMT，LLNA	是，如果经过验证
	农药	危害	LLNA[c]，GPMT，Buehler试验	是，作为整合策略的一部分
	处方药	危害，风险	未标明	是，要有理由
	外用非处方药	危害	LLNA[c]，GPMT，Buehler试验，抗菌药物应首选临床研究（例如，人体重复损伤贴片试验）	是，要有理由
	工作场所的化学物质	危害，效力	不需要新的测试；使用的数据必须来自人类或公认的动物方法（例如LLNA，GPMT，Buehler试验）	否

续表

地区/国家	化学领域	终点	接受的体内方法	是否接受非动物替代方法？
中国	化妆品	效力	Buehler，GPMT，临床研究，LLNA（可选）	否
	工业化学品	危害，效力，风险	Buehler^c，GPMT，LLNA（可选）	否
	农药	效力	Buehler 试验	否
	工作场所的化学物质	未标明	Buehler 试验，GPMT，LLNA	否
欧盟	杀菌剂	危害	LLNA^c（仅在可用数据不足时才需要），Buehler 试验，GPMT	是
	化妆品	危害，效力，风险	禁止（仅接受现有动物数据或为其他监管目的而生成的数据）	是
	家用化学品^g	危害，效力，风险	LLNA，Buehler 试验，GPMT	是；在体内测试之前，首选 OECD TG 442C，D 和 E
	工业化学品	危害，效力，风险	LLNA，Buehler 试验，GPMT	是；在体内测试之前，首选 OECD TG 442C，D 和 E
	药品	危害	未标明（方法应合理）	是
	植保产品（即农药）	危害	rLLNA（LLNA），LLNA，Buehler 试验，PMT	否
	工作场所的化学物质	危害，效力，风险	LLNA，Buehler 试验，GPMT	是；在体内测试之前，首选 OECD TG 442C，D 和 E
日本	化妆品和个人护理产品	危害，效力	GPMT，Buehler 试验，LLNA	是；OECD TG 442C，D 和 E 的整合战略）
	日用品	不要求	根据具体情况选择	未定
	工业化学品	不要求	根据具体情况选择	未定
	医疗设备	危害，效力，风险	GPMT Buehler 试验 LLNA	否
	农药	危害	GPMT^c，Buehler 试验，LLNA	未定
	药品	未标明	未标明	否
	工作场所的化学物质	不要求	根据具体情况选择	未定

地区/国家	化学领域	终点	接受的体内方法	是否接受非动物替代方法？
韩国	化妆品	危害,风险	禁止(除非有正当理由)	是;OECD TG 442C,D和E
	工业化学品	危害,风险	GPMT,Buehler 试验,其他合理的方法	是;OECD TG 442C 和D
	农药	危害	LLNA,GPMT,Buehler 试验,其他合理的方法	根据具体情况考虑
	药品	危害,效力	GPMT^c,佐剂和斑贴试验,Buehler 试验,Draize 试验,弗氏完全佐剂测试,完整的佐剂测试,开放式表皮测试,优化测试,分裂佐剂测试	否
	工作场所的化学物质	危害,风险	根据具体情况选择	未定

报告八
中国汽车健康测评方法及测评结果分析

摘　要：　汽车健康测评体系对社会公开发布以来，以第三方的视角通过对市售主流车型的测评，使消费者能够直观地获得与汽车健康问题相关的一手权威资料与结果。本报告在对健康测评进行整体概述后，分别对车内挥发性有机物（VOC）、车内气味强度（VOI）、车内电磁辐射（EMR）、车内颗粒物（PM）、车内致敏风险（VAR）的测评体系进行了介绍，对各板块亮点进行了分析解读，对汽车健康测评结果进行了分析，最后分享了 VOC 低散发案例、VOI 低气味强度案例和 EMR 低电磁辐射案例。

关键词：　汽车健康测评　VOC　VOI　EMR　PM

一　中国汽车健康测评方法

（一）总体介绍

"汽车健康测评"是在国际交通医学会的指导下，由中国汽车工程研究院股份有限公司（下称"中国汽研"）研究制定，其测评结果和研究发现可以为汽车消费者买车用车提供参考，可以为汽车企业提供数据输入，也可以为标准法规提供参考。"汽车健康测评"旨在通过公正、公开、真实的评价数据，建立中国汽车健康新标杆，并秉持"服务社会"的理念，以提升车内环境健康为目的，充分发挥跨行业合作的叠加优势，更好地引领理性购车消费潮流，推动行业健康发展。健康测评发展历程如图 1 所示。

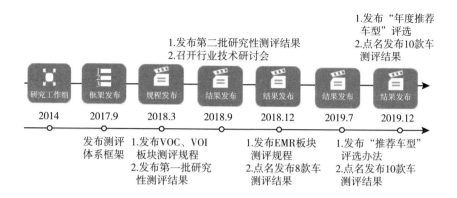

图 1　健康测评发展历程

中国汽研于 2014 年，筹划并启动"健康测评"评价体系搭建工作，先后多次与车企、医疗、高校、通信等机构进行论证，于 2017 年 8 月，对外发布了以 VOC（车内挥发性有机物）、VOI（车内气味强度）、EMR（车内电磁辐射）、PM（车内颗粒物）、VAR（车内致敏风险）五个板块为主体的健康测评体系框架，2018 年 3 月，发布 VOC、VOI 板块测评方法，2018 年 12 月发布 EMR 板块测评方法，计划 2020 年，发布 PM 和 VAR 板块测评方法。截至目前，健康测评对外发布 5 批共 50 款车型的测评结果。其中，2017 年到 2018 年上半年，测评结果以研究报告的形式发布，自 2018 年 12 月，以公布车型和企业的形式对外点名发布。

"汽车健康测评"站在消费者的角度，通过对市售主流车型的测评，使得消费者能够直观地获得与汽车健康问题相关的一手权威资料与结果，真正构建"消费者—主机厂—国家机构"良性循环，不断地促进车辆健康水平提升，得到了行业、消费者的高度关注和认同。

（二）测评体系

1. VOC 及 VOI 板块介绍

（1）测评方法概述

汽车健康测评规程 VOC 及 VOI 板块主要针对乘用车进行评价。VOC 及 VOI 板块测试流程如图 2 所示。整个测试过程分为三个阶段。准备阶段：对车辆外观和车辆性能进行确认并向车内添加燃料。试验阶段：包括常温下对车辆乘员舱内空气进行采样，对车辆乘员舱内气味强度进行评价，引入阳光模拟系统；高温下对车辆乘员舱内空气进行采样，对车辆乘员舱内气味强度进行评价，点燃发动机，启动空调，高温下对车辆乘员舱内空气进行采样。分析阶段主要是分析常温、高温、通风状态下车内空气中苯、甲苯、乙苯、二甲苯、苯乙烯、甲醛、乙醛、丙烯醛的含量。评价阶段：将测得的 VOC 浓度转化为综合污染值及健康危害值，加上气味评价结果，共同转化为分数。满分是 100 分，按试验阶段分，恒温恒湿阶段权重 50 分，阳光模拟阶段权重 30 分，怠速通风状态权重 20 分；按评价项目分，健康危害权重 40 分，综合污染权重 30 分，车内气味权重 30 分。若最终评价车型获得［60，70）分，评价结果为 1 星级；评价车型获得［70，80）分，评价结果为 2 星级；评价车型获得［80，85）分，评价结果为 3 星级；评价车型获得［85，90）分，评价结果为 4 星级；评价车型获得［90，100］分，评价结果为 5 星级。VOC 及 VOI 板块得分构成及测评结果星级如图 3 所示。

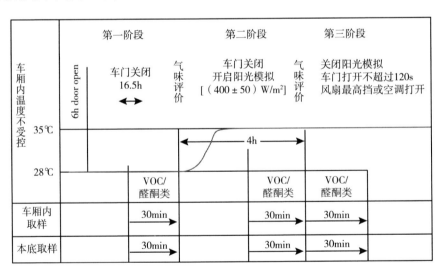

图 2　VOC 及 VOI 板块测试流程

（2）规程亮点

规程亮点主要在于创新性提出的评价指标。VOC 板块通过"健康危害"和"综合污染"两个评价指标，全面考查车内空气在恒温、高温、通风三种

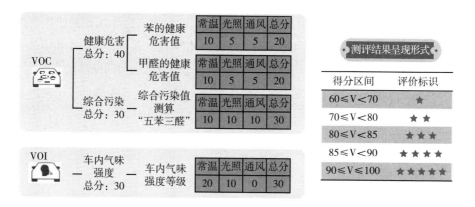

图3　VOC 及 VOI 板块得分构成及测评结果星级（单位：分）

状态下的综合污染程度及对人体健康危害的风险高低。其中，"健康危害"评价指标充分考虑乘员的暴露时间、暴露频率、暴露年限、平均寿命及体重等因素，借助医学领域的暴露评价法，将车内空气中的强致癌物质苯和甲醛在不同工况下测得的浓度转化为健康危害风险值，参考 US EPA 颁布的"致癌物的风险评价导则"，估算导致人体发生病变的概率，评估接触甲醛、苯后，对乘员健康危害的风险。"综合污染"评价指标参考国标监控常温、高温、通风状态下车内空气中苯、甲苯、乙苯、二甲苯、苯乙烯、甲醛、乙醛、丙烯醛的含量，借鉴大气环境质量评价的综合指数方法，通过计算综合污染值，简单直观地描述车内多种污染物共同作用下，空气污染的综合强度，兼顾最高污染指数和平均污染指数。

另一个亮点在于测试方法，在参考国内外众多标准的基础上，设置了常温、高温、通风等多种工况，充分贴合消费者实际用车过程，尽可能全面地得出最为客观、科学的测试数据。

2. EMR 板块介绍

（1）测评方法概述

电动汽车高速发展带来车内高压大电流设备增多，智能网联技术在汽车行业的快速应用带来无线发射设备在车内数量快速增加，这些均引发消费者对于电磁辐射影响健康的担忧，成为阻碍新能源汽车和智能网联汽车发展的隐忧。

车辆电磁辐射（EMR）作为汽车健康测评的一个维度，旨在为广大消费者

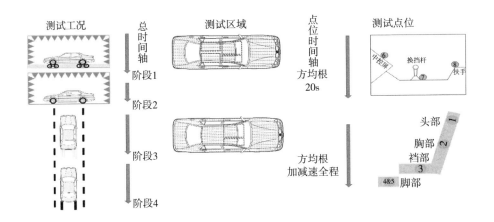

关心的各类乘用车车辆电磁辐射水平的测试评价提供依据，帮助消费者了解自己作为驾驶员或乘员使用车辆时所处的电磁环境，为消费者选车用车提供参考信息，同时帮助整车企业了解所设计的车辆结构及相关电器系统作为一个整体带来的车辆电磁辐射水平，共同谋求形成可有效控制车辆电磁辐射的设计技术。

本规程规定了车辆的测试工况、测试频段、测试区域及测试点位，提出了乘用车车辆电磁辐射测试方法及评价准则。测试流程如图4所示。

图4　EMR板块测试流程

汽车健康测评车辆电磁辐射板块满分为100分，由匀速磁场辐射指标（CMRI）、急加速磁场辐射指标（AMRI）、急减速磁场辐射指标（DMRI）及通信电场辐射指标（CERI）组成，分别对应各自工况，对应满分分别为65分、10分、5分、20分。具体评分规则及星级评定如图5所示。

（2）规程亮点

汽车健康测评EMR测评方法的亮点首先体现在评价指标方面，即匀速磁场辐射、急加速磁场辐射、急减速磁场辐射和通信电场辐射四大指标的提出。

试验方法的亮点在于工作组在参考国内外众多标准的基础上，考虑了汽车消费者实际使用过程中会遇到的匀速行驶、急加速行驶、急减速行驶、通信等多种工况，在测试条件的设置上进行了优化，特别是加入特有的通信工况，使得测评更加全面。

在测试频段上，针对三种行驶工况，测试10Hz～30MHz磁场；针对通信

指标	满分分值	工况层分配	区域层分配		单点评分标准
匀速磁场辐射指标	65分	每个测试区域均匀分配权重	主驾驶位	副驾及乘员位	以GB 8702-2014为参考限值基准 -100分：值≥限值200%； 0分：限值200%＞值≥限值100%； 20分：限值100%＞值≥限值50%； 50分：限值50%＞值≥限值10%； 100分：限值10%＞值
急加速磁场辐射指标	10分		头部、胸部、裆部各占25%	头部、胸部、裆部各占30%	
急减速磁场辐射指标	5分				
通信电场辐射指标	20分		脚部、中控区域各点各占5%	脚部各点各占5%	

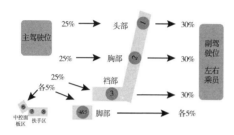

评价等级	得分区间	评价标识
1星级	60≤V＜70	★
2星级	70≤V＜75	★★
3星级	75≤V＜80	★★★
4星级	80≤V＜85	★★★★
5星级	85≤V＜100	★★★★★

图5　EMR 板块评分规程及对应星级（单位：分）

工况，测试 30MHz～3GHz 电场，测试相对于其他标准频段覆盖更全。

在购车模式上，规程规定到汽车经销商处购买新车进行试验也是为了最大限度贴近消费者购车用车过程。

在选车原则上，优先考虑保有量多、投诉量大、关注度高的车型也是本项目的一大特色。

3. PM 板块介绍

（1）测评方法概述

健康测评 PM 板块测试规程，主要关注乘用车对外界颗粒物的阻隔和对车内空气中颗粒物的净化能力，通过制造相对稳定的 PM 污染环境，模拟车辆在雾霾天气停车状态下，车辆对颗粒物污染的阻隔与防护能力；模拟驾乘人员在车内吸烟或车内受到外界颗粒物污染后，车辆空调系统及车内空气净化装置对车内颗粒物的过滤效果，测评方法将于 2020 年发布。

颗粒物尘源依据 GB/T 18801—2015 空气净化器标准，将香烟烟雾引入环境舱后，通过环境舱搅拌分机，循环分机使舱内颗粒物浓度均匀，使舱内形成香烟烟雾气溶胶。

　　定量分析采用激光散射仪，光的散射是指光通过不均匀介质时，一部分光偏离原方向传播的现象。因入射光波长与粒子大小不同，光和粒子的相互作用按粒子同入射波波长（λ）的相对大小不同，会产生不同类型的散射。当粒子尺度比波长小得多时，可采用比较简单的瑞利散射公式；当粒子尺度与波长可相比拟时，要采用较复杂的米散射公式；当粒子尺度比波长大得多时，则用几何光学处理。一般考虑具有半径 r 的均匀球状粒子的理想散射时，常采用无量纲尺度参数 $\varphi = 2\pi r/\lambda$ 作为判别标准：当 $\varphi < 0.1$ 时，可用瑞利散射；当 $\varphi \geqslant 0.1$ 时，需用米散射；当 $\varphi > 50$ 时，可用几何光学。激光散射粉尘仪采用激光可见光光源，光波波长为 658nm，其散射原理为米散射。

　　激光散射仪通过采气泵将待测气溶胶吸入检测室，检测室主要元器件为激光二极管、透镜组和光电检测器。由激光二极管发出的激光，通过透镜组形成一个薄层面光源，薄层光照射在流经传感器室的待测气溶胶时，会产生散射，通过光电探测器来检测光的散射光强。光电探测器受光照之后产生电信号，正比于气溶胶的质量浓度，则可测定颗粒物的质量浓度。

　　试验过程分为三个阶段，首先进行样车预处理，开启环境仓颗粒物净化及温湿度控制功能，使车内及环境仓内 PM2.5 浓度达到 GB 3095—2012 要求的 $35\mu g/m^3$ 及以下。整车密闭性（Z）测试阶段，关闭车门车窗，在仓内制造规定浓度的 PM2.5 污染环境，测试车内 30min 内 PM2.5 浓度的变化。车内颗粒物净化能力（E）测试阶段，主要考察开启空调内循环及空气净化装置后，对车内 PM2.5 的净化效果，记录净化时间 T 和净化终止时车内 PM2.5 浓度 C_{TI}。车内 PM 测试试验流程如图 6 所示。

样车预处理	整车颗粒物阻隔（Z）测试	车内颗粒物净化能力（E）测试		
		开车门		关闭车门
车内外 PM2.5 浓度净化至 $35\mu g/m^3$ 以下 记录车内 PM 2.5 初始浓度 C_0	环境仓内引入烟雾，使 PM2.5 浓度达到 $2000\mu g/m^3 \pm 20\%$ 开启车内 PM 2.5 浓度测试仪，记录 C_1	使车内外 PM 2.5 浓度平衡	记录车内 1min 时的 PM 2.5 浓度值为 C_{T0}	启动空调内循环及净化装置，开启车内 PM 2.5 检测仪，记录净化时间 T 及 C_{TI}
30min	30min		1min	T

图 6　车内 PM 测试试验流程

（2）规程亮点

从硬件资源方面，中国汽研建成使用了国内外首个整车级 PM 试验舱，为试验过程提供相对稳定的温湿度、洁净空气、稳定的颗粒物污染等环境条件。以环境模拟的方式，保证了试验的重复性和科学性。从试验流程设置角度，包含模拟停车时车辆对外界颗粒物的阻隔，车内受到颗粒物污染时，车辆对车内空气中颗粒物的净化能力；从整车角度，考察车辆的相关性能，更能反映整车条件下的相关状态。

4. VAR 板块介绍

（1）定义和一般考虑

呼吸道致敏：吸入一种物质或混合物后发生的呼吸道过敏。

皮肤致敏：皮肤接触一种物质或混合物后发生的过敏反应。

一般而言，过敏包含两个阶段。第一阶段是人因接触某种过敏原而引起特定免疫记忆。第二阶段是引发，即过敏的个人因接触某种过敏原而产生细胞介导或抗体介导的过敏反应。就呼吸道而言，诱发之后是引发阶段，这一方式与皮肤过敏相同。对于皮肤过敏，需有一个让免疫系统学会做出反应的诱发阶段；如随后的接触足以引发可见的皮肤反应（引发阶段）就可能出现临床症状。

（2）车内致敏风险来源

车辆作为出行微空间，车内环境中可能存在部分过敏性物质。与皮肤接触的车内材料可能会对人体产生刺激，使人体出现过敏等不适反应，车内饰材料散发的有害气体抑或通过呼吸道对人体产生刺激，使人体出现过敏等不适症状；此外外界致敏源（如花粉、颗粒物等）的侵入和车内加装配置（如香氛系统等）亦可产生相应的致敏风险。

（3）汽车健康测评相关做法

汽车健康测评 VAR 板块从内源性和外源性入手，包括皮肤致敏和呼吸道致敏。从理化检验和综合过敏风险测试等多个角度对车内致敏风险进行考察。

（4）行业内相关做法

梅赛德斯－奔驰于 2017 年开展相关测试，该测试由南佛罗里达大学审查委员会批准，于欧洲过敏原研究基金中心认证下开展，对内饰材料进行过敏性友好度测试，并于实际道路进行人体考察。对 10 名患有过敏性鼻炎的成人哮喘患者乘坐 2 款轿车 45min 和 90min 的身体指标进行评估，包括肺活量测定、哮喘症状评估等一系列指标，对车辆致敏风险进行考察。

（5）为汽车行业的全新研究方向

车内致敏风险评价并无相关参照的标准，是全新且较先进的研究领域。该板块测评方法将于2020年底发布，将包括车内材料中致敏物理化检测和毒理检测。

（6）关注易过敏人群

车辆大量使用的皮革、织物、金属镀层、塑料等材质，部分含有一些致敏物质。国内敏感人群比例也在快速提高，该板块的研究，体现了汽车行业对消费者健康的关注、对易过敏人群的保护。

二 汽车健康测评结果分析

（一）总体水平趋势

VOC和VOI板块：整体来看，车企对不同工况下苯的管控水平均较好。车内空气中甲醛管控难度较苯大，现阶段各主机厂对车内甲醛的管控水平参差不齐。常温和高温状态下车内VOC综合污染程度明显高于通风状态。常温下大部分评价样车的车内气味强度集中在3级，高温下车内气味强度大多集中在3~3.5级。对比进口品牌和国产品牌的测评状况发现，从测评结果的平均分来看，合资（含进口）品牌和自主品牌车辆差异不大；从评价星级构成来看，合资（含进口）品牌获得五星级评价的样车比例高于自主品牌；从评价星级构成来看，合资（含进口）品牌获得三星级评价的样车比例高于自主品牌，不同车系之间的水平有一定差异。评价样车得分构成见表1。

对比工作组2017~2019年的测评结果（含研究性结果），发现车企对甲醛的管控、对"五苯三醛"的综合管控整体上呈现持续向好的趋势。车企对车内气味强度的管控也呈现持续向好的趋势。

表1 评价样车得分构成

单位：分，%

分类	平均分	三星级评价车比例	四星级评价车比例	五星级评价车比例
自主品牌	88.1	8.3	83.4	8.3
合资品牌	88.3	18.8	43.7	37.5

资料来源：2019年指数盛典。

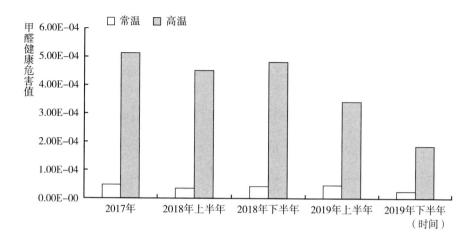

图7　2017~2019年甲醛常温和高温下健康危害值平均值趋势

资料来源：中国汽研整理。

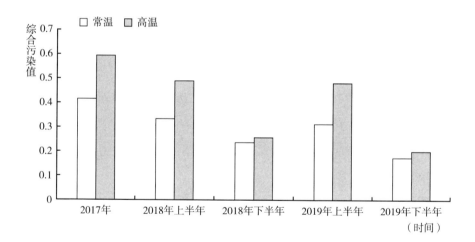

图8　"五苯三醛"综合污染值平均值趋势

资料来源：中国汽研整理。

1. VOC

（1）苯系物散发行为

通过对不同工况下苯散发量的检测，发现常温下苯平均散发量为0.006 mg/m³，约为国标限值的5%。近20%样车在常温、高温、通风三个阶段均未检出苯。

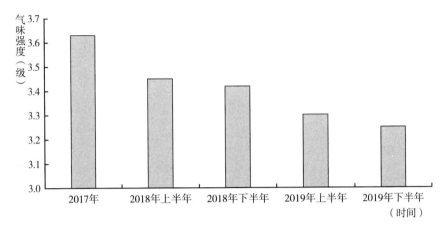

图9　2017～2019年高温阶段气味强度平均值趋势

资料来源：中国汽研整理。

现阶段，各车企对苯管控较好。法规对苯管控严格，苯的主要来源涂料、黏合剂相关标准中已经禁止使用苯。苯沸点低，易挥发，五种苯系物的沸点从低到高依次为苯、甲苯、乙苯、二甲苯、苯乙烯。

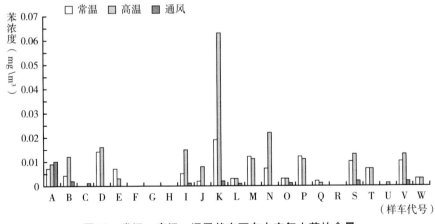

图10　常温、高温、通风状态下车内空气中苯的含量

资料来源：中国汽研整理。

其他苯系物，从浓度均值看，车内苯系物散发量是甲苯和二甲苯高于苯乙烯和乙苯，常温、高温、通风三个阶段车内甲苯、乙苯、二甲苯、苯乙烯的散发浓度均低于国标限值。

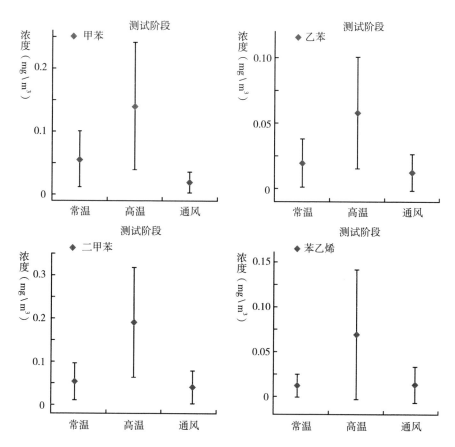

图 11 常温、高温、通风状态下车内空气中苯系物的散发量

资料来源：中国汽研整理。

（2）苯系物健康效应

美国环保署（US EPA）颁布的"致癌物的风险评价导则"，通过计算第 I 类致癌物的致癌风险值 H_{za} 判断致癌物对车内人员致癌风险的高低。当 $H_{za} < 1 \times 10^{-6}$ 时，认为不存在致癌风险；当 $1 \times 10^{-6} \leqslant H_{za} < 1 \times 10^{-4}$ 时，认为致癌风险在可接受的范围内；当 $H_{za} \geqslant 1 \times 10^{-4}$ 时，认为致癌风险较高。

暴露评估是致癌风险评价的常用方法，对人群暴露于环境介质中致癌因子的强度、频率、时间进行测量、估算或预测，形成致癌风险评估的定量依据，可以估算车内空气中第 I 类致癌物（苯和甲醛）导致人体病变发生的概率和致癌的风险。

$$C_{xy} = 0.9 \times C_{bx} \times E_{bn} \times E_{bp} \times E_{bs} \times I_{hx} / (365 \times A_{sm} \times B_{tz}) \quad (1)$$

$$H_{za} = C_{xy} \times P_f \quad (2)$$

致癌风险值的计算方法如公式（1）和公式（2）所示，其中 C_{xy} 为有害物日均吸收量，单位为 mg/（kg·d）；C_{bx} 为车内空气中苯和甲醛浓度，单位为 mg/m³；E_{bn} 为暴露年限，取 50a；E_{bp} 为暴露频率，取 250 d/a；E_{bs} 为暴露时间，取 3.5 h/d；I_{hx} 为空气呼吸率平均值，取 1.01 m³/h；A_{sm} 为平均寿命，取 76.1a；B_{tz} 为平均体重，取 65 kg；H_{za} 为致癌风险值，无量纲；P_f 为致癌因子，空气中苯的 P_f 取 0.029mg/（kg·d），甲醛的 P_f 取 0.045mg/（kg·d）。

由图 12 可以看出，常温、高温、通风三个阶段的车内空气中苯对人体的健康危害均无风险（或风险可接受）。高温下，二甲苯对人体健康的非致癌风险相对较高。常温和高温状态下车内空气中苯的致癌风险值均在 $0 \sim 10^{-5}$ 数量级，通风状态下车内空气中苯的致癌风险值均在 $0 \sim 10^{-6}$ 数量级。常温、高温、通风三个阶段车内空气中苯对人体的致癌风险均在可接受范围内，其中 18% 的样车车内空气中未检出苯。现阶段，各车企对车内空气中苯的管控较好，其原因主要有以下两点：一方面法规对苯管控严格，涂料和黏合剂等相关标准中已经禁止使用苯；另一方面苯的沸点低，易挥发，国标规定的"五苯"沸点从低到高依次为苯、甲苯、乙苯、二甲苯、苯乙烯。

表2 常温、高温、通风状态下车内空气中苯的健康危害值分布

单位：%

苯健康危害	常温	高温	通风
零	26	21	61
10^{-7} 数量级	0	9	17
10^{-6} 数量级	70	57	22
10^{-5} 数量级	4	13	0
10^{-4} 数量级	0	0	0

资料来源：中国汽研整理。

甲苯、乙苯、二甲苯、苯乙烯、乙醛、丙烯醛虽不是第 I 类致癌物，同样有危害乘员健康的风险，这类风险被称为非致癌风险。气喘、喉咙痛、打喷嚏

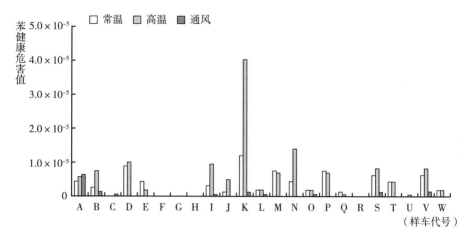

图12　常温、高温、通风状态下车内空气中苯的致癌风险值

资料来源：中国汽研整理。

等症状就是由非致癌风险导致的。

非致癌风险计算方法：

$$HI = C/R_f \tag{3}$$

其中 HI 为非致癌风险，C 为车内空气中某种污染物的检测值，单位为 mg/m³；R_f 为美国环保署规定的参考计量值，单位为 mg/m³。当 $HI > 1$ 时，表明有非致癌风险；当 $HI \leqslant 1$ 时，表明无非致癌风险。

表3　苯系物的非致癌风险

	R_f（mg/m³）	常温	高温	通风
甲苯	5	0.011	0.028	0.004
乙苯	1	0.020	0.058	0.054
二甲苯	0.1	0.540	1.910	0.410
苯乙烯	1	0.012	0.069	0.013

资料来源：中国汽研整理。

整体上看，高温下车内挥发性有机化合物污染较严重（见表3）。二甲苯在高温下的平均浓度对乘员构成非致癌风险。车内空气中二甲苯对人体的非致癌风险值得关注。

（3）醛类物质散发行为

不同工况下车内空气中甲醛、乙醛含量如图 13、图 14 所示，可以看出，所有样车在常温、高温、通风三个阶段均检出甲醛，且高温阶段甲醛检出浓度最高，常温阶段次之，通风阶段最低。这是由于温度会影响材料内部扩散系数，醛类单体的扩散系数与温度的 1.75 次方成正比。车辆经过光照后，车内温度升高，零部件有机物散发速率加快，车内高分子材料会发生氧化降解、热降解等化学反应，从而产生挥发性小分子。

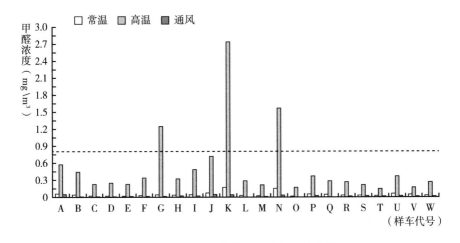

图13　不同工况下车内空气中甲醛的含量

资料来源：中国汽研整理。

醛类物质的蒸气压也会随着温度的变化而变化，车用材料和乘员舱内空气流动相的边界层化合物的蒸气压梯度随着温度的升高而升高，形成醛类物质从车内材料向乘员舱内空气扩散的推动力，使车内醛类物质释放量增大。

甲醛的散发过程与温度不呈线性关系，因此，各汽车企业对高温条件下甲醛的管控难度较大。本报告进一步对甲醛和乙醛在不同工况下散发量的相对倍数进行研究。其中，甲醛在不同工况条件下的散发特性如图 15 所示，结果表明，高温状态下，大部分样车的车内甲醛散发量是常温下散发量的 5～11 倍，最高相对倍数达 27 倍；乙醛在不同工况条件下的散发特性如图 16 所示，高温状态下，车内乙醛散发量均为常温散发量的 1.6～5.3 倍。

综上所述，甲醛的"温度敏感性"强于乙醛，即温度变化对甲醛散发量

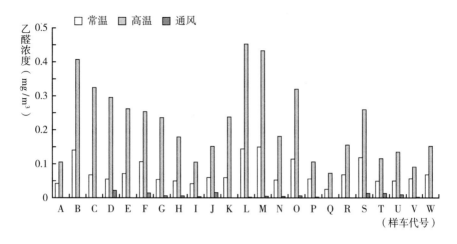

图 14　不同工况下车内空气中乙醛的含量

资料来源：中国汽研整理。

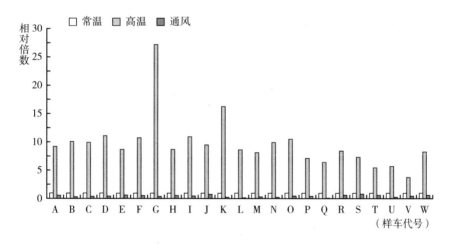

图 15　高温、通风状态下甲醛散发量与常温状态下甲醛散发量的相对倍数

资料来源：中国汽研整理。

的影响较乙醛更显著，这主要是由于扩散系数与醛类化合物的自身性质有关，醛类物质的扩散系数不仅与环境温度、压力有关，还与物质本身的性质（如分子量、聚集态结构等）有关。其中，乙醛分子量大于甲醛，因此，乙醛的扩散系数比甲醛低。

通风对乙醛的去除能力强于甲醛。在通风阶段，23 款样车对甲醛的去除率为 40% ~ 78%，而对乙醛的去除率为 72% ~ 100%。甲醛去除率较低的原因主要有两方面：首先，通风阶段初期，甲醛浓度高于乙醛；其次，通风使车内温度逐渐降低的初期，甲醛的散发速率仍然大于去除速率。

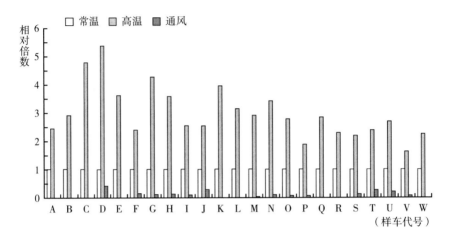

图 16　高温、通风状态下乙醛散发量与常温状态下乙醛散发量的相对倍数

资料来源：中国汽研整理。

相关研究表明，丙烯醛具有遗传毒性，因此，本报告进一步对车内丙烯醛在不同工况下的散发量进行研究，结果如图 17 所示。23 款样车丙烯醛在高温条件下的平均散发量为 0.010 mg/m³，对比甲醛在高温条件下平均散发量（0.517 mg/m³）和乙醛在高温条件下的散发量（0.218 mg/m³），可以发现，丙烯醛在高温条件下的散发量远低于甲醛和乙醛的散发量，这是由于丙烯醛的沸点为 53℃，高于甲醛沸点（-19.5℃）和乙醛沸点（20.8℃）。

丙烯醛在常温状态下的散发量明显低于高温条件下的散发量，这是由于在光照下，车内采样点空气温度普遍超过丙烯醛沸点，在高温阶段，23 款样车采样点处温度均在 50℃ ~ 65℃，车内零部件表面温度更高，加速丙烯醛释放。

（4）醛类物质健康效应

常温、高温、通风状态下 23 款样车车内空气中均检出甲醛，在各工况下计算得出的致癌风险值如图 18 所示。通风状态下，所有样车车内空气中甲醛的致癌风险值均在 10^{-6} ~ 10^{-5} 数量级；常温状态下，91% 的样车车内空气中甲

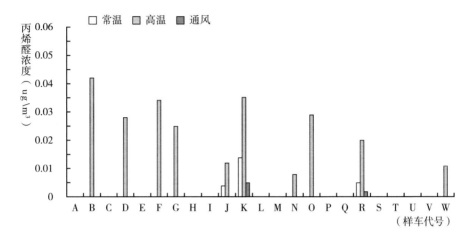

图17　不同工况下车内空气中丙烯醛的含量

资料来源：中国汽研整理。

醛致癌风险值在 10^{-5} 数量级，9%的样车车内空气中甲醛致癌风险值达 10^{-4} 数量级；高温状态下 87% 的样车车内空气中甲醛致癌风险值在 10^{-4} 数量级，13% 的样车车内空气中甲醛致癌风险值在 10^{-3} 数量级，高温下所有样车的车内空气中甲醛对人体致癌风险都较高，进入阳光暴晒后的车内应先通风。

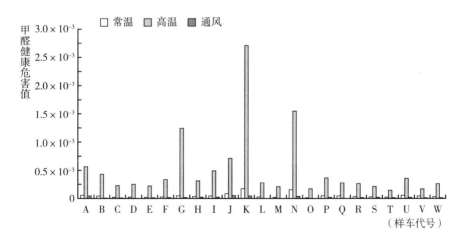

图18　常温、高温、通风状态下车内空气中甲醛的健康危害值

资料来源：中国汽研整理。

车内空气中乙醛和丙烯醛对人体的非致癌风险如表4所示。整体上看，高温下车内挥发性有机化合物污染较严重。乙醛在常温和高温下的平均浓度对乘员构成非致癌风险，而通风状态下乙醛浓度平均值对乘员无非致癌风险，从一个侧面证明乙醛容易通过通风去除。由于丙烯醛的参考计量值较低，23款样车的丙烯醛平均浓度在常温、高温和通风下均对乘员构成非致癌风险。

表4 车内空气中乙醛和丙烯醛对人体的非致癌风险

	R_f (mg/m³)	常温	高温	通风
乙醛	0.009	8.23	24.27	0.64
丙烯醛	0.00002	50.0	530.4	15.2

资料来源：中国汽研整理。

（5）车内空气中的TVOC

TVOC即总挥发性有机物。世界卫生组织（WHO）将其定义为熔点低于室温，沸点范围在50℃～260℃的挥发性有机化合物的总称。TVOC的高低能够反映汽车企业对车内挥发性有机化合物的综合管控能力。

健康测评工作组选取了2019年上半年测评的10款样车的TVOC结果（见图19）进行分析，得到以下结论：10款样车TOP 25 VOC组分浓度之和占到TVOC总量的67%～100%，平均占到85%，VOC浓度最高的25种化合物值得重点关注。

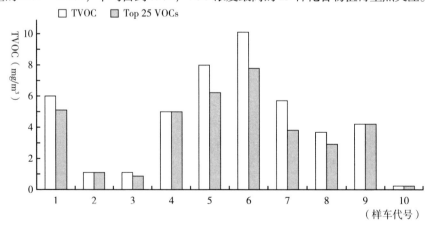

图19 TVOC与25种高浓度VOC浓度的关系

资料来源：中国汽研整理。

常温、高温和通风阶段下车内空气中的 TVOC 对比如图 20 所示，不难看出，高温阶段 TVOC 值明显高于常温阶段和通风阶段，高温阶段 TVOC 值大约是常温阶段的 2.2 ~ 6.5 倍，平均在 3.9 倍左右。值得一提的是通风阶段 TVOC 值虽然显著低于高温阶段（平均值仅为高温阶段的 0.32 倍），但其中有 2 台样车通风阶段的 TVOC 和常温阶段相比，反而更高。结合通风阶段车内降温曲线分析认为：通风阶段前期，车内温度仍然较高，为 50℃ ~ 60℃，这个阶段有不少高温下易散发的 VOC 组分会被采样管捕集，随着通风时间的延长，车内 VOCs 整体呈现下降趋势，也可能是由通风阶段前期车内空气和车内材料温度仍然较高导致。

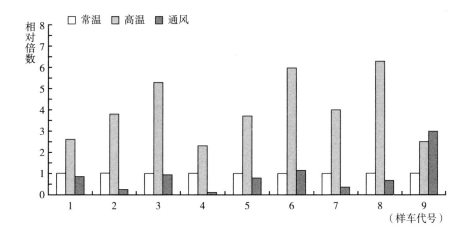

图 20　常温、高温和通风阶段下车内空气中的 TVOC 对比

资料来源：中国汽研整理。

通过气质工作站对构成 TVOC 的具体成分进行解谱，发现车内 TVOC 贡献率最高的化合物类别为烷烃类，8 台样车中 VOC 浓度较高的组分都是烷烃成分，它们虽然不会产生强烈的异味，但识别车内 VOC 含量 TOP 5 的物质对于降低车内 TVOC 浓度有着重要的意义。

不同测评样车 TVOC 结果差异较大。新国标对车内 TVOC 的拟定浓度参考值是常温下不超过 $8mg/m^3$。从我们的测评结果看，20% 的测评样车车内空气中 TVOC 浓度超过 $8mg/m^3$。

（6）车载空调对车内 VOC 的影响

汽车经过阳光辐射后，车内温度逐渐升高，驾驶员进入暴晒后的车内需开启空调外循环对其进行降温，健康测评工作组通过对 10 款测评车辆 TVOC、车内采样点温度进行对比分析，有了新的发现。图 21、图 22 是光照阶段结束时的车内采样点温度和通风后各评价样车采样点温度图。

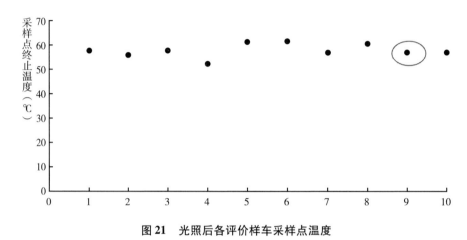

图 21　光照后各评价样车采样点温度

资料来源：中国汽研整理。

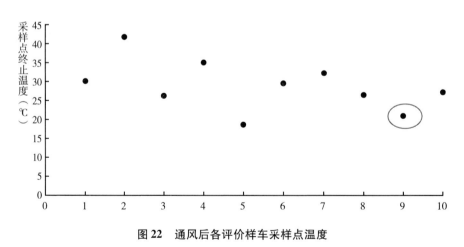

图 22　通风后各评价样车采样点温度

资料来源：中国汽研整理。

由于车窗、车身材料等因素，光照后各车车内采样点温度不同，但均集中在 52.2℃～61.5℃，由于空调性能的差异，通风 30min 后车内采样点温度有较大差异，最高温度41.8℃（2号车），最低温度18.7℃（5号车）。我们还发现空调的制冷能力和通风能力是截然不同的两种能力，如9号车，通风阶段温度降幅大，但由于通风效果不佳，TVOC降低幅度不大。

2. VOI

车内VOI的主要来源：材料加工过程中助剂在高聚物成型过程中，氧气、剪切力等因素，导致链断裂，生成气味小分子。材料处理过程中，为了表面效果、耐磨耗、手感等要求，内饰件通常需要再处理，油性处理剂味道大。汽车使用过程由于高分子老化断链，释放出新的气味物质产生气味。

（1）VOI测评结果分析

光照后，零部件气味物质挥发加速，车内高分子材料发生氧化降解、热降解等化学反应，产生挥发性小分子，富集后产生异味。按照6级评价法对整车车内气味强度等级进行评价发现，常温状态下，样车车内气味强度普遍在3~3.5级；高温状态下，样车车内气味强度普遍在3.5~4级（见图23）。

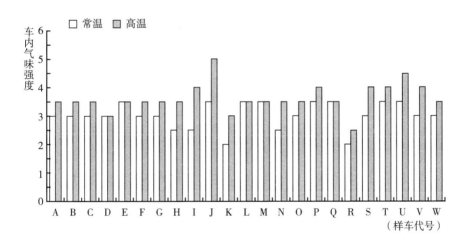

图23　常温、高温下车内气味强度等级

资料来源：中国汽研整理。

使用热脱附–气质联用仪进行全扫描，除国标规定的五种苯系物外，还可以识别出其他挥发性有机化合物。

对23款样车在常温和高温阶段的谱图进行解谱，发现，常温下车内空气中还存在直链烷烃（正十一烷、正十三烷等）、支链烷烃（4–甲基辛烷、2，

4 - 二甲基庚烷等）、酮类（丙酮、环己酮等）、醛类（丁醛、苯甲醛等）、酚类（苯酚、间羟基联苯等）、酯类（乙酸乙酯等）、酸类（正戊酸）等。高温下除检出常温下检出的挥发性有机化合物外，还检出更多大分子量的烷烃（正十六烷、8 - 甲基十七烷等）、环烷烃（十氢化萘等）、苯的同系物（间三邻苯、连三甲苯等）。

检出物中不乏多种恶臭物质，如苯甲醛散发苦杏仁味；间羟基联苯散发刺激性气味；十氢化萘散发樟脑丸味；丁醛散发窒息性气味；苯酚有特殊臭味和燃烧气味。不同气味的协同作用使车内空气味型复杂。

检出物中不乏嗅辨阈值低的恶臭物质，如正丁醛和正戊酸。它们的嗅辨阈值分别较甲醛低 4 个数量级和 5 个数量级。低嗅辨阈值化合物的存在可能导致车内气味强度的升高。

除此之外，我们还发现，越来越多的车内能检出香料类物质，说明整车厂开始重视车内气味，但值得注意的是，在气味管理外，更重要的是确保所添加的香料物质不会对人体健康造成不良影响。

（2）VOI 评价方法与技术

目前用于气味强度分析的仪器主要是电子鼻，其原理是通过采样系统将气味传送到传感器所在的测试腔，此时，气味与传感器的活性材料反应，传感器把化学输入转换为电信号；计算机通过电路部分采集电信号，然后采用模式识别对这些电信号进行处理，来分析和识别所测的气体。但这种方法存在一个弊端，传感器对车内空气中的有机化合物不够敏感，且模式识别部分存在欠缺，难以评价气味的叠加效果。在嗅觉方面，人比机器敏感 1 万倍，因此引入气味强度嗅觉评价法，其优势体现在适用于任何气味物质，可以评定气味物质的叠加效果，测试结果与消费者感觉保持一致。

（二）典型案例分析

1. VOC、VOI

（1）低 VOC 散发案例

①整车级目标分解

汽车内饰原材料是车内空气质量的主要源头，抓住了源头实质上就抓住了问题的本质。根据 VOC 来源制定了由"整体到局部"、由"局部到个体"的设计策略，即把整车控制目标分解到零部件，再将零部件控制目标分解到材料，通过控制材料的目标来达到控制整车空气质量的目的。

②材料认可与禁用清单

对内饰材料搭建环保材料数据库，全面开展材料认可工作，掌握材料选用的主动权，要求零部件供应商在指定的范围内选择材料种类。同时建立 VOC 禁用材料清单，即禁止使用的材料清单，如溶剂型胶水、非反应型催化剂等，从源头上杜绝使用，"倒逼"零部件供应商从材料选用上进行改善。

③设计提案

零部件设计构想针对每个零部件编制 VOC 性能达成方案即设计提案，提案中应明确材料类型、特性，且提案中禁止出现供应商名称。设计提案向材料开发部门传递（例如，在顶棚粘接附件的胶水开发中，应该明确胶水的类型为氯丁胶水，且胶水中的溶剂禁止使用甲苯与丁酮等具有刺激性气味的物质，但不指定氯丁胶水的厂家），为材料的选用提供依据。在设计之初提供绿色环保材料选用的方案，提前规避零部件 VOC 超标风险。

④同步研讨

同步研讨是指从车型初期阶段开始，相关单位全部参与，同步实施研讨，将各部门的所有要求在会议中研讨，通过会议，各部门达成共识，输出明确书，明确书是各相关部门对零部件提出具体设计要求，达成一致意见后输出的文件。未达成共识，输出告知书，告知书是项目研发过程中对研发中未达成的问题给出原因说明并记录问题的文件。同步研讨与传统研发模式相比提高了部门间沟通效率，加快了研发进程。

⑤模拟验证

模拟验证即在工装样件即批量生产零件的模具、检具还未开发的条件下，依据零部件用材设计提案中确定的材料，利用现有零部件模具进行试制的方式开展，确认设计提案的有效性。

⑥工装样件抽检

完成工装样件抽检，按照企业标准应抽检20类零部件，但目前零部件用材平台化程度高，各个车型的零部件用材与工艺大致相同，只是型面大小略有差异，为避免抽检导致的人力、物力资源的浪费，根据以往研发车型的零部件数据库会整理出 TOP10 高危风险零部件抽检清单，这些高危零部件均是首次抽检不合格率高于 20% 的零部件，其中包括座椅、顶棚、地毯、车门内护板、行李箱盖板、空调总成、车门密封条、仪表板、前围隔热垫、副仪表板。

⑦整车 VOC 验证

进行整车 VOC 验证，整车 VOC 验证的前提条件为抽检的 TOP10 工装样件均满足 VOC 性能要求，且车辆内饰零部件均为工艺固化的工装样件，且装配完整，状态良好。

⑧一致性管控

进入批量生产阶段的零部件 VOC 一致性管控主要分为两个方面：一是抽检机制；二是处理机制。抽检机制指整车厂每季度或者定期派专人到供应商工厂对零部件取样进行 VOC 检测。处理机制即 VOC 超标时采取一系列措施，比如整改、罚款等，同时要求供应商对于零部件整改进度及时汇报，实施有效持续的跟踪。

（2）低气味强度案例

聚氨酯材料经常产生令人不愉悦的气味，通过添加剂的替代应用、减少残留单体、添加气体吸附剂等措施应用，能有效降低气味散发的浓度，从而改善气味。聚氨酯的主要原料是聚醚多元醇，原材料中残留的聚醚多元醇会产生较难闻的气味，其来源主要是低分子的醇类、醛类、羧酸类物质，提高原材料的纯度，采用单体残留量较少的聚醚多元醇，可减少或去除这些气味。另外，聚氨酯材料生产过程中的叔胺类催化剂本身有强烈的气味，陶氏化学公司开发了新型催化活性多元醇，该多元醇为多羟基化合物，可以替代至少 50% 的传统胺催化剂，使产品气味显著改善。同样在聚氨酯材料中也可采用物理吸附的原理，即在聚合物中添加少量沸石，用作吸附剂，可起到吸附材料气味的作用。因为沸石具有大量的结晶而成的孔洞，这些孔洞可以捕捉气体小分子。

上海锦湖日丽塑料有限公司，在 ABS、PC/ABS 材料开发时，从聚合开始，有效控制残留单体、低分子低聚物的产生，采用特殊相容剂，有效阻止材料降解，对小分子扩链进行修补，并对易散发的低分子有害化学物质，实现分析水平清洗。同时重新设计螺杆组合，优化工艺条件，配合适当的脱挥处理工艺，在不使用除味剂等助剂的情况下，有效降低影响车内空气质量的气味物质产生。

改性聚丙烯是目前车内塑料用材中最多的种类，降低 PP 材料中气味的挥发意义重大。金发科技股份有限公司开展了多年 PP 材料气味吸收剂的研究，包括化学反应法及物理吸附法，其中研究发现利用硅藻土在物理上通过大量的结晶产生的空洞，可将产生气味挥发出来的小分子吸附，使气味得到改善。

2. EMR

从汽车健康测评 EMR 板块 2019 年的测评结果来看，总体结果良好，一共20 辆车，有 12 款车型获得五星评价，8 款车型获得四星评价，平均分为 88.5分（满分 100 分）。其中江淮瑞风 S3 为该年度唯一满分车型。

EMR 分匀速磁场辐射、急加速磁场辐射、急减速磁场辐射和通信电场辐射四大指标，其中匀速磁场辐射、急加速磁场辐射、急减速磁场辐射三个指标20 辆车平均得分率均在 99% 以上，真正拉开得分差距的是通信电场辐射指标。匀速磁场辐射、急加速磁场辐射、急减速磁场辐射三个指标只要常规零部件EMC 发射类管控到位很容易得满分，而通信电场辐射本就是在车载无线通信系统发射功率相同的条件下进行车内不同区域的电场大小测量，通信电场辐射指标的得分和车载无线通信系统天线的布局就变得息息相关，江淮瑞风 S3 的车载无线通信系统天线布置在车顶的鲨鱼鳍里，在车内产生的电磁辐射低，通信电场辐射指标也得了满分。

报告九
汽车健康发展趋势展望

摘　要：　随着汽车消费升级，消费者对车内健康问题关注更加明显，尤其是此次新冠肺炎疫情的暴发，人们对车内环境健康已不再局限于传统的异味、VOC 等方面，车内的抗菌、抗病毒、过滤防护、空气净化、智能空调、药物香薰、驾乘人员体征监测等新技术已成为健康汽车下一步发展的重点。本报告总结了车内材料的使用、车内装置的改进及设备技术的提升等发展方向，同时展望了汽车健康测评发展趋势。

关键词：　健康汽车　空气质量监测　过滤净化

一　健康材料的使用及 VOC/VOI 评价发展趋势

（一）低 VOC/VOI 材料的使用

为开发车内空气质量更好的健康汽车，材料厂商、零部件厂商、主机厂都进行了大量研究和实践，从设计、生产到一致性管理等全过程都具备了较为完善的控制手段。

1. 设计阶段优化选材

汽车内饰原材料是车内空气质量的主要源头，抓住了源头实质上就抓住了问题的本质。根据 VOC 来源制定了由"整体到局部"、由"局部到个体"的设计策略，即把整车控制目标分解到零部件，再将零部件控制目标分解到材料，通过控制材料的目标来达到控制整车空气质量的目的。

对内饰材料搭建了环保材料数据库，全面开展材料认可工作，掌握材料选用的主动权，要求零部件供应商在指定的范围内选择材料种类。同时建立 VOC 禁用材料清单，即禁止使用的材料清单，如溶剂型胶水、非反应型催化剂等，从源头上杜绝使用，"倒逼"零部件供应商改善选用材料。在设计之初提供绿色环保材料选用的方案，提前规避零部件 VOC 超标风险。

2. 生产工艺优化

以 PVC 材料为例，PVC 材料在加工过程中会添加较多的小分子添加剂，如增韧剂、增塑剂、抗静电剂、光稳定剂以及阻燃剂等，制备得到零部件样品后产生较大气味强度的原因主要有以下几点：①聚氯乙烯树脂中含未完全参加聚合反应的游离的氯乙烯；②在挤出注塑过程中，由于加工温度过高、剪切力太大或注塑压力太高等因素，分子链断裂形成氯乙烯或产生降解，挥发后产生 VOC 或气味；③复合材料中的小分子添加剂产生渗出，进而导致气味物质的产生；④在合成过程中，单体、溶剂以及催化剂等小分子物质产生残留，在后续的加工或使用过程中出现渗出现象。

（1）提高聚合温度

在制备高表观密度聚氯乙烯树脂时，采用升温聚合法，提高反应釜的生产能力，缩短聚合时间，使反应过程在每个阶段最大限度地进行，减少未反应的小分子有害物质的残留。

（2）增设脱挥装置

如果材料制备是通过挤出造粒得到，可以对挤出机进行改进，增设脱挥装置，尽可能除去挥发出的小分子物质，降低材料在使用过程中 VOC 的释放。

（3）增加后处理工艺

对制备得到的材料增设抽排风烘烤工艺（悬挂烘烤除味），65℃条件下烘烤 4h 之后对 VOC 性能的改善效果较好。

（4）关注脱模剂

为改善脱模性能，ABS 加工过程中需要外喷的一些脱模剂，大多是含苯物质，也会增加车内苯系物含量。在生产过程中应当减少脱模剂的使用（如每件喷一次脱模剂改为每三件喷一次脱模剂），且脱模剂建议使用水性脱模剂。

（二）禁、限用部分物质的添加

为提高部分材料的加工、使用性能，往往需使用添加剂，出于材料对人体健康有致癌、致敏等危害，结合汽车、电子、日用品等行业研究，禁、限用铅、铬、汞、多溴联苯、多溴联苯醚、多环芳烃、邻苯二甲酸酯等物质的添加。

（三）VOC/VOI 评价发展趋势

VOC/VOI 测评板块在后续迭代升级的过程中，会重点关注新材料、新技术的应用对降低车内挥发性有机物浓度及车内气味强度是否有效果。在测试技术方面，会探索高温下非嗅辨员进入车内评价方法的可行性；利用车内 VOC 扩散模型评价车内 VOC 浓度分布的方法，在成熟后也可能引入后期测试评价中；随着行业对 VOC 和 VOI 研究得不断深入，后续嗅辨阈值、嗅辨仪气味溯源等项目也可能被引入测评体系。

二 净化过滤发展趋势及其评价发展趋势

（一）提高空调滤芯性能

随着人们对"健康汽车"的关注与需求渐渐提升，人们开始对 PM2.5 的危害重视起来，高效空气过滤器（High Efficiency Particulate Air Filter，HEPA）也开始应用于汽车空调过滤器，并且在持续改进工艺技术提升过滤等级。

为了提升过滤效率，增强过滤器吸附能力，一种方法是在空调过滤器中注入电荷，使其更容易吸附空气中的带电粒子，从而达到提升过滤效率的目的。特别是近期新冠肺炎疫情期间，汽车厂商提出要给汽车戴上"N95 口罩"，这就要求空调过滤器对病毒传播飞沫和气溶胶具有同等效果的阻隔作用，即对于0.3 微米的过滤效率需要达到 95% 以上。

为了去除车内异味而研发的双效过滤器是指，过滤器除了过滤层以外，还复合了活性炭层，吸附空气中的氨、氮氧化物、VOC 等气体，实现过滤粉尘和去除异味的双重功效。

空调过滤器还可以通过复合抗过敏材料、抗菌抗病毒材料来实现不同的功能。目前市场上有多种技术路线，有的是采用植物提取物作为原料，通过浸染工艺复合到无纺布基材上；有的是采用纳米技术将银离子复合到滤材中。用户可根据不同需求选择不同的产品。

（二）加装车内空气净化装置

传统的做法是增加空调滤芯材料密度，但这样会增加空调出风阻力，减小风量，影响空调温度调节使用性能。因此已有部分汽车厂家对相关汽车产品配置了空气净化系统，通过加装空气净化装置，进一步改善车内空气质量。同时，也有部分企业应用了车内外 PM2.5 实时检测装置，通过在线监测系统，控制空调内外循环的切换，提示驾驶员车内 PM2.5 污染状况。

（三）车内净化过滤评价发展趋势

1. 车内颗粒物净化

在空调滤芯方面，行业研究起步较早，形成的技术规范、测试标准较为完善，如 GB/T32085.1—2015《汽车空调滤清器 第 1 部分：粉尘过滤测试》、QC/T998—2015《汽车空调滤清器技术条件》等标准，测试项目包含滤芯过滤面积、过滤效率、储灰量等性能指标。在新冠肺炎疫情暴发后，大家对更小颗粒的过滤非常重视，汽车行业已经针对 0.3μm，甚至粒径更小的生物颗粒进行研究。结合 N95 口罩的测试，空调滤芯会逐步升级测试标准，推动 HEPA 级滤芯的使用。

2. 杀菌及有害气体净化

空调系统是车辆在使用过程中，车内环境调节的核心功能系统，对车内空气环境的调节、净化有不可替代的作用。目前已有检测机构、汽车及零部件企业，结合 GB 21551.2—2010《家用和类似用途电器的抗菌、除菌、净化功能 抗菌材料的特殊要求》研发和检测具有类似功能的滤芯，结合 GB/T 18801—2015《空气净化器》进行空调系统颗粒物净化及甲醛净化等测试。

三 车内电磁环境发展趋势及其评价发展趋势

（一）控制部件电磁辐射水平

从 2019 年 EMR 测评结果来看，匀速磁场辐射、急加速磁场辐射、急减速磁场辐射三个指标下的 20 辆车平均得分率均在 99% 以上。这三个指标在零部件电磁辐射管控到位的情况下很容易拿满分。

现在绝大多数车企都有自己的 EMC（电磁兼容）管控体系，建议车企管控零部件辐射发射和传导发射时，按照 GB/T 18655—2018 "车辆、船和内燃机 无线电骚扰特性 用于保护车载接收机的限值和测量方法"中对应 3 级及以上限值进行管控。

（二）优化车载天线布局

若车载无线通信系统天线布置在车内，带来的电磁辐射会高于将天线布置在车外。这也提示整车企业，为降低无线通信系统工作时带来的车内高频电磁辐射，应尽可能将天线布置于车外，比如，有的车企就将天线布置到鲨鱼鳍里，也有车企将天线布置到反光镜里。通常情况下，通信天线布置在车外也会提升整个系统的通信性能。

（三）EMR 评价发展趋势

对比 JASO TP - 13002：2013《汽车中人体暴露电磁场的测试方法》、GB/T 37130 《车辆电磁场相对于人体暴露的测量方法》、《中国汽车健康测评——车辆电磁辐射测试及评价方法》三个测试方法相关标准在测试频段、测试工况、测试区域、测试点位均有差异，后面发布的标准在测试频段、测试工况、测试区域、测试点位明显往覆盖更多、更全面的方向发展。

对比国际非电离辐射防护委员会（ICNIRP）导则 1998 版和 2010 版中的公众曝露限值，可以看出 2010 版限值有所放松，而我国实行的 GB8702—2014《电磁环境控制限值》相对来说要严格不少。

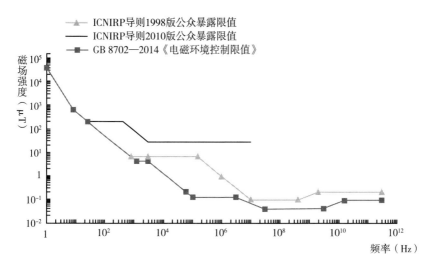

图　磁场暴露限值对比

资料来源：中国汽研。

报告十
新能源汽车测试评价发展现状

摘　要：　2014 年 5 月 24 日，习近平总书记在上海汽车集团考察时强调：
　　　　　　"发展新能源汽车是我国从汽车大国迈向汽车强国的必由之路。"
　　　　　　测试评价标准的制定是新能源汽车产业发展过程不可或缺的关键
　　　　　　环节。本报告从新能源汽车标准研究出发，聚焦能耗、安全、体
　　　　　　验三个方面，对新能源汽车测试评价发展现状进行概述。

关键词：　新能源汽车　测试评价　标准体系

一　市场导向下的新能源汽车发展

当前，新能源汽车在全球汽车产业体系中占据着举足轻重的地位，以电动化、智能化、网联化、共享化为主题的"新四化"正由概念逐步地应用于产品，成为当今汽车行业主流的发展趋势。随着时代的发展，大数据、云计算、5G、新基建等技术和基础设施的不断完善，新能源汽车将逐步由交通工具转变为集生活、娱乐、理财、工作、出行等于一体的智能终端，成为人类生活不可或缺的一部分。

自 2013 年以来，随着产业化进程的加快和政策刺激的作用，新能源汽车进入快速的商业化推广应用阶段。中国和欧洲市场的新能源汽车销量增速明显（见图 1 和图 2），特别是自 2015 年起增速稳定提升，体现出较好的市场应用和推广价值。

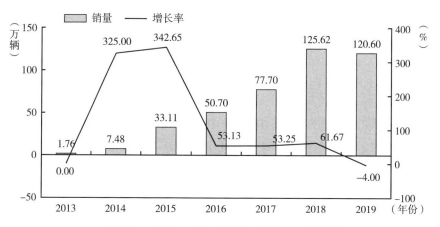

图 1　2013 ~ 2019 年中国新能源汽车销量及增长率

资料来源：前瞻产业研究院整理。

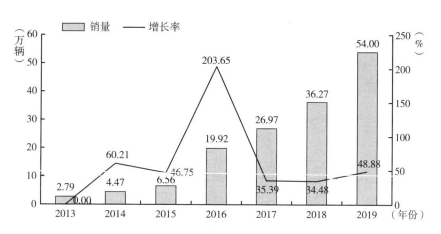

图 2　2013 ~ 2019 年欧洲新能源汽车销量及增长率

资料来源：智妍咨询整理。

另外，随着市场对新能源汽车的接受度逐步提升，消费者对新能源汽车的选择变得更为全面和理性。根据中国汽车流通协会《2019 新能源汽车消费市场研究报告》，分别有46%和26%的消费者对新能源汽车的续航能力和安全存在顾虑，除此之外，电池回收、二手车残值、电磁辐射、充电配套设施不完善等问题也在一定程度上影响消费者对新能源汽车的购买热情。上述反映了新能源汽车的消费市场、后市场、上下游产业链协调等问题，成为市场导向下的新能源汽车发展新常态问题。

二 测试评价对消费市场和产品的桥梁作用

在市场导向下，消费者需求是第一位的，产品开发应围绕消费者的需求进行。通过大量消费者问卷调查发现，消费市场对新能源汽车产品需求存在较大主观性，例如，更安全、更长里程、更低能耗、更好体验等，而产品开发则更多关注高效节能、全气候、安全舒适、运营网联、充电多元、应用全域等趋势，并以客观数据反映产品关注点。两者对比如图3所示，消费者主观需求与产品开发之间存在很大差距，这需要对工程化语言进行一定转化，使之能够衔接需求和开发之间的关联关系。

测试评价体系是把主观需求客观化的一种重要途径。用主观需求客观化来量化消费者需求，给产品定义提供输入，建立用户体验和产品表现之间的关联关系，并通过参数化数据呈现，这就是测试评价体系的桥梁纽带作用——量化消费需求，服务产品开发。通过符合消费者需求、综合反映产品特征的测试评价体系建立，立足消费者关心的产品痛点，创造一把高于准入标准的标尺，理顺市场需求和产品品质之间关联关系，充分建立起消费诉求与产品开发之间的纽带。

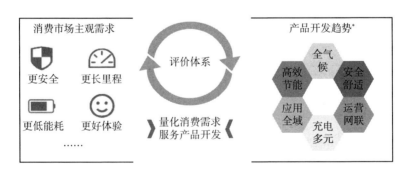

图3 评价体系对消费市场和产品的桥梁作用

资料来源：孙逢春《新能源汽车国家大数据联盟年中会议》，2018。

三 国内外新能源汽车标准研究现状

2012 年 6 月，国务院印发《节能与新能源汽车产业发展规划（2012～2020 年)》，明确了新能源汽车产业发展的方向和重点，制定了新能源汽车标准发展的路线图和时间表。2014 年 7 月，国务院又发布了《关于加快新能源汽车推广应用的指导意见》，从八个方面提出 30 条加快新能源汽车发展的具体措施，其中包括"完善新能源汽车产品质量保障体系"等相关要求。标准是新能源汽车市场推广的关键，是规范提高新能源汽车生产技术的前提，制定完善的标准体系是目前新能源汽车产业健康发展的重要前置条件。

从目前能源类型角度来看，由于国家政策对纯电动汽车一直以来的大力支持，纯电动汽车依旧是新能源汽车市场的主力车型。在后补贴时代，市场导向和消费需求导向更加明显，更安全、更长里程、更快充电、更低能耗、更好驾乘体验的新能源汽车开始成为市场上的主角。因此，下文将重点介绍纯电动汽车相关能耗、安全、体验方面的标准研究现状。

（一）纯电动汽车能耗标准现状

续航里程和能量消耗率是电动汽车推广应用补助政策的重要指标，该指标的测试除与试验工况密切相关外，还需关注试验规程的影响，包括基准试验条件、试验质量、试验操作、试验结果的计算等。目前依据的标准和法规见表 1。

表 1 电动汽车能耗标准

序号	标准号	标准名称	发布日期
1	ISO 8714:2002	电动道路车辆 能量消耗率和续航里程 乘用车和轻型商用车辆试验规程	2014 年 3 月
2	GB/T 18386—2017	电动汽车能量消耗率和续航里程试验方法	2017 年 10 月
3	GB/T 36980—2018	电动汽车能量消耗率限值	2018 年 12 月

资料来源：中国汽研整理。

我国现行标准 GB/T 18386—2017 适用于纯电动汽车。续航里程为电动汽车在动力电池完全充电状态下，以一定的行驶工况，能连续行驶的最大距离，单位为

km。能量消耗率是电动汽车经过规定的测试循环后对动力电池重新充电至测试前的容量，从电网上得到的电能除以续航里程所得的值，单位为 kW·h/100km。

1. 试验质量要求

以车辆类型为依据对车辆试验质量进行分类：对于 M1 和 N1、最大设计总质量不超过 3500kg 的 M2 类车辆，附加质量为 100kg；对于城市客车，附加质量为最大设计装载质量的 65%，其余车辆的附加质量为最大设计装载质量。

2. 试验环境温度条件

规定 20℃~30℃ 的室内试验条件，即续航里程和能量消耗率试验只能在室内的底盘测功机上进行，包括工况法和等速法，"在车辆充电期间和充电结束后的放置期间必须处于 20℃~30℃ 的环境温度"条件进一步减小了试验环境温度对试验结果的影响。

3. 重型车辆测试工况循环及续航里程和能量消耗率的计算方法

在原有的新欧洲驾驶循环（New European Driving Cycle，NEDC）基础上，增加了中国典型城市公交循环和以世界重型商用车瞬态循环为基础、调整加速度和减速度形成的驾驶循环（World Transient Vehicle Cycle，C-WTVC）。标准规定 M1 和 N1、最大设计总质量不超过 3500kg 的 M2 类车辆应该采用 NEDC 循环，城市客车可以采用中国典型城市公交循环或 C-WTVC 循环，其他车辆应该采用 C-WTVC 循环。

4. 工况试验的停车操作规定

每 6 个工况试验循环，允许停车（10±1）min，即续航里程越长的车，允许停车次数越多。停车期间，车辆启动开关应处于"OFF"状态，关闭引擎盖和试验台风扇，释放制动踏板，不能使用外接电源充电，避免停车期间消耗车载电池能量。

5. 根据 NEDC 循环、中国典型城市公交循环、C-WTVC 循环和等速循环，将结束试验循环的条件分为四大类

将 NEDC 工况试验循环的试验结束条件细分为被测车辆的最高车速大于等于 120km/h 和小于 120km/h 两种情况，对于最高车速小于 120km/h 的试验车辆，当工况目标车速大于车辆申报的最高车速时，将目标工况相应速度基准曲线调整为车辆申报的最高车速。

相关国际标准 ISO 8714：2002 与我国现行标准 GB/T 18386—2017 的主要

区别在于适用范围不包含最大设计总质量超过 3.5 吨的车辆，同时该标准可以选择室外环境进行试验，而 GB/T 18386—2017 仅规定了室内试验方法。

总体来看，纯电动汽车能耗评价试验方法已基本完善，轻型纯电动汽车限值标准也基本完成。随着《中国汽车行驶工况》标准制定工作的推进，需要完善电动汽车能耗评价方法，使能耗试验结果更能真实反映实际的道路运行。

（二）纯电动汽车安全标准现状

与传统汽车相比，电动汽车安全是消费者关注的焦点，近几年多起安全事故引发全社会高度关注。电动汽车特殊安全对纯电动汽车、混合动力电动汽车及燃料电池电动汽车都可适用，主要是考虑电动汽车在储能、电气、驱动等方面的特殊性，电动汽车在满足传统内燃机汽车安全要求的同时，还应满足特殊的安全标准，如触电防护、电气安全、有害气体排放、电池起火防护等。国内外电动汽车安全标准见表2。

表 2　电动汽车安全标准

序号	标准号	标准名称	发布日期
1	ISO 6469 - 1:2019	电动道路车辆安全要求第 1 部分:车载电能储存装置	2019 年 4 月
2	ISO 6469 - 2:2018	电动道路车辆安全要求第 2 部分:车辆安全运行	2018 年 1 月
3	ISO 6469 - 3:2018	电动道路车辆安全要求第 3 部分:人员电气伤害防护	2018 年 9 月
4	ISO 6469 - 4:2015	电动道路车辆安全要求第 4 部分:碰撞后电气安全	2015 年 9 月
5	SAE J2464—2009	电动和混合动力电动汽车充电储能安全和滥用试验	2009 年 11 月
6	SAE J2344—2010	电动汽车安全指南	2010 年 3 月
7	JIS D5305 - 1—2007	电动道路车辆安全规范第 1 部分:动力电池	2007 年 3 月
8	JIS D5305 - 2—2007	电动道路车辆安全规范第 2 部分:功能安全方法和失效防护	2007 年 3 月
9	JIS D5305 - 3—2007	电动道路车辆安全规范第 3 部分:人员触电防护	2007 年 3 月
10	GB 18384—2020	电动汽车安全要求	2020 年 5 月
11	GB 38032—2020	电动客车安全要求	2020 年 5 月
12	GB 38031—2020	电动汽车用动力蓄电池安全要求	2020 年 5 月
13	GB/T 31498—2015	电动汽车碰撞后安全要求	2015 年 5 月

资料来源：中国汽研整理。

三项强制性国家标准：GB 18384—2020、GB 38032—2020 和 GB 38031—2020 于 2020 年 5 月 12 日发布，2021 年 1 月 1 日起开始实施。三项强标在原有推荐性国家标准 GB/T 18384.1—2015 的基础上，与我国牵头制定的联合国电动汽车安全全球技术法规（UN GTR 20）全面接轨，进一步提高和优化了对电动汽车整车与动力电池产品的安全技术要求。

①GB 18384—2020 主要规定了电动汽车的电气安全和功能安全要求，增加了电池系统热事件报警信号要求，能够第一时间给驾乘人员安全提醒；强化了整车防水、绝缘电阻及监控要求，以降低车辆在正常使用、涉水等情况下的安全风险；优化了绝缘电阻、电容耦合等试验方法，以提高试验检测精度，保障整车高压电安全。

②GB 38032—2020 针对电动客车载客人数多、电池容量大、驱动功率高等特点，对电动客车电池仓部位碰撞、充电系统、整车防水试验条件及要求等提出了更为严格的安全要求，增加了高压部件阻燃要求和电池系统最小管理单元热失控考核要求，进一步提升了电动客车火灾事故风险防范能力。

③GB 38031—2020 在优化电池单体、模组安全要求的同时，重点强化了电池系统热安全、机械安全、电气安全以及功能安全要求，试验项目涵盖系统热扩散、外部火烧、机械冲击、模拟碰撞、湿热循环、振动泡水、外部短路、过温过充等。特别是增加了电池系统热扩散试验，要求电池单体发生热失控后，电池系统在 5min 内不起火不爆炸，为乘员预留安全逃生时间。

④在汽车碰撞后对乘员保护安全要求基础上，电动汽车提出碰撞后电安全和电化学安全的特殊安全要求，主要考核碰撞后电动汽车高压电路、车载可充电储能系统（Rechargeable Energy Storage System，REESS）安全状态以及动力电池电解液泄漏量限值。GB/T 31498—2015 规定了碰撞后人员防触电、电解液泄漏以及 REESS 的碰撞要求，标准适用的碰撞类型为正面碰撞和侧面碰撞，目前尚缺少电动汽车后面碰撞要求。

国外标准中 ISO 6469 前三部分系列标准与 GB/T 18384.1—2015 对应，第四部分 ISO 6469-4：2015 中规定了车辆碰撞后用于保护车内外人员的安全要求。SAE J2344—2010 规定了电动汽车正常操作和充电相关安全性，适用于总重低于 4536kg 的电力驱动道路车辆。SAE J2464—2009 规定了单体、模块、电池包的滥用试验，依据试验中电池的响应进行安全性评价并指导电池的安全设计。

　　总之，三项强标是我国电动汽车领域首批强制性国家标准，综合我国电动汽车产业的技术创新成果与经验总结，与国际标准法规进行了充分协调，对提升新能源汽车安全水平具有重要意义。另外，针对热管理系统采用液冷方式的电池包，液冷系统密封性能显得尤为重要，需要制定针对液冷系统密封性能的要求和测试标准，充分考虑液冷系统在实际运行过程中可能遇到的导致系统密封性功能损伤的各种因素，如振动、腐蚀、加压、冷热循环等，全面考量外部因素，以确保电池包系统不会因液冷系统密封性不良导致功能损伤，避免发生短路起火、危害人身安全。而追尾碰撞发生的概率较高，因此需要修订 GB/T 31498—2015，增加电动汽车后面碰撞的适用性。

（三）纯电动汽车体验标准现状

　　体验是消费者选车用车中最直接的感受，车辆驾驶过程中动力性和噪声是电动汽车舒适度体验最基本的性能指标之一。

1. 动力性标准

　　电动汽车的动力性表征为车辆的加速性、最高车速、爬坡车速、最大爬坡度等基本指标，与传统汽车基本一致，仅项目要求上有细微区别，具体表现为电动汽车因其动力电池的功率输出特性而增加了 30min 最高车速项目，同时不考虑传统内燃机汽车要求的最低稳定车速项目，动力性标准见表 3。

表 3　电动汽车动力性标准

序号	标准号	标准名称	发布日期
1	ISO 8715—2001	电动汽车道路运行特性	2001 - 06
2	GB/T 18385—2005	电动汽车动力性能试验方法	2005 - 07

资料来源：中国汽研整理。

　　GB/T 18385—2005 主要参照 ISO 8715—2001 制定并做了修改，标准主要规定了纯电动汽车的最高车速、加速特性及爬坡能力的试验方法。具体动力性参数包括最高车速（1km）、30min 最高车速、0 ~ 50km/h 加速性能、50 ~ 80km/h 加速性能、4% 和 12% 坡度的爬坡车速、坡道起步能力。

　　标准规定，最高车速和 30min 最高车速的测量都应该在车辆预热后完成，剩余电量（State Of Charge，SOC）在 90% ~100%。对于按照规定连续进行的加速、爬坡车速、坡道起步测试应在最高车速完成后放电 40% 后进行，此时的 SOC 为 50% ~60%，如果单独进行这些测试，电池要通过放电使 SOC 达到以上范围要求。

30min 最高车速应在道路或测功机上完成。最高车速在直道或环路上完成，双向进行取平均值；单向道路需要进行两次取平均值，并进行风速修正。0 ~50km/h 加速性能试验、50 ~80km/h 加速性能试验都在试验道路上双向测试取平均值。爬坡车速在测功机上完成，根据 4% 和 12% 的坡道在测功机上设定阻力分别连续测试。坡道起步能力测量规定在一个接近最大爬坡度的坡道上进行，并根据厂家提供的坡度值和实际坡度值之间的差别来调整配重。

ISO 8715—2001 主要技术内容与 GB/T 18385—2005 基本一致，区别主要在于该标准的适用范围不包含最大设计总质量超过 3.5 吨的车辆。

目前有关动力性标准的要求比较详细，对电动汽车动力性的具体测量方法的研究也会随着技术的发展不断完善和深入。

2. 噪声标准

相较于传统汽车，纯电动汽车没有发动机噪声，相应地也没有进排气噪声，它的车内噪声来源主要为驱动电机、空调风扇、辅助控制器件、车身振动、传动系统等，此外还有风噪声、路面轮胎噪声。作为纯电动汽车车内噪声主要来源和驱动系统关键部件的驱动电机，在高转速与高负载区，噪声比较严重，对乘坐舒适性体验有很大影响。

目前我国还没有电动汽车相关的噪声标准，噪声测试基本使用 GB/T 18697—2002《声学汽车车内噪声测量方法》中的试验条件和试验方法，可对电动汽车在怠速开空调、等速 80km/h、等速 120km/h 等场景下的车内噪声进行考查。

国外有关传统汽车车内噪声品质的研究方法与技术已经非常成熟，尽管纯电动汽车的车内噪声不同于传统汽车，但其整体的分析与研究思路基本类似。国际上对纯电动汽车噪声的研究仍处于发展阶段，且因各国研究人员对噪声概念的理解不同，研究方法不同，研究结果会有很大差异，很难形成国际化评价标准。

对于电动汽车车内噪声品质评价基准与特征描述技术规范以及相应的噪声测量条件和方法还需进行更深入的研究和探索。

四　国内外新能源汽车评价发展现状

国内外新能源汽车评价技术的发展在全球汽车产业体系良性发展进程中，具有画龙点睛的作用，通过数据的沉淀和积累为消费者选车用车提供科学的信息参考，为企业确定技术整改和优化方向，对汽车行业突破技术难点和痛点问题予以助攻，助推新能源汽车产业良性发展。当然，新能源汽车评价技术发展的同时也伴随着新能源汽车测试评价方案的不断进步，通过开发更加合理的测试场景、测试方案，对车辆数据进行深度挖掘，经过测试数据的深度分析进行知识数据的沉淀与积累，从而真实地反映车辆能耗、安全、体验表现。目前，国内外针对新能源汽车测试评价的体系主要分为 3 类一级指标（企业开发级测试评价、第三方机构测试评价、媒体端测试评价）和 2 类二级指标（整车级、零部件级）。企业开发级测试评价主要针对开发过程的关注点，其专业性、复杂性较强；第三方机构测试评价主要基于国家标准、世界标准，属于若干标准的集合，具有权威性；媒体端测试评价主要针对消费者端，倾向于主观评价，侧重于车辆体验感受。

（一）国外新能源汽车评价现状

国外关于新能源汽车技术的研究时间更久、技术更加成熟，对于新能源汽车测试评价，大部分是根据其新产品的研发测试功能需求进行有针对性的设计。从最初的单个零部件的测试评价，到现今的数字化、集成式、虚拟化、智能化等更高端与更高效的评价体系，足以见证新能源汽车评价技术的发展。

美国在新能源汽车评价方面，主要由美国能源部（Department of Energy，DOE）和美国汽车工程师学会（Society of Automotive Engineers，SAE）提供综合的、统一的、公正的先进汽车技术测试与评价服务和新能源汽车技术标准化工作，其评价内容包含新能源汽车整车级测试评价与电池包及其电池控制器、电机及电机控制器、充电机及充电机控制器、动力总成、高压电缆、连接件、线束及元器件等零部件级别的测试评价。对于新能源测试评价技术的研究工作可追溯至 1990 年，其主要测评企业有福特汽车、通用汽车、特斯拉、德尔福、天合汽车、博格华纳等美国国内/出口至美国国内的企业。美国国家公路安全管理局（NHTSA）测试评价体系兼具传统车与新能源车的测试评价，由于其权威性和公正性，测评结果在美国本土得到广大消费者的认可，而且在全世界也有众多消费者以此评价作为购车参考。

在新能源汽车评价方面，因欧盟一体化战略，欧洲主要由欧洲电工标准化委员会（CENELEC）、欧洲标准化委员会（CEN）和联合国欧洲经济委员会（ECE）等负责标准化工作。其评价内容包含新能源汽车整车级测试评价与电池包及电池控制器、电机及电机控制器、充电机及充电机控制器等零部件级别的测试评价。欧盟新车认证程序/中心（E-NCAP）测试评价体系是由欧洲七个政府组织（英国、法国、德国、瑞典、荷兰、加泰罗尼亚、西班牙）及消费者团体、汽车俱乐部等成员组成的汽车测试评价讨论会来确定的，兼具传统汽车与新能源汽车的测试评价。

在新能源汽车评价方面，日本主要由日本电动汽车协会（JEVA）和日本电动车充电协会（CHAdeMO）负责标准化工作，其评价内容包含新能源汽车整车级测试评价与电池包及电池控制器、电机及电机控制器、充电机及充电机控制器等零部件级别的测试评价。其主要测评企业有丰田、本田、日产、铃木、爱信精机、电装等日本国内/出口至日本的企业。J-NCAP 测试评价体系是由日本国土交通省、汽车事故对策机构、汽车行业专家以及消费者代表四方组成的汽车测试评价讨论会来确定的，兼具传统车与新能源汽车的测试评价。

在新能源汽车企业开发级评价领域，国外大部分汽车整车厂以及零部件供应商，如福特汽车、通用汽车、特斯拉、爱信精机、电装、博世集团、大陆集团、法雷奥集团、大众汽车、宝马集团等从事企业开发端整车级或零部件级的测试评价。

在新能源汽车第三方机构评价领域，国外具有代表性的有美国阿岗实验室（ANL）制定的 AVTA 评价体系、NHTSA 评价体系、E-NCAP 评价体系、日本汽车安全评估机构（J-NCAP）评价体系等从事第三方机构的整车级或零部件级测试评价。

在新能源汽车媒体评价领域，国外代表性的有消费者报告、名车志（CAR AND DRIVER）、汽车族（MOTOR TREND）等从事媒体领域整车级或零部件级的测试评价。

（二）国内新能源汽车评价现状

我国新能源汽车技术研究开始于 20 世纪末，通过二三十年的发展，仍然落后于国外发达国家。所以在我国国家级产业发展规划中，新能源汽车占据了非常重要的地位。在《中国汽车产业中长期发展规划》《中国制造 2025》的指引下，我国新能源汽车战略发展规划也日臻完善，这将是引领我国未来汽车产业发展的重要方向。

新能源汽车测试评价作为产品研发的一种方式，是新能源汽车产业发展过程不可或缺的重要环节。在企业开发级测试评价领域，目前国内大部分汽车整车厂以及零部件供应商，如上汽、北汽、比亚迪、一汽、吉利、东风、长安、科力远、宁德时代等，已经分别进行了新能源汽车整车以及零部件技术的研究。同时也伴随着企业的测试评价体系的建立与发展，其特点在于企业的评价体系更关注开发过程中的影响因素，所以在起步时间晚于国外发达国家的情况下，其核心竞争力总是逊色于人，同时也迎来了新能源汽车产业及产业链发展的百家争鸣。对于消费者而言，新能源汽车的客观性和一致性评价难以获取。

在媒体测试评价领域，随着国内新能源汽车的发展，部分城市的限车、限购等政策，使新能源汽车消费者不断增加，消费者面临新能源车型品种多、选车难等问题，从而衍生了一系列职业媒体测试评价机构，诸如汽车商业评论、懂车帝、电动汽车观察家、智驾网等媒体评价，主要针对消费者端，由于非专业性人员，所以更倾向于主观评价，对于消费者而言获取不到新能源汽车的客观性和一致性评价。

在第三方机构测试评价领域，国内新能源汽车的安全性事件频发、用户不良体验感、能耗不够理想等问题的持续爆发，引起第三方机构基于新能源汽车测试评价体系的关注，诸如重庆车检院、上海车检院、中国汽研等第三方机构，其中不乏既具有企业开发级测试评价级的专业性、技术深度与复杂性特点，又具有媒体测试评价的主观性特点，还具有第三方机构测试评价级的权威性与客观性特点。

　　未来，随着新能源汽车产业的不断发展，新能源汽车的测试和评价方法也将不断完善，向社会提供全方位测评数据，引导消费者透明消费，反馈消费者需求给全行业，加快新能源汽车提质增效转型升级，促进我国新能源汽车产业长期可持续健康发展。

报告十一
新能源汽车评价规程及测评结果分析

摘　要：　中国新能源汽车评价规程（China Electric Vehicle Evaluation Procedure，以下简称"CEVE"）从"能耗、安全、体验"三个维度出发，开展针对新能源汽车测试评价研究。分别从整车三电系统、整车能耗的影响因素、整车能量流、再生制动系统等方面对测试评价关键技术进行概述，并对新能源汽车大数据挖掘及应用进行介绍。

关键词：　新能源汽车　评价规程　能耗评价　安全评价　体验评价

一　新能源汽车评价规程

CEVE 是由中国汽车工程研究院股份有限公司、北京理工大学电动车辆国家工程实验室、清华大学电池安全实验室和新能源汽车国家大数据联盟联合发起的国际先进、具有国内领先水平的新能源汽车综合评价体系，以直观量化的等级形式定期对外发布，旨在打造一个中立、公正、专业、权威的测试评价平台，为消费者买车用车提供参考，引导整车和零部件企业对产品进行优化升级，促进中国汽车和交通产业链向更安全、更高效的方向发展，塑造中国新能源汽车的评价标尺。

在研究并借鉴国标、行标、国际标准化组织（International Organization for Standardization，ISO）相关标准等标准的基础上，CEVE 发起方与车企、研究机构、高校、媒体、消费者代表进行多轮论证和征求意见，最终形成面向消费者的，涵盖新能源汽车"能耗、安全、体验"三个维度的测试评价体系。

随着国内外标准法规不断完善，技术应用不断升级，中国道路交通场景不断发展、更新和完善，CEVE 将对测评规程做出相应的调整，以促进中国汽车工业水平整体提高和健康持续发展，系统全面地为消费者和汽车行业服务。

（一）能耗评价规程

"能耗"是 CEVE 的一个关键维度，"续航里程""能量消耗率""充电效能"是表征能耗的三个重要指标。

按照 GB/T 19596—2017《电动汽车术语》中定义：续航里程是电动汽车在动力电池完全充电状态下，以一定的行驶工况，能连续行驶的最大距离。现在我们看到的续航里程，有厂家公布的等速续航里程、工信部根据 NEDC 工况标准测算的续航里程，但它们都与电动汽车复杂工况下的实际里程偏离较多，进一步加大了消费者心理预期与实际里程的落差，使消费者产生里程焦虑。

NEDC 工况曲线由 4 个市区和 1 个市郊的循环测试工况组成。NEDC 工况多数时候处于匀速状态，且 4 个市区循环完全一致，测试车辆大部分时间处于平稳运行状态，这与实际驾驶过程脱轨严重，不能正确反映实际路况。

而 CEVE 所使用的工况为全球轻型汽车测试循环（Worldwide Light-duty Test Cycle，WLTC）工况，测试循环分为低速、中速、高速、超高速四个部分，相较于 NEDC 工况，WLTC 工况涉及的驾驶场景更多，车速波动更大，没有明显的规律性，也没有周期性的加速、减速，更好地体现出在不同拥堵程度的路面车速时快时慢的情况。同时，涵盖更广的速度区间，测试周期也更长，对车辆的综合性能提出了更严格的考验。

同时 CEVE 考虑了环境温度对车辆的影响，从而建立了高温（35℃）、常温（23℃）、低温（－7℃）3 种不同的测试场景以模拟车辆在四季中的运行表现。并基于消费者的实际使用场景，构建了一项"充电效能"指标，该指标可理解为车辆行驶到电池极低电量条件下，使用 120kW 充电桩进行 30min 快速充电，考核充入的电量换算成常温工况下能够行驶的里程值。

由于不同电动汽车在不同 SOC 下电池能够承受充电的速率是有差别的，电动汽车充电会遵循"慢—快—慢"的节奏，在低 SOC 段不同企业设定的电池充电速率不尽相同。现在市场上大部分新能源车企都在宣称自己的电动汽车在 30min 内能够充入 80% 的电量，但并没有说明这是基于电动汽车在特定的SOC 段内。规程中设置的测试开始条件是电动汽车电量为极低状态，模拟用户实际使用场景，考核车企在低 SOC 段的充电技术。

（二）安全评价规程

CEVE 面向消费者对纯电动汽车进行多维度、权威的测试评价，通过对纯电动汽车单车测试的研究结合大数据的分析，从车辆的"使用安全"和"安全保护"两个维度开展："车辆防水涉水测试""人员触电防护""单点失效测试""车辆过放电滥用保护"等多方面研究测试，以全面评估纯电动汽车的安全等级。

1. 使用安全测试

CEVE 在纯电动汽车"使用安全"维度，针对消费者在电动汽车实际使用场景方面开展防水涉水和触电防护方面的测试。

（1）车辆防水涉水测试

区别于传统燃油汽车，消费者对纯电动汽车在雨天使用情况尤为关注。电动汽车行驶在积水深浅不一路面，车辆电池是否会漏电、高压电子部件是否会短路等重大隐患成为消费者最为关切的安全问题之一。虽然目前《汽车蓄电池行业规范》对动力电池的安全级别提出了明确要求，主流电动汽车的防尘防水标准已达到防护安全级别（IP67），但消费者对电动汽车在积水区的行驶安全性仍然心存疑虑。通过对比现行国标 GB/T 18384.3—2015《电动汽车安全要求第 3 部分 人员触电防护》和上海市地方标准 DB31T 634—2012《电动乘用车运行安全和维护保障技术规范》中防水涉水测试要求发现，国标在车辆涉水深度和车速要求方面较为宽泛，而上海市地方标准对车辆在 300mm 深度涉水测试中车速要求≥5km/h，在实际测试中存在标准不统一问题，防水涉水测试标准对比见表 1。

表1　防水涉水测试标准对比

标准	100mm 涉水要求	150mm 涉水要求	300mm 涉水要求
GB/T 18384.3—2015《电动汽车安全要求第3部分 人员触电防护》	20km/h 安全行驶 500m（约1.5min）	无要求	无要求
DB31T 634—2012《电动乘用车运行安全和维护保障技术规范》(上海市地标)	无要求	30km/h 安全行驶 10min	≥5km/h 安全行驶 10min
CEVE	无要求	30km/h 安全行驶 10min	8km/h 安全行驶 10min

资料来源：中国汽研整理。

　　另外，结合消费者在雨天实际使用场景：在积水较浅路面一般会以较快速度通过；而在积水较深路面大多会以较低车速试探性地蹚过积水区，CEVE 设计了车辆在 150mm 和 300mm 两种深度中以不同的车速行驶进行涉水测试。测试研究定义 150mm 水深对应的涉水车速为 30km/h，该测试条件下会产生较大的浪涌，主要评估车辆机舱进水后高压部件的防水性能；300mm 水深对应的涉水车速为 8km/h，并通过前进挡位和倒行挡位来回行驶，考查置于车辆底部的电池包以及高压部件在深水区的密封性能。

　　（2）人员触电防护测试

　　人员触电防护测试方面，国家相关法规规定了人体接触的安全电压为36V，而电动汽车的电压平台远远高于 36V。CEVE 从人员触电防护的角度出发，通过对车辆高压部件是否粘贴有高压警告标记（见图1）来评估车辆对于人员的接触触电是否有足够的提示警告；同时针对过高电压的线缆颜色进行约束以警示人员的接触。

图1　高压警告标记

资料来源：GB 18384—2020《电动汽车安全要求》。

2. 安全保护机制测试

来自新能源汽车国家监管平台的数据统计显示，电动汽车自燃事故以机械滥用、电滥用和热滥用为主要原因。针对电动汽车的热滥用和电滥用，CEVE设计了车辆冷却系统单点失效和过放电滥用充电场景下的测试。

（1）单点失效测试

电动汽车在复杂多变的环境条件下长时间工作潜在的热故障或隐患是消费者长期的安全忧虑。通过对车辆的行驶工况和环境进行严苛的约束，当车辆处于高温环境爬坡大负荷工况时，对动力电池或驱动系统进行冷却显得尤为关键。CEVE设计了在测试前将车辆动力电池或电机的冷却系统人为失效，模拟车辆在高温35℃环境、开启制冷空调、全油门、12%的坡度上行驶的严苛条件下的安全故障处理机制，评估被测车辆是否具备足够的安全处理机制来应对这种严苛使用情况。

（2）车辆过放电滥用保护

随着电动汽车近几年在能耗方面的改善和电池包能量密度的提升，电动汽车已经不仅局限于城市内的通勤。基于实际使用情况，结合电动汽车的电滥用，CEVE过放电滥用充电测试设计对车辆进行两个阶段放电：第一阶段放电为车辆以30分钟最高车速的50%匀速对动力电池进行放电，当车速不能维持30分钟最高车速的45%时则第一阶段放电结束；第二阶段放电为车辆以20km/h的车速匀速行驶进行小电流放电，直至停车，重新启动上电继续以20km/h的车速匀速行驶直至第二次停车，车辆重启无法继续行驶则第二阶段放电结束。过放电测试结束后，车辆用大电流快充30分钟，记录过放后快充30分钟电量。该项测试模拟了车辆正常高速行驶过程出现馈电后，继续以较低的速度寻找充电桩后立即进行大电流快充的使用场景，用来评估车辆过放电滥用场景下的安全处理机制。

（三）体验评价规程

CEVE在体验维度的同时从单车和大数据两方面对纯电动汽车性能进行评价，包含通过实车测试的驾驶体验、通过大数据分析获取的耐用体验、质量体验和出行体验。这里主要对"驾驶体验"中动力测试和噪声测试进行介绍。

1. 动力测试

CEVE 的动力测试指标主要评价纯电动汽车在动力性能方面的能力，评估在各种常用工况下的动力体验感。参考 GB/T 18385—2005《电动汽车动力性能试验方法》的试验条件和试验方法，对新能源汽车的 1km 最高车速，0 ~ 50km/h 加速、0 ~ 100km/h 加速、80 ~ 120km/h 加速进行测试。

电动汽车较传统汽车在动力性方面的优越之处主要体现在起步加速更快。这是由于电机在低转速就能以最大扭矩输出，而发动机在低转速下不能实现峰值扭矩输出，因此通常电动汽车的起步加速性能要优于传统内燃机汽车。

电动汽车的最高车速主要取决于驱动电机、最小减速比和蓄电池的电压等级，其加速性能除了由汽车惯性矩及传递到驱动轴上的转矩决定外，还受到传动链形式、变速形式、换挡程序及车轮滑行量等因素的影响。对纯电动汽车而言，加速性能则主要取决于电动机的启动性能和短时过载能力。

CEVE 的测试方法要求电动汽车在动力性测试之前完成 1000km 工况磨合。同时，由于电动汽车动力系统中存在动力电池，各个测试对车辆荷电状态也有不同的要求。在最高车速测试中，要求车辆荷电状态在 90% ~ 100%，而 0 ~ 50km/h 起步加速、0 ~ 100km/h 起步加速、80 ~ 120km/h 加速则要求车辆荷电状态在 50% ~ 60%。测试需在专业的性能道路上按照要求完成。

2. 噪声测试

CEVE 的噪声测试指标主要评价电动汽车在噪声性能方面的水平。参考 GB/T 18697—2002《声学汽车车内噪声测量方法》的试验条件和试验方法，基于消费者的实际使用场景，构建了一项电动汽车车内噪声测试指标，主要考查电动汽车在怠速开空调、等速 80km/h、等速 120km/h 三种场景下的车内噪声。

纯电动汽车因结构与传统燃油车有差异，所以有着独特的噪声特点。纯电动汽车的车内噪声，主要由驱动电机、空调风扇、辅助控制器件、车身振动、传动系统等产生，此外还有风噪声、路面轮胎噪声，尽管纯电动汽车的车内噪声声压级相对传统汽车较低，但由于存在"独特"的驱动电机噪声，所以如果设计或控制不当，将会产生更差的噪声品质。

CEVE 的测试方法要求电动汽车在测试之前完成 1000km 工况磨合。在噪声测试前需要进行至少20min预热，直到达到稳定状态。在噪声测试中，要求调整车辆荷电状态在50%～100%，并要求在专业测试道路或专业声学半消声室中进行，通过驾驶员右耳处安装的麦克风传感器进行噪声数据采集。

二　新能源汽车测评结果分析

2019年，CEVE对7款M1类纯电动汽车进行了测评，其中包括4款轿车和3款SUV，车型的具体信息见表2。

表2　2019年CEVE测评车型信息

车型	车辆类型	公告里程（km）	最高车速（km/h）	电池容量（kW·h）	整备质量（kg）	驱动型式
车型A	SUV	>400	>140	50～60	1750～1950	两驱
车型B	SUV	>400	>120	<50	1350～1550	两驱
车型C	轿车	>400	>140	50～60	1550～1750	两驱
车型D	SUV	>400	>140	>50	1950～2150	两驱
车型E	轿车	>330	>140	35～40	1350～1550	两驱
车型F	轿车	>300	>150	35～40	1350～1550	两驱
车型G	轿车	>600	>220	>75	1550～1750	两驱

资料来源：CEVE。

7款车型动力电池材料均为镍钴锰酸锂，公告续航里程均在300km以上，最高车速均高于120km/h，整备质量在1300～2200kg，都是两驱车型，基本涵盖了目前主流的纯电动汽车。

综上所述，所研究的7款车型对目前新能源汽车的技术水平具有典型性、代表性，同时车型间也存在一定的差异性，为后续测评结果的分析提供了优质的试验样本。

CEVE从"能耗、安全、体验"三个维度对当前新能源汽车行业的技术水平实现了科学评估。下面对比分析2019年CEVE测试7款车型的考评结果，以了解新能源汽车当前存在的技术短板以及面向未来应用场景的发展趋势，指导和促进新能源汽车产业的科学、健康、高质量发展。

（一）能耗测评分析

1. WLTC 测试能耗与大数据

综合比较 WLTC 工况及实车运行工况能耗，在高温、常温及低温条件下 7 款车型 WLTC 工况与大数据能量消耗率的差异如图 2 所示，其中背景散点为通过大数据获取的消费者实际使用中的百公里电耗分布，黑点表示实测的车型 WLTC 能耗，上线和下线分别代表能耗得分的"及格线"和"满分线"。结果表明：在高温与常温下，有 4 款车型的百公里能耗达到良好水平以上；低温下仅有一款车辆处于良好水平，整体来看，车辆能量消耗率达标程度较低，反映出基于 NEDC 工况的宣传与消费者实际使用之间存在较大的偏离度，另外，这几款车型基本上符合大数据能量消耗率中位线分布，这表明 WLTC 工况更贴近中国市场新能源汽车的实际运行工况。

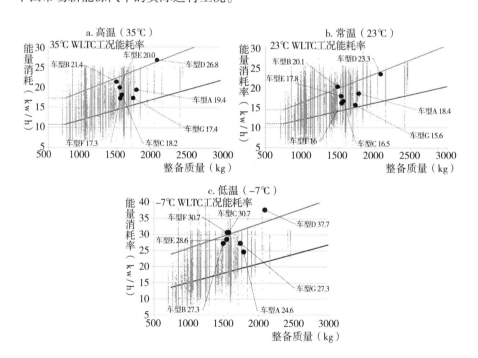

图 2 不同温度下 WLTC 工况能量消耗率与大数据能耗比较

资料来源：CEVE。

2. WLTC 测试里程、能耗值与公告值差异

工况差异对能耗影响方面，7 款车型在 WLTC 工况下相对于 NEDC 工况（NEDC 工况数据源自工信部公告数据）均出现了不同程度的续航里程衰减及百公里电耗升高（见图 3）。相比 NEDC 工况，7 款车型在 WLTC 工况下续航里程平均降低 22.7%，能量消耗率平均增加 28.1%。除车型 B，其他车辆能耗增长程度比里程衰减程度更为严重。

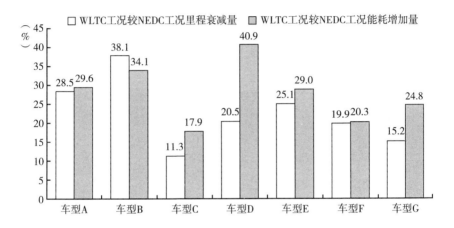

图 3　WLTC 测试能耗、里程值与公告值对比

资料来源：CEVE。

当前新能源汽车在 WLTC 工况下尚难以达到标称的续航里程。而新国六标准采用 WLTC 工况替代了国五中的 NEDC 工况，因此，车企在后期产品设计、能量管理策略开发等方面需要针对 WLTC 工况的新特点，开展新一轮的技术研究，以使新能源汽车的能耗表现达到 WLTC 工况提出的高要求。

3. 高低温对 WLTC 工况测试里程、能耗影响

温度差异对能耗影响方面，相比常温 WLTC 工况，35℃高温能量消耗率平均增加了 10.5%；-7℃低温能量消耗率平均增加了 63.7%（见图 4）。相比于低温环境，高温 WLTC 工况的里程衰减和能耗率增加幅度较小（见图 5）。因此，新能源汽车在低温环境下的适应性问题仍是当前新能源汽车产业的技术瓶颈，动力电池在低温环境下的快速升温和高效热管理技术仍亟待突破。

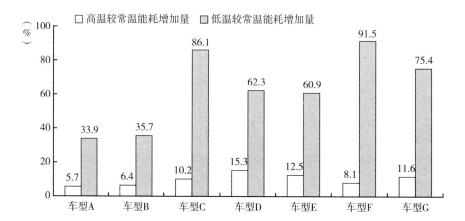

图4　高、低温较常温 WLTC 能耗增加

资料来源：CEVE。

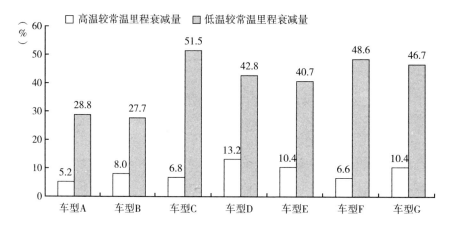

图5　高、低温较常温 WLTC 里程衰减

资料来源：CEVE。

4. 高速120km/h 下车辆能耗表现

车速对能耗影响方面，相比常温 WLTC 工况，等速 120km/h 的续航里程平均衰减29.6%，能量消耗率平均增加43.1%（见图6），即高速工况车辆续航里程"衰减严重"，能耗率"增加迅猛"。当前，新能源汽车的电池容量及续航里程均表现出增长趋势，未来新能源汽车的活动半径将更为广泛，运行场景将由城区内运行逐步转变为城际运行，因此，未来新能源汽车实际运行工况在城际的高速占比将逐步增加，新能源车企应具有结合车辆实际运行工况需求分析的系统匹配设计和能量管理策略研发能力，以满足未来消费者的城际交通需求。

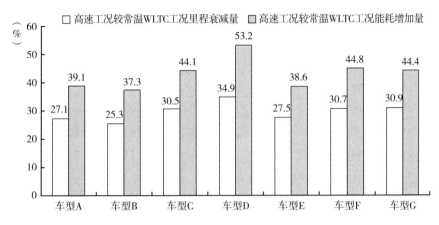

图 6　高速工况与常温 WLTC 里程、能耗对比

资料来源：CEVE。

5. 30 分钟快速充电车辆可行驶里程表现

30 分钟快速充电测试是检验车辆在电池低 SOC 条件下进行快速补电后能够行驶多少距离的考核指标。7 款车型 30 分钟快充可行驶里程差异明显，可行驶里程处在 100~300km，6 款车辆处于 180km 以下，表明车辆的快充技术仍需要进一步提升，以满足消费者的行驶所需（见图 7）。

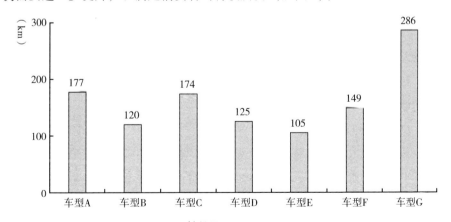

图 7　30 分钟快速充电车辆可行驶里程

资料来源：CEVE。

（二）安全测评分析

根据电动汽车销量、市场关注度以及大数据车型累计数量，对选择的 7 款纯电动车型开展了使用安全和安全保护机制两个维度的防水涉水测试、人员触电防护、失效防护机制、过放电滥用充电等 4 项指标测试评价。

1. 使用安全评价结果分析

车辆防水涉水测试结果表明，6 款车辆通过涉水绝缘测试，1 款车辆未通过 300mm 深度的涉水测试，出现漏水、故障报警提示的问题。其中 86% 的车辆涉水后乘员舱出现不同程度的漏水情况；43% 的车辆在 300mm 深度的涉水后出现严重的积水现象；29% 的车辆在 300mm 涉水后出现故障，结果见表 3。

表 3　防水涉水测试结果

工况	水渍	积水	故障	无水渍
150mm 涉水	3 款	0 款	1 款	3 款
300mm 涉水	1 款	3 款	2 款	1 款

资料来源：CEVE。

由测试结果可以看出，当前电动汽车在 300mm 深度的涉水能力有待提升，建议加强对乘员舱密封性和高低压插件的密封性工艺设计，以减少漏水和报故障的情况。

在人员触电防护测试方面，86% 的车型针对高压部件均粘贴有高压警告标记，所有车型针对高压线缆均采用橙色加以区分。其中进口车型在高压部件的警告标识方面完全缺失，有待完善。

2. 安全保护机制评价结果分析

冷却系统失效测试结果表明，7 款车型均能够识别车辆的故障状态，同时在严苛工况下均对车辆的动力输出进行了限制，证明了车辆其他系统对于冷却系统失效的容错考验。

过放电滥用测试为了模拟消费者在车辆出现亏电提示信息后继续行驶寻找充电桩并快速充电的场景，测评结果见表 4，从"持续报警""再充电不跳枪""亏电后可低速行驶""再充电功率不受限""表显剩余电量或里程"5个方面对试验现象进行呈现,可以看出:14%的车辆过度放电后再充电出现跳枪;86%的车辆亏电后无法继续低速行驶;14%的车辆再充电功率受限;43%的车辆在低电量阶段不显示剩余电量或里程。

表4　过放电滥用测试结果

	车型 A	车型 B	车型 C	车型 D	车型 E	车型 F	车型 G
持续报警	OK	OK	OK	OK	OK	OK	OK
再充电不跳枪	OK	OK	NO	OK	OK	OK	OK
亏电后可低速行驶	NO	OK	NO	NO	NO	NO	NO
再充电功率不受限	OK	OK	NO	OK	OK	OK	OK
表显剩余电量或里程	OK	NO	OK	OK	NO	NO	NO

资料来源:CEVE。

综上测试结果,上述5个方面可能会引起消费者的抱怨。

(三)体验测评分析

动力性能方面,从 CEVE 已进行测试的 7 款纯电动车辆来看(见图8),存在普遍低速动力性较好、高速动力性略有不足的情况。7 款车型在 0 ~ 50km/h 加速成绩表现较好,平均加速时间为 3.6s,体现了纯电动汽车低速动力性的优势,但 7 款车型在 0 ~ 100km/h 和 80 ~ 120km/h 加速成绩较为一般,平均加速时间为 9.4s、6.6s,反映了高速动力性不足的特点。该特性与电机特性、电池持续放电能力、单级减速机构等有关,车企可通过采用多挡化电驱动、双电机耦合驱动等先进技术提高电动汽车的高速加速性能。

在噪声方面,从 CEVE 已进行测试的 7 款纯电动车辆来看(见图9),电动汽车整体表现良好,怠速及低速噪声优于传统燃油车。7 款车型怠速开空调下的平均噪声为 41dB,80km/h 等速工况下平均噪声为 62dB,由于电机自身特性,当前电动汽车在怠速及低速噪声表现良好。120km/h 等速工况下平均噪声为 68dB,高速时由于风噪影响,与传统燃油车相当。

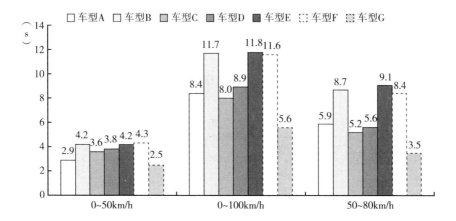

图8　7款车型在体验维度"动力性"测评项结果

资料来源：CEVE。

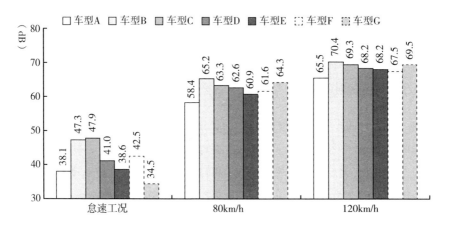

图9　7款车型在体验维度"噪声"测评项结果

资料来源：CEVE。

三　新能源汽车测试评价关键技术

CEVE以消费者为中心，在充分调研了消费者对当前电动汽车的续航能力、充电、耐环境性、安全等感受的基础上，经过多维数据统计与分析，最终形成新能源汽车能耗、安全和体验三个评价维度。同时根据消费者对新能源汽车关注的核心痛点问题，CEVE 基于能耗、安全与体验三个一级指标分别设置了二级指标。通过对新能源汽车进行测试评价，为消费者展现出能耗、安全与体验三个维度的新能源汽车性能画像，以提供客观、公正、透明的车型信息作为购车参考。

CEVE 有效建立了整车性能与关键系统及零部件的关联关系，通过测评结果研究，能够较好地发现产品的痛点问题，对提升新能源汽车产品力有重要的参考价值。本报告旨在建立 CEVE 测评结果与整车关键系统、部件关联关系，有效分析测评结果与整车的关联关系，为新能源汽车产品力提升提供一定的参考。

（一）整车三电系统技术

当前，国家对电动汽车优惠补贴政策虽有延长，但幅度一降再降，而消费者对产品质量和售价的要求更为苛刻。如何在降低电动汽车生产成本的同时提高其性能成为行业研究的重点。而针对电动汽车研发主要面临的问题集中在电池、电机、电控技术上。

1. 动力电池

目前动力电池主要制约因素为能量密度、电池安全、电池成本和电池寿命等。

（1）锂电池材料研究

正负极材料的研究是锂电池技术突破的关键点。在正极材料中，三元材料以较高的比能量和可接受的成本被广泛使用，但安全性较低一直是所困扰的问题。在负极材料中，石墨类碳材料一直处于负极材料的主流地位，钛酸锂具有高安全性和高循环性，虽然比能量相对于石墨负极较低，但也是未来绿色锂电池的发展方向。硅碳负极是动力电池新材料，通过在人造石墨中加入 10% 的硅基材料，可让电池容量达到 550mAh/g 以上，电池能量密度达到 300W·h/kg。现在，使用硅碳复合材料来提升电池能量密度的方式已是业界公认的方向之一。

目前最常用的几种锂电池材料有钴酸锂（LCO）、锰酸锂（LMO）、磷酸铁锂（LFP）以及三元材料（NMC/NCA）等。从寿命、成本、安全、能量等四个重要判据来看，这几种材料的各项表现见表5。

表5　电池材料性能对比

	钴酸锂 （LCO）	锰酸锂 （LMO）	磷酸铁锂 （LFP）	三元材料 （NMC/NCA）
寿命（Life）	较高	较低	高	较高
成本（Cost）	高	低	较低	较高
安全（Safety）	低	高	高	较低
能量（Energy）	较高	低	较低	高

资料来源：参考文献5。

钴酸锂是首个被成功用于商业化的锂离子电池正极材料，拥有较高的能量与寿命，但由于钴资源相对贫乏、价格较高、环境有毒性等缺点，再加上安全性能较差、容量相对较低，大大限制了其广泛应用和长远发展。锰酸锂电池具有价格低、安全性高的优点，而能量密度低、寿命短却是其不可掩盖的缺点。磷酸铁锂由于相对低的价格、良好的安全性能以及寿命而被广泛应用于目前车用锂离子动力电池的材料中，但相较于三元材料，它的能量密度还是偏低。而三元材料则是目前常用材料中能量密度最高的，也有着较长的寿命，可惜钴元素的稀缺导致其价格较高，而且安全性能也一般。

除了这些主流材料，有些新兴的动力电池材料也在积极研发中，例如，石墨烯、硅负极、铝箔涂炭陶瓷混胶隔膜、芳纶涂覆隔膜、碳纳米管（Carbon Nanotube，CNT）等。

（2）电池系统开发技术

我国在电动汽车安全方面还有进一步提升空间，整车碰撞安全、电安全、电池的成组技术需要全面提升。因此，以车型对标分析为主要手段，掌握核心开发技术，对电动汽车的技术升级、产品开发具有引领的借鉴意义。

电池系统开发的重点是：研究并制定电池模块及电池系统的工况，进行高强度、高能量密度的电池箱设计，同时对电池系统的模态、疲劳、冲击和跌落等方面进行CAE分析；研究具有开闭风门的一体化电池热管理技术，保证电池组可以在各种车辆工作温度下正常使用和温度一致性，从保证电池的热安全、保持电池的热均衡、维护电池的热稳定等三个方面实现电池系统的热设计和热管理优化；研究电池单体物理模型和热传导模型，估算电池单体内部温度，研究电池内部温度、极化效应、充放电状态、电池老化等相关参数影响下的精确的 SOC 算法及修正算法。

（3）动力电池方面的功能安全技术

新能源汽车动力电源主要由电能/能量存储单元、能量转换模块及发电单元（燃料电池、发动机、发电机）、电源管理系统、热管理系统、安全管理系统、内外部封装系统、连接装置等构成。目前，主流新能源汽车的电能存储单元主要包括镍氢电池、锂离子电池。动力电源系统的安全管理技术的实施需要高精度、复杂的电池管理系统（BMS），应具备以下基本功能。

①动力电池碰撞断电保护；

②动力电池高压电安全防护；

③动力电池充放电安全管理；

④动力电池滥用防护；

⑤动力电池故障诊断处理；

⑥动力电池系统的高性能封装。

2. 电机及电控

当前电机的主要问题在于高转速情况下扭矩下降较严重，同时电机的外形比较庞大，尤其是商用车电机。如何提高电机的功率密度，优化电机的外特性曲线成为研究重点。

电机的功率密度决定着电机的外观尺寸大小，电机越小，置于车辆中就越方便。研究高功率密度电机在高频供电条件下，减少损耗、提高效率是电机当前的发展趋势。目前，通过碳化硅材料设计控制器是提高电机功率密度的一个发展方向。如何攻克低感高密度碳化硅模块的封装及碳化硅电机驱动系统的寿命周期成本是需要解决的一大难题。同时为了提高电驱系统的功率密度，针对电机、电控、车载充电机、DC/DC 变换器、传感器等一体化驱动电机系统也是未来的发展方向。

（1）电机系统研究（包括电机及减速系统）

为满足整车不同复杂工况下的性能需求，单级变速器对驱动电机提出更苛刻的技术要求，驱动电机都进行了不同程度的过设计现象，高转速、大转矩、大电流造成电机成本、重量、尺寸和制造难度不必要的增加。采用多挡变速器可以较大程度减小车辆对电机最大转矩的设计要求，从而减小电机和电力电子器件的成本，这一思路对乘用车而言也是有效的。

采用两挡变速器方案相对于单级减速器方案来说，具有更广的高效范围，单级减速器方案需要体积更大、重量更重、提供负载电流更大的电机，因而也需要更昂贵的功率器件。根据提供的对比结果，采用两挡变速器系统总成本减少13%，总重量减少1/3，损耗减少7%。采用两级变速器，可以优化电机的工作效率，减小电机的尺寸和重量，可以匹配更小转矩和转速范围的电机，在成本和制造水平上更适合于中国国情。

（2）电子控制系统

电子控制系统主要包括传感技术、通信技术、决策（控制）技术。电子控制技术研究的重点在于：基于模型的整车控制系统开发、分离式多电机驱动系统控制算法研究；基于动力性和经济性的最优能量分配算法研究；整车能量效率优化技术研究，包括动力总成工作区域优化、电池系统优化、制动能量回收系统优化；整车热管理系统设计研究等。

（3）动力驱动方面的功能安全技术

新能源汽车电驱系统与普通电气传动系统相比具有高转矩惯量比和宽调速范围、较高效率区域、加减速性能好、可靠性高等特点。ISO 26262 功能安全标准自颁布以来，新能源汽车电驱系统的故障诊断、容错策略得到越来越多的重视，大多数 OEM 厂商已开始针对 ISO 26262 标准开展功能安全的设计研究。虽然还没有应用于电驱系统功能安全的全面解决方案，但是已有一些相关设计的案例。为保证电驱动系统的正常运行，通常采用冗余措施来提高系统的可靠性及安全等级。

（4）电控方面的功能安全技术

新能源汽车电控技术不仅需要完成驾驶员操作意图解析及传递、主回路能量优化控制功能，而且还延伸到电动辅助部件控制及其能量使用优化管理、整车级安全管理控制、网络信息管理控制等。为满足 ISO 26262 标准要求，在进行电动汽车整车控制器（Vehicle Control Unit，VCU）的研发过程中，需要对相关系统或零部件故障进行分析，采取软、硬件冗余等措施，保证 VCU 的功能安全。

①在采用双 VCU 架构时，还应考虑一些功能安全机制。

②对于与 VCU 密切相关的一些传感器或执行机构信号，如加速踏板信号，应采集故障主要包括传感器供电故障、传感器本身故障、线束与连接器故障、采集模块故障等。

③整车控制单元在驱动电机、动力电池组初次故障时，可优先采用失效处理（变量缺省，转矩限制）原则作出适当故障响应。

④在整车控制单元实际工作过程中，可以将电池故障分级、电机故障分级作为主要参数，制定相应的安全管理策略。

（二）影响整车能耗的因素分析

在现有工业制造水平和电动汽车相关技术储备的情况下，电池能量存储密度还不能达到燃油水平，续航里程短成为电动汽车发展瓶颈。因此，提高电动汽车的续航里程，降低能量消耗显得至关重要。

1. 新能源汽车能量消耗评价方法

关于电动汽车整车能量消耗评价方法有很多形式，通常会从能量的来源、转换、耗散等方面来考虑能量消耗情况，通常计算涉及以下几个指标。

（1）能量消耗率

依据标准 GB/T18386—2017《电动汽车能量消耗率和续驶里程试验方法》定义，综合工况续航里程测试结束后，对车辆进行充电，从电网获取的能量除以试验过程中的续航里程即为电耗：

$$C = E/D$$

式中：C 为能量消耗率（电耗）；E 为充电期间来自电网的能量，单位为 kWh；D 为试验期间行驶的总距离即续航里程，单位为 km；通常按单位百公里电耗进行评价。能量消耗单位一般用 kWh/100km。

（2）比能耗

比能耗同样包含类似能量消耗的两种计算方法，一种是以每公里汽车消耗的电网交流电能除以车辆的整备质量来评价；另一种是以平均每公里消耗的电池组直流电能除以车辆的整备质量来评价。总体来看，比能耗是在能量消耗率的基础上除以车辆的总质量，以得到单位车质量的能量消耗情况，这个数值便于不同车型之间进行能耗水平比较。

（3）车辆行驶消耗功率

车辆行驶消耗功率 P_d 的计算公式如下。

$$P_d = \frac{Gf\nu_a}{3.6} + \frac{Gi\nu_a}{3.6} + \frac{C_DA\nu_a{}^3}{76.14} + \frac{Wm\nu_a}{3.6}\frac{\mathrm{d}\nu}{\mathrm{d}t}$$

式中：G 为车重，单位为 N；f 为滚动阻力系数；v_a 为车辆行驶速度，单位为 km/h；i 为道路坡度；C_D 为空气阻力系数；A 为车辆迎风面积，单位为 m^2；W 为质量转换系数；m 为整备质量，单位为 kg。

2. 新能源汽车整车能耗影响因素分析

（1）车辆参数对能耗的影响

①轻量化：与传统燃油车相比，电动汽车在结构上取消了发动机、变速器、油箱等结构，但增加了动力电池、电机等相关部件。研究表明，汽车动力电池质量占整车质量比重越大，其续航里程越长，因此电动汽车为达到续航能力的要求，电池系统的总体重量都非常重，根据某车型的数据，动力电池的重量为 550kg，占整车整备质量的 28%，有些车型的动力电池甚至超过整车总质量的 30%。根据测试分析发现，车型重量与能耗的关系见表 6，随着整备质量上升，电池包电能上升，整车的百公里电耗显著上升。

表6 不同车重对应的百公里电耗

车型	整备质量(kg)	百公里电耗(kWh)	电池包电能(kWh)	能量密度(Wh/kg)
小型轿车 A	1520	13	53	160
小型轿车 B	1575	13	49	170
小型轿车 C	1650	14	53	125
紧凑型 SUV	1791	15	53	146
中型 SUV	1900	16	81	171
中大型 SUV	2425	21	70	142

资料来源：中国汽研整理。

②阻力优化：无论是传统燃油车还是电动汽车，汽车在水平道路上行驶时，必须克服来自空气的空气阻力和路面的滚动阻力，这两种阻力是在行驶过程中一直存在的。此外，汽车加速行驶时还需克服加速阻力，上坡行驶时，需克服坡度阻力。汽车行驶时，驱动力和行驶阻力互相平衡，即汽车用于驱动消耗的能量与汽车行驶阻力消耗的能量数值相同。可通过造型优化、低阻轮胎等阻力优化技术降低整车能量消耗率。

（2）车辆运行条件对能耗的影响

①环境条件对能耗的影响：电动汽车的整车能耗也与环境因素有关，

环境条件主要包括环境温度、湿度、光照强度等。首先，各种电池都有最佳工作温度，且在不同温度时，电池组放出的能量及内阻等有很大差别。以锂离子电池为例，经过长时间的试验发现，其在冬季（−10℃）可放出能量仅为夏季（30℃）的2/3，内阻却增加了1倍。其次，温度对车辆各动力系统、传动系统、转向油泵的润滑、工作效率等都有较大影响。最后，环境温度不同，整车热管理系统能耗差异较大，其中热管理系统包括乘员舱温度调节、动力系统及传动系统的散热。在高温环境中，随着环境温度上升，热管理系统的能耗将会提高，用以维持乘员舱的舒适性以及动力传动系统的散热需求。在低温环境下，乘员舱的采暖以及电池包的加热需要消耗大量能量，进而导致整车能耗急剧增加，大大降低整车的续航里程。所以电动汽车的能耗受使用温度的影响很大。CEVE规程对某纯电动汽车在高低温及常温环境下，进行续航里程测试，在相同工况、不同环境温度下的整车能耗见表7。

表7 不同环境温度对应的整车能耗

循环工况	环境温度 （℃）	充电电量 （kWh）	续航里程 （km）	百公里电耗 （kWh/100km）
WLTC循环	−7	65	295	22
	23	66	441	15
	35	66	367	18

资料来源：中国汽研整理。

②行驶工况对能耗的影响：车辆行驶工况是车辆实际使用道路的一种反应，具有典型的道路驾驶特征，可用于车辆的研究、测试、验证及评估等。行驶工况能真实反映出车辆实际的运行状态，包括车速、能耗、加速度、制动力、制动次数等，同时可以反映实际的行驶路况。相较于郊区路况，城市道路路况总体表现出平均行驶周期短、平均车速低、等速行驶比例小、停车比例高的状况，所以城市道路行驶的车辆有加减速频繁、等速和准等速行驶时间短的特点。因此，不同行驶工况对电动汽车能量消耗也有较大影响，某电动汽车在相同的环境温度、相同的充电电量、不同的行驶工况下对应的整车能耗有所差异，对应的续航里程也有较大差异（见表8）。

表8 不同循环工况对应的整车能耗

循环工况	环境温度 （℃）	充电电量 （kWh）	续航里程 （km）	百公里电耗 （kWh/100km）
CLTP 循环	23	66	436	15
WLTC 循环	23	66	441	15
NEDC 循环	23	66	471	14

资料来源：中国汽研整理。

（3）关键系统/部件对整车能耗的影响

①充电机效率：充电机效率是通过车辆储存和充电时消耗的电量除以电网的电量得到的。电网能量首先经过充电桩进入充电机，充电机进行整流经过分线盒，绝大部分能量为电池包充电，同时还有一部分能量为充电期间仍需要工作的附件供电，包括热管理系统部件、仪表以及其他处于唤醒的控制器。所以，在整个环节中，除了为电池包充电之外，还包括充电桩自身耗电，充电机、电池包和电器附件能量转化过程中的效率损失，低压负载消耗。公式如下。

$$充电机效率 = \frac{\dfrac{电池包充电电量}{电池充电效率} + \dfrac{电器附件功率 \times 充电时间}{电器附件效率}}{电网电量}$$

在相同电网电量的情况下，影响电池充电电量的因素包括电池包充电效率、电器件功率（充电期间）、充电时间、充电机效率。CEVE 通过典型的几款电动汽车测试发现，充电机在满载运行下，平均效率通常在93%～95%，也就表明这个环节由于产品本身的工作原理存在5%～7%的能量损失。电动汽车要实现更低的整车能耗，对充电机进行选型时，除了考虑成本，充电机效率是一个很重要的指标。

②电池充放电效率：电动汽车在充电过程中，大部分能量为电池包充电。进入电池包的电量，一部分转化为电芯的化学能，另一部分电芯自发热，因此，电池系统实际输出电量要低于充电时的耗电量。电动汽车在放电过程中，电芯的放电效率和放电深度受电芯自身材料、温度等因素的影响，其电芯自发热主要受电池内阻影响，电池内阻增大，放电过程中的能量损失就越大，发热量也越大，这不仅降低放电效率，同时对电池的使用安全、寿命等有较大影

响。在目前电池包技术水平下,电池系统充放电效率在93%~95%,这也是电动汽车整车能耗的重要组成部分。

③动力系统及传动系统效率:从能量流角度来讲,电动汽车驱动系统主要包括逆变器、电机控制器、驱动电机、传动系统等。驱动系统的效率包括动力系统电能转化为机械能的效率以及传动系统在动力传递过程中的效率。

电动汽车驱动或制动过程中,电能通过逆变器,将直流转交流或交流转直流,大部分能量传递至电机控制器或电池系统,小部分通过自发热形式耗散,所以逆变器在充放电过程中能量转换存在能量损失。同样,在驱动过程中,电机控制器及电机是将电能转化为机械能;在制动过程中,电机控制器及电机将机械能转换为电能;在驱动和制动过程中,电机控制器及电机能量传递会有一部分能量损失,这部分损失会以热量的形式进行耗散。影响驱动系统效率的主要因素为驱动系统性能匹配程度,其次是各部件的效率值以及在工作点的运行效率。

传动系统在驱动及制动过程中,通过机械能的传递来实现车辆驱动和制动,在机械能的传递过程中,伴随着摩擦、搅油等损失。

驱动系统及传动系统的效率对整车能耗有较大影响,在车辆设计过程中,要充分考虑驱动系统部件的能效,通过系统性能匹配,将整车运行工况尽量分解到各部件高效工作点,可以有效提高部件和系统的效率,进而降低整车能耗。同时,在保证性能情况下,减少传动系统部件的摩擦、搅油损失等。

④热管理系统性能及能耗:与传统燃油车相比,电动汽车除了需要满足乘员舱温度调节以外,还需要对电池包进行严格的温度调节,以及驱动系统及高压部件的散热需求。随着电动汽车续航里程的提高,各驱动系统及电池包尺寸及功耗急剧增大,同时各部件散热需求增大,使得热管理系统结构日益复杂,同时热管理系统部件能耗也急剧上升,对整车能耗影响程度逐渐增大。

在高温环境下,热管理系统需要同时给乘员舱和电池包降温,同时对电驱动系统进行散热,主要能耗部件为压缩机、冷却风扇、鼓风机以及电子水泵等。在低温环境下,热管理系统需要同时给乘员舱和电池包加热,由于电动汽车没有传统汽车的发动机作为热源,目前主要通过PTC作为热源。由于PTC

的能量利用率较低，在低温环境下，电动汽车续航里程将急剧下降。

除了热管理系统本身的能耗对整车能耗有影响外，热管理系统性能的好坏，对电动汽车整车能耗也有较大影响，提高热管理系统性能，目前主要方式有两种，一种是利用热泵空调，热泵空调在低温环境下，能效可以达到 PTC 的 2~2.5 倍，能大大降低热管理系统在低温环境下的能耗。另外一种是利用余热回收技术，将高温部件的余热用于电池包的加热，既能保证高温部件的散热，同时对电池包进行加热，将降低热管理系统的能耗。

⑤附件功耗：除了上述能耗部件，电动汽车还包括其他部分附件功耗，主要包括 DC/DC、仪表、风扇和水泵等，对于水冷式充电机，需要通过热管理精细化标定，控制水泵占空比以及风扇开启条件，在保障充电机温度始终保持合理范围的同时，降低水泵工作功率。整车所有的能量消耗均来源于电池，而 DC/DC 的作用在于将高压电池的能量转化为 12V 低压能量。DC/DC 转化效率在 90% 以上，但在工作于半载以下时，DC/DC 效率较低。所以在选型过程中，需要合理匹配附件功率。

（三）整车能量流测评技术

1. 技术背景

随着新能源汽车行业的发展以及车型的陆续推出，在纯电动汽车方面，客户抱怨的问题主要为续航能力不足、功能/环境适应性差、工况适应性差等。在此背景下，各 OEM 企业迫切需要高效、低成本的整车开发和集成技术来应对能耗法规，以缓解用户用车抱怨。

当前整车开发体系中，部件与子系统选型设计和试验通常是独立分隔的，导致最终整车集成后的性能往往与目标差异较大，即"优秀单体性能≠优秀整车性能"。其主要原因在于，部件/子系统单体状态下的测评方法体系，与实车的集成状态、运行状态以及控制策略均有可能存在显著差异。例如：针对传动系效率的评估，单体状态下的测试是基于 3 电机台架，油温控制在 80℃±2℃ 的条件下所得，但实际车辆冷启动过程，以燃油车运行一个标准循环计（NEDC），油温最终只能达到 50℃~60℃，与单体测试时的温度差异产生的传动效率差异可达 2%~4%，若结合动力系统能效，折算到能量源端，将产生更大的能耗/效率损失。对于新能源汽车，尤其是纯电动汽车，由于无类比于燃油车的产热量级，冷启动温升过程更缓慢。此外，如 DCDC 效率、电池充放电效率、发动机热效率等，与负载率、温控状态、整车标定修正也密切相关。

综上所述，为推动车辆性能的精细化开发，客观、有效的评价方法和体系尤为重要。近年来，国内外 OEM 企业和研究机构，在整车能量流测试分析技术上投入了大量应用研究，目的即在于采用实车状态的集成化测试，分析各子系统和零部件之间能量的传递、转换、消耗历程，并进行量化评价，从中解析"性能—状态—控制"参数间的影响机制。

2. 纯电动汽车能量流分解测试方法

（1）能量流传递路径

针对当前行业新能源汽车产品，为兼顾系统效率提升和轻量化水平，系统/总成的集成、一体化成为主流设计导向，如 PDU（Power Distribution Unit）物理可集成 OBC、MCU、DC/DC、热管理系统高压用电器（压缩机、空调 PTC、电池 PTC）的接线端子及其保险等，电驱动系统也通常采取"2 合 1""3 合 1"设计。典型纯电动汽车的能量流传递路径示意见图 10。

①在驱动过程中：动力电池释放的有效电能经过母线传导至协议数据单元 PDU，根据实际的使用场景和运行工况，电能被"分配"至 MCU、DC/DC 以及高压系统用电器。其中，传递至 MCU 的电能经"直流—交流"转换，由驱动电机转换为机械能，通过传动系传递至半轴以驱动整车；传递至 DC/DC 的电能经电压平台转换后，提供予低压系统用电器，通常包括水泵、风扇、鼓风机、仪表/功能系统以及控制器等附件；高压系统用电器主要包括车辆空调系统压缩机和暖风 PTC，以及电池包水路加热 PTC。压缩机将电能转换为机械能，压缩制冷剂从而驱动制冷循环，暖风 PTC 和电池 PTC 则将电能转换为热能，分别与乘员舱空调系统和电池包水路产生热交换，以满足空调降温/采暖和电池包温控需求。同时，在换热需求方面，电驱动系统、PDU 集成的各控制器和电源转换器在运行过程中的产热，与冷却水回路发生热交换，最终通过散热器传递到环境，以保证系统正常运行和功能安全。

②在制动过程中：车辆产生减速制动需求，电驱动系统辅助机械液压制动系统提供制动力的同时，可将该部分车辆动能回收，即再生制动。该过程中，

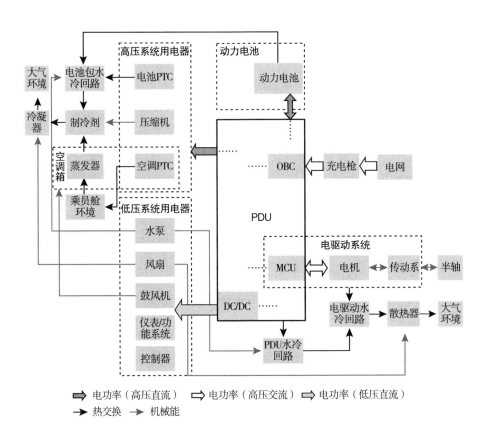

图10 纯电动汽车能量流传递路径

资料来源：根据网上公开资料整理。

除去风阻、滚阻以及车辆传动内阻"消耗"的车辆动能，经电—液制动力分配后，机械制动部分将动能转化为热能耗散，电机再生制动部分将动能转换为电能，并由 MCU 进行交直流转换。视制动强度和分配关系，一部分电能可用于高、低压系统用电器供电，以维持功能和安全需求，与驱动过程类似；另一部分则经母线传递至动力电池进行存储。

③在充电过程中（本节所指的充电过程主要指慢充）：电能来源于电网，交流电经过充电枪传递至 PDU 中的 OBC 部件，OBC 将高压交流电转换为高压直流电能，电能一部分被维持正常功能、安全需求的部件消耗（电池 PTC 或水泵、风扇、BMS 等），剩余电能传递至动力电池进行存储。

（2）能量流评价指标及分解测试方法

基于上述纯电动汽车能量传递路径，综合存在的能量形式以及整车状态下电驱动系统、高/低压系统用电器、热管理系统等关键系统部件能量平衡和关联影响机制，纯电动汽车能量流评价通常包含一级指标 11 项、二级指标 35 项，分别表征整车、关键系统部件效率和能量维度的评价。

针对每项二级指标，相关测试/获取方法共涉及四大类能量形式的测试技术。

①电能测试，电能测试包括高压交流电测试、高压直流电测试以及低压直流电测试。对于高压交流电可细分为两相和三相，其中，高压交流电（两相）主要指在充电端从电网端获取的电能，通常采用电表直接测量；而高压交流电（三相）主要指 MCU 输出至电机的电能，通常采用专用设备即功率分析仪测量。对于高压直流电和低压直流电的测量相对简单，通过测量对应母线的电流、电压即可，但需注意选择传感器的量程匹配问题。

②机械能测试，机械能测试的本质为转速、扭矩测试，对于纯电动汽车而言主要为电机输出机械能和半轴机械能。其中，电机输出机械能的获取通常有两种方式：方式一是通过安装定制的电机输出轴扭矩传感器实际测量扭矩，方式二是通过总线解析方式获取电机扭矩。两种方式各有优缺点，方式一的优点是其在整车运行环境下，可以实际反映性能和控制策略，但成本高、周期长；方式二的优点是方便、快捷、成本低、可控性强，但受制于 OEM 标定精度差异，因此，针对电机输出机械能的获取方式需综合周期、成本以及测试的侧重点和目的进行考量。对于半轴机械能获取通常采用安装半轴扭矩传感器进行测量，难度小，易实施，但需注意贴片过程的工艺处理以及标定的准确度。

③流量测试，流量测试主要指各个冷却回路中的冷却液流量测试，现有流量计类型包括电磁流量计、涡轮流量计、涡街流量计、文丘里流量计、齿轮流量计以及超声波流量计等，针对不同管径、冷却介质、测试精度要求、安装空间大小以及不同应用环境综合选择传感器类型，并结合测试经验预判测量位置的流量范围，匹配相对应的流量范围。此外，为了不改变整车的流量分布以及不影响传感器测试精度，在工装设计时需结合流量计选型等进行综合匹配，设计与之相匹配的工装以满足使用要求。

④温度、压力测试，温度、压力测试为常规测试内容，可根据实际使用场景进行选择即可。

3. 纯电动汽车能量流测评流程

（1）车辆特征分析

针对纯电动汽车能量流测评，综合实际车辆构型特征、技术特征以及空间布置特征3个层面进行车型特征分析，明确电驱动系统总成、热管理系统（冷却/加热）等关键系统架构和集成布置状态，以及车辆功能设置和核心技术运用等关注点。

①构型特征分析，根据实车结构绘制、分析车辆的电驱动系统构型、热管理系统架构特征，明确车辆的系统结构原理和能量流向/路径。

②技术特征分析，分析车辆采用的先进技术如热泵空调、轻量化、低风阻设计等和功能模式如驾驶模式（ECO、NORMAL、SPORT）、制动能量回收等级、E-pedel以及两驱/四驱切换等，明确主要的能耗/效率关注点。

③空间布置特征分析，结合车辆的构型特征，根据机舱和乘员舱的紧凑程度、关键测点周边环境，分析预判测点布置方案和能量流平衡方案的可行性，辅助测试方案的制订。

（2）测试方案制订

结合能量流评价指标体系以及实际目标需求，确定测试评估的层级、能量流指标以及部件/系统的边界，明确对应的多源信号采集需求，并制定总线信号需求清单和传感器安装列表。同时，综合环境（常温、高/低温）、SOC状态、驾驶模式、制动能量回收强度、工况（标准循环工况、用户工况）、附件状态（空调/暖风开启条件）等因素，进行多参数维度测试矩阵设计，反映车辆使用和功能/策略的应用场景。

（3）总线解析/传感器加装

①总线解析，针对总线解析信号需求，在实车上引出CAN总线，并进行各路CAN的拓扑结构分析，利用总线解析专用设备进行信号解析、标定以及验证。

②外接传感器加装，能量流测试涉及大量不同类型外接传感器的选型/设计、标定以及安装与信号屏蔽。其中，受制于结构/布置空间和加装前后整车状态一致性的考虑，动力系统动态扭矩和空调、冷却系统流量测试为代表性问

题。针对以上问题，基于应变片技术可进行电机、传动轴等关键扭矩测试；为保证流量测试精度和实车状态流量的分配关系，应配备不同类型和量程范围的流量计以适应不同的应用场景。

（4）多源信息融合调试

多源信息融合调试包括对总线信号、外接传感器信号以及专用分析设备信号（环境舱转鼓、功率分析仪）进行集成，以解决机械功率流、电功率流、热流及液流的同步测试问题，并完成线束规整、数采系统设置（信号定义、数采 I/O 定义、记录与保存类型）。

（5）能量流测试

基于制订的测试方案，在对应的试验场地、设备、工况、环境，以及车辆不同功能模式和状态条件下，按预设的试验矩阵开展整车能量流测试。主要可分为 3 种类型能量流测试。

①道路测试，针对常规动力性测试（最高车速、加速、爬坡等）和策略解析相关设计工况下的能量流测试。

②环境舱转毂测试，针对标准循环工况（NEDC、WLTC、UDDS 等），涉及常温、高温、低温环境的能量流测试。

③动力总成台架测试，针对标准工况和目标设计工况，实现动力系统负荷精确、灵活的控制，重复性高。

（6）能量流分析评价

借助分析软件实现无效信息剔除、参数标准化与分类、输出频率选择以及能量分解计算，并从能量流分布、关键系统/部件状态、车辆环境适应性、车辆工况适应性 4 个方面（见图 11）进行多维度分析评价。

①能量流分布，量化基于整车工况及工作模式下能量产生、传递至车轮处过程中能量流分布。

②关键系统/部件状态分析，分析关键系统/部件的运行状态，解析相关控制策略设计。

③环境适应性分析，分析在不同环境边界条件下车辆的能耗分布差异及适应性问题。

④工况适应性分析，分析在不同循环工况下车辆的能耗分布差异及适应性问题。

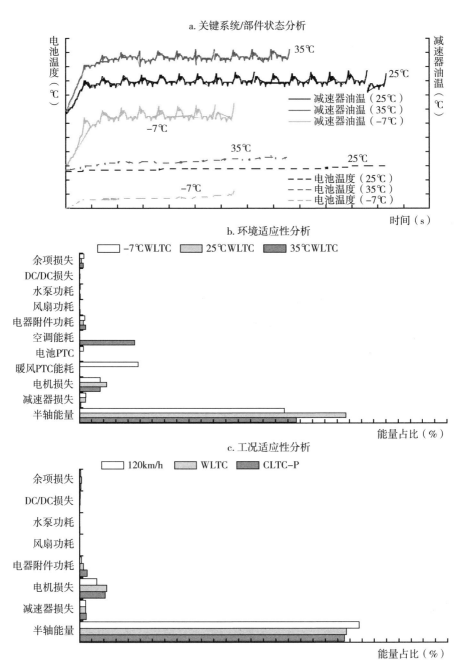

图11　能量流分析评价

资料来源：中国汽研整理。

（四）再生制动系统测评技术

1. 再生制动关键问题

车辆的再生制动功能是其节能的重要途径之一。所谓再生制动是指通过控制，使车辆动力模块全部或部分具有能量逆向流动功能，从而实现将车辆的惯性能部分回馈至储能器，与此同时，对车辆起制动作用。对于电动汽车，再生制动的性质是电气制动，此时驱动电机工作处于发电模式。这里说的电动汽车再生制动是一种宏观称谓，它是指电动汽车在电气制动过程中，整体上表现为将车辆惯性能变成电能，并将其储存于蓄能器中。而在微观上，根据电机驱动系统功率变换器控制信号的不同，再生制动的基本制动模式有两种：一种是蓄能制动与回馈制动的交替；另一种是反接制动与回馈制动的交替。所谓蓄能制动是指驱动电机产生的电能除部分消耗于回路电阻上之外，其余全部以磁场能形式储藏于电路电感中的电气制动；所谓回馈制动是指驱动电机产生的电能除部分消耗于回路电阻之外，其余全部回馈于蓄能器中的电气制动；所谓反接制动是指驱动电机的反电动势与电源电压顺向串联所形成的一种电气制动，这种制动不但没有电能回馈于蓄能器中，反而蓄能器要输出电能。以下为电动汽车制动关键问题。

（1）制动效能稳定性

电动汽车必须实现不同工况、不同制动强度下的可靠制动。仅凭借电机再生制动是不够的，故需要保留传统的机械摩擦制动系统。当在传统制动系统中加入电机再生制动时，车辆前后轴制动力的分配发生改变，若电动汽车是前轴驱动，前轴制动力过大先抱死，车辆失去方向稳定性；若电动汽车是后轴驱动，后轴制动力过大先抱死，车辆会出现后轴侧滑甩尾的危险。

（2）制动能量回收

电动汽车在制动过程中，期望最大限度地回收能量，然而制动能量的回收受到诸多限制，主要影响因素有电机特性、储能装置、控制策略、使用环境等。

（3）制动平顺性及制动感觉一致性

电机工作在发电模式下的再生制动，其特点是响应快且易于精确控制，而传统的制动系统响应迟滞且不便于精确控制，因此，二者复合制动时存在电气制动的实时性与传统制动系统迟滞性的矛盾。由于这种矛盾的存在，当电气制动力加入或者退出时，会引起总制动力波动，影响踏板位移，使驾驶员难以掌控，也影响制动过程的平顺性。

2. 再生制动影响因素

电动汽车制动能回收的影响因素很多，主要有驱动类型、变速器类型与挡位、蓄能器类型。下面对主要因素进行简单分析。

（1）驱动类型

由于再生制动只发生于驱动轮上，因此驱动轮承担的制动份额越多，制动能回收量就可能越多，由于制动时载荷前移及制动稳定性的约束，前驱型电动汽车比后驱型更有利于制动能的回收。当然，全轮驱动的电动汽车具有的制动能回收能力最强。

（2）变速器类型与挡位

对于变速器采用CVT的电动汽车，再生制动时，通过对CVT速比的控制，使电机沿最优效率工作线运行，或使电机与蓄电池的总效率最优，可提高制动能回收量。对装备AMT的电动汽车，再生制动时，在相同车速条件下，电机工作效率会因AMT挡位不同而不同，因此，通过自动换挡控制，使电机位于高效工作区，可提高制动能回收量。

（3）蓄能器

可用于电动汽车的蓄能器有蓄电池、超级电容器与蓄能飞轮。蓄电池技术相对成熟、价格合理及比能量高，是电动汽车目前使用的主要蓄能器。蓄电池SOC及蓄电池短时间内充电接受能力的大小对电机再生制动能力的发挥起决定性作用，SOC只有在适当范围内，蓄电池才具有较强的充电接受能力，当蓄能器被充满时，就不能接受充电。此外，蓄电池比功率较小，不能接受瞬时大功率充电。与蓄电池相比，超级电容器的比功率大得多，因而可接受瞬时大功率充电。但其比能量只有蓄电池的20%左右，使用时必须把多个单体电容器串联成超级电容器模组才能运用，而且目前超级电容器价格仍较贵，并且必须使用升降压变换器与功率控制器，所以能量的损耗也较严重。因此，回收制动能时，可先将电能充入超级电容器，再经升压泵入蓄电池。其次，超级电容也可以和燃料电池、蓄能飞轮等组成复合电源系统，但燃料电池成本高，冷启动响应慢，目前还处于实验阶段。蓄能飞轮的使用条件要求苛刻，再加上安全考虑，目前很难有所突破。而超级电容与蓄电池组成的复合电源系统兼具超级电容器接受瞬时大功率与蓄电池比能量大的优点，因此，这种复合电源最具有竞争力，是电动车蓄能系统发展的重要方向之一。除此之外，其他影响制动能回收的因素还有车轮与路面间的附着条件、车辆质心位置、驱动链零件的惯性、电机与电力电子器件的动态变化等。

3. 再生制动关键技术

上述关键问题是互相联系的，在解决这些问题时应该全面分析考虑。比如，结构及硬件上现代汽车基本都加入防抱死制动系统（ABS）及牵引力控制系统（ASR）。从结构上看，传统的制动系统结构复杂，元器件多，制动管路长，不可避免地对制动的响应迟缓，也不利于机电液一体化控制。近年来兴起了一种新的制动技术，即线控制动系统，用电子元件代替了传统制动系统中的部分机械元件，合理设计电子控制系统的程序使电控元件控制制动力的大小与制动力的分配，从而实现与传统控制元件等效的 ABS/ASR 等功能。因此，可以将线控制动系统应用于电动汽车制动。能量回收装置直接影响电动汽车的能量回收效能。能量回收途径主要有三种：机械蓄能，如飞轮；蓄电池蓄能，如蓄电池；液压蓄能，如液压蓄能器。应用于电动汽车的能量回收装置主要有蓄电池、超级电容、飞轮、液压蓄能器。这些能量回收装置各有优缺点，可以根据车辆用途、可用空间等单独或者复合使用，复合能量回收系统可以弥补单一能量回收系统的不足。电池与超级电容、液压蓄能器、飞轮相结合的复合能量回收系统的研究是目前解决能量回收问题的主要方向之一。电动汽车制动控制策略的最终目标是在保证汽车安全性的情况下实现制动能量回收的最大化和驾驶员感觉的最优化。制动力分配策略是制动能量回收控制策略的首要问题，电机制动所起的作用越大则越能提高能量回收效率。目前，电动汽车大多采用再生制动系统和液压制动系统复合的制动系统，根据再生制动系统和液压制动系统的组合方式不同，复合制动系统可分为两种基本控制策略，即串联式和并联式制动控制策略。总的来说，串联式制动控制策略是优先使用再生制动系统，不足部分由液压制动系统补充；并联式制动控制策略是根据制动强度需求决定再生制动系统的使用，即小制动强度时，仅再生制动系统制动，中等制动强度时，再生制动系统和液压制动系统按照固定比例制动，大制动强度时，仅液压制动系统制动。以上两种制动策略各有利弊，串联式制动控制策略实现了能量回收的最大化，而且与无再生制动系统的车辆相比，驾驶员具有一致的制动感觉，但是系统复杂，应用技术难度大；并联式制动控制策略工作可靠、结构简单且易实现工程应用，但是能量回收效率较低，而且当再生制动力加入或者退出时，制动力产生较大波动使驾驶员难以掌控。因此，这两种制动控制策略目前还很难界定哪个更好，只能视研究对象而定。再生制动与 ABS 系统协调制动也是解决电动汽车制动稳定性、能量回收最大化、制动平顺性及制动感觉一致性问题的关键。前一种策略是再生制动不参与防抱死控制，当驱动轮即将抱死时，再生制动停止作用，由传统 ABS 系统控制车轮防抱死，或者再生制动仍然作用（保持或减小），通过增加从动轮制动力以满足制动需求，防止驱动轮抱死；后一种策略是当驱动轮进入防抱死控制时，再生制动持续起作用，而通过三种形式防抱死：只调节驱动轮上的机械制动力、只调节驱动轮再生制动力、驱动轮上的机械制动力和再生制动力协同动态调节。

4. 再生制动系统构型及工作模式

电动伺服制动系统的主要部件包括制动踏板（带有踏板行程传感器）、踏板感觉模拟装置、伺服电机和控制器 ECU 等。

对于左侧驾驶位车型，制动执行机构位于制动踏板下方，但是实际制动力产生装置则在发动机舱的右侧，集伺服电机、滚珠丝杠、从动主缸于一体。从动主缸与伺服电机通过减速机构和滚珠丝杠相连，滚珠丝杠将伺服电机的旋转运动转化为直线运动，推动从动主缸活塞，使用直线行程传感器进行反馈。

主缸与轮缸全解耦式电动伺服制动系统通过两个截止电磁阀隔断主缸与轮缸的通路，实现主缸与轮缸全解耦。主缸液压油进入踏板感觉模拟器，踩下制动踏板的反力由模拟器产生，模拟器的构造与制动总泵类似，能够很好地输出踏板反力，模拟良好的踏板感觉。制动力产生装置根据踏板位移、车速、主缸压力等信号，通过对伺服电机转动角度进行控制，控制滚珠丝杠前进与倒退，从而使从动主缸活塞前后移动，实现系统的增减压。液压调节单元 VSA 与 ABS 单元类似，能够通过控制电磁阀的通断，实现系统增压、保压和减压，进而实现车轮防抱死控制和车辆电子稳定性控制。

制动系统工作时分为液压单独制动（包括电控系统失效）、驱动电机单独制动、电液协调制动三种状态（见图 12）。当驾驶员踩下制动踏板或者车辆滑行时，制动控制器对驾驶员意图进行识别，并对车辆状态进行监测，从而判断制动方式，合理地对制动状态进行选择，满足驾驶员制动意图。

（1）液压单独制动（见图12a、图12b）

低车速工况，由于驱动电机的再生制动效率较低，采用液压单独制动，促使车辆减速或者停车。紧急制动工况，由于再生制动力可靠性不如液压制动，仍由液压单独制动，保证车辆安全性（见图12a）。另外，当电控系统失效时，制动系统不再受控制系统控制，两个截止电磁阀打开，制动系统恢复传统的制动方式，驱动电机不再产生再生制动力矩，制动力矩完全由液压来提供，由踏板推杆推动主缸活塞来实现系统增压（见图12b）。

（2）驱动电机单独制动（见图12c）

当制动强度比较低或者车辆滑行时，允许驱动电机单独制动，增加制动能量回收率，最大限度回收车辆动能。车辆电机不限扭矩制动时的外特性曲线（见图13）。可以看出，电机输出最大制动力时，先以等功率输出制动扭矩，当车速降到55km/h（电机转速3900r/min左右）时，等力矩输出制动扭矩，此时最大制动力矩为 −138N·m。

（3）电液协调制动（见图12d）

车辆在进行常规制动时，控制器对电液进行协调制动，液压制动对电机制动进行补偿，保证车辆平稳安全停车的同时，增加制动能量回收率。

制动过程中的电液协调策略通过合理的分配电机制动力与液压制动力，使总的制动力满足驾驶员的制动需求，并保证制动过程的平顺性。

5. 再生制动系统测试评价技术

（1）评价指标计算方法

车辆在行驶过程中，受到滚动阻力、空气阻力、坡度阻力和惯性阻力的共同作用。无论车辆行驶过程中处于驱动状态还是制动状态，都会受到滚动阻力和空气阻力的作用，一直消耗车辆的驱动能量且不可回收。典型轿车在城市循环工况下由于滚动阻力和空气阻力消耗的能量占驱动能量的30%以上。因此，在评价制动能量回收系统的能量回收效果时，是否计入这两部分的能量消耗，存在两种不同的评价指标。一种是不考虑中间环节的转化效率，理论上可回收的制动能量，用制动能量回收率评价；另一种是指车辆在实际行驶过程中，回收的能量对汽车消耗总能量或行驶里程的贡献程度，用节能贡献度和续航里程贡献度评价，后文将给出这3个指标的明确定义。

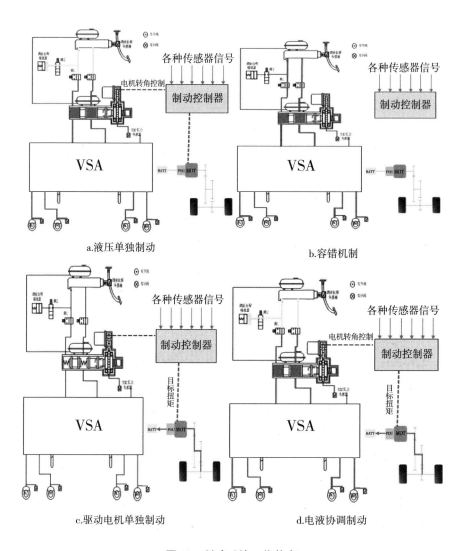

图 12　制动系统工作状态

资料来源：根据网上公开资料整理。

①制动能量回收率，制动能量回收率是指在某次制动过程中，由电机制动理论可回收的制动能量 E_{regen} 占无能量回收时制动器消耗总能量 E_{brake} 的比例，即

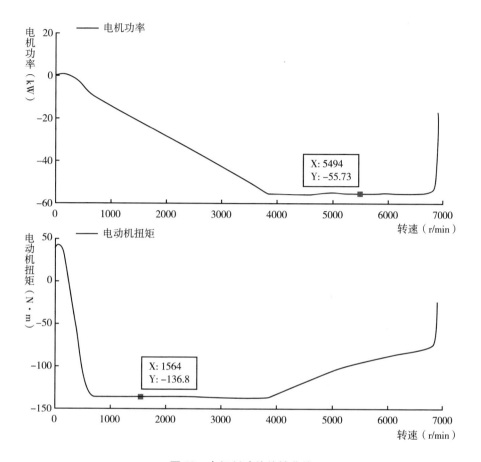

图 13　电机制动外特性曲线

资料来源：中国汽研整理。

$$\eta_{gen} = \frac{E_{regen}}{E_{brake}}$$

$$E_{brake} = \frac{1}{2}m(v_0^2 - v_e^2) - mgf\int_{t_0}^{t_e}v\,dt - \frac{1}{2}C_D A\rho\int_{t_0}^{t_e}v^3\,dt$$

式中：E_{brake} 为无能量回收时，汽车在某次制动过程中，车速从 v_0（t_0 时刻）减速到 v_e（t_e 时刻），除去滚动阻力和空气阻力消耗的能量，得到的由于制动力而消耗在制动器上的能量，这部分能量通过制动衬快与制动盘之间的摩擦产生热能耗散到大气中。

②节能贡献度：在某循环工况下，给定行驶距离 S_0 时，无制动能量回收

时电池端消耗的能量为 E_{regen_off}，有制动能量回收时电池端消耗的能量为 E_{regen_on}，这时将节能贡献度定义为

$$\delta_E = \frac{E_{regen\_off} - E_{regen\_on}}{E_{regen\_off}}$$

③续航里程贡献度：在某循环工况下，给定电池能量 E_0，无制动能量回收时，汽车行驶的距离为 E_{regen_off}，相同行驶条件下，有制动能量回收时，汽车行驶距离为 S_{regen_on}，这时将续航里程贡献度定义为

$$\delta_S = \frac{E_{regen\_on} - E_{regen\_off}}{E_{regen\_off}}$$

（2）测量方法

在实际应用过程中，测量点一般有两个：电池端和电机端。电池端可测出电池电压和电池电流，电机端可以测出电机转矩和电机角速度。压力信号可以通过压力传感器测得。

（3）制动能量回收率计算

根据电池端测得的电流和电压，可计算制动能量回收率，根据电机端测得的转矩和转速，也可计算制动能量回收率，还有一种算法为通过前后轴轮缸压力来计算制动能量回收率。

（五）基于事故场景还原的新能源汽车安全评价

2019 年 5 月到 8 月中旬，新能源汽车国家监管平台就发现了 79 起安全事故，涉及车辆 96 辆。在已查明的着火原因中，电池引发的着火事故占比 58%。随着新能源汽车产业步入快速发展轨道，电池安全问题也越来越突出。

1. 防水测试

电动汽车涉水过程中，动力电池的安全性直接影响到电动汽车使用安全性。因电池系统密封漏水导致的绝缘能力降低、短路，而引发的燃烧事故频发，问题的突出和紧迫，真正唤起了人们对密封的普遍关注和重视。当然，汽车进水形式多样，包含长时间浸泡和短时间涉水。同时，车辆本身的故障报警、维护状态各不相同，也会导致事故概率不同。

目前，GB/T 31467.3—2015 将电池包的 16 项安全性测试纳入强制检测范围，电池包的防水要求是其中的重要内容。一般来说，纯电动汽车的电池组、电机等核心部件 IP 等级都可以达到 IP67，对应的防水等级则是防止短时间（至少 30min）1m 水深的浸泡。但在车辆的实际驾驶过程中，结合动态的工况分析因涉水导致的安全问题十分复杂，尤其我国南方沿海乃至全国夏季暴雨天气频繁，电动汽车面临着夏季高温及强降雨的考验。从实际案例来看，2018 年 9 月，深圳一辆电动乘用车在暴雨中行驶时发生起火事件；2018 年 8 月 31 日，广州一辆电动乘用车浸水后在马路边起火自燃；2016 年 7 月南京两辆大巴在浸水中爆炸。为进一步探索高温高压下车辆应对积水路段和车辆遇水之后的安全问题，CEVE 设计了动力电池包防水测试。

动力电池包防水测试的设计是基于模拟电动车辆遭受路面振动和冲击后导致外壳的密封性损坏，进而评估在雨天、涉水或洗车等情况下进水导致短路的安全风险。测试对象为动力电池包或系统，含实车状态的维修开关、高压和低压线束等配件。

试验先进行振动和机械冲击测试，以模拟电动车辆遭受路面振动和冲击后的状态。车辆行驶时的振动环境是动力电池外短路和内短路的原因之一，完成振动和机械冲击后，将测试对象按照预期使用安装。随后进行 IPX9 防水测试，喷射应垂直于动力电池外壳表面，并保证外壳的全部外表面都会被喷射，试验的持续时间为 $1min/m^2$。试验结束后需要继续观察 2 小时确定是否有冒烟、着火、爆炸等现象，完成测试过程。

观察结束后，电池包若未出现异常并达到安全稳定状态后，检测样品内部进水情况、电解液和冷却液泄漏情况，并测试样品的总正与外壳和总负与外壳的绝缘电阻值。为验证试验规程的合理性，选择了 3 款典型纯电动汽车用电池包进行测试，其中部分电池包样品内出现明显进水、结构件损伤断裂等情形。

CEVE 根据对试验结果的分析和评估，制定了一系列评分标准，对电池包样品安全性、绝缘性、防水性、结构完整性进行评级打分。同时验证得出电池包防水性能影响因素包括以下几点。

①与泄压阀的防水能力有关；

②与上下盖之间的密封设计和材质有关；

③与电池包内部结构设计有关。

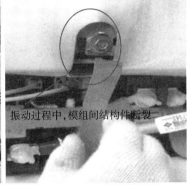

振动过程中,模组间结构件断裂

内部明显进水

a.电池包内部进水　　　　　　　　　b.结构断裂现象

图14　测试案例

资料来源：CEVE。

电池包防水性能一直是行业内研究的重要课题，在电池密封设计中不仅需要匹配合适的材料，也要搭配合适的结构设计，才能找到最优的解决方案。另外，由于电池包在车上的排布不尽相同，企业在具体开发过程中还需要综合考虑安装位置、涉水深度、环境温度、电气绝缘等各方面因素。

2.底部球击测试

2019年4月20日，某公司一辆电动车在送修前底盘曾遭受严重撞击，导致动力电池包左后部外壳与冷却板大面积变形，由于电池包内部结构在被挤压的状态下经过一段时间后形成短路，导致两天后引发火情。2013年10月1日，某公司一辆电动车在西雅图附近着火，汽车被道路上的一块巨大金属碎片从底部刺穿，进而引发热失控，汽车大面积烧毁。由于纯电动汽车的动力储能装置为高能化学电源，在发生托底事故时，电池芯体和高压器件持续处于挤压状态，电池包极有可能在一段时间后发生自燃。即使有些托底事故未发生短路起火，但电池包已经严重变形。同时，托底事故造成的损伤在电池底部，不易察觉，具有隐蔽性。

底部球击，即动力电池底面受到向上的挤压或撞击，载荷以垂直方向为主，通常会造成电池底壳垂向变形，严重时会将电池底壳顶穿后进而刺破内部芯体。CEVE模拟车辆底部动力电池包在托底过程中受到垂直方向挤压产生形变的场景，用以评估车辆动力电池包底部受到异物球击场景下的安全风险。试验电池包的荷电状态应不低于50%，并按照实车安装状态将电池包样品安装、固定在底部球击设备上。测试所采用的最大球击力为车辆铭牌上的"最大允许总质量"的 110%，并持续加载 60s。不同电池包在底部球击产生的塑性变形不同，试验中最大塑性变形样品的形变量达 27.89mm，并导致电池包底板与加强梁的分离。

对于底部球击工况，应实现试验后动力电池都能保证功能正常，且无安全隐患。基于以上考虑，CEVE 对底部球击试验过程的载荷曲线进行分析，并对试验后电池包的安全性、绝缘性、形变量进行了统计。所有电池包样品在底部球击安全性方面得分差异并不明显，但塑性形变量的差异较大。

对测评样品结构做进一步的分析后发现，底部壳体强度高，模组与底部预留安全间隙的电池包安全性较高。对于挤压铝、钢板或者铝板材质的下壳体，在大载荷下容易发生较大变形，需考虑增加电池包防护梁和电池包底护板。

3. 高低温充电安全评价

充电是电动汽车全寿命周期中最重要的环节之一，动力电池的充电安全直接影响电动汽车的使用寿命及安全运行。根据事故调查和媒体报道，对这些事故的发生场景进行统计，其中行驶自燃、停放自燃和充电自燃所占的比例较高，而直接由充电引发的事故占所有事故的 25%（见图 15）。

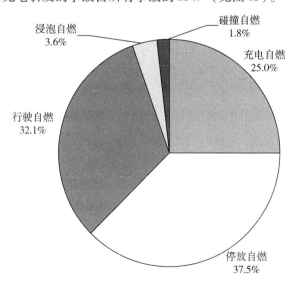

图 15　事故场景统计

资料来源：CEVE。

充电过程可能会出现电池温升过高、电池系统温差过大、过充、快充或者低温析锂引发的微短路等现象。而这些现象会造成电池发生不可逆损伤甚至失控，比如，过高的温升可能会引发电池内部固态电解质膜的分解，电解液与内嵌锂或者沉积锂的反应等；温差过大会增加电池系统的不一致性，影响电池的使用寿命，降低电池系统安全性；而低温析锂同样也会降低电池的本质安全，并缩短电池寿命，存在引发电池内短路的风险。为保障电动汽车充电过程及充电过后的安全，急需一种评估手段对新能源汽车充电过程中电池系统本质安全、热管理及充电策略进行评价。

相比于常温充电，极限环境如高温、低温条件下充电对电池造成的影响更大。我国地缘辽阔，南北温度差异巨大。北方漠河地区，最低温度能达到 -20℃以下，而南方最高温度能达到 40℃以上。为保障电动汽车在中国大部分地区的安全运行，必须采取合适的策略和热管理系统使车辆在不同高低温环境下进行充电。通过对全国大部分地区的温度特征进行统计，采用（39 ± 2）℃和（-11 ± 2）℃作为高温和低温的测试温度。

为保证测评的标准一致，被测车辆需从最低荷电状态开始进行充电测试，通过底盘测功机将被测车辆放电至最低荷电状态。同时，测试过程选用同一充电桩，且该充电桩应覆盖所有电动汽车需求的充电功率。为模拟电动汽车充电时安全系数最低的充电方式，测试采用其用时最短的充电策略进行充电。试验前，首先需要将整车置于测试环境中浸车不少于 12 小时。充分浸车后，将充电桩连接整车进行充电，充电车辆应在充满电后自动终止充电。若出现异常情况，应及时停止充电，并按照评分规程中相应扣分项计分。从电池热管理和充电效率两方面对电动汽车高低温充电性能进行评价，该方法可以从安全和性能的角度来对不同车型的热管理系统、充电策略及电池性能进行综合评价。其中充电热管理评分指标包括最高温度和平均温差，充电效率评分指标包括充电速率、充电电量比和充电经济性。

CEVE 选择了 3 款样车进行测试和打分。根据总得分，整车在高低温环境温度下充电的评级可划分为 5 个等级，其中 90 ~ 100 分为 5 星，80 ~ 90 分为 4 星，70 ~ 80 分为 3 星，60 ~ 70 分为 2 星，60 分以下为 1 星。评级结果见表 9。

表9 评级结果

	样车1	样车2	样车3
车型	国产	国产	合资
冷却系统	液冷	液冷	风冷
额定容量(Ah)	147	100	100
评级			

资料来源：CEVE。

从测评结果可以看出，选择液冷方式的电动汽车在高低温充电过程中综合得分较高，液冷能有效提高充电热管理系统的性能，在充电过程中的温升较小，从而提高充电效率，保障电动汽车充电过程及充电过后的安全。

4.电池系统一致性评价

为向电动汽车提供足够的功率和能量，以满足其动力性能和续航里程等要求，动力电池需要将多节单体以串并联的形式组成电池系统。然而对电池系统整体进行充放电时，由于各单体电池特性的差异，电池系统内部各单体电池的充放电状态不一致，不一致性会随着电池系统的使用时长而逐渐增大，加剧动力性、耐久性等性能衰减甚至引起安全性问题。因此，必须对电池系统一致性进行准确评价以实现电池系统的安全保护和性能优化。

通过对6个电池系统/电池包进行摸底试验，对充放电数据、最小监控单元电压、温度等数据同步后，再进行电池系统的电压一致性、温度一致性、内阻一致性以及容量一致性分析。

CEVE基于各最小监控单元电压值及温度值，把所有充电过程中采样时刻对应的极差电压、极差温度的均方根分别作为评价电压一致性、温度一致性的指标。而内阻一致性与电池容量一致性的评价则选用所有最小监控单元电池内阻数据、容量数据的均方根误差作为评价指标。电池系统充电过程的电流切换处的内阻可基本代表电池内阻的平均水平，故规程采用充电段中部SOC处大电流切换成小电流时刻的最小监控单元电压差与电流差之比作为估计各最小监控单元电池的内阻。针对容量一致性测试，规程从两个维度进行了评价，分别是实际容量一致性和剩余容量一致性。由于各最小监控单元充放电状态不一致，充电始末端存在剩余充电容量及剩余放电容量。电池系统实际容量即电池系统容量与剩余充电容量、剩余放电容量之和，而剩余电量则表示电池系统能放出电量的最大值，即电池系统容量与剩余放电容量之和。规程通过对电压曲线的平移，利用插值法计算各最小监控单元的剩余充电容量及剩余放电容量。

试验样品的相关参数和综合得分情况见表10。通过对试验结果的分析，本报告得出以下结论。

表10　试验用电池系统（电池包）的相关参数及综合得分

指标名称	电池1	电池2	电池3	电池4	电池5	电池6
电池层级	电池系统	电池系统	电池系统	电池系统	电池系统	电池包
电池类型	三元	三元	三元	磷酸铁锂	三元	磷酸铁锂
冷却方式	自然冷却	水冷	自然冷却	自然冷却	水冷	自然冷却
电池状态	装车1年	新电池	振动试验后	不明	不明	不明
综合得分	73.77	95.52	78.67	66.92	92.24	89.57

资料来源：CEVE。

①该评价电池系统一致性的方法可有效区分各电池系统状态，其中新电池的一致性最好，不一致性会随着电池系统的使用时长而逐渐增大。

②温度一致性得分与冷却方式紧密相关，为保证电池组的温度一致性，建议电池厂优先采用液冷方式。

③内阻一致性得分与温度一致性紧密相关。

由试验结果看出，CEVE所述的电池系统一致性测试和评价规程具备可行性，建议电池厂在电池成组过程中加强对单体电池电压、内阻、容量的一致性控制。

四　新能源汽车大数据挖掘及应用

（一）新能源汽车大数据发展背景

数字化是实现四化（电动化、智能化、网联化、共享化）的基础，以新能源汽车为核心，以大数据为基础，融合人工智能技术，将是我国汽车产业转型升级的重点战略方向。新能源汽车大数据除去传统车辆设计开发和销售过程中已有的数据，还包括持续增加、动态的运行数据。大数据随着车辆的使用成倍或成几何级数增长,往前追溯,包括原材料、经销商、用户、售后等构成产业链的数据;往后包括上层跨界融合的金融数据、停车充电数据、道路运输数据、公共交通数据。

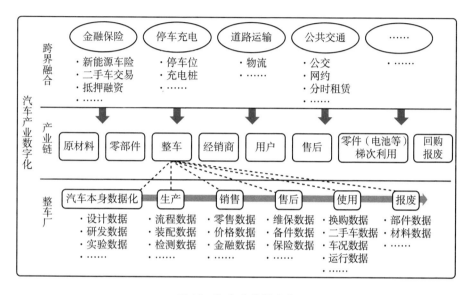

图16 汽车产业数字化

资料来源:王震坡,新能源汽车测评技术国际论坛,2019。

新能源汽车大数据数据流分为三个方面:生产环节、销售环节、使用环节。销售和使用环节的数据为车辆的设计优化提供最基础的依据,使车辆品质、设计理念得到进一步提升;在销售环节,可以应用生产和使用环节所产生的车辆技术性能、特征参数,实施精准营销;根据消费者在使用过程中产生的相关数据,可以对消费者进行充电引导、精准车辆维护,为定制化的保险服务提供基础依据。由此可见,新能源汽车大数据在产业链的三个环节中所产生的价值为:提升企业端设计开发能力、精准营销业务能力以及未来智能出行方面的优势;作为消费端在选车、购车、养车、换车相应方面的参考依据。

2016年11月,《工业和信息化部关于进一步做好新能源汽车推广应用安全监管工作的通知》(工信部装〔2016〕377号)文件发布,提出生产企业要建设和完善新能源汽车企业监测平台,与用户充分沟通并签订保密协议。自2017年1月1日起对新生产的全部新能源汽车安装车载终端,通过企业监测平台对整车及动力电池等关键系统运行安全状态进行监测和管理，按照 GB/T 32960《电动汽车远程服务与管理系统技术规范》国家标准要求，将公共服务领域车辆相关安全状态信息上传至地方监管平台。

受工信部委托，在北京理工大学电动车辆国家工程实验室构建的新能源汽车国家监测与管理平台对全国新能源汽车大数据进行分析和存储，形成了国家、地方政府和企业三级监管体系，实现了国内生产和销售的所有新能源汽车车辆数据以及车辆故障数据的数据汇集。

截至 2020 年 1 月 17 日 10 时，新能源汽车国家监测与管理平台全国车辆接入量突破 300 万辆。这些大数据在提升新能源汽车产业的生产制造水平、改变车辆经营业务模式、改善消费者体验等方面发挥着重要作用。

（二）新能源汽车大数据对测试评价作用

基于目前针对新能源汽车的 3 类测试评价体系的调研论证，面向 C 端的新能源汽车评价应主要立足客观评价，通过获取消费端的诉求，建立能够反映消费者实际需求的维度设置，做到一级维度能够易于被消费者理解和接受，二级指标能够反映出一定的专业性，从客观数据出发，支撑新能源汽车评价，同时赋能企业端产品的迭代研发。

为了避免试验室测试与实际道路使用结果偏离的问题，我们将单车测试结合了车群大数据，通过单车深度测试解决微观层面的性能解读，通过车群大数据解决宏观层面和趋势层面的性能评估，二者的结合丰富了测试评价过程，更能体现出双方优势互补的特色。这里以 CEVE 中能耗评价为例，说明单车和大数据的互补关系。

首先，大数据作为一种测试数据，而新能源汽车国家大数据联盟拥有百万级的新能源汽车运营和监管数据，更趋向于面向宏观层面体现出普遍性和趋势性结果，而且测试条件和工况都是实际运行产生的，更贴近实际。同时，大数据具有宽时域、广地域、多车型、数据量大的特点，能够很好地弥补单车在车辆可靠性、周期评价等测评难以涉及的部分，而且这些数据来源于车辆真实应用场景，相比试验室数据具有较高的可信度和普遍性。

其次，在对能耗维度续航里程和能量消耗率的评价区间进行设计时，通过大数据获取到某一级别车型的数据，这些数据形成了一种评价带，那么在试验室测试获得的数据便可放入这个评价带，进而清晰地发现测试车辆在同级别车型中的性能优劣，实现对车辆性能的准确评级。

（三）新能源汽车大数据在 CEVE 中应用

目前，我国还没有关于大数据评价的国家和行业标准。现行国标 GB/T 32960.3—2016《电动汽车远程服务与管理系统技术规范 第 3 部分 通信协议及数据格式》针对新能源汽车大数据的采集进行了定义，CEVE 针对纯电动汽车的大数据进行分析，开展了能耗和体验方面的评价，其目的是反映车辆在能耗环境适应性、电池耐用性、电池可靠性、消费者出行满意度等方面单车评价难以涉及的方面。具体包括下列内容。

1. 能耗稳定性、里程稳定性

评价不同月份、不同空调使用条件下的车辆能耗和续航里程受环境适应性的影响。CEVE 聚焦"能耗稳定性与里程稳定性"，以北京、上海、广州、深圳、重庆、天津、合肥、杭州、郑州 9 个典型城市的新能源汽车运行数据为计算样本，计算测评车型在 50%～80%SOC 区间续航里程相对值/能耗在统计周期内的标准差，用以衡量车辆的里程/能耗稳定性。测试结果表明：车辆的实际能耗和续航里程与标称值存在明显差距。

2. 电池容量衰减、整车里程衰减

评价车辆平均万公里可行驶里程和电池容量衰减情况，反映耐用性指标。CEVE 聚焦"电池能量衰退"和"里程衰退"，采用大数据综合分析方式进行了测评。测评数据显示：万公里电池能量衰退、里程衰退较小，电池能量衰退和里程衰退情况整体表现较好。

3. 电池故障率

评价单体电池过压、潜在故障单体、电池一致性、电池电压不一致率等指标。CEVE 聚焦"电池故障率"，计算测评车型在当前整备质量级别的非运营和运营两个电池故障分数。

4. 充电时长、里程信赖

充电时长评价车辆充电平均时间长短，反映充电性能。里程信赖反映用户对表显剩余里程估算的满意程度。CEVE 设置"里程信赖"和"充电时长"指标，同样采用大数据综合分析方式进行测评。测评数据显示：新能源汽车充电起始 SOC 同比下降，里程焦虑显著改善，当前用户充电时长较短，能够满足用户在短时间内使用新能源车的需求。

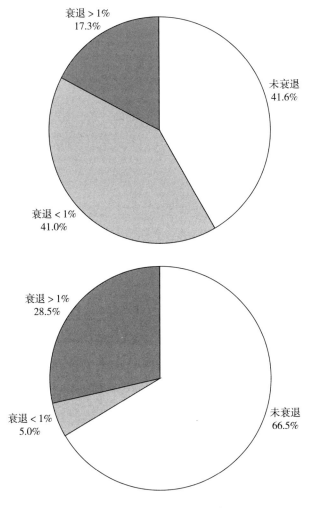

图 17　电池能量衰退及里程衰退

资料来源：CEVE 规程。

　　未来，CEVE 将加强大数据应用，在电池安全角度，从"单车 + 大数据"双维度突破新能源汽车电池安全难点，实现在用车辆安全监测和预警。在单车层面：开展热/电/机械滥用机理解析，设计深度测评方案，提出高安全防护措施。在大数据层面：基于事故车辆数据库，开展安全特征提取及预警模型建立，最终落脚并实现在用车辆的安全监测和预警。

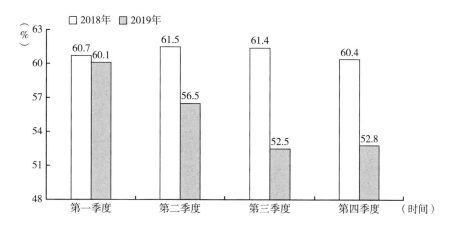

图 18　充电起始 SOC（私人乘用车）

资料来源：CEVE 规程。

报告十二
新能源汽车评价发展趋势展望

摘　要： 进入市场导向的新时代背景下，测试评价作为新能源汽车技术开发和产业化过程中的研究重点，其发展与新能源汽车技术发展相辅相成。本报告针对新能源汽车产业发展进程，围绕测试评价的进化方向和实施路径进行论述。

关键词： 新能源汽车　消费端　行业端　测试评价

目前，伴随着新能源汽车补贴退坡以及国家法规不断加严，新能源汽车产业由政策导向转变为市场导向。在以市场为导向的新常态下，如何提高产品竞争力和满足消费市场需求将成为生产企业应对环境变化挑战的重中之重，也是影响新能源汽车产业发展的关键因素。面向消费需求的汽车产品测试评价将进一步促进生产企业在设计开发、生产制造等关键环节的投入成本，切实提升产品力以更好地满足消费市场需求。面向消费者的新能源汽车测试评价技术需从如下几个方面进一步完善与突破。

一　基于用户感知的关键问题采集
及其与测评方法的转化

政策、市场环境的日趋成熟使得消费者对新能源汽车的定位不再仅限于交通工具，消费者对新能源汽车产品力要求逐渐提升，其关注的汽车特性也在不断发生变化。此外，对不同消费者群体，其感知的关键问题也在发生变化。因此，基于用户感知的关键问题采集及其与测评方法的转化是支撑新能源汽车测试评价的基础条件。

二　单一样本测评与大数据结果协同分析方法

在市场导向情况下，消费者对新能源汽车的选择更为全面和理性，单车的续航里程、充电体验、驾乘舒适度、智能化功能是购车的重要衡量因素，但测评结果有一定的偶然特性，在一些情况下无法全面描述其性能特征。因此，融合大数据应用，强化故障统计对比、安全性演变规律、性能衰减特性等，用以指导和验证单车测试结果是必要的。通过对新能源汽车的客观测试评价，才能建立其真正意义上能反映消费者实际需求的新能源汽车评价方法。

三　先进测试评价技术研究

新能源汽车技术不断向前发展势必要求汽车测试技术的向前发展，开展测试技术创新，强化测试数据的客观性，结合样本数据库，建立起多维度、量化的评价体系，有效识别问题和制订评价方案，从而有效支撑新能源汽车评价发展。

总之，新能源汽车测试评价是以为新能源汽车消费者提供客观数据与公正结果为目标，引导消费者合理消费，促进新能源汽车健康、快速发展。同时，新能源汽车测试评价技术有效规范新能源汽车产品开发过程，为新能源汽车产品力提升提供有效的检测标准，对新能源汽车行业产品力提升具有重要意义。未来面向消费者的评价体系将会涵盖更为完善的整车、系统、零部件测评维度，基于真实使用场景和消费者关切的痛点，将积极为消费者关于新能源汽车提供客观、公正、透明的信息，赋能企业产品的迭代研发，同时为政府监管和产业政策制定提供最真实的信息参考。

参考文献

《中国电动汽车标准化工作路线图》第二版。

《电动汽车安全要求　第 3 部分：车载可充电储能系统》GB/T18384.1-2015，2015。

《电动汽车安全要求　第3部分：人员触电防护》GB/T18384.3—2015，2015。

《电动乘用车运行安全和维护保障技术规范》DB31T634—2012，2012。

徐达成、裴冯来、任宏伟、范昊天、梁梦晨：《新能源机动车及其关键零部件发展趋势及其检测平台的研究》，《制造业自动化》2018。

《新能源汽车大数据联盟发布安全报告，汽车行驶时起火概率最高》，电动邦，2019年8月19日。

《电动汽车用锂离子动力蓄电池包和系统　第3部分：安全性要求与测试方法》GB/T 31467.3—2015，2015。

中国汽车技术研究中心：《中国新能源汽车产业发展报告（2018）》，社会科学文献出版社，2018。

周飞：《纯电动汽车电池包托底分析及改善》，《北京汽车》2019年第5期。

Li Z., Huang J., Yann Liaw B., Metzler V., Zhang J. A Review of Lithium Deposition in Lithium-ion and Lithium Metal Secondary Batteries. J Power Sources, 2014, 254：168 – 182.

Huang P., Wang Q., Li K., Ping P., Sun J. The Combustion Behavior of Large Scale Lithium Titanate Battery. Sci Rep. 2015；5：7788.

Gachot G., Grugeon S., Armand M., Pilard S., Guenot P., Tarascon J. M., et al. Deciphering the Multi-step Degradation Mechanisms of Carbonate-based Electrolyte in Li Batteries. J Power Sources. 2008；178（1）：409 – 421.

Feng XN, Xu CS, He XM, Wang L., Zhang G., Ouyang M. G., "Mechanisms for the Evolution of Cell Variations within aLiNixCoyMnzO2/graphite Lithium-ion Battery Pack Caused by Temperature Non-uniformity," *Journal of Cleaner Production*, 2018, 205：447 – 462.

Nagasubramanian G., "Electrical Characteristics of 18650 Li-ion Cells at Low Temperatures," *Journal of Applied Electrochemistry*, 2001, 31（1）：99 – 1.

体 验 篇

汽车驾乘测评

报告十三
国内外汽车驾乘相关发展现状

摘　要： 2019 年，中国汽车行业产销量分别完成 2572.1 万辆和 2576.9 万辆，呈现总体稳定发展态势。随着汽车行业的快速发展以及汽车性能的稳步提高，越来越多的客户群体针对汽车性能提出更高的需求，本报告对于中国汽车行业驾乘体验市场的发展现状，以及国内外的技术标准、驾乘性能技术开发的现状及发展趋势等方面进行了阐述及分析。

关键词： 驾乘性能　技术法规　技术开发

一　国内汽车驾乘性能相关市场概况

现如今，随着经济的发展和科技的进步，越来越多的人拥有和使用汽车，与此同时，随着汽车保有量的逐年增加以及交通事故的频繁发生，汽车的使用性能受到越来越多的关注，汽车的驾乘性能作为汽车使用性能的一个重要方面，不仅在影响汽车操纵轻便程度、汽车隔音性、乘坐空间等体验性能的同时，也成为汽车行驶安全的主要参考因素，汽车驾乘性能逐渐成为汽车用户日益关注的重点。

总的来讲，汽车驾乘性能主要包含整车驾驶性、操控安全性以及乘坐舒适性三大方面，驾驶性主要针对车辆的动力性能和制动性能，以及直线行驶、换挡平顺性等性能进行评价；操控安全性主要评价车辆的抗侧翻性能、电子车身稳定控制系统的性能以及各种工况的操控感觉；乘坐舒适性主要针对整车乘坐空间、声品质、环境噪声隔绝性、安静性、座椅舒适性、整车异响性能等性能进行评价。

自2010~2017年以来，中国汽车市场开始快速发展，汽车产业规模逐年递增，汽车市场由快速增长期步入平稳增长期，由增量时代步入存量时代，2018年，汽车市场出现负增长，乘用车领域的降幅明显。2019年产销较2018年稍有提升。具体见图1。

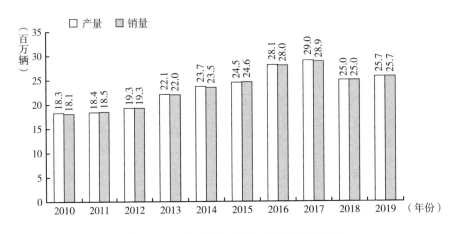

图1　2010~2019年中国汽车产销规模情况

资料来源：中国汽车工业协会（本报告没有标明资料来源的所有数据、图表资料均为中国汽研根据公开资料或中国汽研内部资料整理分析，特此说明）。

汽车厂商销量排行情况方面，2019年的汽车厂商销量排行榜上，一汽大众、上汽大众、上汽通用位列前三，吉利、长城、长安占据自主品牌销量前三位（见图2）。

在车系品牌选择方面，自主品牌和德系品牌成为目前市场销量的主导，自主品牌占比42%，德系品牌占比21%，日系、美系占比分别为19%、11%、其他车系占比7%（见图3）。

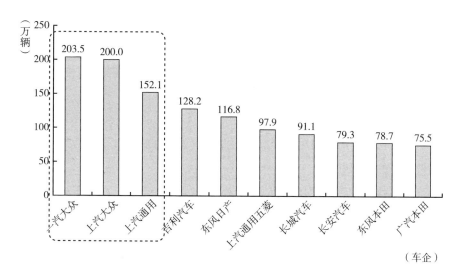

图2　2019年汽车厂商销量排行TOP10

资料来源：MabData。

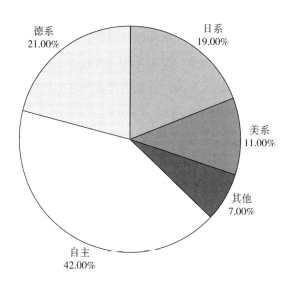

图3　消费者不同车系偏好情况

资料来源：微车大数据研究院。

中国汽车工业的快速发展和国内自主品牌产品性能的不断提升，是自主品牌销量占比最高的主要原因，性价比及民族品牌情结也成为用户选择自主品牌的原因之一。

德系品牌对于中国市场的准确把握和早期进入中国市场推出的车型口碑为其建立了良好的市场基础，成为其市场销量占比较高的主要原因，另外德系品牌对于先进技术方面的不断升级也成为用户的追求点之一。

日系品牌在技术上则偏重于经济性，且日系车的经济性是一个整体的概念，不仅油耗低，而且耐用、维修费用低。耐久性和实用性也成为日系车辆市场销量较好的原因。

美系品牌的特点就是强调动力和操控性，兼顾安全性。美系车往往车身较为庞大，悬挂系统和隔音设计非常出色，发动机强调大排量、大马力，同时兼顾安全。有分析认为，美系车销量"平庸"的主要原因是缺乏产品竞争力。美系车燃油经济性口碑不佳，另外，大量的召回和问题故障、日益严峻的中美贸易关系也导致美系车辆的销量下滑。

在消费者购车关注点方面，除了价格、品牌以及外观颜值是消费者重点关注的考虑因素之外，动力、空间、安全分别排在消费者购车关注点偏好指数的第四、第六、第七位，动力属于驾乘性能驾驶性评价的重要内容，而空间属于驾驶性能乘坐舒适性的评价内容，驾乘性能的驾驶性以及操控安全性也是汽车安全的重要组成部分，所以，驾乘性能是消费者关注的焦点。消费者购车关注点偏好指数如图4所示。

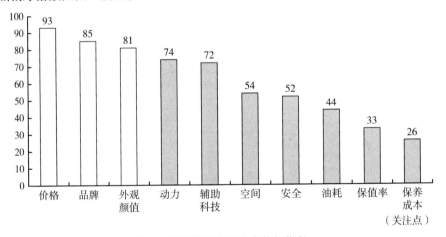

图4 消费者购车关注点偏好指数

资料来源：微车大数据研究院。

在汽车用户满意度指数方面，中国质量协会在北京发布 2019 年中国汽车行业用户满意度指数（CASSI）测评结果研究表明，2019 年中国汽车行业用户满意度指数（CACSI）为 80 分（满分 100 分），同比提高 1 分。中国汽车行业用户满意度指数连续 3 年稳步提升，再次达到历史最高水平。数据表明，在我国进行供给侧结构性改革及全面实施质量提升行动的大背景下，汽车行业正跨入高质量发展的新时代。

自主品牌在品牌力上相对弱势影响了其满意度评分。数据显示，自主品牌满意度 78 分，比合资品牌低 2 分；自主品牌忠诚度 75 分，比合资品牌低 3 分。自主品牌的品牌形象得分比合资品牌低 2.9 分，其感知质量和感知价值分别比合资品牌低 1.9 分和 1.7 分。最近几年的监测结果显示，品牌形象和质量对满意度的影响最大。

数据表明，"价格便宜""品牌知名度高""汽车性能好""安全性高"都是用户购车考虑的重要因素，消费者越来越关注汽车驾乘性能，而我国汽车产品驾乘性能特别是自主品牌的驾乘性能还需不断发展完善。中国自主品牌要突破品牌竞争力不足的困境，首先要持续提升质量，赢得用户口碑；其次要注重研发，发展自己的核心技术，利用核心技术优势进行差异化竞争。我国汽车生产企业也在不断加大研发投入，借鉴国内外汽车驾乘相关法规及标准，更新汽车开发技术，不断提升汽车的驾乘性能，为消费者提供驾乘体验更好的产品。

二　国内外汽车驾乘相关法规及标准概述

（一）国内外驾乘相关法规体系

世界各国都针对驾乘性能制定了相关的法规和标准，其中最具有代表性的是美国技术法规体系、欧洲技术法规体系、日本技术法规体系和国际标准化组织体系，而我国驾乘性能方面的法规，主要参考以上国外具有代表性的法规体系，同时结合我国具体国情，也形成了一套自己的法规体系，但是相对于国外具有代表性的法规体系，我国驾乘性能特别是乘坐舒适性方面的法规体系还需不断完善。

1. 美国技术法规体系

美国技术法规体系主要由美国汽车安全技术法规（FMVSS）和美国汽车工程学会标准（SAE）构成。

美国汽车安全技术法规是由美国联邦运输部国家公路交通安全局（NHTSA）依据1966年9月9日制定的国家交通及汽车安全法制定。其目的是减少汽车交通事故及减轻事故过程中乘员的伤害程度。法规内容较齐全，指标较先进。

美国汽车工程学会成立于1902年，在汽车领域拥有世界上最庞大、最完善的标准体系，目前总标准数已达到1743项。美国汽车工程学会所制定的标准，不仅美国国内广泛采用，其他许多国家在制定其汽车技术法规时，也常常引用。

2. 欧洲技术法规体系

欧洲技术法规体系主要是指欧洲联盟汽车技术指令，该标准是由欧洲经济委员会（ECE）和欧洲经济共同体（EEC）编制。其中ECE法规是由各国任意自选的非强制性法规，EEC指令则是成员国统一的强制性法规。

3. 日本技术法规体系

日本技术法规体系主要由道路车辆安全标准构成，该标准是1955年根据《道路车辆运输法》制定的，包含车辆构造、装置、试验等标准。日本汽车工业以出口为主，其生产汽车执行的标准法规大多为FMVSS和ECE法规等。因此，日本道路车辆法律法规及其管理制度与美国联邦机动车安全法规相比差距很小，做法基本一致。

4. 国内技术法规体系

目前，国内已形成了较为完善的强制性和非强制性法规标准，其中，GB-7258《机动车运行安全技术条件》是我国机动车运行安全管理最基本的技术标准，是进行注册登记检验的主要技术依据，同时也是我国机动车新车定型强制性检验、新车出厂检验以及进口机动车检验的重要技术依据之一。

（二）操控安全性法规及标准概述

汽车安全性可分为主动安全和被动安全，被动安全是指汽车在发生事故以后对车内乘员的保护，如碰撞安全性，主动安全则是指通过提升汽车本身性能和辅助系统来协助驾驶员预防事故的发生，我们提到的操控安全性就属于主动安全，这也是未来提升汽车安全性的重要发展方向。因为传统的被动安全已经远远不能避免交通的事故发生，更重要的是要在轻松和舒适的驾驶条件下帮助驾驶员避免事故的发生。

目前国内外的强制性法规政策基本上都是针对被动安全方面的，例如，我国的汽车安全强制性国家标准《机动车运行安全技术条件》。而主动安全方面没有强制性法规，大多是参照一些主流标准进行测试评价来评判操控安全性的好坏。

1. 国外操控安全性相关法规及标准概述

（1）国外紧急避障测试标准

主要是 ISO 3888 – 2 Passenger cars-Test track for a severe lane-change manoeuvre-Part 2：Obstacle avoidance。

试验方法：以特定的速度驶入测试路段，在不踩刹车和油门的情况下急转方向躲避障碍物，如果没有发生失控或者翻车的情况，就会逐步提高测试车速，来确定车辆的极限。

（2）国外 ESC 性能测试标准

主要是北美的 FMVSS 126《车辆电子稳定系统测试方法》，其核心内容是美国 NHTSA 发明的正弦停滞（"Sine-with Dwell"）试验方法。

世界各大整车测评机构普遍采用正弦停滞试验方法对 ESC 进行符合性测试。而这种测试方法是美国 NHTSA 发明的。

（3）国外抗侧翻标准

侧翻试验主要分为两类：静态测试主要以静态稳定系数 SSF 来评定；动态试验包括鱼钩测试和 J 型转向试验，两种试验的侧重点和目的不同。自 2004 年起，美国 NCAP 根据该法规的要求对车辆的侧翻评价标准在原来仅计算车辆的静态稳定系数的基础上，引入动态机动试验作为辅助评价指标，形成综合评分方式（以 SSF 为主，以动态试验为辅），并将原来的 4 星级评分体系升级为 5 星级评分体系。

①静态稳定系数 SSF

$$SSF - \frac{T}{2H}$$

其中：T 为 track width（平均轮距）；H 为 center of gravity height（质心高度）。

②动态机动试验

49 CFR Part 575 法规中规定的动态试验包括两种，鱼钩试验由于与实际情况接近而被 NCAP 采用作为动态机动试验。

鱼钩试验模拟的是车辆在其一侧两个车轮离开公路路面开到路肩上后驾驶员在表现慌张情形下尽力使车辆回到正常行驶轨迹的情况。驾驶员一般会飞快转动方向盘，但通常会使方向盘过多校正，从而导致车辆侧翻。这种情况是目前侧翻事故较常发生的。

美国 NCAP 动态试验目前仅要求做鱼钩试验，且在车辆重载负荷条件下进行，模拟的是 5 名乘员的车辆。NCAP 根据该试验结果，同时结合静态稳定系数 SSF 来对车辆进行评分。

2. 国内操控安全性相关法规及标准概述

目前国内已制定《汽车操纵稳定性试验方法》（GB/T6323—2014），包含了蛇形试验、转向瞬态响应试验、转向回正性能试验、转向轻便性试验、稳态回转试验、转向盘中心区操纵稳定性试验。目前，国内主流汽车厂大多是参照该标准进行操控安全性测试。

（三）驾驶性法规及标准概述

1. 国外汽车驾乘相关法规及标准概述

国外汽车加速性能测试标准主要有 SAE J1491《汽车加速测量》等。SAE J1491《汽车加速测量》也包含起步加速以及超越加速试验方法。该标准规定的起步加速方法规定车速区间为 0～30 英里每小时（48.3km/h）或 0～60 英里每小时（96.6km/h），超越加速法规规定车速区间为 40～60 英里每小时（64～96.6km/h）。

国外乘用车制动法规主要有以 ECE R13（Economic Commission For Europe）为代表的欧洲制动法规和以 FMVSS（Federal Motor Vehicle Safety Standard）为代表的北美制动法规。

（1）ECE R13《有关 M、N 和 O 类车辆制动认证的统一规定》

该法规在 1970 年作为《1958 协定书》的附件第一次发布。随后，由 ECE

等机构不断对其进行修订和补充完善。

（2）FMVSS 135《轿车制动系统》

为了与 ECE R13 协调，美国也制定了 FMVSS 135，以期取代原 FMVSS 105。

从表 1 中可以看出，ECE R13 和 FMVSS 135 对乘用车制动系统的要求和试验方法差别不大。

表 1　ECE R13 与 FMVSS 135 对比情况

对比内容	ECE R13	FMVSS 135
适用范围	M、N、O 类车	轿车、部分多用乘用车、卡车及公共汽车
试验内容	包括 O 型、I 型以及 ABS 制动等	包括 O 型、I 型以及 ABS 制动等
试验路面	良好路面	良好路面
试验载荷	空载或满载	空载或满载
试验车速	80 km/h，30% ~ 80% V_{max}	100 km/h，80% Vmax
踏板力	≤500N	≤500N(乘用车)
稳定性要求	不偏出行驶方向、未发生车轮抱死	不偏出车道、偏航角小于 15°，不允许车轮抱死
制动距离要求（m）	0.1v + v2/150	0.05v + v2/166.7

资料来源：ECE R13 与 FMVSS 135。

2. 我国驾驶性法规及标准概述

随着汽车工业的发展，我国汽车驾驶性能方面的标准也在迭代更新，汽车驾驶性标准法规主要包括汽车加速性能测试标准以及汽车制动性能方面的标准。

目前，我国乘用车加速性能试验主要依据是 GB/T 12543《汽车加速性能试验方法》等，代替的历次版本发布情况为 GB 1334—1997、GB/T 12543—1990。该标准适用于 M 类和 N 类汽车。在全油门起步加速试验中，末速度最大只记录到100km/h，并增加通过400m测试，在全油门超越加速试验中，初速度为60km/h，末速度最大只记录到100km/h，这种做法的主导思想是为了对不同型号、种类的车辆有一个尽可能统一的测量指标。同时，GB/T 12543 也增加了对自动变速器和手自一体变速器操作的描述。

除此之外，为了更加全面地考察车辆的加速性能，各大整车企业还有自己的企业标准，对加速试验的初速度和末速度有不一样的规定，如 30 ~ 60km/h、

40~80km/h、80~120km/h 加速试验。

我国从 1993 年起，确定了以 ECE 等技术法规为主要参照技术文件，建立了我国汽车强制性标准的基本技术路线。我国制动性能试验标准主要有 GB 21670—2008《乘用车制动系统技术要求及试验方法》、GB 12676—1999《汽车制动系统结构、性能和试验方法》等。

（四）乘坐舒适性法规及标准概述

随着人们生活水平的提高，人们对汽车性能的要求除在动力性、经济性、安全性方面之外，在车辆的舒适性、可靠性、耐久性等方面的要求也越来越高。良好的驾驶操作性能、舒适的驾乘环境、低振动和低噪声渐渐成为现代汽车的重要标志。同时，从提高工作效率和降低事故发生率的要求出发，汽车的乘坐及工作环境必须具有一定的舒适性。汽车舒适性是指为乘员提供舒适、愉快的乘坐环境，货物的安全运输和方便安全的操作条件的性能。汽车舒适性包括汽车平顺性、整车 NVH 性能、整车异响性能、汽车空气调节性能、汽车乘坐环境及驾驶操作性能等。它是现代智能、健康、安全汽车的一个主要性能。国外工业发达国家自 20 世纪 60 年代起就对车辆乘坐舒适性给予了足够的重视，制定了许多法规和标准来对相关性能进行控制。如联合国欧洲经济委员会（ECE）等机构和欧洲经济共同体（欧盟）、日本、美国等主要国家和地区，从 70 年代起每 3~5 年就修订一次相关的法规或标准，各种车辆噪声的限值有了大幅的降低。这显著促进了汽车降噪技术和测量分析技术不断的深入研究和应用，减轻了其影响和危害。

1. 国外技术法规体系

人暴露在振动环境中有 3 种情况：通过介质传递到整个人体表面；通过支撑表面传递到人体；通过局部（换挡杆、踏板、方向盘等）传递到人体的某些部位。ISO 在汇集各国研究成果的基础上，于 20 世纪 70 年代公布了 ISO2631 人体承受全身振动的评价指南，它规定并给出了暴露于振动的界值数值，并已成为许多行业评价舒适性的依据。1985 年 ISO 又重新公布了 ISO2631/1—1985 一般要求，并将 ISO2631/ADD$_2$ 列为标准正文，即 ISO2631/3—1985。上述修改和补充，使 ISO2631 更加完善，已构成了人承受全身振动的评价体系，具有公认的权威性。

　　机动车辆噪声方面，欧洲涉及汽车的法规实际上有三大方面：①各国自己的法规；②基于 1985 年日内瓦协议的 ECE 法规；③基于 1957 年罗马协议的 EEC 法规。随着经济一体化的发展，这两个组织的法规不断地发展协调一致。关于汽车噪声的法规两者在内容上有很大的相似性。但 ECE 的法规在成员国内是自愿执行的，各国在自己的法规中不一定必须规定执行，而 EEC 法规在成员国内是强制的，各国在自己的法规中要明确规定执行。ECE 最早发布的噪声法规是 ECE R9。它于 1969 年 3 月 3 日首次发布实施，当时内容涉及两轮、三轮和四轮的机动车辆。其他法规中影响最大的是 ECE R51，它规定了汽车加速行驶外噪声的限值及测量方法，于 1982 年 7 月 15 日生效，具体见表 2。日本对汽车噪声控制较早，1951 年就制定了《道路车辆法》。那时对车辆等行驶噪声和排气噪声就作了规定，笼统规定在 85dB（A）以下。自 1965 年以后，随着交通流量迅速增加，噪声问题突出了，该政府于 1967 年颁布了《公害对策本法》，把噪声正式列为公害。后来根据该法制定了《噪声控制法》，于 1968 年 6 月 1 日颁布。为进一步限制城市交通噪声，日本自 1970 年开始限制车辆的加速行驶噪声，在《机动车辆安全标准》中按车辆类型规定了限值。在 1976 年、1977 年，各种车辆的加速噪声限值又进一步严格，降低了 1～3dB（A）。后来因问题更加严重，日本环境厅要求政府制定噪声的长期规划和政策。为此，1976 年，中央环境污染控制委员会提出了加速噪声的目标限值，分两个阶段实施。第一阶段目标值在 1979 年达到，第二阶段则是按车型在 1982 年以后陆续达到。实际上，日本的法规中对车辆还规定了等速行驶和定置噪声限值。美国的汽车噪声法规包括联邦的和各洲、市自立的。20 世纪 60 年代后期，美国一些洲出现地方性噪声控制法规；1967 年首次批准制定了 SAE J988《小客车和轻型载货车噪声级》，其中包括加速噪声的测量方法和限值；1969 年又批准制定了 SAE J366《重型载货汽车和客车的车外噪声级》，其包括中型、重型货车和大客车的加速噪声测量方法和限值。在 1970 年批准的 SAE J988 修订版中对小客车和轻型货车规定的限值是 86dB（A），在 SAE J366 中对中型、重型货车和大客车的限值为 88dB（A）。后来，这些 SAE 标准中取消了限值的规定，而改在相应的法规中规定。国外法规或标准规定的汽车加速噪声限值大多是基于 ISO 362 的方法，有的根据实际有所变化，有的则直接等同采用。对于测量中具体的条件和操作方法，ECE/EEC 与 ISO 362 没有太大差别。

表 2　ECE R51 号法规汽车加速噪声限值的变化

法规系列号	R9/00	R51/00	法规系列号	R51/01	R51/02
新型车型认证实施日期	69.3.1	82.10.1	新型车型认证实施日期	88.10.1	95.10.1
新生产注册实施日期	69.3.1	82.10.1	新生产注册实施日期	89.10.1	96.10.1
汽车分类	限值 dB（A）	限值 dB（A）	汽车分类	限值 dB（A）	限值 dB（A）
M1（S≤9）	82	80	M1（S≤9）	77	74
M2（S>9,GVM≤3.5t） N1（GVM≤3.5t）	84 84	81 81	M2（S>9,GVM≤3.5t） N1（GVM≤3.5t） GVM≤2t 2t<GVM≤3.5t	78 79	76 77
M2（S>9,3.5t<GVM≤5t） M3（S>9,GVM>5t） P<147kW P≥147kW	89 91	82 85	M2（S>9,3.5tGVM12t） M3（S>9,GVM>5t） P<150kW P≥150kW	80 83	78 80
N2（3.5<GVM≤12t） N3（GVM>12t） P<147kW P<147kW	89 89 92	86 86 88	N2（3.5t<GVM≤12t） N3（GVM>12） P<75kW 75kW≤P<150kW P≥150kW	81 83 84	77 78 80

资料来源：ECE R51 号法规。

座椅舒适性方面，国外对汽车座椅舒适性的研究是伴随着汽车的诞生而逐渐展开的，至今已发展得十分成熟。早在 20 世纪 40 年代，国外学者就对乘坐舒适性开始研究。20 世纪 70 年代，美国涌现了以国际标准 ISO2631 为代表的大量研究成果，并在不断完善，成为评价舒适性的方法及依据。JASO B409—1982 对汽车悬挂座椅舒适性试验方法做了相关界定。

整车异响性能方面，国际上著名的汽车 OEM 公司早在 20 世纪 80 年代就开始逐渐探索异响设计验收的方法，如福特、通用、BMW、奔驰、雷诺、捷豹路虎等汽车公司。国际上在 2001～2010 年的这十年逐渐形成了非常完善的异响开发技术标准及体系，包括设计技术要求、仿真分析方法、试验验证手段等三个方面的异响开发必备规范标准体系。而且从后期的管控方法和手段也在引入科学的方法和管理工具，以对车辆生产后期出现的异响质量问题能够进行有效的分析和管理，如采用6-sigma体系中的FMEA、8-D等方法对异响问题的管控深入设计的层面。其次，国外汽车公司对异响产生两种基本原理（撞击和摩擦）都有相应不同的试验和控制技术方法，如对于摩擦异响试验方法基本在10年前已经具备了完善的试验评价方法和体系，以及试验设备。在产品开发的技术规范中对异响性能的要求更为细致，主要体现在对产品设计验证以及供应商产品的异响性能的要求比较完善上。整车及零部件异响性能方面，各大主流车企不同程度地建立了企业标准，但并未推出相关国际标准及行业体系。

2. 国内技术法规体系

整车NVH性能方面，目前，国内尚未建立完善的技术法规，相关测试方法主要依据GB1495—2002《汽车加速行驶车外噪声限值及测量方法》、GB16170—1996《汽车定置噪声限值》、GB/T17250—1979《声学 市区行驶条件下轿车噪声的测量》、GB/T 18697—2002《声学 汽车车内噪声测量方法》、GB/T 4970—2009《汽车平顺性试验方法》，上述标准体系对于测试环境、测试方法、车辆状态具有一定指导意义，大多定位于推荐性标准。而对于振动标准，GB4970等标准规定了汽车在脉冲输入行驶和随机输入行驶工况下的平顺性试验方法。目前，行业总体缺乏整车MTS模拟振动试验标准，标准主要定位于总成部件的可靠性、耐久性，属于承受振动性质，缺乏输入—输出振动激励测试，与整车舒适性、平顺性关联性不强。针对目前行业汽车噪声、振动技术法规及标准体系建立滞后，对整车NVH性能的指导意义不强的现状，行业后续的发展一方面聚焦在加强现行标准的贯彻实施，另一方面需以现有标准体系为依托，加强标准、体系的研究和制定，界定和明确常用工况下的测试环境、测试方法、样车状态、限值要求。在此基础上，行业逐渐完善关联系统及零部件NVH性能的测试、评价方法。近5年内，国外在CAE仿真分析方法上有了进一步的突破，分析方法目前已经比较完善。新能源车，尤其是EV车对异响性能的要求更高，所以在设计前期的仿真分析就显得尤为重要。

整车及零部件异响性能方面，国内暂未建立完善的国标及行业标准，各大主机厂及研发机构普遍采用合资企业异响体系进行新产品开发。国外主流汽车公司的异响性能的耐久技术也很完善，已经形成了详细的整车异响性能衰减技术要求，对主要零部件的异响性能衰减也形成了比较完善的设计验证方法。这是目前国内汽车公司还没有意识到的地方。异响性能的开发需要具备三个方面的技术规范：第一，设计前期的产品开发技术规范要求；第二，基于关键零部件、车身、整车的 CAE 仿真分析技术规范；第三；生产后期的整车验证试验规范和生产一致性控制流程。国内少数主流汽车公司近 3 年来逐渐开始形成自己的异响性能开发流程体系以及设计仿真和试验验证的技术规范，但在产品开发技术要求中对异响性能的开发要求并不完善。其次，其他绝大多数国内自主品牌汽车公司目前还没有形成完整的开发流程和技术规范，甚至有很多公司还没有意识到异响性能的重要性。国内最早进行异响性能开发的几家主流汽车公司由于及时引进国外异响方面的人才并借鉴国外的经验，在设计验证阶段较早地积累了丰富的异响调校经验，所以在 2015 年前后基本形成了一些关键零部件异响性能开发的技术要求，以及整车异响 CAE 仿真分析方法，对异响性能的前期设计开发和后期试验验证具备比较完善的开发流程。但是，目前，绝大多数的国内自主品牌汽车公司在产品的开发过程中仅仅是采用"Find-and-Fix"这种最初的异响排查整改的方法，还没有形成完善的异响开发流程体系，甚至没有形成完整的评价和验证方法。另外，由于试验验证投入的成本比较大，所以，70% 以上的自主品牌汽车 OEM 没有整车和零部件异响检查试验台架，就导致在产品开发验证阶段无法进行完整的异响设计验证，从而导致异响问题在 SOP 之前得不到有效的解决，市场抱怨大。

三　国内外驾乘技术开发现状

如前文所述，目前，汽车驾乘性能主要包含驾驶性、操控安全性以及乘坐舒适性三大方面，其中，驾驶性主要针对车辆的加速性能和制动性能，操控安全性主要评价车辆的抗侧翻性能、电子车身稳定控制系统的性能以及各种工况的操控感觉，乘坐舒适性主要针对整车乘坐空间、声品质、环境噪声隔绝性、安静性、整车异响性能、座椅舒适性等性能进行评价。下文将从驾驶性、制动性能、操控安全性以及乘坐舒适性四个方面对驾乘技术开发现状进行阐述。

（一）驾驶性技术开发现状

1. 加速性能技术开发现状

汽车加速性能是指汽车在良好路面上直线行驶时由汽车受到的纵向外力决

定的，所能达到的平均行驶速度是汽车的基本性能之一。汽车行驶遇到的阻力有滚动阻力、空气阻力、坡度阻力和加速阻力。汽车必须有足够的驱动力来克服这些阻力，才能以较高的平均速度行驶或者获得更快的加速度。

随着世界能源危机和环保问题日益突出，汽车工业面临严峻的挑战。一方面，汽车是油耗大户，且目前内燃机的热效率较低，不断攀升的汽车保有量加剧了这一矛盾；另一方面，汽车的大量使用加剧了环境污染，汽车排放的大量 CO_2 加剧了温室效应。我国汽车工业面临的压力更大，尤其是工信部发布了《乘用车燃料消耗量限值》，要求车企燃油限值 2015 年要降至 6.9L/100km；而到 2020 年要降至 5.0L/100km。

所以，面对目前日趋严苛的排放标准压力和环保压力，更加环保的涡轮增压和小排量发动机就成了各大车企追逐的焦点。同时，世界各国都在大力发展新能源汽车，我国更是将其列入七大战略性新兴产业中。新能源汽车的发展是我国减少石油消耗、降低 CO_2 排放的重要举措之一，我国政府对其发展高度关注，陆续出台了各种扶持培育政策，为新能源汽车的发展营造了良好的政策环境。我国新能源汽车销量在近十年呈现爆发式增长，尤其是2011～2018 年，中国已成为全球最大的新能源汽车的增量市场。销量情况见图5。

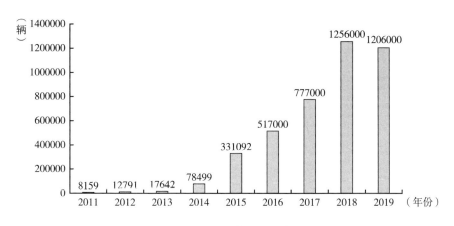

图 5　2011～2019 年新能源车销量

资料来源：中国汽车工业协会。

汽车属于高效率的运输工具，加速性能是汽车的基本使用性能，很大程度上决定了运输效率的高低。加速性能也是汽车各种性能中最基本、最重要的性能，会极大地影响用户的驾驶体验，特别是如今在高速公路和盘山公路遍布全国的情况下，用户对高速行驶、超车加速和爬坡等动力性指标的要求越来越高。相对于自然吸气发动机，涡轮增压发动机利用空气压缩驱动涡轮来增加发动机进气量进而增加输出功率，其优势特别体现在动力性方面。而相对于传统燃油车，新能源车的动力一般直接来自电池的电能驱动电动机，加速性能一般更加出色，很多国产新能源车的起步加速性能能够碾压同价位的传统燃油车。

同时，小排量涡轮增压发动机以及新能源车兼具环保以及动力强劲的优点，对于消费者来说，选择小排量涡轮增压汽车或新能源车，能够享受加速过程中的强劲推背感，同时经济性更好，用车成本更低（特别是相对于大排量涡轮增压发动机）。目前，很多汽车品牌主推的发动机款式也是涡轮增压，特别是最近几年小排量涡轮增压发动机以及新能源车越来越流行，这是市场对小排量汽车购置税减半以及新能源车补贴政策的积极反应，也是目前市场迎合消费者驾驶体验的结果。

（二）制动性能开发现状

汽车行驶时能在短时间内停车且维持行驶方向稳定性和在下长坡时能维持一定车速的能力，被称为汽车的制动性。汽车的制动性也是汽车的主要性能之一。制动性能是汽车的基本性能，对于汽车而言，与安全有直接关系。人作为车辆的使用者，通过驾驶车辆能直观地感受到车辆本身是否可靠与安全，同时在制动性能发挥作用时对于舒适性以及不良影响的感觉如何，都直接意味着一种车型开发是否成功。

汽车发展早期时，最原始的制动控制只是驾驶员操纵一组简单的机械装置向制动器施加力，随着汽车质量增加及汽车最高设计车速的提高，单纯的机械装置已无法满足安全要求。20世纪，防抱死制动系统（ABS）的出现与运用，对于汽车制动性能有了突飞猛进的提升。在ABS基础上，汽车制造商还发展了ESC（电子稳定控制系统）、TSC（牵引力控制系统）等，汽车制动性能方面的配置越来越丰富。

ABS使用车轮角速度传感器提供的信息来调节制动力的强度，以防止车轮在制动过程中锁死，可以在大多数操作条件下明显减小制动距离。20世纪70年代，汽车制造商开发了第一批汽车ABS应用，到80年代后期开始在高档汽车上装配。自 2004 年以来，欧盟销售的所有新乘用车都必须配置 ABS。

电子稳定控制系统（ESC），该术语目前已被国际汽车管理局认可，尽管各厂家对电子稳定控制系统称呼不同，如博世称之为 ESP，但是功能大同小异。ESC 通过 ABS 作用在制动器上的车辆扭矩能够防止打滑，相对于 ABS 只能在纵向调节制动力，ESC 还可以横向调节，进一步提升了车辆安全性。自 1995 年投放市场以来，ESC 极大地减少了因打滑而导致的全球致命事故，这是造成车祸的主要原因之一（占案例的 40%）。许多研究表明，ESC 可以将致命事故的发生率降低 43%。基于其对提高车辆安全性所做的有据可查的记录，自 2014 年以来，包括欧盟、美国和日本在内的许多国家和地区的所有新车都强制装配 ESC，我国新车 ESC 装配率也越来越高。

随着消费者对汽车功能和性能要求的日益提高，汽车正在逐渐由机械系统向电子系统转换。随着电子科技和网络技术的发展，汽车领域出现了更加高效、节能的线控技术。结合线控技术和汽车制动系统而形成的线控制动（BBW）系统，将传统液压或气压制动执行元件改为电驱动元件，电驱动元件具有可控性好、响应速度快的特点，具有良好的发展前景，是今后制动系统的发展方向。

而汽车生产企业和相关供应商为了满足消费者的需求，不断在制动技术开发领域追求精进。ABS 和 ESC 技术在不断完善，其他各种制动配置也不断丰富，同时汽车生产企业也投入成本进行线性制动等新技术的研发，不断提高消费者的制动安全以及制动舒适性方面的体验。

（三）操控安全性技术开发现状

操控安全性是影响汽车主动安全性的重要因素，由转向性和稳定性两方面组成。国外在该方面的研究起步较早，已形成比较成熟的开发体系，特别是德国、美国处于世界领先地位。我国从 20 世纪 70 年代开始研究操控安全性以来，随着自主创新和国外先进技术的引进，取得了巨大进步，但在商用车和高性能车方面的操控安全性技术水平仍与欧美国家存在差距。

转向系统主要是优化操控性能，例如，沿弯道和直线行驶时车辆对驾驶员操作方向盘动作的响应方式。悬架系统主要是优化舒适性，例如，车辆在起伏路面和带有垂向激励路面上行驶时，通过悬架衰减尽可能减少车身的运动。然而这两个系统的性能不能单独进行优化，简而言之就是改善悬架舒适性可能也会导致驾驶性能降低，反之亦然。使用常规的被动悬架系统，需要技术工程师在调校过程中进行两者的权衡和取舍，在两种性能之间找到一个平衡点，量产过后无法再进行更改，车型的风格基本上也就随之固定下来。但现在随着消费市场需求的多样化，很多消费者不是固定地只偏向一种风格，特别是中高端车型的用户。这一类用户可能在平时或者和家人出行时比较关注舒适体验，要求转向操控起来轻便、悬架要偏舒适；但在高速公路或者山路驾驶时又想要转向和悬架操控安全性体验好，这样开起来有信心感。这就对传统的转向和悬架系统提出了更高的要求，随着生活水平的提高，消费者的这种需求会越发明显。

针对这种消费者需求升级的趋势，国内外各大汽车企业也在不断开发新技术，因此可变转动比转向、四轮转向系统、半主动悬架、主动悬架系统等技术应运而生。

转向系统发展过程中第一个重要创新是自适应助力转向系统，其转向转动比（方向盘转角与车轮转角之比）可根据车速改变。在高速行驶时转动比设置相对较低，这会提升转向系统对于驾驶员操作和方向盘转动的响应表现。而在低速时由于其响应表现不需要像高速时那样迅速，转动比设置相对较高可有效降低驾驶员转向时的负担。

转向系统的另一个创新就是四轮转向系统。常规的转向系统均作用于前轮。从20世纪80年代末开始，同时作用于前后轮的四轮转向系统被引入市场。其相对于前轮转向系统有两个改进：在低速时如果前后轮向相反方向转动，可减小转弯半径；在高速时如果前后轮向相同方向转动，则车辆可以以较低的横摆和侧向加速度加速完成转弯，同时可提高直线行驶稳定性。然而在过去20年里，四轮转向系统在市场上的应用非常少。除了其高昂的成本因素外，其为了实现上述潜在优势需要非常复杂的系统和很强的非线性，因此，它需要当时还没有实现的高性能控制技术。事实上现在似乎已经克服了这个问题，在过去十年中有很多车型都配备了四轮转向系统。

悬架系统方面的两个重要创新就是主动悬架和半主动悬架。主动悬架系统到目前为止主要应用于高档车型，能提供自动调节功能，允许在道路上改变车身水平姿态，并减少转弯、制动和加速时的侧倾和俯仰。主动悬架系统如果充分发挥其控制潜力，相比于被动悬架来说有更大的性能空间。其布置在车上的传感器可以根据路况和车辆的运动情况收集信息，然后由控制系统对悬架发出响应的指令改变其参数设置，能更全面地兼顾各种工况下的表现。然而，想要达到这种性能所需的巨大能耗阻碍了其在量产车型中的大规模集成。

半主动悬架系统不受能耗过大问题的影响，因为它不像主动悬架系统那样需要将能量传递给悬架系统。此外，尽管半主动悬架系统的整体性能不如主动悬架系统，但在车身运动抑制方面相比于被动系统仍有非常可观的改善。该系统还允许驾驶员选择不同的驾驶模式（舒适、正常、运动等）以适应不同的驾驶习惯和道路条件。这些价值在汽车市场上得到认可，半主动悬架系统不仅在豪华车和跑车上搭载，而且在汽车细分市场相对较低等级的车型上也有搭载。半主动悬架系统使用的是允许阻尼系数快速变化的电子控制减震器，目前主要应用的技术有以下三种。

①电液技术（EH），它是对常规减振器的简单改进，增加了一个可以改变节流孔尺寸的电磁阀。

②磁流变技术（MR），它使用一种特殊液体，其黏度可根据外加磁场的强度变化。

③电流变技术（ER），它同样使用一种特殊液体，其黏度可根据外加电场的强度变化。

（四）乘坐舒适性技术开发现状

近年来，随着中国经济社会的快速发展，人民群众生活水平的日益提高，消费者对于汽车的属性不只满足于其基本功能，开始越来越多地注重其乘坐舒适性。2018 年车辆销量遭遇近十年来首次下滑，但是通过销量分析发现，中高档的汽车销量不降反增，体现了人们对于高质量汽车的追求，也反映出汽车市场已经从粗犷发展期进入由量转质期，相关影响正推动着自主品牌技术更新升级。随着人们环境意识的不断提高，车辆乘坐舒适性已引起越来越多主机厂及消费者的重视。

整车 NVH 性能方面，早在 20 世纪 60 年代中期，国外的部分学者就开始对汽车的 NVH 问题特性进行理论上的研究，推导出结构辐射噪声的计算公式。1966 年国外学者针对结构和声学谐波振动公式推导出板件和声场耦合的能量传递公式，推动了有限元法在解决声固耦合问题方面的应用。21 世纪以后，随着各国法规的日益严格和消费者越来越前沿的消费观，各大科研机构和汽车主机厂加大提升汽车 NVH 性能的投入，各类 NVH 分析方法应运而生。随着计算机技术和噪声振动理论的成熟，各大汽车厂商和软件商推出各类用于汽车 NVH 分析的软件，这极大提升了整车 NVH 性能分析的效率和精度。

目前，国内大型汽车企业已将噪声控制的理念和技术纳入新车型设计流程的关键环节，例如概念设计、技术设计以及改进设计等阶段，以期从设计源头上确保车辆的 NVH 品质。噪声控制技术应用于新产品的设计阶段，其主要技术环节亦按照内在的逻辑而构成相对规范的技术流程，一般包括车辆声学品质目标设定、低噪声设计与优化、声学品质评价及设计验证等步骤。当前，声学品质的目标设定已成为工程应用领域研究的新热点。同时，伴随着 CAE、CFD 仿真技术的发展，计算机仿真分析技术在汽车产品设计开发中的应用已相当普遍，这大大方便了工程技术人员对设计机理的理解与把握，并提高了设计开发效率，推动了产品加速更新换代。然而，对于物理机理和数学模型高度复杂的车辆 NVH 性能，其仿真分析的置信度更是不易保证；另外，很多情况下，用作仿真分析输入条件的基础性技术数据并不完备，这会对仿真分析的置信度产生致命影响。鉴于上述情况，当前关于车辆 NVH 性能的仿真分析研究均十分重视其置信度的检验与提高。

当前，国内汽车行业迫切需要系统、完善的 NVH 技术支持与支援服务。鉴于 NVH 技术的高度复杂性，且在工程应用领域缺乏必要的技术积累的现实条件下，单凭个别企业或科研单位的努力难以在短期内取得产业化领域的突破性技术进展，而市场竞争的压力却又刻不容缓。因此，积极调动各方面力量构建面向全行业的 NVH 技术支持体系势在必行。除此之外，整车设计与零配件企业产品之间的特性匹配度有待提高。零部件企业在向整车开发提供高质量零部件的同时也促使整车开发方式转变，整车开发已成为除车身结构设计外，主要是零部件的（结构）整合和（性能）匹配（标定）行为。整车开发已不再是单纯的结构设计，如何在取得优质零部件总成的基础上，整合匹配出满足法规和标准要求或最优的整车系统性能，已成为整车开发的核心。另外，传统汽车设计针对的是零里程汽车，有良好的 NVH 性能，而忽略高里程的 NVH 性能，目前高里程的 NVH 性能问题已引起越来越多主机厂的重视。当然，伴随着新能源汽车的快速发展以及日益普及，路噪、风噪问题日益凸显，电器系统声品质问题引起越来越多主机厂的关注。

在提升传统 NVH 性能基础上，各大主机厂相继着手研究主动和被动消声的技术解决方案。对于主动消声，一些汽车制造商持悲观看法，主要原因在于噪声相位在车内很难控制，如果相位在车内控制不好反而会放大噪声。当然，个别主机厂通过将谐波电流输入电机，在优化电力传动系统的有源噪声消除方面取得了研究成果。在无源消声方面，传统的方法诸如声学包的精确设计和声学材料的合理选择、主动悬置系统、阻尼吸振器等都是很好的解决方案。

车外噪声控制方面，国外工业发达国家自 20 世纪 60 年代起就对汽车噪声带来的环境问题给予了足够的重视，制定了许多法规和标准进行控制，并从 70 年代起每 3 ~ 5 年就修订一次相关法规和标准，使汽车噪声限值有了大幅度的降低，这显著促进了汽车降噪技术和测量分析技术不断深入研究和应用。国内目前主要以 GB1495—2002 汽车加速行驶车外噪声限值及测量方法为依据，对新生产汽车加速行驶车外噪声进行了限制。从国内 NVH 技术发展历程来看，开始主要通过试验来验证分析 NVH 结果，随着技术的发展逐渐偏向 CAE 分析技术，通过前期的模拟分析来降低工装车的 NVH 问题风险。

整车异响性能方面，合资汽车公司主要的研发工作还是在国外完成的，包括研发过程中的设计验证工作，只有生产后期的品质和生产一致性的管控是在国内完成的。由于合资公司的异响工程师无法参与到整车项目的前期开发工作中，所以并不清楚具体的车型在国外主要进行哪些研发工作。但是，由于合资公司一般都具备完善的整体开发流程，所以它们对生产后期的问题分析和问题管理工具以及手段比较熟悉。这也非常重要，因为整车异响性能的提升必须由前期研发和后期生产管控两方面共同推进。对于国内自主品牌汽车公司，目前对异响性能的研发总体处于起步阶段。主流的 OEM 公司大概于 10 年前开始意识到整车异响性能对车辆质量的影响，开始加大对整车异响性能在设计前期的研发投入，但是很多公司目前还处于只是生产后期对整车异响试验验证调校阶段，还没有深入设计前期的研发过程。主要表现在三点：第一，异响的验证工作也只是基于整车级别，普遍还没有认识到零部件级别的异响 DV 试验的重要性；第二，不具备完善的异响评价手段，包括道路和实验室评价；第三，基本没有形成设计前期的 CAE 仿真分析方法和设计方案的风险检查方法（DMU）。除此之外，由于异响包含多个学科，如振动噪声、摩擦学、生产工艺等，所以工程师的成长相对较慢，与国外汽车公司相比，我们目前还欠缺的比较多。

座椅舒适性方面，"动力座椅"逐渐成为发展趋势：在满足传统座椅功能的基础上，发展辅助功能逐渐成为趋势。国际汽车供应商正在使用智能电子技术将汽车座椅转变为多功能部件，集加热、通风、按摩、一体化电控调节及记忆功能于一身。与此同时，一些供应商正在努力开发智能手机与座椅系统之间的联系，以进一步实现座椅功能的个性化。现代汽车座椅舒适性的另一个特点是气动功能，它可以通过为身体的各个部位提供特殊的支撑来减小压力，例如，在高速转弯时，它会根据路面情况迅速改变座椅轮廓，调整支座或横向支座。此外，现代汽车座椅结合了更多的加热、通风和空调功能，以满足乘客的个体化需求。

热舒适性是现代汽车最重要的方面之一，它会影响汽车的安全性、燃油消耗和污染法规的遵守情况。如何使 HVAC 系统高效运转是一项非常复杂的任务，在此过程中，各大主机厂及零部件供应商进行了大量的工程化验证及数值模拟。现阶段供应商在暖通空调和气候控制、改善方面投入了巨大的精力，但复杂环境影响下（如结构表面温度及气温变化、舱内空气速度分布、太阳辐射强度和反射等）的舱内热舒适性方面的研究还不够全面。

当前，在竞争激烈的国际汽车市场上，同档次车型在常规性能方面的综合"性价比"越来越接近且均已达到较高水平。因此，提高车辆乘坐舒适性已成为新的竞争焦点和技术发展方向。在此背景下，车辆的舒适性正逐渐演变为重要的设计指标，也是用户所关心的整车性能指标之一。车辆乘坐舒适性水平必将成为决定车型开发成功与否的不可或缺的重要影响因素之一，与之相关的分析、测试及材料技术等自然成为汽车工程领域关注的新焦点。

用户的消费需求升级促使各大汽车企业不断地进行技术创新，如何准确抓住消费者的关注点、判断未来行业的趋势发展是目前各大汽车企业面临的难题。驾乘测评的宗旨就是搭建消费者和汽车企业之前的"桥梁"，通过测试评价市场上的畅销车型，调研消费者数据，寻找消费者买车、用车的切实关注点，帮助汽车企业有针对性地开发出满足消费者需求、性价比高的车型。

报告十四
中国汽车驾乘测评方法及测评结果分析

摘　要：　汽车驾乘性能到底如何，普通消费者有时候并不能很好地量
化感知。近年来，随着国内互联网媒体的快速兴起，除了一
直在进行汽车测评的垂直媒体以外，行业内还涌现了大批从
事汽车测评的自媒体。令人眼花缭乱的测评报告，突出了媒
体测评在传播力、影响力上的优势，但也暴露出媒体测评过
程中缺乏专业设备、专业工程师以及严格的测评体系的缺点。
本报告对国内有代表性的媒体测评平台进行介绍，对国内驾
乘测评行业发展进行了分析，重点介绍了第三方权威机构组
织的驾乘测评，并对驾乘测评结果进行了分析。

关键词：　自媒体　驾乘测评　测评体系

一　国内外驾乘测评行业发展分析

汽车起源于国外，汽车文化也最先在国外兴起，由此带动了国外汽车运动
和汽车测评的产生和发展壮大。就汽车测评领域而言，国外专业测评机构主要有
NHTSA（国家公路交通安全管理局）、Consumer Reports（消费者报告，简称
CR）以及 Auto Motor und Sport（汽车和运动，简称 AMS）等。这些机构之所以
广为人知，主要在于多年以来，它们一直致力于汽车专业测评体系研究并持续发
布测评结果。作为专业的第三方测试机构（NHTSA 还具有监管权），这些机构还
开发出自己专业、严格的测评标准体系，其测评标准在汽车行业中获得广泛的运
用，在消费者心目中也树立了权威、可信赖的形象。

NHTSA：1966 年，美国出台《国家交通与机动车安全法》《公路安全法》等法律，并成立了国家公路交通安全管理局，负责制定汽车安全标准，并监督汽车制造商执行。作为美国政府部门车辆监管的权威性机构，其评分标准、测试标准需经美国国会同意才能制定。该机构下设执法局及研究试验室（车辆研究与测试中心，VRTC），其中 VRTC 有近百名工作人员专门负责进行汽车产品缺陷工程技术试验分析。此外，NHTSA 还有数百名研究人员从事车辆安全技术、标准制定、交通伤害控制、数据统计分析等方面的研究工作。多年来，NHTSA 及其下属的 VRTC 发布了关于车辆主动安全、被动安全、网络安全、产品缺陷、耐撞性等多个领域的专业测试和研究报告，同时制定了相关的标准法规（包括测试方法），有力地推动了汽车行业的技术进步，最大限度地保障了消费者的权益。

消费者报告（CR）：《消费者报告》由美国消费者联盟（Consumers Union）主办的，主要为消费者在产品、服务、理财、健康、营养等领域提供采购决策信息，有力地推动了企业改进产品和服务、促进监管和公平竞争。目前，CR是唯一为消费者提供独立轮胎评级的组织，每年一次的最佳汽车轮胎品牌与最佳轮胎排行榜在全球非常有名。CR 拥有一套有效的汽车测评体系，测评车辆均为该组织自行随机购买，平均每台车测评里程达到 2 万公里以上，其测评体系如表 1 所示。

表 1　CR 测评体系

测评维度	测评指标
道路测试	燃油经济性：105km 道路行驶、转鼓模拟测试
	加速性能：0～48km/h、0～96km/h、1/4 英里加速性能测试；卡车、重型越野车加速测试
	动力传动装置：主观评价换挡流畅性、动力输出舒适性、油门响应、离合踏板感觉
	制动测试：96km/h→0km/h 制动距离测量（干、湿地）
	紧急情况测试：蛇形（不操作油门、制动踏板）、快速入弯能力测试
	前大灯：远、近光束性能测试，评价光照强度、宽度以及光线均匀性
	安全功能：碰撞（引入 NHTSA、IIHS 碰撞成绩）、内饰人机工程安全评价、车内儿童座椅安全性
	越野性能：爬坡能力、越障能力、牵引力水平、四驱系统表现等
	座椅舒适性：多人评估长时间行驶后疲劳程度
	乘坐舒适性：48km/h 乘坐舒适性

测评维度	测评指标
道路测试	噪声测试:发动机噪声、胎噪、风噪以及车内噪声的主客观评价
	内饰做工:主观评价零部件间缝隙、平整度、纹理匹配、内饰面板及开关等的触感质量,面板、物理按键的视觉感受
	行李厢:评价装载量、开口程度以及装卸货物舒适性
	驾驶主观评价:行驶稳定性、驾驶舒适性、弯道稳定性、过弯能力、动力响应、转向响应
	安全性:事故回避测试、碰撞测试中的乘员保护、加分项(正碰预警、AEB 等主动安全配置)
质量可靠性	调研大量真实车主数据,得出车主对某款车型质量的满意程度。评分分为 5 个等级:优秀、良好、一般、较差、差
车主满意度	评价方法及评分等级与"质量可靠性"相同
长里程测试	测试员经过数月的正常使用,评估车辆开关、交互设备等部件的舒适性、友好性与灵敏度。在长期使用过程中,评估车辆在不同道路、气候的性能表现等。与消费者调查结果相互佐证

汽车与运动(AMS):AMS 是一家德国领先的汽车杂志,每两周出版一次,为全世界最著名的顶尖汽车杂志之一,1946 年创于德国斯图加特,其独立性、公正性、专业性和批判性已经伴随并影响着世界汽车工业半个世纪之久。AMS 在测评技术的研究上具有其独到之处,也最早引入各种先进的汽车测试技术,被全球同类杂志广泛采用和模仿,在汽车企业也有重要的影响力。AMS 在国内的合作媒体为《车评》网站,其测评体系基本沿用德国 AMS,如表 2 所示。

表2 《车评》汽车测评体系

加速性能	起步加速测试:0~50km/h、0~80km/h、0~100km/h、0~120km/h、0~150km/h、0~400m、0~1000m;中途加速测试:60~100km/h、80~120km/h;最高时速测试
应急性能	18m 蛇形绕桩测试、紧急变线测试、最小转弯直径、方向盘圈数、动态操控、AMS 操控
速度表偏差	50km/h、80km/h、100km/h、120km/h 速度表偏差测试
车内噪声	50km/h、80km/h、100km/h、120km/h 匀速噪声测试
油耗测试	市区拥堵路况、AMS 综合路况油耗测试、满油行驶里程测试
制动性能	100km/h~0(冷态、热态)
其他	在制造工艺、空间表现、动力输出表现、主被动安全配置、视野表现、一/二手车价值、养护费用等方面进行评估,以主观评价为主

值得一提的是，《车评》的汽车测评体系虽然比较全面，但在实际测试中未严格执行全部的测试项目。近年来，《车评》网站更是采取了类似其他汽车垂直媒体平台的文章模式，而鲜有专业测试结果发布。所以，尽管 AMS 在国内消费者中有着相当的知名度，但其专业测评体系却闻者寥寥。

回过头来看，作为全球最大的汽车消费市场的中国，目前仍然缺乏权威、专业、对车辆进行全面测评的第三方机构。消费者获取汽车测评报告主要依赖汽车之家、易车网等垂直媒体以及入驻此类平台的自媒体。下面，我们将对国内汽车媒体测评行业进行介绍。

（一）汽车之家

1. 发展历程

汽车之家成立于 2005 年 6 月，致力于为消费者提供选车、买车、用车、换车等所有环节的全面、准确、快捷的一站式服务，发展至今，已成为全球访问量最大的汽车平台。

网站成立同年，汽车之家组建了专业测评团队，其成员主要来源于汽车专业媒体从业人员和职业车手。经过多年发展，如今，汽车之家专业测评在汽车网络媒体中已具备领先优势。该团队在对车辆进行测评时主要侧重于生活化、主观化，并兼顾一定的专业性（https：//www. autohome. com. cn/about/top. htm）。这种方式能够拉近测评团队与受众消费者的距离，消除隔阂感。得益于汽车之家对视频、图文等宣传材料的强大制作能力，同时其专业测试人员往往由知名专业赛车手担任，所以其测评内容在消费者中能够频频获得远超其他测评媒体的点击量、关注量和话题量。

2. 测评体系介绍

为了打造帮助用户选车的工具，也随着汽车工业的快速发展，汽车之家通过借鉴欧美汽车媒体的成熟标准以及国内外厂商的评价方法（https：//www. autohome. com. cn/bestauto/ceping/），经过 9 年的积累，2014 年汽车之家建立了"AH - 100 车辆测评体系"（AH 指汽车之家 AutoHome，100 指 100 分，https：//www. autohome. com. cn/drive/201402/718373. html # pvareaid = 105207），并在 AH - 100 的基础上制定了针对纯电动车型的"EV AH - 100 车辆测评体系"（https：//www. autohome. com. cn/drive/201804/915799. html#pvareaid = 3454730）。

此外，还有三个专项测试体系，分别是针对自动紧急制动（AEB）系统的"AEB测评体系"、针对轮胎性能的"轮胎测评体系"以及针对灯光的"灯光测评体系"。纵观其五大测评体系，其专业性、全面性虽不如汽车企业、零部件企业以及汽车相关专业机构的测评体系，但汽车之家充分利用自身媒体属性，致力于"面向消费者，提供深入浅出、人人都能看懂的专业测试报告"。

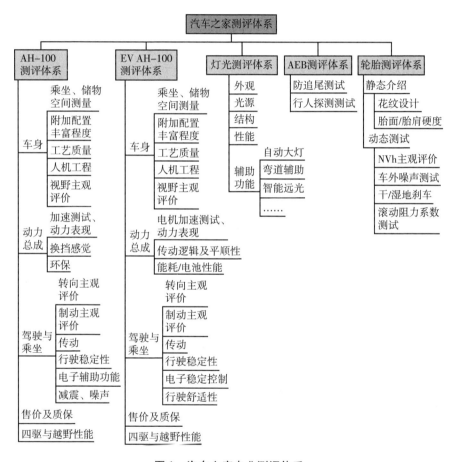

图1　汽车之家专业测评体系

从图1可以看出，占比较大的 AH – 100/EV AH – 100 体系中，主观测评内容占比约57%。从其测评报告来看，对各款车型的测评项目没有做到完全一致，如"四驱与越野"测评中，部分车型加入涉水性能测试，而其他车型则未见有该项测试结果。

在评测频率上，汽车之家每年都会对数十款新车型进行测评，以 AH-100 和 EV AH-100 测评体系为主，其间，不定期进行灯光、AEB 或轮胎测评活动。

主观评价标准选择方面，汽车之家 AH-100、EV AH-100 两套测评体系均参考 SAE 汽车工程学会主观评价等级，如表 3 所示。

表 3　SAE 主观评价等级

分值	基于用户角度	功能
10	受过专业培训的人员都不能察觉	完美
9	专业人员可以发现	非常好
8	挑剔用户可以发现	好
7	少数用户注意到但没有抱怨	较好
6	部分用户注意到但没有抱怨	可接受
5	所有用户都可以发现	接受边缘
4	所有用户都反映差	差
3	所有用户都反映很差	很差
2	几乎没有功能	有害
1	没有功能	非常有害

在其他三个专项测试体系中，AEB 测评体系、轮胎测评体系能够很好地保证测评项目的一致性。这主要是因为：行业内针对 AEB、轮胎已经有了完善、有效的测评标准和测评经验。纵观近年来灯光测评体系报告可以发现，汽车之家还没有针对车灯指定统一的测评项目体系，存在相当数量的行业分析以及科普性报告。目前，灯光测评报告也主要是针对测评车辆大灯的外观、结构、特色辅助功能等方面进行主观解读，其间以部分客观数据佐证。要形成一套行之有效的灯光测评体系，汽车之家还有一段路要走。

（二）易车网

2008 年 4 月，基于"为消费者提供准确的测评结果，正确进行舆论引导"的目的，易车网建立了自己的专业汽车测评体系，命名为"易车测试"。测试车辆均为自主购买，"易车测试"依托由多名汽车行业知名院士、教授、专家组成的专家委员会，由易车网自己的专业人员担任测评人。其测试项目均为按国家标准进行的客观测试，辅以对车辆外观、空间、配置、价格等方面的主观评价内容，形成车型测试报告进行发布。

表4　易车网汽车测评体系（2008～2010）

"易车测试"组成		板块内容
测试项目	动力性测试	加速性能测试——GB/T 12543《汽车加速性能测试方法》 最高车速测试——GB/T 12544《汽车最高车速试验方法》 最大爬坡度测试——GB/T 12539《汽车爬陡坡试验方法》 最低稳定车速——GB/T 12547《汽车最低稳定车速试验方法》
	经济性测试	加速、等速、多工况、限定油耗等 GB/T 12545.1《乘用车燃料消耗量试验方法》 GB/T 12545.2《商用车燃料消耗量试验方法》 GB/T 19233《轻型汽车燃料消耗量试验方法》
	制动测试	制动效能、抗热衰退性能、制动时稳定性等 GB 12676《汽车制动系统结构、性能和试验方法》 GB 7258《机动车运行安全技术条件》 GB/T 13594《机动车和挂车防抱制动性能和试验方法》
	操纵稳定性	QC/T 480《汽车操纵稳定性指标限值与评价方法》 GB/T 6323《汽车操纵稳定性试验方法》
	噪声测试	GB 1495《汽车加速行驶车外噪声限值及测量方法》 QC/T 57《汽车匀速行驶车内噪声测量方法》 GB 1496《机动车辆噪声测量方法》
测试场地		长途测试:北京—广东罗定高速公路 场地测试:罗定机场
测试设备		音位校正器、噪声计、风速仪、红外测温仪、车载油耗仪、VBOX Ⅲ、测力方向盘、video VBOX、mini VBOX、湿度检测仪

"易车测试"本质上还是类似于汽车企业的客观性能测试，评测结果对大部分的普通消费者吸引力略差，但很适合用于行业发展研究。

2010年5月最后一期测试报告发布后，易车网的专业测试便中止了。直到2017年12月，具备汽车专业评测理论及实践经验的资深媒体人王威加入易车网，任职测评中心总经理。此前，王威在德国专业汽车杂志 *Auto Motor and Sport*（简称AMS）接受了4个月的专业汽车测试培训，随后在AMS先后任职首席试车员、汽车测试总监、执行副主编。

2018 年初，易车网的专业测评以全新面貌重新出现在公众的视野中，名称也随即变更为"易车超级评测"。此次亮相，易车还发布了汽车行业首份评测白皮书，对易车 18 年来测评的 500 余款车型的性能数据变化趋势进行了简单的总结和分析。同时，易车超级评测引入德国评测标准体系，在此基础上，结合中国用户实际情况，打造出自己的专业评测体系。其评测项目涵盖车身及空间、行驶舒适性、动力性能、驾驶性能、安全、油耗及环保、费用等 7 个大项，与"易车测试"相比，"易车超级评测"在坚持专业客观测试的同时，大幅提升了评测报告的易读性，在消费者能看到、接触到的方面多采用了主观评价的方式，更能吸引普通消费者的关注。其测评体系如图 2 所示。

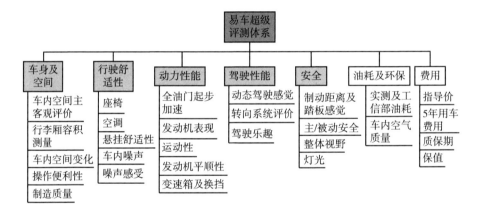

图 2　易车超级评测体系

（三）行业发展分析总结

除了以上垂直媒体网站，还有一些其他影响力较大的汽车垂直媒体网站，如懂车帝、爱卡汽车等。同时，近几年，各种各样、五花八门的汽车自媒体也层出不穷，这些自媒体产出的内容，确实给消费者买车、购车以及用车提供了一定的参考。值得肯定的是，媒体测评活动具有能够在短时间内将资讯传递到尽可能多的受众面前，并持续保持极高热度的能力。要维持这样的传播能力以及内容产出能力，成本是高昂的，需要广告收入来维持甚至实现盈利，由此进一步发展，软文的出现也就成了必然。

目前，国内绝大部分自媒体车评人缺乏汽车专业知识以及专业测试设备，其测评活动以主观评价为主，测试评价内容不成体系。同时，各大主机厂虽然一般都有自己的汽车测评体系，但一般都不对外公布，且对于普通消费者来说，有些用词过于专业，不够通俗。汽车驾乘行业还需要一些更专业、更权威的机构或平台，以更好地指导、帮助消费者买车、购车以及用车，并为汽车企业优化产品提供参考，同时，为消费者和汽车企业搭建更好的沟通桥梁，以促使整个汽车行业更加健康的发展。媒体测评与驾乘测评测评设备、人员比对见表5。

表5　媒体测评与驾乘测评测评设备、人员比对

比较项目	媒体测评	驾乘测评
测试设备	音位校正器、噪声计、风速仪、红外测温仪、车载油耗仪、VBOX Ⅲ、测力方向盘、video VBOX、mini VBOX、湿度检测仪	ABD SR60 转向机器人、VBOX Ⅲ、RT 高精度陀螺仪、Kistler 高度计、NHTSA – 6000 – A 防侧翻支架、球声源、传声器标定器、声校准器、BK 麦克风、人工头、多通道 NVH 数采系统、GRAS 传感器、PCB 传感器、体压分布测试系统、空间扫描仪
团队成员	汽车发烧友、媒体人、职业赛车手	专业测评工程师

与媒体测评、汽车企业测评不同，作为汽车行业的技术研究机构，中国汽研成立的驾乘测评作为独立第三方机构，充当了联系消费者、汽车企业的桥梁。驾乘测评测评体系充分吸收和消化国内外先进的汽车测评体系理念，结合中国汽车消费市场特色，形成了自己的测评体系。得益于中国汽研多年来在汽车技术研究领域耕耘的成果，驾乘测评对汽车产品、消费者的研究取得了快速的进展。作为独立第三方机构，驾乘测评进行专业测评和技术研究，一方面可以为消费者购车选车提供权威信息，另一方面也能为汽车企业进行产品升级改进提供专业指导。

二　中国汽车驾乘测评方法

（一）背景及目的

为"服务汽车消费，助力行业进步"，中国汽车工程研究院股份有限公司

（以下简称"中国汽研"）自 2017 年起对 40 个品牌的 100 余款车型进行评测，先后发布了安全测评、智能测评、健康测评、驾乘测评、新能源汽车评价规程、商用车评价规程。为消费者的理性选购提供可靠依据，也能帮助品牌优化产品，促进汽车产业良性发展。

2018 年初，中国汽研整合自身优势，借鉴国内外经验和标准，同时根据中国交通道路的典型事故和消费者关注热点、抱怨点和投诉点，提出一套标准严格、试验规范、权威公正、全面系统反映汽车驾乘性能水平的测试评价体系——汽车驾乘测评。

驾乘测评的目的包括：①利用专业技术为消费者评车/购车/养车提供参考；②整合各类型资源，形成"标准"并进行迭代升级；③为整车企业优化产品设计提供输入；④创立国内权威媒体；⑤为消费者构建透明、公正、理性的汽车消费环境。

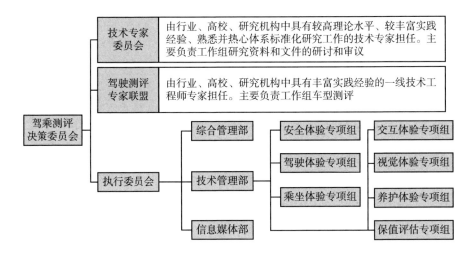

图 3 汽车驾乘测评决策委员会

（二）组织机构

驾乘测评技术专家委员会，由行业、高校、研究机构中具有较高理论水平、较丰富实践经验、熟悉并热心体系标准化研究工作的技术专家担任，形成以"安全""驾驶""乘坐""交互""视觉""养护""质量稳定性"为基础的"六个体验+一个评估"的商品性评价体系，涵盖消费者买车、用车、卖车整个体验过程，未来将成为连接企业、政府、消费者的全方位公共服务平台，能够提供专业权威的汽车驾乘评价服务。

驾驶测评专家联盟：2019年11月23日，汽车驾乘测评技术专家委员会专业测评联盟（以下简称"专业测评联盟"）在重庆西部汽车试验场成立，该联盟汇聚了来自国内14家品牌车企的22名顶尖汽车行业专家，是目前国内首个以整车企业专业驾评专家组建的评价联盟，代表了目前国内主观驾评的最高水平。

（三）发展历程

驾乘测评从2018年初成立以来，已测评数十辆主流车型，并在2019年初以及2019年末分别发布了年度测评结果。图4为驾乘测评2019年大事记。

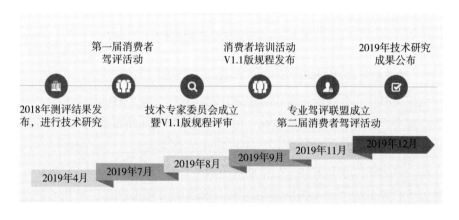

图4　2019年汽车驾乘测评大事记

（四）测试规程

驾乘测评工作组在大量研究国内外测试评价机构和体系的基础上，开展了客观测试试验和主观评价等大量工作，反复对评价体系进行了论证，并邀请国内外专家和知名学者对体系给予评估和建议，凝结成汽车驾乘测评体系。该体系是以国内外主流法规标准为基础，结合中国消费者实际关注点和用车习惯制定的一套面向广大消费者的测评体系。

《汽车操控安全性指数测试评价规程 V1.1版》主要由主观评价和客观测

试两部分组成，其中，主观评价包含弯道行驶性能和移线变道性能两个维度，客观测试包含紧急避障测试、ESC 性能测试、抗侧翻性能测试三个部分。汽车操控安全性测评体系如图 5 所示。

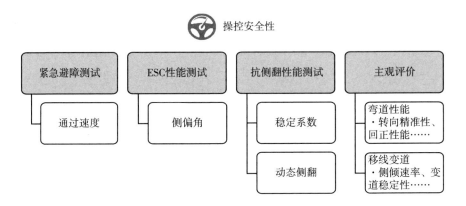

图 5　汽车操控安全性测评体系

《汽车驾驶性指数测试评价规程 V1.1 版》主要由主观评价和客观测试两部分组成，其中主观评价主要包含加速性能、直线行驶、制动性能和换挡平顺性四个部分，是对客观测试的补充。加速性能主要关注的点是汽车的加速踏板响应和异常项，如加速俯仰等。直线行驶性主要关注的点是方向盘中心区响应、中心区力矩大小和转向系统摩擦，车辆是否跑偏，跑偏的严重程度，车辆维持直线行驶的能力，车辆抗横向气流干扰的能力评价过程中出现的异常情况，如高速摆振等。制动性能主要关注的点是制动踏板感，制动时汽车是否跑偏以及制动俯仰、异响、踏板抖动等异常项。换挡平顺性主要关注的是车辆在升降挡过程中是否有顿挫感。总的来说，驾驶性主要计算和评估的指标是 X 方向的加速度的变化。消费者期望的、好的驾驶感受就是车随心动。

驾驶性的客观测试包含加速性能测试、制动性能测试两个部分。其中加速性能测试包括 0～100km/h 的起步加速性能测试以及 80～120km/h 的超越加速性能测试。制动性能测试包括冷态制动以及热态制动性能测试。其中热态制动性能采用 AMS 测试方法，相对于国家标准，驾乘测评 AMS 制动测试方法更加严苛，同时更贴近消费者实际使用工况，因此，AMS 制动测试方法应该是热衰退制动性能测试方法的一个发展趋势。具体见图 6。

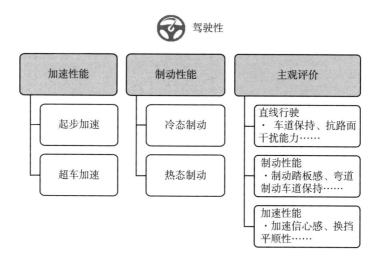

图6　汽车驾驶性测评体系

《汽车乘坐舒适性指数测试评价规程 V1.1 版》旨在通过客观测试及主观评价，全面评价车辆在常用工况下，车内驾车或乘车环境的安静性及舒适性。规程包含七个部分，分别为安静性测试评价规程、整车隔声量测试评价规程、声品质测试评价规程、座椅舒适性评价规程、乘坐舒适性主观评价规程、整车异响性能评价规程及汽车乘坐舒适性权重及表达。汽车乘坐舒适性测试评价规程具有极强的开放性、专业性、公正性和科学性，在很大程度上能促进消费者端与车企良性反馈机制的创建，为汽车行业发展提供指导；同时，可为消费者提供全方位的汽车驾乘性能信息数据，引导消费者理性购车。具体见图7。

在后续工作中，驾乘测评将优化升级测试规程，全面以消费者 C 端体验为核心，在驾驶体验、乘坐体验、安全体验、视觉体验、交互体验、养护体验、保值评估方面，打造面向 C 端的测试评价标准及活动，保持和汽车消费者的沟通，作为企业和消费者端的桥梁，持续推进汽车行业的健康发展。

三　测评结果及典型案例分析

（一）操控安全性测评结果分析

驾乘测评工作组选取市场上主流车型进行测试评价，包含18款轿车车型，

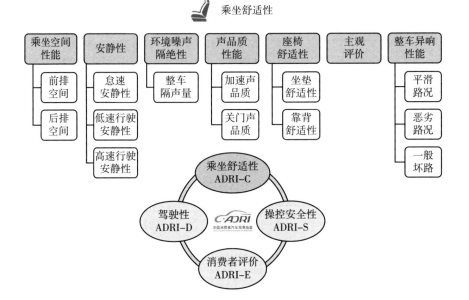

图7　汽车乘坐舒适性测评体系

资料来源：中国汽研内部研究成果。

14 款 SUV 车型。被测评车辆绝大部分集中在 10 万～25 万元，基本能够覆盖 90%以上的消费者，能够代表市场上主流车型的普遍水平。

在轿车的测评结果中（见图8），有 4 款车型处于优秀水平（高于或等于 85 分），11 款车型处于良好水平（70～85 分），3 款车型处于一般水平（55～70 分），没有车型处于较差水平。

在 SUV 的测评结果中（见图9），没有车型处于优秀水平，11 款车型处于良好水平（70～85 分），3 款车型处于一般水平（55～70 分），没有车型处于较差水平。

从上述测评结果可以看出，目前，市场上的主流车型在操控安全性方面处于良好及以上水平的占据绝大多数，只有少部分处于一般水平，没有处于较差水平的车。这足以说明目前主流汽车厂在操控安全性方面的技术能力已经相对比较成熟，大部分车型的性能都能达到较高水平。

对比轿车和 SUV 的测评结果，4 款处于优秀水平的车型全部来自轿车，说明相比于 SUV，轿车在操控安全性方面仍有一定优势。这与两者之间风格定

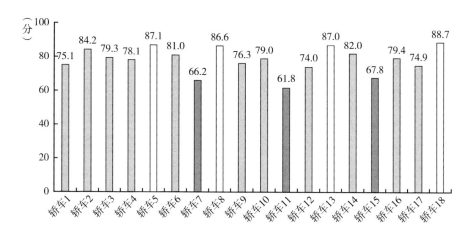

图8　操控安全性综合得分 – 轿车

资料来源：中国汽研内部研究成果。

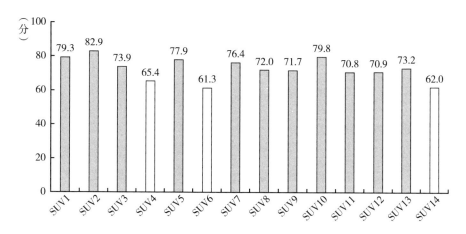

图9　操控安全性综合得分 – SUV

资料来源：中国汽研内部研究成果。

位、尺寸大小、质心高度等方面的差异密不可分，SUV在该方面存在先天的劣势。但目前绝大部分SUV车型依然能够达到良好水平，这已经能满足普通消费者日常用车的需求，与轿车操控方面的差距在逐渐缩小，只是一些对操控需求较高的工况下轿车在该方面的优势才能体现出来。

选取4款处于优秀水平的车型对其操控安全性的3个了项紧急避障性能、ESC

性能、主观评价进行数据对比（见图10），分析各车型表现优秀的原因。轿车5在
ESC性能上得分较高，为其加分不少。轿车8各子项表现非常均衡，均在85分以
上，这也是唯一3项都处于优秀水平的车型。轿车13和轿车18风格类似，均在紧
急避障性能和ESC性能两项上表现优秀，但在主观评价得分上相对较低。

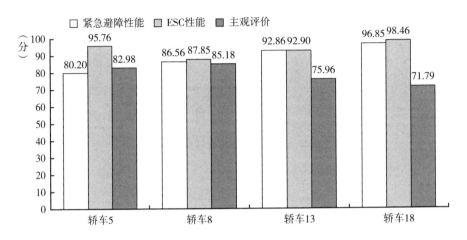

图10 操控安全性子项得分情况

资料来源：中国汽研内部研究成果。

1. ESC性能优秀车型分析

针对轿车5进一步分析，从结果来看，其紧急避障性能和主观评价结果均
未达到优秀水平，但其ESC性能得分达到95.76分，是其操控安全性综合评级
为优秀的主要因素。因此，在进一步分析之前，首先来介绍一下驾乘测评中
ESC性能的测试评价方法。

ESC系统（Electronic Stability Controller System）即汽车电子稳定性控制系
统，属于车辆主动安全系统的一种，目前在各级车型上搭载较为普遍，能有效
提升车辆的操控安全性。该系统是汽车防抱死制动系统（ABS）和牵引力控制
系统（TCS）功能的进一步扩展，并在此基础上，增加了车辆转向行驶时横摆
率传感器、侧向加速度传感器和方向盘转角传感器，通过ECU控制前后、左
右车轮的驱动力和制动力，确保车辆行驶的侧向稳定性。该系统能实时监控车
辆运行状态，根据需要调节制动力和发动机扭矩以改变车辆横摆力矩，使车辆
按驾驶员意图行驶。

驾乘测评参考国内外相关标准，制定 ESC 性能测试评价规程，其主要参考试验方法：GB 21670—2008《乘用车制动系统技术要求及试验方法》，GB/T 26987—2011《道路车辆路面摩擦特性测定》，GB/T 30677—2014《轻型汽车电子稳定控制系统性能要求及试验方法》。

（1）试验方法

试验中以类似正弦波形的转向角输入，并且方向盘在负转角极限值时保持方向盘转角 500 毫秒。简而言之就是向左打、向右打然后回正。而用于衡量 ESC 性能优劣的指标则是"质心侧偏角 β"。

（2）评价指标

质心侧偏角是汽车纵向与运动方向之间的夹角，即车辆质心处的横向速度与纵向速度之比的反正切值，用符号"β"表示。

在侧滑控制性能上，重点是保证在正弦停滞输入期间 ESC 系统具备基本的质心侧偏角控制能力，防止严重的侧滑、侧翻事故的发生。

在方向控制性能上，重点是在保证车辆不发生侧滑事故的基础上，通过 ESC 的协助将质心侧偏角控制在某一特征范围内，从而使车辆保持通过转向盘调整横摆力矩的能力，使车辆可以最大限度地依照驾驶人期望行驶。

（3）评分标准

可以看出，车辆在转向过程中质心侧偏角 β 越大，则表示侧滑趋势越明显，也就是通常所说的"漂移"现象，车辆侧滑在日常驾驶中容易导致车辆失去抓地力而失控，属于比较危险的情况，因此质心侧偏角要尽量小，以保证车辆有足够的抓地力，使得驾驶员在操作方向盘时仍能对车辆拥有足够的控制力。驾乘测评评分标准见表6。

表6 驾乘测评评分标准

等级	P（较差）	M（一般）	A（良好）	G（优秀）
得分	0~55分	56~70分	71~85分	86~100分
质心侧偏角 β	15°<β≤30°	11°<β≤15°	7°<β≤11°	3°<β≤7°

资料来源：中国汽研内部研究成果。

轿车5质心侧偏角测试结果为 β=4.13°，要在整个试验过程中保持如此小的质心侧偏角，这对介入时机、介入过程中制动力分配、车辆状态实时监控等 ESC 综合性能要求很高，因此评级为优秀。

2. 紧急避障性能优秀车型分析

轿车 13 和轿车 18 的测评结果类似，在主观评价一项上得分不高，分别为 75.96 分和 71.79 分，处于良好等级中偏下水平。但在紧急避障性能和 ESC 性能上都拿到了高分，两车该两项分别得到 92.86 分、92.90 分和 96.85 分、98.46 分，这是其操控安全性综合评级仍为优秀的最主要原因。

针对轿车 18 进一步分析，其主观评价结果只有 71.79 分，处于良好水平的下限。但紧急避障性能和 ESC 性能分别达到 96.85 分和 98.46 分，这两项在所有车型中几乎是最高得分，是该车的最大亮点。ESC 性能前面已做过相关介绍，现在就针对紧急避障性能对该车进行分析，首先同样对驾乘测评紧急避障性能测试评价方法进行介绍。

紧急避障性能是指车辆在以较高车速行驶途中，由于道路前方存在障碍物，需要驾驶员操控车辆在较短的距离内先完成向左变道躲避障碍物，然后迅速向右回到原来车道的能力。该测试还有一个非常形象的名字——"麋鹿测试"，它的原名叫作"moose test"，直译过来应该叫作"驼鹿测试"。而麋鹿是中国特产，外观与驼鹿相似，所以在中国就翻译成了"麋鹿测试"。这些动物经常会穿越公路，如果驾驶员不注意就会撞上它们。这个测试最初也是为了模拟动物突然冲出路边，驾驶员急打方向时，车辆躲避障碍物的能力。

驾乘测评参考国内外相关标准，制定紧急避障性能测试评价规程，主要试验方法如下。表 7 为驾乘测评紧急避障规程参考标准。

表 7　驾乘测评紧急避障规程参考标准

序号	标准名称
1	ISO 3888 - 2—2011 乘用车——急剧变换车道操纵用试验车道
2	汽车工程手册—试验篇

（1）试验通道

紧急避障试验将车辆从其初始车道快速地驶向与第一车道平行的另一车道，并返回到初始车道，而不超过车道边界。因此，在试验开始阶段，需要设置车道边界。试验通道区域布置图及范围参考 ISO3888 - 2 标准规定，具体见表 8。

表8　紧急避障试验通道区域尺寸

道路	长度(m)	车道偏移量(m)	宽度(m)
1	12	——	1.1×车辆宽度+0.25
2	13.5	——	
3	11	1	车辆宽度+1
4	12.5	——	
5	12	——	1.3×车辆宽度+0.25(≥3m)

资料来源：ISO3888-2法规。

（2）试验方法

以特定的速度驶入测试路段，在不踩刹车和油门的情况下急打方向躲避障碍物，如果没有发生失控或者翻车的情况并顺利通过试验通道，就会逐步提高测试车速，来确定车辆的极限。

而用于衡量紧急避障性能优劣的指标则是"最高通过车速V"。

①指标定义

最高通过车速V是指车辆以稳定车速进入试验通道，按照上述试验方法操作，在能顺利通过试验通道的前提下，由专业驾驶员多次试验后测得的进入通道初始车速最高的一次。

②评分标准

可以看出，最高通过车速V越高代表在紧急避障时车辆本身的操控极限越高，可以在有限空间下以更高的车速成功避开障碍物。该指标代表着即使是专业的驾驶员，也无法在高于此车速的情况下有效控制车辆，在避障过程中可能会产生诸如推头、侧滑、甩尾等失控情况，导致出现撞上障碍物或者侧面防护栏等情况。因此，最高通过车速V要尽量高。车辆紧急避障性能评分标准见表9。

表9　车辆紧急避障性能评分标准

单位：分，km/h

等级	P(较差)	M(一般)	A(良好)	G(优秀)
得分	0~55	56~70	71~85	86~100
通过最高车速V	40≤V<60	60≤V<65	65≤V<70	70<V<75

资料来源：中国汽研内部研究成果。

轿车 18 最高通过车速测试结果为 V = 73.95km/h，这在目前所有测试车辆中属于最高水平。要能完成以如此高的车速在有限空间里成功避障，这对车辆的底盘性能要求很高，特别在悬架系统和底盘电控系统方面不仅对其单一系统本身的性能要求较高，更是对各系统匹配调校过后综合性能的全面考察，因此评级为优秀。

3. 典型车型主观评价结果分析

驾乘测评联盟作为一个专业、权威的第三方机构，立足终端消费者为用户提供全方位的车辆驾乘性能信息数据，引导客户理性消费。为保证测评结果的专业性、严谨性，驾乘测评规程大多以客观测试为主，目的也是尽可能消除主观因素的干扰。但无论对于专业人员，还是普通消费者来说，主观评价都是一种必不可少的评价方式。这是由于虽然客观测试结果更严谨、准确、客观，但人的感受是非常复杂和具有综合性的，客观数据有时不能完全反映人驾驶车辆时的真实感受，因此，各大汽车企业在性能开发过程中都是同时包含主观和客观测试评价的，两者之间相辅相成、互相补充。表 10 为主观评价和客观测试特点对比。

表 10 主观评价和客观测试特点对比

比较内容	主观评价	客观测试
测试主体	人	物理化仪器
测试方法	生理的、心理的	物理法、化学法
结果表达	语言	数值
误差	大	小
校正	困难	容易
灵敏性	良好	有限
重复性	低	高
疲劳和适应	大	小
训练效果	大	小
环境影响	大	小
实施性	简便、迅速	安装仪器（用时多）
综合判断	容易	困难

驾乘测评为尽可能保证主观评价结果的准确性，都是由经过专业训练并且长期从事底盘性能测试评价工作的人员进行测评，同时要求每辆车至少有 5 名

人员测评，以保证主观评价的准确性。驾乘测评操控安全性主观评价指标见表11。

表11　驾乘测评操控安全性主观评价指标

一级维度	二级维度	三级维度
操控安全性	弯道行驶性能	转向精准性
		弯道行驶稳定性
		方向盘转向力
		方向盘回正性能
		异常项及备注
	移线变道性能	侧倾速率
		移线变道稳定性
		异常项及备注

　　轿车8是在4款优秀等级的车型中唯一主观评价结果也为优秀的车型，其得分为85.18分。选取相对典型的车型轿车9与之进行对比，结果如图11所示。

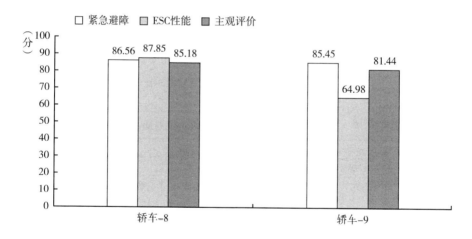

图11　轿车8与轿车9操控安全性对比

资料来源：中国汽研内部研究成果。

　　比较轿车8与轿车9可以看出，两款车型在紧急变道性能和主观评价结果两项上得分几乎相同，表现非常接近。但在ESC性能上轿车8明显优于轿车9，轿车9只得到64.98分，只能属于"一般"水平。对比两车的主观评价结果后发现，在"弯道行驶性能"这种稳态工况下两车整体表现非常接近，但在"移线变道性能"这种极限工况下的主观评价感受还是存在较为明显的差距，而如果只用客观测试中的"最高通过车速 V"来评价，则体现不出这种差异。弯道行驶稳定性主观结果对比如图 12 所示。移线变道稳定性主观结果对比见表 12。

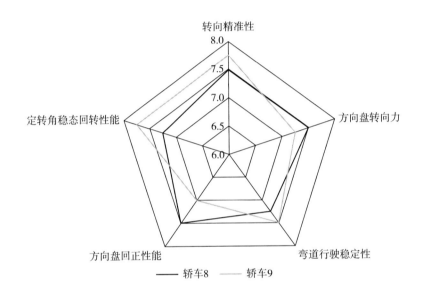

图 12　弯道行驶稳定性主观结果对比

表 12　移线变道稳定性主观结果对比

移线变道性能	轿车 8		轿车 9	
	评分	评语	评分	评语
侧倾速率	7.5	侧倾速率合适	7	紧急变道时侧倾速率略快,但可接受
移线变道稳定性	7.75	极限状态下有轻微侧滑,但能比较容易修正,给人信心感较强	7	紧急变道时横摆较大,极限工况有些难以控制

　　这也能解释两车在 ESC 性能上的差距，轿车 9 得分明显低于轿车 8，只属于"一般"水平，说明在极限工况下其侧滑趋势比较明显，ESC 的控制不足，导致主观评价时"横摆较大，难以控制"。

综合两车操控安全性三个子项的测评结果就能比较清晰地看出其性能特点。

（1）轿车8

其客观测试结果或主观评价结果都表现优秀，在日常的稳态工况和较极限的瞬态工况下都能给驾驶员带来较好的操控体验，其底盘悬架的调校非常扎实，本身就拥有较高的极限。再适当地配合ESC系统介入控制，既保证了安全性又保留驾驶乐趣。

（2）轿车9

其在日常稳态工况下能给人带来较好的操控感受，但在较极限的瞬态工况下对于一般驾驶员来说则有些难以操控，主要是由于其调校的底盘悬架本身在极限工况时的表现就不是很稳定，并且ESC对其车辆稳定性的控制也偏弱，导致整车侧滑趋势比较明显。其"紧急避障性能测试"依然能拿高分主要是由于专业驾驶员在极限时对车辆的操控非常好，用类似"漂移"的方式成功完成试验。

4. SUV典型案例分析

从之前结果已经发现，4款操控安全性综合评价为"优秀"等级的车型全部来自轿车。SUV则由于其车型"先天劣势"整体上不如轿车，主要表现在质心相对偏高、整车质量相对较重、悬架行程相对较大等方面。这些因素表现最明显的特点就是SUV比轿车更容易侧翻，因此驾乘测评专门针对SUV车型进行了抗侧翻性能测试，见图13。

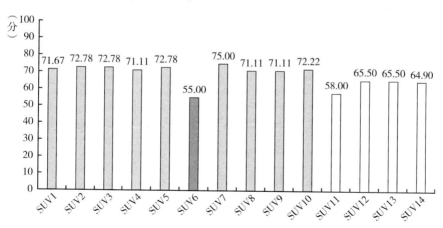

图13 SUV抗侧翻性能对比

资料来源：中国汽研内部研究成果。

侧翻顾名思义是指车辆在转向过程中由于受到侧向力作用，会产生侧倾，严重的甚至会发生侧翻，而车辆抵御该现象的能力就叫作抗侧翻性能。国内外目前一般通过静态稳定系数和动态试验两种方式来评价。

驾乘测评结合国内外标准，最终也是采用静态稳定系数和鱼钩试验综合评价的方法作为抗侧翻性能测试评价规程。而衡量其性能好坏的指标则是静态稳定系数 SSF 和 Tip-up。

（1）指标定义

静态稳定系数 SSF 之前已做相关定义。Tip-up 即两轮抬高，指在试验中一侧轮胎产生离抬起地现象。具体定义为内侧车轮（内侧，即试验车辆侧倾运动时车轮有抬起倾向的一侧），从试验平面发生至少 2 英寸（50.8mm）的抬高量。

（2）评分标准

可以看出，静态稳定系数 SSF 越大，则说明其抗侧翻性能越好，但试验过程中车轮是否有抬起离地现象对其评价有较大影响，因此评分时需区分是否有 Tip-up 现象。抗侧翻性能评分标准见表 13。

表 13   抗侧翻性能评分标准

SSF 范围		抗侧翻等级	得分
鱼钩试验中未发生 Tip-up	鱼钩试验中发生 Tip-up		
1.45～1.60	1.55～1.65	G（优秀）	(85,100]
1.18～1.44	1.23～1.54	A（良好）	(70,85]
1.08～1.17	1.11～1.22	M（一般）	(55,70]
1.02～1.07	1.05～1.10	P（较差）	(0,55]
<1.02	<1.05		

（二）驾驶性评价结果解析及典型案例分析

在轿车的测评结果中（见图 14），有 2 款车型处于优秀水平（高于 85 分），14 款车型处于良好水平（70～85 分），2 款车型处于一般水平（55～70 分），没有车型处于较差水平。

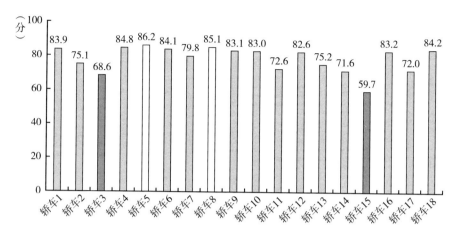

图 14 驾驶性综合得分 – 轿车

资料来源：中国汽研内部研究成果。

在 SUV 的测评结果中（见图 15），有 1 款车型处于优秀水平（高于 85 分），6 款车型处于良好水平（70~85 分），7 款车型处于一般水平（55~70 分），没有车型处于较差水平。

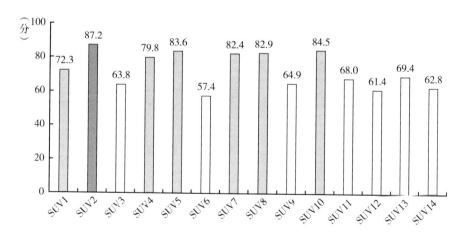

图 15 驾驶性综合得分 – SUV

资料来源：中国汽研内部研究成果。

从上述测评结果可以看出，目前市场上的主流车型在驾驶性方面处于良好水平的占据绝大多数，没有处于较差水平的车。这足以说明目前主流汽车厂在驾驶性方面的技术能力已经相对比较成熟，大部分车型的性能都能达到较高水平。

1. 热态制动性能测试结果分析

制动性能是车辆主动安全性能最重要的组成部分，而热衰退性能是影响制动稳定性的关键因素。

驾乘测评采用 AMS 测试标准评价热态制动性能，相对于国标，AMS 更加严苛，同时更加贴近消费者用车的真实情况。

基于 2018 年样本分析，热态制动性能参差不齐，部分车型的热态制动性能优于冷态制动性能近 2m。部分车型的热态制动性能比冷态制动性能差近 2m。具体情况如图 16 所示。

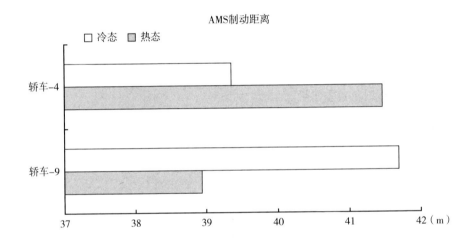

图 16 2018 年部分车型冷态与热态制动距离对比

资料来源：中国汽研内部研究成果。

基于 2019 年样本分析，热态制动性能和冷态制动性能整体差距很小，部分车型热态制动性能略优于冷态制动性能，这表明了车企对热态制动性能的重视程度在提高，同时受益于摩擦材料等各方面的升级发展。

具体来看，大约六成的车型 AMS 制动性能都能达到良好及以上水平，但是制动距离最优和最差相差较大，在冷态制动中，制动距离最优和最差相差 7.2m，热态制动中，最优和最差相差 6.5m。

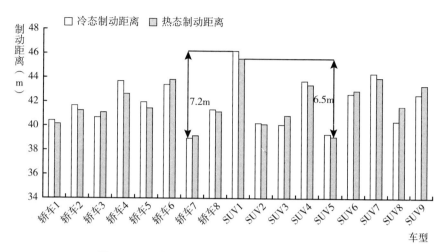

图17 2019年测评车型冷态与热态制动距离对比

资料来源：中国汽研内部研究成果。

综合来看，这表明了整车企业对制动性能的重视还有待提高，同时，对比2018年和2019年样本数据，整车企业对热态制动性能的重视程度在提高，同时受益于摩擦材料等各方面的升级发展，热态制动性能越来越好。

2. 加速性能测试结果分析

汽车驾乘测评不仅研究车辆性能，更重要的一点就是剖析消费者评价内容。从消费者评价结果研究发现，在加速性能方面消费者评价与我们的客观测试结果强关联。起步加速时间低于8秒，超车加速时间在6秒左右，消费者评价为动力强劲。2019年加速性能测试结果分析如图18所示。

（三）乘坐舒适性评价结果解析及典型案例分析

1. 整车异响性能测评结果

研究对象包含18款轿车和18款SUV车型，覆盖了市场上销售的主流品牌车型，以下是全部车型的车系占比情况，自主品牌占比30.6%，日系和德系占比都为19.4%，美系和其他品牌分别占比16.7%和13.9%。

从图20整车异响性能得分结果看，轿车异响性能平均得分75.3分，SUV异响性能得分68.3分，基于样本分析，轿车异响性能水平优于SUV车型，测评车型中，合资车型占比69.4%。

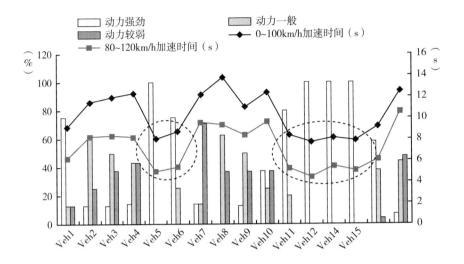

图18　2019年加速性能测试结果分析

资料来源：中国汽研内部研究成果。

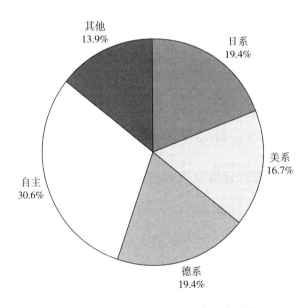

图19　2018～2019年测评车型车系占比情况

资料来源：中国汽研内部研究成果。

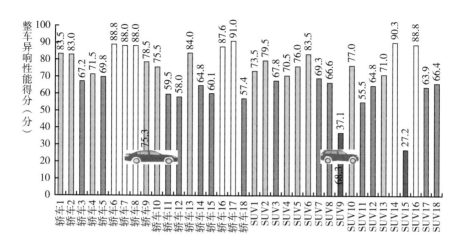

图20　2018～2019年测评车型异响性能得分

资料来源：中国汽研内部研究成果。

从图21整车异响性能评级分布看出，异响性能水平处于良好及以上的占比55.5%，其中异响性能达到优秀水平的占比为19.4%。

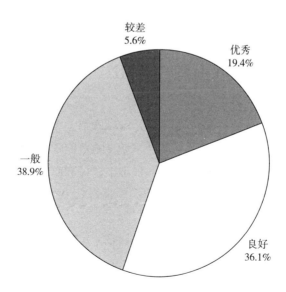

图21　2018～2019年测评车型异响性能评级分布

资料来源：中国汽研内部研究成果。

2. 整车异响问题数量

从图 22 整车异响问题数量结果看，接近 2/3 的车辆异响问题数量低于平均异响问题数量，大多数车辆发生异响问题较少。

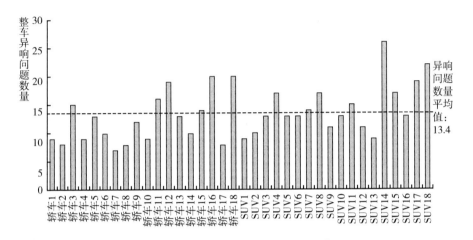

图 22 2018～2019 年测评车型异响问题数量

资料来源：中国汽研内部研究成果。

通过测评发现，不同车型存在不同程度的异响，其中严重异响占比 8%，中度异响占比 65%，轻微异响占比 27%（见图 23），这些问题主要发生在饰件总成、仪表板总成、座椅总成上。

3. 不同车系整车异响性能

从图 29 不同车系的整异响性能得分可以看出，美系车型异响性能最好，日系车与德系车型异响性能相当，其他车型异响性能紧随其后，自主品牌的异响性能排名最后，在零部件设计结构、加工工艺、零件装配工艺及零件的材料匹配方面有待提升。

4. 主流车企的整车异响性能案例

整车异响性能得分结果显示，合资车辆整车异响性能综合得分较高，自主品牌车辆整车异响性能得分较低，国产车与合资车相比仍有较大差距，国产车在该性能方面还有进一步提升的空间。汽车异响投诉抱怨是目前各大汽车质量网上投诉占比较大的内容，汽车异响性能不仅成为消费者选择购车、用车的关键因素，也成为各大主机厂研发的重点内容。

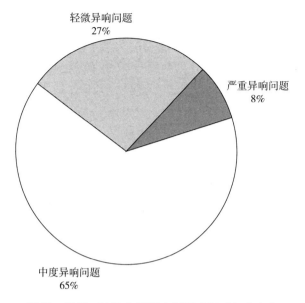

图23　2018～2019年测评车型异响严重程度分类

资料来源：中国汽研内部研究成果。

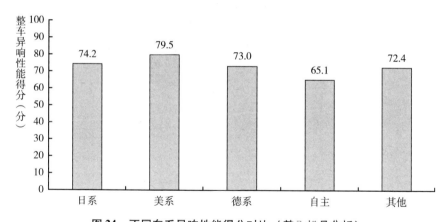

图24　不同车系异响性能得分对比（基于样品分析）

资料来源：中国汽研内部研究成果。

纵观国内各大自主品牌，在整车异响性能开发方面仍然存在诸多问题，无异响性能相关过程管控，包括无产品异响技术要求，未进行相应 PV/DV 试验，无相关异响入厂、生产检验要求，异响评价体系不完善，车辆下线检测人员未进行异响培训，研发人员异响设计经验不足等问题。

5. 安静性及环境噪声隔绝性测评结果

2019 年，驾乘测评工作组对市场上 17 款主流车型（轿车 8 款，SUV9 款）进行了综合测评。测评车型中自主品牌占比 29.4%，美系车型占比 23.5%，德系、日系车型占比分别是 11.8% 和 17.6%，其他品牌车型占比 17.6%。从总的市场占比来看，测评的 17 款车型销量覆盖率达到 13.99%。

安静性主要评估车辆在常用工况下车辆的 NVH 性能，涵盖怠速安静性、低速行驶安静性、高速行驶安静性。低速行驶安静性通过测试车辆在粗糙水路路面以 60km/h 的速度匀速行驶工况下车内声压级，客观评估车辆的路噪水平；高速行驶安静性通过测试车辆在光滑沥青路面以 120km/h 的速度匀速行驶工况下车内语音清晰度，客观评估车辆的风噪性能。安静性测评结果显示：一半以上测评车型安静性表现优秀或良好（见图 25），反映出整车 NVH 性能引起了越来越多主机厂的重视。

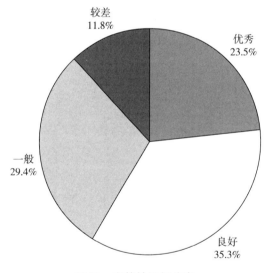

图 25 安静性评级分布

资料来源：中国汽研内部研究成果。

SUV 和轿车安静性对比结果显示：在整体安静性方面，SUV 略优于轿车，其优势主要体现在低速行驶安静性方面，这对消费者选车用车具有参考价值——如果车辆长期运行在恶劣路面，且消费者对安静性具有较高要求，建议优先选择 SUV（见图 26）。

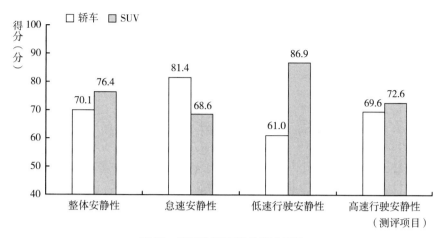

图26　不同车型安静性得分对比

资料来源：中国汽研内部研究成果。

环境噪声隔绝性测评结果显示：41.2%的车型表现优秀，29.4%的车型表现较差，测评车型环境噪声隔绝性表现参差不齐（见图27）；基于样本分析，SUV环境噪声隔绝性优于轿车，这在很大程度上得益于SUV较大的混响场及吸隔声材料覆盖面积。环境噪声隔绝性测评结果如图28所示。

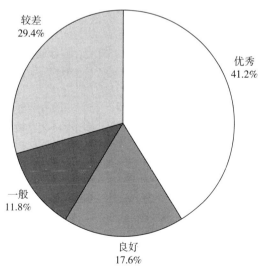

图27　环境噪声隔绝性评级分布

资料来源：中国汽研内部研究成果。

中国汽车综合测评技术研究报告（2020）

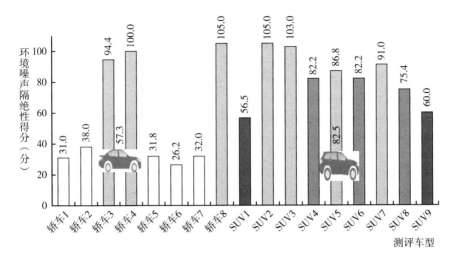

图 28　环境噪声隔绝性测评结果

资料来源：中国汽研内部研究成果。

安静性与环境噪声隔绝性关联度研究表明：除轿车 7、8 外，安静性与环境噪声隔绝性之间存在较强的关联性，反映出通过提升整车隔吸声性能来优化

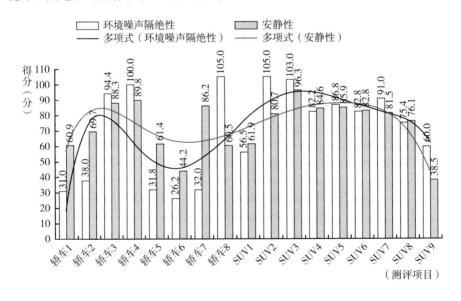

图 29　安静性与环境噪声隔绝性关联度分析

资料来源：中国汽研内部研究成果。

整车 NVH 性能仍然为各大车企常规使用的手段。安静性与环境噪声隔绝性关联度分析如图 34 所示。当然，仍有部分车型（如轿车 8）在较好环境噪声隔绝性的基础上，安静性表现一般，这也反映出该车型在中低频段结构声处理方面存在不足；轿车 7 环境噪声隔绝性比轿车 8 差，但在光滑沥青路面以 120km/h 的速度匀速行驶工况下，车内噪声声压级及语音清晰度均优于轿车 8，这也反映出低成本、轻量化背景下，从激励源及结构传递路径控制整车 NVH 性能已引起越来越多主机厂的重视。

报告十五
汽车驾乘体验评价发展趋势展望

摘　要：　汽车行业正在发生前所未有的变化，并且在未来几十年内，随着新技术的发展和商业模式的出现，汽车行业有望发生革命性的变化和颠覆。本报告详细阐述了汽车消费者驾乘体验需求及发展趋势，以及未来汽车行业技术发展趋势，并结合这些发展趋势，介绍了驾乘测评的发展计划。

关键词：　汽车消费者　驾乘体验　驾乘测评

一　消费者驾乘体验需求及发展趋势研究分析

自 2009 年起，中国超越美国成为全球最大的汽车生产国和消费国，中国汽车行业经过近年的高速发展，在售汽车总量逐年飙升。但是，随着汽车保有量的不断增大，汽车产品所呈现的问题也日益增多。2015～2017 年，中国消费者协会受理的汽车产品（含零部件）投诉分别为 18863 件、15247 件和 20474 件，其中汽车质量类投诉分别占总投诉的 30.5%、23.43% 和 20.40%，表明汽车整体质量水平在不断提高。但产品性能类投诉占质量类投诉的比例分别为 18.61%、32.58% 和 44.94%（见图 1、图 2），可见消费者对汽车产品性能的关注度越来越高。消费者作为最具发言权的汽车产品终端，理应形成良性的反馈机制，以指导汽车产品的质量提升与改进。

中国消费者对轿车的了解和要求已经有了很大的变化，他们的价值观念以及对汽车理解的变化都会左右其购车意向。用户对汽车的定位不再只是单纯的交通代步工具，在高速发展的今天，汽车越来越多地被用作移动办公室或者临时休息室。因此汽车产品在保证基本驾驶功能的前提下，更需重视驾驶员与乘

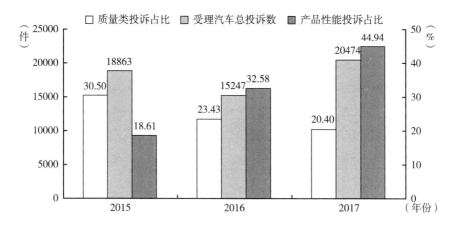

图1 2015～2017年全国消协受理汽车产品投诉数据

资料来源：中国消费者报社。

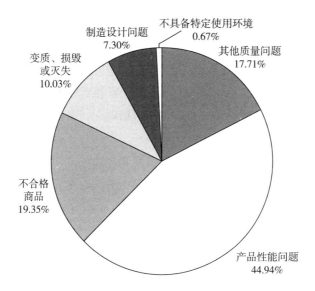

图2 2017年全国消协受理汽车产品投诉问题分类

资料来源：中国消费者报社。

客的乘坐舒适性和操控安全性。

但汽车消费市场，大多数消费者对于变速箱的运行机理、发动机的动力特性以及各种底盘悬架的机械结构等知之甚少，对于汽车操控性、安全性到底对于车辆行驶过程中产生多大的影响也并不太清楚，只停留在车辆好不好开、开起来顺手与否，没有真正去了解好的悬架结构能够带来什么样的操控质感，好的 NVH 性能能够降低多大的路噪和风噪。经过驾乘测评研究分析，决定消费者购买因素主要有品牌知名度、空间、配置、品质保证和性价比；消费者定义的操控比较广泛，所有涉及行车操作的性能都叫操控性，主要包含转向、稳定性、盲区大小、机动性（方向盘圈数）；消费者定义的舒适性属于广义的舒适性，影响消费者舒适体验的都叫舒适性，主要包含发动机噪声、人机工程、座椅、音响、悬架。

在多数消费者的理解当中，"写的有什么"往往比"需要用什么"以及"用着怎么样"更重要。另外，中国市场需求旺盛，而且呈现多样化的特点。主打操控驾驶体验的轿车在中国拥有两大类型的主要的客户群。第一类客户对汽车的驾驶乐趣和运动性能要求很高，同时他们对于空间、多用途以及兼顾商用和家用也有一定的要求，这部分用户是主力人群，他们无疑是长轴距车型的目标客户。第二类客户更加强调操控和驾驶乐趣，这部分人群占比相对较少，但依然呈现旺盛的需求。

很多消费者对这种"运动性""操控性"看起来还是很重视的，百公里加速慢不行、侧倾支撑不到位不行等，但同时据调查，国内八成消费者没有日常地板油、极限过弯或其他极限操控的习惯。

随着中国消费者的汽车消费观更加成熟和理性，日常用车需求也从之前的一味求大向追求更加个性化、精准化、多元化的方向发展。正如以前不被市场重视和消费者青睐的旅行车，从 2017 年开始越来越受到关注。在整体交通环境的变化以及互联科技的快速发展背景下，以前比较单一的主、被动安全技术，已经无法满足消费者的需求，因为大家需要更轻松、更智能的驾乘体验。

作为汽车用户，如果能够早日开上自动驾驶的汽车，这样就可以更轻松地面对早晚高峰的拥堵。实现自动驾驶功能，在保证安全的同时，为大家提供更轻松、更高品质的出行体验，也为消费者提供一个全方位的安全驾乘体验。

根据大成汽车研究院研究结果，2017 年，高端车市场的需求非常旺盛，低端车却出现一定程度的萎缩。在市场份额方面，20 万元以上高端车市场份额同比增长 2.54 个百分点，中端车销量与 2016 年同期基本持平，低端车则下降了 1.98 个百分点。

　　当前的智能化概念和设备已经相当普及，好比绝大部分人使用的智能手机，可以说是无人不晓，所以把智能的概念引入未来的汽车会达到水到渠成的效果。在自动驾驶部分，谷歌、百度等互联网公司也相继加入人工智能和无人驾驶的领域，消费者对新鲜事物的敏感程度相对较高，对于尝鲜的费用大家是不会吝啬的。调查显示，有92%的消费者对智能车辆感兴趣，其中有44%的人对智能车辆的主要功能有一定的关注和了解。与此同时，智能车辆并非像智能手机那样在市场投放已久，故此消费者对新鲜事物的看法也褒贬不一。传统车企开发智能车辆的支持率会略高于互联网车企，后者的优势在于摆脱了传统造车审美的束缚，富有更强的科技感，更加注重人性化的用户体验。对于未来智能车辆的配置方面，消费者的关注点大多在于安全、健康和科技。对于未来汽车产品，消费者的核心关注点在安全方面，无论是相关技术成熟度，还是驾驶安全，抑或信息安全，都紧紧围绕安全这个基本需求。因此，安全顾虑是行业发展起步阶段车企要解决的核心问题，也是目前与消费者沟通的重要内容。

　　消费者认可未来汽车制造发展的环保化、智能化和自动化，并愿意为智能配置、自动驾驶和新能源车支付溢价。在消费者看来，未来汽车产品更多以朋友/伙伴、生活管家的形象出现，这就要求未来汽车产品在动力、功能、外观/内饰设计等方面有所突破。

二　汽车驾乘体验评价发展趋势

　　在最近的技术发展以及全球范围内大规模生产和商业化的影响下，汽车行业正在经历重大变革。一方面，由于全球财富的普遍增长，人们有能力购买汽车。另一方面，需要解决日益严重的城市化、污染和拥堵问题。技术的发展似乎提供了解决方案：电动交通与可再生能源的结合带来了更清洁的交通，汽车共享将减少全球正在使用的车辆数量，自动驾驶将有助于提高街道的通行能力。未来的车辆将被连接起来，以优化整个出行生态系统，业界将这些主要技术趋势称为网联化、智能化、共享化和电动化。

　　未来汽车行业将发生革命性的变化，相关新技术也将蓬勃发展，这些主要的变化趋势包括网联车辆、智能驾驶、电动汽车等。根据这些新的变化趋势，可以对驾乘体验评价发展趋势以及新变化做一些预测。

1. 网联车辆

随着网联汽车在未来的发展，汽车网络安全的重要性日益提高。实际上，考虑到车载系统的数字化、软件的传播以及新的全数字移动服务的创建，汽车网络安全已经成为核心考虑因素。当今的汽车有大约1亿行代码，到2030年，许多观察家预计汽车将拥有大约3亿行软件代码。相比较而言，一架客机的代码估计为1500万行，一架现代战斗机约为2500万行，大众市场的PC操作系统接近4000万行。过去35年来，以特定的方式设计电子系统的传统，以及网联和自动驾驶汽车对系统的日益增长的要求和日益复杂的结果，都导致了复杂软件代码的大量出现。这种情况为网络攻击创造了充足的机会。可以肯定的是，汽车网络安全在经济学本质上是不公平的：使用正确的最新工具，攻击是相对负担得起的、省力的事情。另外，防御需要越来越多的努力和投资。到目前为止，这种现实使对抗环境向攻击者倾斜。整个行业都有很多例子。例如，白帽黑客以电动汽车模型控制了信息娱乐系统。他们在黑客大赛中利用了车载网络浏览器中的漏洞，导致电动汽车制造商发布了软件更新以缓解该问题。

针对网络安全的威胁，监管机构正在为车辆软件和网络安全制定最低标准。例如，自2018年4月起，加利福尼亚州有关自动驾驶汽车测试和部署的最终法规生效，要求自动驾驶汽车必须满足有关网络安全的适当行业标准。联合国欧洲经济委员会（UNECE）领导的世界车辆统一法规论坛预计将于2020年最终确定其关于网络安全和软件更新的法规。这将使网络安全成为未来汽车销售的明确要求，相关法规将影响60多个国家/地区的新车型认证。业内专家认为，即将到来的UNECE法规仅仅是汽车行业技术合规法规新时代的开始，以解决行业内网络安全问题。

随着网联汽车发展趋势带来的网络安全问题，相对应的驾乘体验评价也有一些新变化，驾乘体验评价尤其需要重视汽车网络安全评价，评价车辆遭到"黑客"攻击后出现的安全方面的软件漏洞，包括隐私信息安全防护、车辆行驶安全防护等，另外，还需要警惕网联汽车发展带来的一些其他安全隐患，如高速行驶时误发语音指令（如刹车、转向、打开车门），评价车辆行驶过程中，误发出刹车、转向、打开车门等的语音指令，评价车辆语音识别功能以及安全。汽车网络安全评价在未来也将成为驾乘评价发展趋势的一个方面。

2. 自动驾驶

自动驾驶汽车将用户体验从主动变为被动。应该设想一种全新的用户体验。社会上接受自动驾驶汽车至关重要的三件事是：信任、舒适和控制。人们能够信任自动驾驶汽车的重要性不可低估。与没有自动化的事故相比，自动驾驶汽车事故的影响更大。此外，制造商必须考虑如何防止黑客对车辆的攻击以及如何确保数据的安全性。因此，必须向汽车使用者提供正确的信息，并确保他们知道汽车在做什么。正确的信息使用户充满信心，并允许他们决定是否以及如何控制该技术。至于舒适度，必须设定正确的用户期望，而出现的问题之一是晕车，如果用户感到恶心，他们对这辆车的认可度会降低，而这个问题可能是选择自动驾驶汽车的决定性因素。优秀的驾驶员通常会平稳启动、转弯、加速和制动。在期望中，自动驾驶汽车至少应该与优秀的驾驶员一样好。

随着自动驾驶的发展，网络安全问题以及舒适度问题也随之而来，驾乘评价会更加注重网络安全评价以及自动驾驶舒适性评价。

3. 电动汽车

目前国内外的驾乘体验评价更加注重化石燃料汽车领域，电动汽车驾乘体验评价还不够专业和深入，随着电动汽车的蓬勃发展以及在未来不可阻挡的趋势，针对电动汽车更加专业的驾乘评价也会成为一个发展趋势。

在驾乘体验驾驶性方面，相对于化石燃料汽车，电动汽车普遍加速性能更加出色，电动汽车加速性能给消费者带来的期望值也不一样，所以加速性能评分标准需要重新研究和核定。在驾乘体验乘坐舒适性方面，由于电动车不具备发动机，相对于化石燃料汽车，电动车整车 NVH 方面可能会有很大的进步。同时，针对电动车电池管理系统（BMS），锂离子电池组如果过载或过热，可能会受到严重损坏，甚至烧毁或爆炸。为避免此类事件，国家已出台相关法规，电动车必须使用电池管理系统。BMS 是 BEV 推进系统的基本组成部分，因为除安全性外，BMS 还必须管理许多与有效利用车载能量相关的其他功能，例如，单节电池的电压和温度、充电状态（SOC）、健康状态（SOH）。因此，电动车驾乘评价除了驾驶性、乘坐舒适性以外，还需要注重电池管理系统的评价。

4. 驾乘测评后续发展计划

驾乘测评紧盯汽车行业及技术未来发展趋势，也将在网联汽车、智能驾驶以及电动汽车方面有相对应的扩充及发展，尤其是汽车网络安全评价、智能驾驶舒适性评价以及电动车驾驶性、NVH、电池管理系统评价等方面。比如，驾乘测评中的安全体验评价就包括网络安全体验评价以及智能网联安全体验评价，在驾驶体验中，包括电动车的驾驶性评价。在乘坐体验中，还包括电动车的乘坐体验评价以及智能驾驶舒适性评价等。

（1）全面 C 端体验方案计划

驾乘测评将全面以消费者 C 端体验为核心，在驾驶体验、乘坐体验、安全体验、视觉体验、交互体验、养护体验、保值评估方面，打造面向 C 端的测试评价标准及活动。在买车用车环节为消费者提供参考，在卖车环节为整车企业提供输入。驾乘测评后期将构建大树模型结构形式，大树的树根部分将是中国汽研强大的支持，树干部分我们将联合各位专家一起打造面向 C 端的测评系统。树枝部分我们将联合消费者研究、维护保养、投诉研究等各个方向的合作伙伴宣传推广，共同打造在 C 端的影响。汽车驾乘测评大树模型如图 3 所示。

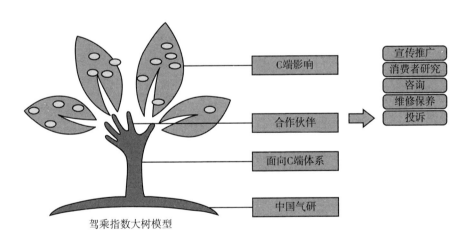

图 3　汽车驾乘测评大树模型

（2）消费者数据研究

消费者作为最具发言权的汽车产品终端，理应形成良性的反馈机制，以指导汽车产品的质量提升与改进。驾乘测评除了紧盯汽车技术发展以外，在消费者数据研究方面，还将针对消费者的评价语言、消费者用车满意度、喜好性能以及驾驶习惯和用户工况等方面进行调查研究，研究结果我们将用于构建消费者的数据模型，改善 C 端体验，为企业在开发过程中提供改进建议。汽车驾乘测评消费者数据研究如图 4 所示。

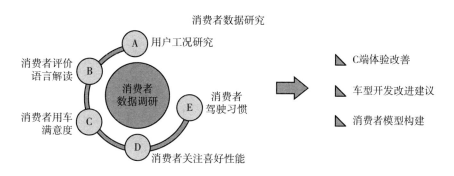

图 4　汽车驾乘测评消费者数据研究

同时，驾乘测评在驾评联盟建设方面，我们将持续召集国内外顶尖的驾评专家加入，把我们的联盟打造为驾评技术交流平台，同时通过共同研讨促进驾评行业技术进步，共同研究智能网联汽车的驾评技术及方法标准。当然我们也会在联盟中举办车辆的交叉互评和冰雪、高热、多弯等各种场景下技能挑战赛等丰富联盟活动，把联盟打造成专业的、有趣的、进步的联盟。驾乘测评工作组将继续致力于消费者端的体验和驾乘文化传播，我们将持续开展消费者的驾驶与评价培训，包括驾乘性能知识讲解、安全用车、驾驶评价技能提升等，未来赛事文化和体验活动也将纳入我们后续的工作中，保持和汽车消费者的沟通，成为企业和消费者端的桥梁，持续地推进汽车行业的健康发展。

最后，在今后的测评技术研究报告中，驾乘测评工作组将进一步凝练报告的主旨，梳理报告的章节结构，突出报告内容的重点，增强数据的丰富性及权威性，为消费者以及汽车企业提供可读性更好、更有参考价值的测评技术研究报告。

附　　录

附录一
汽车产业相关统计数据

表1　2017～2019年乘用车各车型销量及同比增长情况

单位：万辆，%

车型	2019 年	占比	2018 年	占比	同比增长（2019 年同比 2018 年）	2017 年	同比增长（2018 年同比 2017 年）
基本型轿车	1031	48.09	1154	48.69	-10.70	1185	-2.62
SUV	935	43.61	998	42.11	-6.31	1025	-2.63
MPV	138	6.43	173	7.30	-20.23	207	-16.43
交叉车型	40	1.87	45	1.90	-11.11	55	-18.18
乘用车合计	2144	—	2370	—	-9.54	2472	-4.13

资料来源：中国汽车工业协会。

表2　2019年乘用车前十家生产企业销量及同比增长情况

单位：万辆，%

2019 年排名	车企	2019 年销量	2018 年销量	同比增长
1	一汽大众	204.6	203.7	0.44
2	上汽大众	200.2	206.5	-3.05
3	上汽通用	160.0	197.0	-18.78

2019 年排名	车企	2019 年销量	2018 年销量	同比增长
4	吉利控股	136.2	150.1	−9.26
5	东风有限	127.7	128.8	−0.85
6	上汽通用五菱	124.2	166.3	−25.32
7	长城汽车	91.1	91.5	−0.44
8	长安汽车	81.5	87.4	−6.75
9	东风本田	80.0	69.7	14.78
10	广汽本田	77.1	74.1	4.05
—	合计	1282.6	1375.1	−6.73

资料来源：中国汽车工业协会。

表 3　2018～2019 年货车不同车型销量及同比增长情况

单位：万辆，%

车型	2018 年	2019 年	同比增长率
重卡	114.8	117.4	2.26
中卡	17.7	13.9	−21.47
轻卡	189.5	188.3	−0.63
微卡	66.5	65.3	−1.80
总计	388.6	384.9	−0.95

资料来源：中国汽车工业协会。

表 4　2018～2019 年新能源汽车不同车型产销量情况

单位：万辆，%

车型	2019 年			2018 年		
	产量	销量	销量占总销量的百分比	产量	销量	销量占总销量的百分比
纯电动汽车	102	97.2	80.55	98.6	98.4	78.31
插电式混合动力汽车	22	23.2	19.23	28.4	27.1	21.57
燃料电池汽车	0.24	0.27	0.23	0.13	0.15	0.12
合计	124.24	120.67	—	127.13	125.65	—

资料来源：中国汽车工业协会。

附录二
汽车测评研究成果与发现总结

表1 汽车测评研究成果总结

测评板块	体系研究	测试评价
安全	完成《2020 版测评体系文件》的拟定	2018～2019 年,对外发布测评车型 50 款,涵盖 33 个品牌,覆盖市场 70% 主流车型
智能	2018～2019 年,完成 10 份测试评价规范文件发布,完成《智能泊车辅助评价/试验规程》与《智能行车辅助评价/试验规程》的发布	2018～2019 年,对外发布测评车型 40 款,基本涵盖中国市场上搭载 ADAS 的主流车型。合资品牌 26 款,自主品牌 14 款,其中自主品牌占 35%,且中国品牌更愿搭载 ADAS 作为智能化的标签
健康	2018～2019 年,完成《VOC、VOI 测试评价体系规范文件》和《EMR 测试评价体系文件》的发布,完成《PM 测试评价体系文件》和《VAR 测评体系文件内部定稿》的拟定	2018～2019 年公开发布结果的三批测评样车共计 26 款,轿车 10 款、SUV14 款、MPV2 款,轿车和 SUV 占比平均
驾乘	2018～2019 年,完成《V1.0 汽车驾测试评价体系规范文件》发布,完成《V1.0 测评体系文件》定稿	2018～2019 年,完成 34 款车型的测试评价
新能源	2019 年完成《新能源汽车评价测评体系文件(含电池安全)》发布 研究成果获得"2019 年度北京市科学技术进步奖一等奖"	自 2019 年 2 月规程框架发布以来,完成了 7 款新能源汽车测试评价,其中轿车 4 款,SUV 3 款;合资品牌 2 款,自主品牌 5 款

资料来源:中国汽研整理。

表2 测评发现总结

测试板块	指标	测试评价
安全	耐撞性与维修经济性	1. 低速碰撞气囊起爆率较高;2. 低速碰撞车身纵梁更换率较高
	车内乘员安全	从碰撞结果分析,中美车型结果虽存在一定差距,但正在逐年减小,目前存在的主要问题集中在侧气帘未配置或覆盖不足、气囊包裹性不稳定、假人过度前倾等方面

444

续表

测试板块	指标	测试评价
智能	自适应巡航控制（ACC）系统	ACC 识别静态目标并舒适减速的车型仅占 54%，建议需要优化静止车辆识别能力，进一步降低驾驶负担
	车道偏离报警（LDW）系统	LDW 对 250m 半径弯道识别能力较弱，该场景得零分的车型占 1/3，建议在设计 LDW 时，应加强 250m 半径弯道的识别与报警能力
	评价盲区监测（BSD）系统	40 款车型中，搭载开门预警功能（DOW）的车型偏少，仅占 18.2%，该功能实际应用场景意义较大，建议搭载 BSD 系统的车型开发 DOW 功能
	自动泊车系统（APS）	APS 测评结果优秀率仅占 36%，识别到白色标线车位的仅 2 款车，识别率低，建议重点优化标线车位识别能力
健康	VOC&VOI	空调制冷、通风能力与 TVOC 去除效果的关系：空调的制冷能力和通风能力是截然不同的两种能力，通风阶段使用空调减低温度，但由于通风效果不佳，通风阶段得分率较低
	EMR	从测评结果来看，EMR 测评板块总体成绩良好，根据电动车和燃油车的对比发现，只要经过良好的设计，其电磁辐射并不一定比燃油车更严重，消费者无须对电动汽车"谈辐色变"
驾乘	乘坐舒适性	基于样本分析，国产 SUV 在整车 NVH 性能（安静性、环境噪声隔绝性）、整车异响性能及品质感方面仍存在不足
	驾驶性	在 AMS 制动试验中，表现出冷态与热态制动效能差异较大，部分车辆制动距离相差甚至达到 7 米以上
	操控安全性	1. 基于样本分析，自主品牌车得分分布离散很大，反映了自主品牌车企 ESC 性能开发的能力参差不齐 2. ESC 性能主观评价中发现，部分车型暴露出 ESC 工作介入时机过早与介入程度粗暴两个问题
	共性问题	轿车、SUV 均存在加速跑偏，低速回正不足等现象
新能源	能耗评价	1. 低温（−7℃）和高速（120km/h）工况的续航里程显著衰减，改善耐环境性和高速行驶能力，是当前消费市场对产品提出的迫切需求；2. 万公里电池能量衰退、整车里程衰退较小
	安全保护（防水保护）	整车 150mm 涉水行驶能力较好，300mm 涉水及电池包防水性能有待提升
	安全保护（高低温充电）	液冷热管理系统对高、低温快充的温控能力较好，能有效保障充电安全，自然冷却热管理系统充电慢且温控能力弱，存在安全风险
	安全保护（电池一致性）	优质电池包电池单体间的差异较小，产品生产一致性较好，电池出厂品质高
	安全保护（底部球击）	底部球击形变量较小，当前电池包抗机械滥用防护较好

资料来源：中国汽研整理。

图书在版编目（CIP）数据

中国汽车综合测评技术研究报告．2020／中国汽车
工程研究院股份有限公司主编．-- 北京：社会科学文献
出版社，2020.12
　ISBN 978 - 7 - 5201 - 7477 - 0

　Ⅰ．①中…　Ⅱ．①中…　Ⅲ．①汽车工业 - 技术发展 -
研究报告 - 中国 - 2020　Ⅳ．①U46 - 12

　中国版本图书馆 CIP 数据核字（2020）第 205045 号

中国汽车综合测评技术研究报告（2020）

主　　编／中国汽车工程研究院股份有限公司

出 版 人／王利民
责任编辑／宋　静

出　　版／社会科学文献出版社·皮书出版分社（010）59367127
　　　　　地址：北京市北三环中路甲 29 号院华龙大厦　邮编：100029
　　　　　网址：www. ssap. com. cn
发　　行／市场营销中心（010）59367081　59367083
印　　装／三河市龙林印务有限公司

规　　格／开　本：787mm × 1092mm　1/16
　　　　　印　张：28.5　字　数：481 千字
版　　次／2020 年 12 月第 1 版　2020 年 12 月第 1 次印刷
书　　号／ISBN 978 - 7 - 5201 - 7477 - 0
定　　价／158.00 元

本书如有印装质量问题，请与读者服务中心（010 - 59367028）联系

▲▲ 版权所有 翻印必究